P nbre
2006-08
39.95

BIBLIOTHÈQUE DU VOYAGEUR

NOUVELLE-ZÉLANDE

WITHDRAWN
RETIRE

14300175
BIBLIOTHÈQUE DE
ROXBORO   BLIQUE

guides
Gallimard

D1444504

NOUVELLE-ZÉLANDE

À PROPOS DE CE GUIDE

ÉDITION FRANÇAISE

Traduction
Bruno Krebs, Sophie Paris

Bibliothèque du voyageur
Gallimard Loisirs
5, rue Sébastien-Bottin, 75007 Paris
tél. 01 49 54 42 00, fax 01 45 44 39 45
biblio-voyage@guides.gallimard.tm.fr

Aucun guide de voyage n'est parfait.
Des erreurs, des coquilles se sont
certainement glissées dans celui-ci,
malgré toutes nos vérifications.
Les informations pratiques, adresses,
heures d'ouverture, peuvent avoir été
modifiées ; certains établissements cités
peuvent avoir disparu. Nous vous serions
très reconnaissants de nous faire part de
vos commentaires, de nous suggérer
des corrections ou des compléments
qui pourront être intégrés dans
la prochaine édition.

Insight Guides, *New Zealand*
© APA Publications GmbH & Co,
Verlag KG, 2004, 2005
© Gallimard Loisirs et
APA Publications GmbH & Co, 2006,
pour l'adaptation française

Dépôt légal : Avril 2006
Numéro d'édition : 132358
ISBN 2-74-241504-1
Mise en page et adaptation :
Quercy Blanc
Photogravure couverture :
Mirascan, Paris
Imprimé et relié à Singapour par
Insight Print Services (Pte) Ltd.

www.guides.gallimard.fr
biblio-voyage@guides.gallimard.tm.fr

Cet ouvrage est une traduction-adaptation de l'édition révisée de l'*Insight Guide : New Zealand*, actualisée en 2005. Outre la mise à jour des itinéraires et du Carnet pratique, elle a été augmentée de nouveaux chapitres et d'articles éclairants, les *Zoom sur... L'art maori, Le paradis de l'extrême, L'activité thermale à Rotorua, La mode et les tendances kiwis...*

Comment utiliser ce guide
Ce guide de voyage est conçu pour répondre à trois principaux objectifs : informer, guider et illustrer. Dans cette optique, il est divisé en trois sections, identifiables grâce à leurs bandeaux de couleur placés en haut de page. Chacune d'elles vous permettra d'appréhender le pays, son histoire et ses peuples, et vous guidera dans le choix de vos visites, de vos activités culturelles et sportives, de votre hébergement.

◆ La section **Histoire** et **Société**, repérable par son bandeau jaune, relate sous forme d'articles fouillés, l'histoire politique, environnementale et culturelle du pays.
◆ La section **Itinéraires**, signalée par un bandeau bleu, présente sous forme de circuits une sélection de sites et de lieux incontournables ou originaux à découvrir. Chaque site est localisé sur une carte à l'aide d'une pastille numérotée.
◆ La section **Carnet pratique**, située en fin d'ouvrage et soulignée par un bandeau orange, fournit toutes les informations nécessaires pour connaître les différents aspects du pays (climat, géographie, situation géopolitique...), pour préparer le voyage (à mettre dans sa valise, formalités, comment s'y rendre, etc.), se déplacer dans le pays, se loger et se restaurer, se laisser tenter par l'une des aventures sportives les plus incroyablement loufoques ...

Denis Welch, critique littéraire et artistique pour *The New Zealand Listener*, n'a pu résister au challenge de rédiger le texte sur *Art et Littérature*, ni d'ailleurs son confrère, **Philip Matthews**, pour écrire celui sur *Musique, scène et cinéma* ; et **Ngarino Ellis**, conférencière maori en histoire de l'art à l'université d'Auckland, a composé le *Zoom sur... L'art maori*.

Pour **Lois Daish**, ex-restauratrice passée critique gastronomique, l'art culinaire est un sujet qui lui tient à cœur comme le démontre le chapitre *Gastronomie*. Et à **Keith Stewart**, critique d'art et œnologue, auteur de *Taste of the Earth : Creating New Zealand's fine Wine*, de peaufiner le sujet avec son chapitre sur *Les vins*.

Angie Belcher, adpete des sports extrêmes, a pris en charge le chapitre sur les *Sports et loisirs*, un des thèmes touristiques du pays.

Peter Calder, lauréat du Qantas Media Award pour ses écrits de voyage, s'est consacré aux itinéraires d'*Auckland* et *Environs d'Auckland* ; **Gerard Hindmarsh**, de Nelson, a revu les chapitres sur *Nelson et Malborough*, la *West Coast* et *Southland* ; **Brian Parkinson**, expert en faune et flore, a rédigé celui de *Stewart Island* et le *Zoom sur... Histoire naturelle* ; et **Helen West** a actualisé le *Carnet pratique*.

La collaboration à l'édition précédente de **Jack Adlington, Terence Barrow, Les Bloxham, Robin Charteris, Geoff Conly, Joseph Frahm, John Goulter, John Harvey, William Hobbs, Michael King, Janet Leggett, Clive Lind, David McGill, Gordon McLauchlan, Anne Stark, Graeme Stevens, Colin Taylor** et **Jane Wynyard** reste d'actualité.

Les contributeurs

Cette nouvelle édition a été entièrement révisée et mise à jour sous la baguette éditoriale de **Francis Dorai**, responsable des *Insight Guides* à Singapour. Basée sur la version de 1998, produite par **Craig Dowling**, cette édition a été enrichie de nouveaux chapitres et d'articles inédits qui reflètent au mieux la vivacité de la Nouvelle-Zélande au tournant de ce xxie siècle. De superbes photos, réalisées par les agences Photo New Zealand et Fotopress, illustrent avec pertinence ce dynamisme.

Paul Little, natif d'Auckland, vieux routier de la presse écrite, radiophonique et télévisée, et ancien rédacteur des magazines *Metro* et *The New Zealand Listener*, a pris en charge une partie conséquente du guide, dont le *Carnet pratique*. Pour parachever l'ouvrage, il s'est entouré de toute une équipe d'écrivains et de spécialistes néo-zélandais.

Légendes des cartes

● — —	Parc national, réserve naturelle
– – – –	Route maritime
✈	Aéroport
🚌	Gare routière
P	Parking
🛈	Office du tourisme
✉	Bureau de poste
✝ ⚥ ♂	Église, ruines
♙ ♗	Mosquée
✡ ☿	Synagogue
♗ ♂	Château, ruines
∴	Site archéologique
∩	Grotte
★	Curiosité, site à voir

Les sites des itinéraires sont signalés dans les cartes par des puces noires (ex ❶ ou Ⓐ). Un rappel en haut de chaque page de droite ou de gauche indique l'emplacement de la carte correspondant au chapitre.

NOUVELLE-ZÉLANDE

SOMMAIRE

Carnet pratique

Aotearoa

Une vieille légende raconte comment la Nouvelle-Zélande est devenue la terre de toutes les merveilles naturelles.

La "Terre du long nuage blanc", *Aotearoa* en maori, concilie sur un espace des plus restreints de majestueuses arêtes enneigées et des forêts humides inviolées, des lacs cristallins, des baies turquoise émaillées d'îles boisées, des glaciers et des fjords, des geysers et des volcans. Les distances qui séparent ces paysages somptueux n'ont rien d'infranchissable : quelques heures de route suffisent parfois pour passer d'un désert aride à un sommet alpin, quelques minutes pour atteindre une plage sauvage depuis une ville et ses embouteillages. Entre les gigantesques forêts de kauris et les plantations de kiwis, les cités cosmopolites et les ranchs les plus perdus, une vie sauvage unique s'est développée, dont le timide kiwi, symbole du pays, et le préhistorique tuatara, sont les plus illustres représentants.

Aotearoa est une terre d'îles : North Island et South Island, puis Stewart Island à son extrémité sud, ainsi qu'une poignée d'autres inhabitées et classées en réserves naturelles. La majorité de la population se concentre sur North Island, où la nature règne encore sur de vastes espaces. Sur South Island, vous découvrirez une contrée plus sauvage que le temps semble avoir oubliée pendant des millénaires, et qui, sans doute, ne s'effacera plus jamais de votre mémoire. C'est, en outre, la terre des légendaires Maoris.

Les anthropologues évoquent à leur sujet une bien étrange migration : les ancêtres polynésiens des Maoris auraient traversé le Pacifique en pirogues à balancier, débarquant sur ces îles dans les années 800 apr. J.-C. Quant aux légendes maories, elles racontent une histoire plus étrange encore, où il est question de la naissance de la vie, dans les ténèbres immobiles de Te Po, la longue nuit. Tane, dieu des forêts et fils aîné de Rangi, le père ciel, et de Papa, la mère terre, s'arracha à ses parents, luttant pour les écarter ; le chagrin de Rangi séparé de sa compagne arrosa de larmes Papa la terre, créant les océans et les lacs.

Les merveilles naturelles de la Nouvelle-Zélande en font une sorte de gigantesque parc d'attractions, et ses habitants adorent la vie en plein air, pratiquant tant le rugby que le ski, le barbecue que le saut à l'élastique. Tout en préservant jalousement ce précieux patrimoine, ils en ont exploité les décors spectaculaires pour y inventer aventures réelles ou filmées, mais également le terroir, dont ils extraient quelques-uns des meilleurs crus de la planète. Ce peuple jeune et dynamique a dû lutter pour se constituer une histoire, une identité et des héros. Doté d'un sens de l'hospitalité peu commune, il est aujourd'hui impatient de faire partager ses trésors. *Haere mai.* Bienvenue. ❏

Pages précédentes : voyagez "kiwi" – en 4x4, jusqu'à Ninety Miles Beach, Northland ; en avion à skis sur le Tasman Glacier du Mount Cook ; et en hydrospeed entre les roches acérées de la Shotover River.
À gauche : Pohutu Geyser, Rotorua.

Chronologie

Préhistoire

130 millions d'années La masse terrestre la plus isolée du globe, future Nouvelle-Zélande, se sépare de la Nouvelle-Calédonie, de l'Australie orientale, de la Tasmanie et de l'Antarctique.

80 millions d'années La Nouvelle-Zélande coupe les ponts avec le Gondwana, tandis que la mer de Tasmanie commence à prendre forme.

60 millions d'années La Nouvelle-Zélande atteint sa position actuelle, à plus de 1 500 km du continent australien.

Marchands et explorateurs

800 apr. J.-C. Arrivée des premiers Polynésiens selon la tradition : le navigateur Kupe nomme le pays *Aotearoa*, la "Terre du long nuage blanc", puis s'en retourne à Hawaïki.

Vers 1300 Une vague d'immigrants aurait débarqué de Hawaïki dans 12 pirogues à balancier, apportant *taro*, *yam* et *kumara* (patate douce), ainsi que le rat et le chien.

1642 Abel Tasman, de la Compagnie hollandaise des Indes orientales, découvre une terre qu'il nomme Nieuw Zeeland.

1769 Le capitaine anglais James Cook débarque en Nouvelle-Zélande.

1791-1792 Début de la pêche à la baleine.

1814 Les missionnaires anglicans s'implantent à Rangihoua, à Bay of Islands.

1815 Naissance du premier enfant *pakeha* (européen), Thomas King.

1818 Les "guerres des Mousquets", luttes intertribales, font 20 000 morts en 12 ans.

1839 Le capitaine Rhodes fonde le premier ranch d'élevage sur South Island, à Akaroa.

Colonisation

1840 Les colons de la New Zealand Company s'implantent dans la baie de Port Nicholson, à Wellington : 50 chefs maoris signent le traité de Waitangi, se soumettant ainsi à la reine Victoria, qui leur garantit en retour la propriété des terres, forêts et pêcheries. Le lieutenant-gouverneur William Hobson choisit Auckland pour capitale.

1844 Premier Maori à signer le traité de Waitangi, Hone Heke abat trois fois son symbole, le porte-drapeau de Kororareka, saccage et incendie la ville. Un millier de Maoris se soulèvent contre les Britanniques.

1848 Une communauté de fermiers écossais s'implante à Otago, sur South Island.

1850 Colonisation de Canterbury.

1852 Début de la colonisation de Taranaki par la Plymouth Company.

1853 Débuts du Maori King Movement pour la protection des terres.

1856 La Nouvelle-Zélande devient une colonie britannique autonome. Ruée vers l'or, spoliations.

1860 Wiremu Kingi réclame le Waitara. Début des guerres maories : de vastes territoires sont confisqués aux tribus rebelles.

1861 Gabriel Read découvre de l'or à Blue Spur.

1865 Wellington devient la capitale du pays.

1866 Pose du câble télégraphique sous-marin du détroit de Cook.

1867 Les Maoris obtiennent le droit de vote.

1868 Les raids lancés par Titokowaru et Te Kooti déstabilisent la colonie.

1869 Défaite de Te Kooti à Ngatapa. Création de la première université à Otago.

1870 Premier match de rugby.

1877 Le *Chief Justice* Prendergast tient le traité de Waitangi pour une "nullité absolue". L'éducation devient obligatoire et gratuite.

1881 L'armée disperse la communauté religieuse maorie parihaka.

1882 Premier envoi de viande congelée en Angleterre.

1886 L'éruption volcanique du mont Tarawera fait 153 morts.

RÉFORMES SOCIALES ET GUERRES MONDIALES

1893 Les femmes obtiennent le droit de vote 25 ans avant les Britanniques et les Américaines.
1896 Les maladies ont réduit la population maorie de 100 000 (1769) à 42 000 personnes.
1898 Richard Seddon crée la retraite pour les hommes. Premières importations automobiles.
1899-1902 Les troupes néo-zélandaises participent à la guerre des Boers.
1901 Annexion des îles Cook.
1904 Richard Pearse aurait effectué le premier vol motorisé près de Timaru.
1907 La Nouvelle-Zélande devient un dominion.
1908 Ernest Rutherford reçoit le prix Nobel de chimie. La population dépasse le million.
1914 *Hinemoa* est le premier film néo-zélandais.
1915 Nombreux morts néo-zélandais à Gallipoli, durant la Première Guerre mondiale.
1918 La grippe fait 6 700 victimes.
1926 Débuts de la radio nationale.
1938 Instauration de la sécurité sociale.
1939 Seconde Guerre mondiale (lourdes pertes).

UNE NATION INDÉPENDANTE

1947 Indépendance de la Nouvelle-Zélande.
1951 Pacte de sécurité de l'ANZUS avec l'Australie et les États-Unis.
1953 Le Néo-Zélandais Edmund Hillary et le Népalais Tenzing Norgay foulent les premiers l'Everest.
1956 Colin Murdoch invente la seringue jetable.
1958 Hillary atteint le pôle Sud par voie terrestre.
1959 Inauguration du pont d'Auckland Harbour.
1961 Abolition de la peine de mort.
1962 Prix Nobel de médecine pour Maurice Wilkins, co-découvreur de l'ADN.
1963 William Lilley réussit la première transfusion sanguine sur fœtus avec du sang incompatible avec celui de la mère.
1965 Envoi de troupes au Vietnam.
1968 Le ferry *Wahine* fait naufrage sur un récif près de Wellington (51 morts).
1971 La Nouvelle-Zélande rallie le Forum du Pacifique sud. Début d'une crise économique.
1973 La Grande-Bretagne intègre le Marché commun, privant la Nouvelle-Zélande de ses débouchés traditionnels.
1975 Le Parlement vote la loi du traité de Waitangi, créant un tribunal pour étudier les réclamations.

1977 *Sleeping Dogs* marque le renouveau du cinéma néo-zélandais.
1979 Un avion d'Air New Zealand s'écrase lors d'un vol croisière dans l'Antarctique (257 morts).
1981 Manifestations anti-apartheid durant une tournée des Springboks sud-africains.
1983 Signature du Closer Economic Relations Agreement avec l'Australie.
1985 Deux agents français coulent le *Rainbow Warrior* de Greenpeace à Auckland. Sir Paul Reeves est le premier Maori nommé gouverneur général. L'État-providence s'efface au profit de l'austérité économique. Le gouvernement interdit l'entrée dans les ports de navires armés en nucléaire.

1987 La loi décrète le maori langue officielle.
1993 Introduction des élections à la proportionnelle (MMP).
1994 Succès mondial de *La Leçon de piano*.
1995 La Nouvelle-Zélande remporte la Coupe de l'America.
1997 Jenny Shipley est la première femme Premier ministre du pays.
1999 Helen Clark, dirigeante du Parti travailliste, est élue Premier ministre.
2001 Sortie du film *Le Seigneur des anneaux*, réalisé par le Néo-Zélandais Peter Jackson.
2003 Le pays compte 4 millions d'habitants.
2005 Le parti Maori gagne un siège de plus aux élections législatives. ❑

PAGES PRÉCÉDENTES : Abel Tasman attaqué par les Maoris à Massacre Bay. **CI-CONTRE :** jeune fille maorie, fin XIXe siècle. **À DROITE :** défilé des troupes néo-zélandaises, Wellington.

Et arrivèrent les Maoris...

Vers 800 apr. J.-C., des colons polynésiens débarquent en Nouvelle-Zélande,
où ils développent une culture raffinée et hautement organisée.

En dehors de l'Antarctique, la Nouvelle-Zélande est la dernière grande terre explorée par l'homme. Les premiers navigateurs du Pacifique précèdent les Européens de 8 siècles. Les Maoris descendent de ces "Vikings du soleil levant".

Peu de sujets ont alimenté autant de controverses que l'origine des Maoris. Les savants du XIXᵉ siècle élaboreront à leur sujet les théories les plus diverses. Pour certains, les Maoris sont des Aryens errants, pour d'autres, ils descendent des Hindous, d'autres encore assurent qu'ils forment une tribu perdue d'Israël. Les chercheurs actuels, plus prudents, s'accordent à penser que les Maoris sont issus d'un peuple austronésien, originaire d'Asie du Sud-Est – même si quelques dissidents suggèrent encore qu'ils aient pu venir d'Égypte, de Mésopotamie ou d'Amérique du Sud.

Indices concluants

La linguistique et l'archéologie prouvent cependant que les Maoris de Nouvelle-Zélande sont des Polynésiens ; et que les ancêtres des Polynésiens partirent du continent asiatique il y a 2 000 à 3 000 ans, pour traverser la mer de Chine du Sud. Certains navigueront au sud-ouest, atteignant Madagascar ; d'autres au sud-est, longeant la Malaisie, l'Indonésie et l'archipel des Philippines. Il semble que l'apparition de la voile en Asie du Sud-Est et l'invention du prao (pirogue à balancier) aient joué un rôle capital dans ces grandes navigations. Dans les langues austronésiennes partagées par les peuples des archipels d'Asie du Sud-Est et du Pacifique, les termes de mât, de flotteur et de bôme comptent parmi les plus répandus et par conséquent les plus anciens.

Les Austronésiens du Pacifique se fraient une route parmi les chapelets d'îles micronésiennes, rejoignant les Fidji vers 1 300 av. J.-C. et les Tonga avant 1 100 av. J.-C. Ils y laisseront des fragments de poteries aux motifs caractéristiques. Les archéologues ont dénommé ces poteries "Lapita", baptisant du même nom les peuples qui les fabriquèrent. Avec leurs poteries, les migrants transportent également cochons, chiens, rats, gibier à plumes et plants cultivés. Lesquels proviennent tous d'Asie du

Sud-Est, sauf le *kumara* à chair jaune, patate douce originaire d'Amérique du Sud.

La culture polynésienne se développe parmi les Lapita des Tonga et des Samoa. Et c'est de Polynésie orientale, peut-être des îles de la Société ou des Marquises, qu'émigrent les premiers habitants de Nouvelle-Zélande. Les plus anciens vestiges maoris, les premières datations au carbone 14, ainsi que le rythme de croissance et d'extension de la population maorie, concordent pour fixer le premier débarquement en Nouvelle-Zélande vers 800.

Cette terre ne ressemble à aucune de celles que les Polynésiens ont découvertes auparavant. Bien plus vaste (plus de 1 500 km du

---

À gauche : chef maori, gravure de Sydney Parkinson, dessinateur à bord de l'*Endeavour* de James Cook.
À droite : boîte à plumes maorie.

nord au sud), dotée de montagnes plus élevées et de véritables fleuves, elle offre des paysages très différents de ceux des îles qu'ils ont déjà colonisées. Son climat, tempéré plus que tropical, est assez froid dans le Sud pour interdire les cultures traditionnelles. Les Polynésiens devront aussi s'adapter à des variations climatiques dont ils n'ont jamais fait l'expérience. En dehors des chauves-souris, aucun mammifère ne peuplait les îles avant qu'ils y débarquent leurs rats (*kiore*) et leurs chiens – et probablement des porcs et du gibier à plumes. Ces animaux ne survivront pas, contrairement aux Polynésiens qui feront preuve d'un haut degré de résistance et d'une réelle faculté d'adaptation.

La carence en viande est compensée par les richesses de la mer – baleines, dauphins et phoques, crustacés et algues comestibles. Les eaux douces de l'intérieur apportent des ressources supplémentaires : gibier d'eau, anguilles, poissons, crustacés et 200 espèces d'oiseaux, dont beaucoup très appréciés. En outre, les chiens et les rats importés constituent une réserve de viande. Le sol leur offre des racines de fougères (à broyer longuement), qu'ils mélangent avec des légumes importés : *taro*, *kumara*, *yam*, gourdes et mûrier à papier.

DES MATÉRIAUX DE GRANDE QUALITÉ

Dans les forêts néo-zélandaises, les Polynésiens découvrent des arbres bien plus grands que ceux qu'ils connaissaient. Ils peuvent ainsi construire de plus grandes pirogues, et exploiter leurs talents de sculpteurs. Plus tard, ils coifferont leurs maisons de charpentes en bois. Le raupo et le nikau font d'excellents matériaux pour les murs et les toitures. Le lin tressé permet de réaliser vêtements et paniers. Certaines pierres conviennent à l'herminette ou au foret, les arêtes de poisson aux hameçons et aux parures, et l'obsidienne aux écailleurs. Ainsi put naître l'une des cultures néolithiques les plus sophistiquées du monde.

Les Polynésiens sont très impressionnés par un énorme oiseau coureur, le moa. Il en existe plusieurs espèces, de l'*Anomalopteryx*, genre de dindon, au gigantesque *Didornis maximus*, de plusieurs fois la taille d'une autruche ou d'un émeu. Ce volatile leur procure une viande en quantité inégalée – sauf lorsqu'une baleine vient s'échouer sur le rivage. Dans les secteurs où l'oiseau abonde, certains des premiers groupes de Maoris fonderont toute leur économie sur le moa, avant qu'une chasse excessive ne provoque son extinction (*voir p. 54*).

L'histoire des premiers colons, de leur implantation jusqu'à l'arrivée des Européens, se confond avec celle de leur adaptation à un nouvel environnement. Ce défi lancé à leurs ressources techniques et culturelles et à l'évolution de leur civilisation répond aux conditions que le milieu leur imposait.

Culture maorie

Les ethnologues distinguent deux phases dans la civilisation maorie. L'une, polynésienne orientale de Nouvelle-Zélande, a laissé des vestiges archéologiques des premiers colons et de leurs descendants directs. L'autre, postérieure, maorie classique, est celle que les premiers navigateurs européens rencontreront. Le processus qui vit la seconde phase succéder à

culturels, on retrouve les mêmes structures sociales du nord au sud.

Les compétitions tribales, par exemple, constituent le fondement de la communauté maorie. La famille et le *hapu* (sous-tribu) cimentent la société en déterminant qui épouser, où résider, où et quand combattre et pourquoi. Les ancêtres tribaux sont vénérés, tout comme les dieux représentant les forces de la nature. Chaque élément de l'ensemble est relié à tous les autres. Et l'acceptation universelle de concepts comme le *tapu* (sacré), la *mana* (autorité spirituelle) et le *mauri* (force vitale), l'*utu* (satisfaction) et la croyance dans le *maku-*

la première demeure assez complexe. Il n'en reste pas moins établi que, lorsque James Cook explore les côtes de Nouvelle-Zélande en 1769, les Polynésiens ont colonisé cette terre de l'extrême nord au détroit de Foveaux, au sud. La langue qu'ils utilisent est assez simple pour être comprise partout dans le pays, en dépit de différences dialectales nettement marquées, particulièrement entre North et South Island. Et, si des variations régionales sont à noter dans certains détails ou usages

---

CI-CONTRE : vie maorie idéalisée par Sydney Parkinson.
CI-DESSUS : illustration ancienne du *hongi*, accueil maori traditionnel.

tu (sorcellerie) régente tous les aspects de cette vie.

Hiérarchie maorie

La société se divise en strates. Les Maoris appartiennent aux *rangatira*, dynasties de chefs, ou naissent *tutua* (roturiers). Ils deviennent esclaves s'ils sont capturés au cours de guerres. Les *kaumatua*, anciens et chefs de famille, exercent une autorité directe. Une communauté de même origine ancestrale est placée sous la juridiction *rangatira* dont l'autorité est en partie héréditaire, en partie fondée sur leur valeur passée.

Des fédérations de *hapu* et de tribus se réunissent parfois pour joindre leurs forces sous l'autorité d'un *ariki* (chef suprême), par exemple pour faire la guerre à des éléments étrangers, ou pour chercher de nouvelles ressources. Néanmoins, la compétition la plus acharnée prévaut, même entre des *hapu* très étroitement apparentés.

Les communautés vivent dans un *kainga* : composé de quelques maisons ou de plus de 500, ce village est habituellement fondé sur l'appartenance à un *hapu* unique. Eau, nourriture et cultures doivent se trouver à proximité du *kainga*. Le plus souvent,

> **RATIONNEMENT MAORI**
>
> Lorsqu'un aliment se fait rare dans un *kainga* (village) ou un *pa* (camp fortifié), les Maoris imposent un *rahui* (interdiction) pour le conserver.

et, dans les secteurs où les conflits sont fréquents, de la guerre. Les deux premières tâches sont confiées à des groupes plus ou moins importants selon la saison.

Trait essentiel de la vie maorie à travers presque tout le pays, la guerre est parfois menée pour conquérir un territoire riche en nourriture ou ressources naturelles (pierres pour la fabrication d'outils, par exemple) ; parfois, elle doit venger une insulte, ou obtenir réparation d'un *hapu* dont les membres auraient transgressé les règles

fortifié et perché, il est attenant à un autre plus important, vers lequel les villageois peuvent battre en retraite en cas d'attaque : on l'appelle alors un *pa*.

Ouvrages militaires

Le *pa* maori comprend un camp retranché, des fossés, des levées et des palissades. Certains demeureront imprenables ; d'autres seront pris puis perdus plusieurs fois par génération. Pour certains chercheurs, la fonction première du *pa* consistait à protéger les racines de *kumara* des pillards.

La vie communautaire s'articule autour de la quête de nourriture, de la culture de plantations

sociales en vigueur ; d'autres conflits encore portent sur des questions d'autorité.

Jusqu'à l'apparition du mousquet, les incidences de ces guerres demeurent limitées. Elles n'impliquent que des individus ou des bandes lançant des embuscades ou des attaques sporadiques. Même lorsque des groupes plus conséquents s'affrontent ou montent un siège, les morts ne se comptent que par quelques dizaines. La plupart des batailles se livrent en été, et, sauf migration, jamais bien loin du territoire de la tribu.

Pour l'individu comme pour la tribu, la notion de *mana* (autorité spirituelle) revêt une importance capitale. La victoire augmente la *mana* d'un individu, une défaite la diminue. Le courage et l'habileté au combat jouent également un rôle essentiel pour l'initiation et l'acceptation par les hommes, particulièrement dans le cas des chefs. Les Maoris utilisent beaucoup la *taiaha* (longue épée en bois) et de petites massues appelées *patu* et *mere*.

Les non-combattants peuvent accéder à un statut social élevé par l'exercice des arts ou de pouvoirs ésotériques en qualité de *tohunga*. Dépourvus d'écriture, les Maoris s'appuient sur des traditions orales élaborées. Une *mana* considérable est attribuée aux meilleurs orateurs. Les qualités de sculpteur sont également très appréciées, le travail du bois, de l'os et de la pierre atteignant chez les Maoris un niveau de sophistication et de raffinement presque inégalé. Les plus belles sculptures sur bois ornent les linteaux, les pignons des maisons et les proues des pirogues, tandis qu'avec l'os et la pierre sont réalisés des bijoux comme le *heitiki* (pendentif représentant une silhouette humaine). Le *poumanu* (jade de Nouvelle-Zélande) est extrêmement recherché par les sculpteurs ; les Maoris vont jusque dans les zones les plus inhospitalières de South Island pour en rapporter. Ils apprécient le *poumanu* pour sa dureté et les angles nets qu'ils peuvent en tirer. Plus qu'une ressource, il est un véritable objet mythique. Comme les autres Polynésiens, les Maoris ne connaissent pas le métal.

Ne disposant pas non plus de peaux animales, les tisserands maoris fabriquent de magnifiques vêtements de cérémonie en plumes, lin et autres matériaux.

Le tatouage, ou *moko*, joue également un grand rôle. Les hommes se font surtout inciser les fesses et le visage, les femmes le visage et la poitrine. Utilisant une lame simple, non dentelée, cet art à part entière se rapproche plus de la sculpture que du tatouage.

En dépit des guerres et des frontières tracées entre tribus, le commerce conserve tous ses droits. Les îliens du Sud exportent le jade, utilisé en bijou ou comme outil, les colons de Bay of Plenty l'excellente obsidienne de Mayor Island, tandis que les habitants de Nelson et d'Urville Island extraient et exportent de l'argile. Les ressources alimentaires, plus abondantes dans certaines zones et moins dans d'autres, comme le

puffin fuligineux, peuvent se conserver et s'échanger. Les Maoris parcourent de longues distances pour se procurer matériaux ou mets de choix. Si les embarcations transocéaniques ont disparu au XVIIIe siècle, les pirogues demeurent très utilisées pour les transports côtiers et fluviaux, ainsi que sur les lacs.

La "Terre du long nuage blanc"

L'examen des vestiges préeuropéens atteste que peu de Maoris dépassaient l'âge de 30 ans. Dès 25 ans, la plupart souffrent d'arthrite et d'abcès dentaires dus à leur régime de racines de fougères. La majorité des anciens dont la bonne

santé fait l'admiration de Cook en 1770 n'ont probablement pas plus de 40 ans.

Lorsque ce dernier et d'autres navigateurs découvrent les Maoris à la fin du XVIIIe siècle, leur population compte quelque 100 000 à 120 000 individus. Ils ont été séparés depuis si longtemps des autres cultures que le nationalisme leur est totalement étranger. Mais ils demeurent farouchement attachés à l'identité héritée de leurs ancêtres et leur appartenance au *hapu*. S'ils mènent une existence tribale, il est une chose qu'ils partagent tous, quelle que soit leur tribu : une affinité profonde avec leur terre et ses trésors. Ils l'appellent *Aotearoa* – la "Terre du long nuage blanc". ❑

Ci-contre : *pa* (fort) maori.
Ci-dessus : guerrier maori, par Sydney Parkinson.

L'ÈRE DES DÉCOUVERTES

Un Hollandais cherchait le "grand continent austral" quand il débarqua en
Nouvelle-Zélande en 1642 ; il fallut attendre 130 ans pour parler de découverte.

Le Pacifique sud sera la dernière partie habitable du globe découverte par les Européens. Et c'est aux longues traversées qui doublaient le cap Horn d'un côté, et le cap de Bonne-Espérance de l'autre, qu'il doit d'avoir été exploré. Une fois engagés dans l'enceinte du plus vaste des océans, les navigateurs se retrouvaient à des milliers de milles de toute terre familière. Il leur fallait un courage solide, doublé de remarquables compétences en navigation, pour s'y aventurer.

Repoussés comme aux confins du globe, les pays du Pacifique sud ont été laissés aux Polynésiens pendant près de 150 ans après la première intrusion des Européens dans le Pacifique ouest. La Nouvelle-Zélande demeura isolée quelque 130 ans encore après que le Hollandais Abel Tasman eut reconnu ses côtes en 1642. Il reviendra à l'Anglais James Cook de cartographier les immensités du Pacifique. Historien néo-zélandais et biographe de Cook, J.C. Beaglehole commente ainsi les grands voyages du navigateur : "[…] pour mesurer l'ampleur de sa carrière, il s'agit moins d'en souligner les détails que de comparer la carte du Pacifique avant son premier voyage avec celle de la fin du XVIIIe siècle. Car sa vie fut un tout homogène ; à sa passion pour l'exactitude scientifique il ajouta l'infatigable obstination de l'explorateur..."

Les comptoirs hollandais

Les Européens étendent peu à peu leur connaissance du Pacifique durant les XVIe et XVIIe siècles, après la première incursion de Vasco Nuñez de Balboa par l'isthme de Panama en 1513. Des navigateurs espagnols et portugais comme Magellan et Quiros, anglais comme Francis Drake accomplissent leurs périples historiques. En quête de métaux précieux et d'épices rares, les Espagnols cherchent également à répandre la foi catholique.

Mais, vers la fin du XVIe siècle, les Hollandais imposent leur puissance maritime et commerciale dans le Pacifique centre et ouest. Au début du XVIIe siècle, sous les auspices de la Compagnie hollandaise des Indes orientales, ils implantent un grand comptoir à Batavia (Jakarta actuel), sur l'île de Java. Il faudra

compter avec eux dans la région durant les deux siècles suivants, même si le grand commerce l'emporte durant cette période sur les voyages d'exploration.

Les capitaines hollandais comprennent bientôt qu'en demeurant au sud après avoir doublé la pointe de l'Afrique au cap de Bonne-Espérance et en attrapant les vents d'ouest réguliers jusqu'aux abords des côtes occidentales de l'Australie, ils rejoignent Java plus vite que par la route traditionnelle – qui remonte les côtes orientales de l'Afrique pour capter les vents saisonniers de mousson. Ainsi les îles au large de la côte ouest de l'Australie, et des portions du littoral même, font-elles leur apparition sur

CI-CONTRE : le capitaine Cook en vue de Golden Bay, Nouvelle-Zélande, 1769.
CI-DESSUS : l'*Endeavour*, dessin du XVIIIe siècle.

les cartes, mais sans être reconnues comme les limites d'un immense continent.

Un gouverneur ambitieux de Batavia, Anthony Van Diemen, montre alors plus d'imagination dans la découverte de nouvelles terres que la plupart de ses prédécesseurs.

La mission de Tasman

En 1642, Van Diemen demande à Abel Tasman de conduire une expédition vers le sud, en compagnie d'un navigateur expérimenté, Frans Visscher. Ce voyage doit les emmener d'abord à l'île Maurice, puis au sud-ouest entre le 50° et le 55° de latitude sud en quête du grand conti-

L'IMPAIR DE TASMAN

La première et la seule rencontre de Tasman avec les Maoris manque de tourner au désastre. Une pirogue percute la petite barque qui opère la navette entre le *Zeehaen* et le *Heemskerck* : un combat s'ensuit, avec pertes en vies humaines des deux côtés. Tasman baptise l'endroit "baie du Massacre" et met le cap au nord. Il ne retentera plus aucun débarquement. Il n'a pas compris qu'il se trouvait à l'entrée ouest du détroit qui sépare North et South Island, aujourd'hui baptisé Cook Strait. Aurait-il seulement navigué quelques milles plus à l'est et le détroit s'appellerait peut-être aujourd'hui Tasman Strait.

nent austral – la *Terra australis incognita*. S'ils n'ont rencontré aucune terre qui les arrête le *Heemskerck* et le *Zeehaen* poursuivront ensuite vers l'est, jusqu'à trouver une route plus courte pour le Chili, riche région de commerce et monopole des Espagnols. Mais l'expédition ne descend pas au-delà du 49° de latitude sud avant de mettre le cap à l'est, faisant deux découvertes majeures : la Tasmanie – ou "Terre de Van Diemen", comme on la baptise alors –, et la Nouvelle-Zélande – nommée Staten Landt.

Le 13 décembre 1642, Tasman et ses hommes aperçoivent ce qu'ils décrivent comme une "terre soulevée très en hauteur" – les Alpes du sud de South Island. Par vents forts et mer grosse, ils remontent la côte du Westland avant de doubler le cap Farewell et d'entrer dans l'actuelle Golden Bay. Le voyage de Tasman ne sera pas considéré comme un succès (*voir encadré*), et il devra attendre longtemps la consécration que mérite une découverte courageusement menée et sérieusement documentée.

Les voyages de Cook

Un an ou deux plus tard, d'autres navigateurs comprennent que la Nouvelle-Zélande ne peut être rattachée à un immense continent qui rejoindrait l'Amérique du Sud. La Staten Landt (appellation hollandaise de l'Amérique du Sud) devint alors la Nouvelle-Zélande, d'après la province de Zélande.

Mais il reste encore beaucoup à faire, et c'est à un seul homme, James Cook, qu'il reviendra d'accomplir cette tâche immense. On lui a confié le commandement d'un robuste charbonnier de 105 pieds, l'*Endeavour* : il doit rallier l'île du Roi-George (Tahiti) pour y observer le passage de Vénus entre la Terre et le Soleil, puis faire route (secrètement) au sud jusqu'au 40ᵉ parallèle en quête du mystérieux continent austral, et cartographier la position de toutes les terres qu'il pourra découvrir.

Le 27 janvier 1769, Cook double le cap Horn et pénètre dans le Pacifique pour la première fois. Après avoir observé le passage de Vénus et étudié d'autres îles du groupe, qu'il baptise "îles de la Société", il vire au sud, puis à l'ouest. Le 6 octobre, un mousse de l'*Endeavour*, Nicholas Young, signale la côte est de North Island, au point aujourd'hui appelé Young Nick's Head.

Cook sait qu'il se trouve en vue de la côte est de la Nouvelle-Zélande, terre découverte par

Tasman. Deux jours plus tard, l'*Endeavour* entre dans une baie où s'élève un panache de fumée, signe d'habitations. Mais ce premier débarquement tourne mal : une bande de Maoris attaque le canot gardé par 4 mousses, et l'un des assaillants est abattu.

On découvre alors qu'un chef tahitien embarqué à bord de l'*Endeavour*, Tupaea, peut communiquer avec les Maoris. Il accompagne Cook à terre le lendemain matin. Mais les habitants des lieux se montrent tout aussi menaçants, et Cook ordonne de

ERREURS DE CARTES...

James Cook a commis deux erreurs topographiques : il a rattaché Steward Island à l'île comme une péninsule, et a traité la presqu'île de Banks comme une île.

Première rencontre "pacifique"

L'*Endeavour* descend au sud, entrant dans Hawke's Bay, puis vire au nord pour doubler East Cape. Il mouille 10 jours dans Mercury Bay, ainsi nommée car Cook y fait une observation du passage de Mercure. C'est en ce lieu que, pour la première fois, les navigateurs s'entendent avec les Maoris, troquant des colifichets contre du poisson, des oiseaux et de l'eau potable. Les Maoris leur montrent leur village et ils visitent un *pa* dont les fortifications impressionnent Cook.

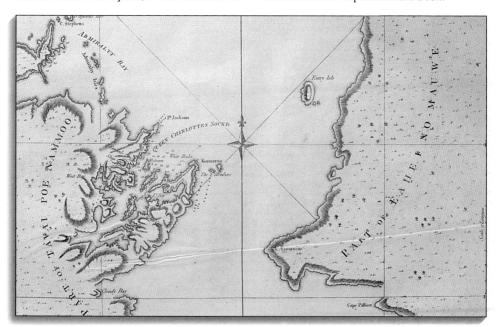

tirer sur l'un d'eux pour les obliger à reculer. Dans l'après-midi, un tir de mousquet au-dessus d'une pirogue, loin de terroriser les Maoris, les précipite à l'attaque du canot de Cook ; trois Maoris sont tués dans la fusillade qui s'ensuit. Cook doit se rendre à l'évidence : ces Polynésiens-là sont braves, déterminés et agressifs. Il baptise l'endroit Poverty Bay, car il n'y a pas trouvé l'approvisionnement dont il avait besoin.

Ci-contre : Abel Tasman.
Ci-dessus : sur cette carte utilisée lors d'un voyage du capitaine Cook, le détroit ne porte pas encore son nom.

L'expédition fait le tour de la Nouvelle-Zélande, et, avec une précision remarquable, le navigateur anglais dresse une carte du littoral qui demeurera à peu près fiable pendant plus de 150 ans. L'*Endeavour* passe plusieurs semaines de carénage et de ravitaillement à Ship Cove, au nord de South Island, dans un profond bras de mer que Cook baptise Queen Charlotte Sound. Pour les deux botanistes du bord Joseph Banks et Daniel Solander, ce séjour offre l'occasion rêvée d'étudier la flore de la région, tandis que les canots en profitent pour cartographier la côte en détail.

L'*Endeavour* remet le cap sur l'Angleterre à la fin du mois de mars 1770, remontant la côte orientale de l'Australie, traversant les Indes orientales hollandaises puis doublant le cap de Bonne-Espérance pour achever sa circumnavigation du monde. L'expédition se révèle un extraordinaire exploit nautique, positionnant définitivement la Nouvelle-Zélande et amoncelant une quantité énorme de données. Cook incarne alors la figure du grand navigateur, qu'animent tout à la fois la passion de découvrir et celle de décrire, dans les deux cas avec le plus haut degré d'exactitude possible. Le premier voyage de Cook reste l'une des expéditions les plus soigneusement préparées de l'histoire.

Cook : la série continue

Le navigateur reprendra la tête de deux expéditions dans le Pacifique – de 1772 à 1775 et de 1776 à 1780. Durant la première, il mène le *Resolution* à deux reprises au sud du cercle antarctique, où aucun navire ne s'était risqué avant lui – mais il a moins de chance avec le continent antarctique, à la réalité duquel il ne croit plus.

Après les épreuves des mers australes, officiers et équipage goûtent un repos bien mérité à Dusky Sound, en Nouvelle-Zélande. Ils passent là 7 semaines, durant lesquelles ils se construisent un atelier et un observatoire, se refont une santé avec du moût d'épinette, un antiscorbu-

LES RÉFÉRENCES DE COOK

Fils d'un journalier agricole du Yorkshire, James Cook naît en 1728. Il fait son apprentissage de marin sur un charbonnier. Durant la guerre de Sept Ans, il s'engage comme simple matelot dans la Royal Navy. Il passe rapidement maître d'équipage, et participe à la cartographie du Saint-Laurent, préliminaire essentiel à la prise de Québec par le général Wolfe. L'amirauté reconnaît rapidement ses mérites et l'engage comme "hydrographe et royal". Elle lui confie en 1769 le commandement de l'*Endeavour*, le chargeant d'aller observer l'éclipse de Vénus à Tahiti, et de découvrir le "continent austral".

tique, et quantité de poissons et d'oiseaux. Ils entrent en contact avec une famille de Maoris vivant dans un secteur qui ne sera jamais très peuplé, ni alors ni maintenant. Ils plantent des graines sur le littoral du bras de mer, puis font voile vers leur mouillage préféré – Ship Cove, à l'autre bout de South Island. Un an plus tard, à la veille de repartir pour l'Angleterre, Cook fait don de porcs, d'oiseaux et de graines de légumes à un village maori près de Hawke's Bay avant de regagner Ship Cove pour tenter d'y rejoindre l'*Adventure*, vaisseau commandé par Furneaux.

Durant son troisième et dernier voyage en Nouvelle-Zélande, Cook vient à nouveau mouiller à Ship Cove, où son amitié – prudente

– avec certains Maoris dure maintenant depuis presque 10 ans. Dans ses journaux de bord, il qualifie les Maoris d'êtres "virils et doux", ajoutant : "Ils ont certains arts qu'ils exécutent avec un grand jugement et une patience inlassable." Il a cartographié les côtes de Nouvelle-Zélande de manière si complète qu'il ne reste plus grand-chose à en découvrir. Mais plusieurs navigateurs lui emboîtent le pas durant les dernières années du XVIIIe siècle, dont le Français Dumont d'Urville – qui arrive seulement 2 mois après le

LA MORT DE COOK

À la suite d'une série de vols ayant mené à de violents affrontements avec les indigènes d'Hawaï, Cook trouve la mort sur la plage de Kealakekua en février 1778.

Les premiers Européens à réellement compter en Nouvelle-Zélande seront les chasseurs de phoques : un premier groupe débarque sur la côte sud-ouest de South Island en 1792. La chasse connaît une brève apogée au tout début du XIXe siècle, mais les phoques manquent bientôt et les navires doivent émigrer plus au sud.

Au début du XIXe siècle, les baleiniers font leur apparition, fuyant les guerres coloniales qui enflamment la côte pacifique d'Amérique du Sud. Des navires britanniques, australiens et américains viennent

premier débarquement de Cook en Nouvelle-Zélande –, puis Marion du Fresne, l'Italien Don Alessandro Malaspina, qui commande une expédition espagnole, et George Vancouver, qui a servi sous Cook. En 10 ans (1770-1780), Cook et ses contemporains ont entièrement ouvert les routes du Pacifique. En 1788, les Britanniques débarquent leurs premiers bagnards en Australie, dans leur colonie de Botany Bay. Des commerçants suivront bientôt, prêts à exploiter toutes les richesses sur lesquelles ils pourront mettre la main.

À GAUCHE : copie moderne de l'*Endeavour*.
CI-DESSUS : des Maoris accueillent un visiteur anglais.

chasser le cachalot dans la région et leurs escales mettent leurs équipages en contacts fréquents avec les Maoris de Kororareka (rebaptisé plus tard Russel), sur North Island. Au début, les relations sont plutôt amicales. Mais les visites s'espacent après l'incendie du *Boyd* en 1809 et le massacre de son équipage : des marins maoris de haut rang ont été punis par les capitaines pakehas (européens), et les représailles ne se sont pas fait attendre.

L'exploration de l'intérieur, du début au milieu du XIXe siècle, se cantonne surtout aux régions aisément accessibles de la côte. De vastes secteurs de South Island ne seront reconnus par les Européens qu'au XXe siècle. ❑

HARRIETT
HEKI'S WIFE

HEKI

KAWITI

THE WARRIOR CHIEFTAINS
of
NEW ZEALAND

Drawn by Jos^h J. Merrett

Drawn on Stone by W Nicholls

BIBLIOTHÈQUE PUBLIQUE
PIERREFONDS

LA COLONISATION

*La colonisation de la Nouvelle-Zélande met aux prises les Maoris
avec les missionnaires, les hommes politiques, les colons et les spéculateurs.*

La visite fantôme d'Abel Tasman, puis les reconnaissances bien plus concluantes menées par Cook 130 ans plus tard n'ont pas d'impact immédiat sur le futur de l'île. Les Hollandais s'efforcent de tirer tout ce qu'ils peuvent de l'archipel indonésien, tandis que les Britanniques s'affairent à consolider et à étendre leur rayonnement commercial en Inde. La Nouvelle-Zélande semble avoir peu à offrir à une puissance coloniale.

Effet secondaire des voyages de Cook et conséquence indirecte de la guerre d'indépendance américaine, les Britanniques fondent en 1788 une colonie pénitentiaire à Botany Bay (Australie), de l'autre côté de la mer de Tasman alors qu'ils envoyaient auparavant leurs bagnards en Amérique. Mais la "Terre du long nuage blanc" demeure en grande partie ignorée.

Peaux de phoques et huile de baleine

Au début du XIXe siècle, tandis que l'Europe s'enfonce dans les guerres napoléoniennes, la demande en peaux de phoques et en huile de baleine s'accroît. Ces mammifères apprécient les eaux néo-zélandaises, et les capitaines de Port Jackson (Sydney Harbour) ou de la nouvelle colonie de Hobart, en "Terre de Van Diemen" (Tasmanie), ne tardent pas à accourir.

Beaucoup viennent se ravitailler en eau à Kororareka (futur Russel), dans Bay of Islands. Le mouillage est sûr et bien abrité, et une forêt de kauris permet de réparer vergues ou mâture.

Cet afflux d'Européens transforme bientôt Kororareka en un port peu fréquentable. Les missionnaires qu'on y envoie qualifient l'endroit de "trou de l'enfer du Pacifique du sud-ouest". Les nouveaux arrivants apportent avec eux les ingrédients qui finiront par exterminer certaines tribus maories : mousquets, prostituées, et une cohorte de maladies contagieuses

Ci-contre : le chef maori Hone Heke, sa femme Harriett et le chef Kawiti.

À droite : Samuel Marsden, propagateur du christianisme en Nouvelle-Zélande.

– dont beaucoup s'avéreront mortelles – auxquelles les Maoris n'ont jamais été exposés et ne peuvent donc opposer aucune résistance.

Quelques hostilités isolées émaillent le début du XIXe siècle : ainsi, en 1809, dans la baie de Whangaroa, les Maoris massacrent et dévorent tout l'équipage du brick *Boyd* (*voir p. 29*).

Hormis ces sanglantes anicroches, les relations entre les deux communautés conservent un caractère généralement paisible. Le troc prospère, les Maoris échangeant des légumes et du lin contre diverses babioles, outils et armes – dont, bien sûr, le mousquet. Ils aident à abattre les immenses kauris et à tirer leurs fûts jusqu'à la plage, s'enrôlent comme marins sur les navires de chasse au phoque et à la baleine. Ils sont puissamment bâtis et résistants – mais également orgueilleux, ce dont la plupart des Européens ne s'apercevront que plus tard.

En 1817, les lois de la colonie de la Nouvelle-Galles du Sud, en Australie, sont étendues à la Nouvelle-Zélande : il s'agit notamment de mettre un terme à l'anarchie qui règne dans Bay of Islands.

Le révérend Samuel Marsden débarque de la Nouvelle-Galles du Sud vers cette époque. En Australie, il a laissé le souvenir d'un "pasteur fouettard", réputation qu'il doit à la fonction de magistrat qu'il occupa à Port Jackson. Mais, pour les Kiwis, ainsi que l'on appelle les Néo-Zélandais, il reste l'homme qui introduisit le christianisme en Nouvelle-Zélande.

Évangéliste convaincu, Marsden est persuadé que les commerçants missionnaires doivent non

MISSIONNAIRE ÉCLAIRÉ

Arrivé à Paihia en 1834, William Colenso y installe une presse d'imprimerie qui jouera un rôle majeur dans l'alphabétisation des Maoris.

dall participe à la compilation du premier dictionnaire lexical et grammatical de la langue maorie, et, en 1820, il accompagne deux chefs en Grande-Bretagne, Hongi et Waikato.

En 1830, les Maoris participent au commerce d'exportation. Cette année-là, 28 bateaux de 110 tonneaux chacun effectuent 56 traversées de la mer de Tasman, transportant des cargaisons importantes vers Sydney, dont des pommes de terre maories.

L'intégration de la Nouvelle-Zélande dans le cadre législatif de la Nouvelle-Galles du Sud

seulement encourager les Maoris à se convertir, mais aussi leur apprendre la charpenterie, l'agriculture et les techniques européennes.

Mais les hommes en qui Marsden a placé sa confiance ne forment qu'une bande mal assortie : les peuples qu'ils viennent évangéliser peuvent difficilement voir en eux l'émanation bienfaisante de la civilisation et de la religion. Beaucoup s'adonnent au trafic des armes, à l'adultère et à l'alcoolisme… Il faudra ainsi attendre 10 ans pour assister au baptême d'un premier Maori, et le christianisme ne progressera d'abord que lentement.

Quelques éléments restent néanmoins à porter au crédit des missionnaires. Thomas Ken-

n'en a pas fait pour autant une colonie britannique ; et l'application des lois ne se révèle guère plus efficace. Le gouverneur n'a aucun moyen d'étayer des accusations ni d'imposer son autorité sur un navire en eaux néo-zélandaises, et il a nul pouvoir sur un navire étranger.

Les premiers missionnaires ne souhaitent pas la colonisation de la Nouvelle-Zélande. Ils espèrent obtenir toute latitude pour y diffuser ce qu'ils considèrent comme les bienfaits de la religion chrétienne, tout en protégeant les Maoris des maux introduits précédemment dans les colonies plus anciennes par les aventuriers européens.

Pour beaucoup de Britanniques une colonie organisée et responsable devrait pouvoir éviter les ravages infligés ailleurs par les Européens aux peuples indigènes. Partisan le plus radical de cette position, Edward Gibbon Wakefield demeure une personnalité très contestée. De manière plus pragmatique, les Britanniques cherchent de nouvelles terres à coloniser, conscients que si la Grande-Bretagne ne prend pas possession de la Nouvelle-Zélande pour la peupler d'immigrants européens, une autre puissance coloniale– très probablement la France – s'en chargera.

Mais le gouvernement de la métropole se montre obstinément irrésolu, laissant la question en suspens. Dès les années 1830, la lutte pour la terre bat son plein, dans une anarchie qui aura plus tard des conséquences dramatiques.

Les Maoris n'ont aucune notion de la propriété individuelle. Chez eux, les terres sont occupées par les tribus qui en ont hérité. Un chef a souvent assez d'autorité pour faire accepter une vente à la plupart des membres de sa tribu, mais tout se complique si la terre en question – parfois très vaste – est disputée entre tribus ou sous-tribus. De nombreux transferts de terres entre Pakehas (Européens) et Maoris seront à l'origine des conflits des années 1860, et certains demeurent encore légalement contestés.

La nature de la transaction pose également problème : les colons – et *a fortiori* les spéculateurs – sont persuadés qu'ils achètent un bien inaliénable quand, dans de nombreux cas, les Maoris n'ont fait que leur louer la terre.

Les missionnaires n'ont guère de compétences en matière de droit britannique, encore moins dans le domaine foncier, et ne s'en sortent pas mieux comme administrateurs. L'heure est donc venue pour le gouvernement d'intervenir, ce qu'il va faire à reculons.

Il passe à l'acte en 1833 avec le débarquement de James Busby, résident britannique, à Bay of Islands. On ne sait trop ce que cette notion de "résident" recouvre. Mais, le plus souvent, le résident peut compter sur le soutien du gouvernement de Sa Majesté en qualité de diplomate représentant les intérêts britanniques sur un territoire non encore annexé par la Couronne. Dans les faits, il peut conseiller les chefs locaux, il peut les amadouer – mais il n'a pas de pouvoir.

CI-CONTRE : *Nelson Haven in Tasman Bay*, de Charles Heaphy (1841).
CI-DESSUS : Edward Gibbon Wakefield.

Busby fait ce qu'il peut. Il tente de créer un semblant d'unité et de souveraineté parmi les tribus maories en instaurant une confédération de chefs maoris. En 1835, il propose que la Grande-Bretagne et les Tribus unies de Nouvelle-Zélande concluent un arrangement selon lequel la confédération représentera le peuple maori et développera graduellement son influence, tandis que le gouvernement britannique administrera le pays pendant cette période de transition.

Busby s'est gagné l'estime des Maoris. Mais il a parfaitement conscience de sa propre impuissance : il sait pertinemment qu'il ne

pourra jamais instaurer l'ordre et la loi sans l'appui d'une force concrète.

Le plan Wakefield

Dans le courant des années 1830, il devient évident que l'achat des terres va donner lieu à de graves désordres. Les spéculateurs parient que la Grande-Bretagne va prendre possession du pays et l'occuper, tandis que le résident Busby ne peut empêcher la poursuite des "affaires". La colonisation semble s'effectuer envers et contre tout. En 1836, Edward Gibbon Wakefield déclare à un comité de l'Assemblée des communes que la Grande-Bretagne est déjà en train de coloniser la Nouvelle-Zélande, mais "de la façon la plus sournoise, chaotique et disgracieuse qui soit".

En 1837, sur décision du gouvernement de la Nouvelle-Galles du Sud, le capitaine William Hobson embarque à bord du *HMS Rattlesnake* pour faire un rapport sur la situation. Hobson suggère de conclure un traité avec les chefs maoris – ce que Busby croyait avoir déjà fait…–, et de placer tous les habitants de Nouvelle-Zélande sous l'autorité britannique. Mais le rapport d'Hobson serait peut-être tombé aux oubliettes sans l'influence de Wakefield.

Ce dernier n'apprécie guère les effets de la colonisation aux États-Unis, au Canada, en

Nouvelle-Galles du Sud et en Tasmanie. Il pense que si la terre est vendue à ce qu'il appelle un "prix suffisant" à des colons "capitalistes", les simples "travailleurs" ne se disperseront pas sur le territoire mais formeront des communautés au service des propriétaires terriens, au moins durant quelques années, le temps d'économiser assez pour s'acheter leur terre au "prix suffisant" et employer à leur tour une main-d'œuvre immigrée récemment débarquée.

Le prix de la terre joue un rôle clé dans le système de Wakefield, qui veut faire de la Nouvelle-Zélande un terrain d'expérimentation. Mais il sous-estime les aspirations des immigrants, souvent prêts à subir l'enfer pour pouvoir exploiter leur propre terre, de même qu'il n'a pas prévu la vitesse à laquelle les "capitalistes" s'éloigneraient des centres habités pour spéculer sur des régions jugées plus rentables.

En 1839, Wakefield crée la New Zealand Company, dont les futurs actionnaires prendront en charge le coût des colonies qu'ils prévoient de fonder.

Le traité de Waitangi

Durant cette même période, le gouvernement britannique satisfait enfin aux sentiments anticoloniaux des missionnaires. Il décide que les Maoris devront être consultés sur leur propre avenir, et que l'annexion de leur pays ne se fera qu'avec leur consentement. Le traité de Waitangi est signé à Bay of Islands le 6 février 1840 par Hobson – alors nommé lieutenant-gouverneur –, représentant du gouvernement britannique. Il sera ensuite acheminé vers d'autres régions et signé par la plupart des chefs maoris.

Ironie de l'histoire, ce traité ne sera jamais ratifié. Moins de 10 ans plus tard, le Chief Justice Sir William Martin déclare qu'il n'a aucune valeur légale car il n'a pas été intégré à la loi statutaire du pays. Autre paradoxe, le traité de Waitangi marque pour les historiens le "jour fondateur" de la colonie britannique de Nouvelle-Zélande – tout ce que les missionnaires souhaitaient justement éviter.

Le traité lui-même alimente encore les controverses. Le texte du document a été rédigé en anglais, puis semble avoir été amendé par Hobson après que celui-ci l'a expliqué à l'assemblée des chefs de tribus. Une traduction maorie plutôt approximative a été signée par la plupart d'entre eux. Les Maoris s'en sont remis aux conseils des missionnaires, selon lesquels la souveraineté néo-zélandaise était confiée à la couronne britannique en échange de certaines garanties sur leurs droits. Beaucoup d'Européens – et d'indigènes – y ont cru sincèrement, et, pendant plusieurs années, le gouvernement britannique va différer l'application du traité.

Il est devenu impossible d'examiner objectivement celui-ci. À l'époque, il représentait un exemple unique de considération intelligente pour les droits d'une population indigène. Mais, parce qu'il ne sera jamais ratifié ni jamais vraiment respecté par les colons blancs, il apparaît aujourd'hui comme un stratagème et une pomme de discorde sociale.

Implicite dans le traité de Waitangi de 1840, l'annexion formelle de la Nouvelle-Zélande par la Grande-Bretagne donne le signal du départ des premiers navires d'immigrants affrétés par la New Zealand Company de Wakefield. Le *Tory* a même quitté les côtes d'Angleterre avant la signature du traité, avec à son bord un premier lot d'immigrants venant s'installer à Wellington. Le district de Waitangi reçoit, quant à lui, ses premiers colons peu de temps après, et, en 1841, une succursale de la compagnie, basée à Plymouth, envoie des colons de la Cornouailles et du Devon fonder New Plymouth.

Heke se révolte. Accompagné de ses guerriers, il détruit à trois reprises le mât de pavillon de Kororareka – symbole de l'autorité de la Couronne –, saccageant même la ville entière tandis que les Pakehas s'éparpillent dans les bois ou embarquent en catastrophe.

Mandaté en 1845, le gouverneur George Grey appelle l'armée pour mater la rébellion. Aidé par des dissidents maoris qui refusent de soutenir Hone Keke, Grey emporte la victoire.

La New Zealand Company entame alors son déclin. À la fin des années 1840, elle doit renoncer à son privilège et remettre au gouvernement 400 000 ha de terres pour lesquels

Ce nouveau flux n'épargne pas South Island. Le capitaine Arthur Wakefield, frère d'Edward, débarque à Nelson en 1841, suivi par 3 000 colons en 1842.

Les événements du Sud ont des répercussions sur Bay of Islands. Les conséquences du traité de Waitangi irritent profondément Hone Heke, grand chef maori. Avant la signature, Kororareka (Russel) était la capitale officieuse du pays. Mais le lieutenant général Hobson a décidé de la déplacer à Auckland. Les activités commerciales de Russel périclitent, et Hone

---

Ci-contre : Tomika Te Mutu, chef de Motuhoa Island.

Ci-dessus : diligence franchissant une rivière à gué.

LE MASSACRE DE WAIRAU

Le traité de Waitangi n'a rien fait pour apaiser le débat sur la propriété des terres, bien au contraire. En 1843, Arthur Wakefield, frère d'Edward Wakefield, conduit un groupe armé de colons dans la vallée fertile de Wairau. Pour eux, cette terre a été achetée par la New Zealand Company à la veuve d'un négociant européen, lequel l'avait obtenue des Maoris en échange d'un canon. Le chef local Te Rauparaha et son neveu Rangihaeata sont d'un avis radicalement différent : lorsque les deux groupes se rencontrent, la femme de Te Rauparaha est tuée, et les Maoris abattent 22 Pakehas, dont Wakefield.

elle doit encore l'équivalent de 500 000 dollars. La compagnie sera finalement dissoute en 1858.

La New Zealand Company demeure malgré tout active durant encore 10 ans, prêtant un soutien occasionnel aux membres de l'Église libre d'Écosse qui fondent Dunedin en 1848, puis aux Anglicans qui créent Christchurch en 1850 avant d'ouvrir les riches prairies des plaines de Canterbury. De nombreux colons importent des moutons d'Australie, essentiellement des mérinos. Le futur plus grand atout économique du pays est en gestation : l'élevage des moutons à grande échelle.

Edward Wakefield, le grand tenant d'une colonisation planifiée, pose pour la première fois le pied en Nouvelle-Zélande en 1852 : la Grande-Bretagne vient d'accorder à sa colonie un gouvernement autonome. Wakefield vivra assez longtemps (il meurt en 1862) pour comprendre que son schéma idéal d'une société concentrée de "capitalistes" et de "travailleurs" n'est pas viable. Les immigrants ne sont pas forcément attirés par la vie urbaine, et beaucoup quittent les toutes jeunes agglomérations pour fonder – ou tenter de fonder – des exploitations agricoles très éloignées des villes. Néanmoins, si la colonisation de la Nouvelle-Zélande s'est faite de façon plus disciplinée que, plusieurs décennies auparavant, celle du Canada et de l'Australie, c'est en grande partie grâce à Wakefield.

Les guerres de Nouvelle-Zélande

La jeune colonie se trouve confrontée à de sérieux problèmes. Les ventes de terres ont fait l'objet de spéculations effrénées : la terre est revendue jusqu'à 20 fois le prix payé aux Maoris. Conséquence directe de cette situation, les tribus du centre de North Island, près de Waikato, élisent un "roi" maori en 1858 – ce qui donnera plus tard le Maori King Movement (*voir p. 69*). Faisant traditionnellement acte d'allégeance à une tribu ou à une sous-tribu, les Maoris n'ont jamais eu de souverain. Mais ils espèrent que la *mana* (autorité spirituelle) d'un roi les aidera à protéger leurs terres contre les manœuvres des Pakehas. Il en sera tout autrement.

À Taranaki, un autre groupe de tribus se soulève contre le gouvernement en juin 1860, à la suite d'un achat de terre effectué de manière manifestement frauduleuse par l'administration coloniale – le Waitara Land Deal. Hâtivement expédiées sur place, des unités régulières britanniques se font tailler en pièces au sud de Waitara.

Durant les jours suivants, les combats entre Pakehas et Maoris enflamment tout North Island. Ces guerres néo-zélandaises seront marquées par des actes de bravoure et des faits d'armes héroïques des deux côtés, au cours de batailles souvent indécises, mais toujours sanglantes. Côté Pakehas, ce sont les troupes régulières britanniques qui supportent, jusqu'en 1865, le choc des premiers combats.

Entre 1865 et 1872, – date officielle de la fin de la guerre, même si des combats sporadiques se poursuivent jusqu'à la reddition du roi maori en 1881 –, la milice levée sur place et les forces de police jouent un rôle important, aidées de plusieurs tribus maories qui ont choisi de ne pas rejoindre la confédération de leur roi.

En dépit de la guerre, l'essor du pays semble prometteur. La découverte d'or sur South Island provoque un nouvel afflux d'immigrants au début des années 1860 ; la capitale est déplacée d'Auckland à Wellington en 1865, et le défrichage des prairies ouvre de vastes portions de territoire. ❑

À gauche : l'or attire les colons en Nouvelle-Zélande.
Ci-contre : les guerres sont sanglantes.

UNE NOUVELLE NATION

Au XXᵉ siècle, la Nouvelle-Zélande devra relever une série de défis économiques, sociaux et politiques sans précédent.

À peine les guerres entre Maories et Pakehas (Européens) se sont-elles apaisées que la marche vers l'indépendance entame ses premiers pas. Faisant de lourds emprunts en métropole, le trésorier colonial Sir Julius Vogel lance une série de travaux publics, notamment dans les chemins de fer, qui déclenchent un boom économique. Une nouvelle vague d'émigrants afflue, débarquant de Grande-Bretagne, mais aussi de Scandinavie et d'Allemagne.

Cependant, Vogel a mal calculé les effets pervers de sa politique de croissance. En 1880, la Nouvelle-Zélande échappe de peu à la faillite. En quelques années, les cours de la laine et des céréales ont chuté au point que la dépression s'est installée. Le chômage s'étend rapidement. En 1888, plus de 9 000 colons quittent le pays, la plupart pour l'Australie.

Si la Nouvelle-Zélande compte aujourd'hui parmi les pays les plus évolués de la planète, peut-être le doit-elle en partie à ces années difficiles. L'éducation gratuite, obligatoire et laïque est décrétée en 1877 ; deux ans plus tard, tout homme adulte – Maoris inclus – obtient le droit de vote.

De l'agneau pour le monde entier

D'autres signes d'espoir naissent également avec l'apparition d'une nouvelle industrie. En 1882, le navire réfrigéré *Dunedin*, chargé de carcasses de moutons, met le cap sur l'Angleterre, où il arrive 3 mois plus tard. Le voyage n'a pas été facile, mais la viande arrive en bon état et les profits réalisés en Angleterre dépassent de loin ce qu'ils auraient été en Nouvelle-Zélande. Les fermiers commencent alors à élever le mouton pour sa chair aussi bien que pour sa laine, et l'industrie de la viande congelée prend place dans l'économie nationale.

Dans les dernières années du XIXᵉ siècle, un nouveau gouvernement libéral, dirigé par John Ballance, impose un audacieux programme de réformes sociales. Les grandes propriétés agricoles de l'intérieur sont morcelées, tandis que les habitants reçoivent des prêts pour pouvoir acheter leur première terre. La législation améliore les conditions de travail, tout en introduisant le premier système au monde d'arbitrage social obligatoire. Les personnes âgées dému-

nies perçoivent une retraite. Et, pour la première fois au monde (à l'exception des minuscules îles Pitcairn et de l'État du Wyoming), les femmes obtiennent le droit de vote à égalité avec les hommes.

Ces réformes sociales sont en grande partie l'œuvre de William Pember Reeves, socialiste né en Nouvelle-Zélande, et de Richard John Seddon, qui deviendra Premier ministre à la mort de Ballance en 1893. La pugnacité légendaire de Seddon lui conférera un énorme pouvoir sur son parti comme sur le pays.

Au début du XXᵉ siècle, l'industrie naissante de la viande congelée et l'expansion des exportations de produits laitiers offrent aux fermiers

---

CI-CONTRE : les Kiwis, un peuple bigarré.
À DROITE : Richard John Seddon, Premier ministre très admiré de 1893 à sa mort, en 1906.

l'occasion d'accroître leur richesse et leur influence. La Nouvelle-Zélande refuse de s'intégrer au nouveau Commonwealth d'Australie, passant ensuite du statut de "colonie" de l'Empire britannique à celui de "dominion". Le nouveau Reform Party parvient de justesse au pouvoir en 1911. Le Premier ministre, un fermier, consolide la position du pays, devenu réserve laitière d'outre-mer pour la Grande-Bretagne.

Guerres mondiales et dépression

La guerre apporte un nouvel esprit nationaliste à la Nouvelle-Zélande tout en renforçant les liens du pays avec la Grande-Bretagne. Entre

vaste système de sécurité sociale. Le pays entre alors dans la tourmente de la Seconde Guerre mondiale. Près de 200 000 Kiwis montent au front, beaucoup sous la bannière de MacArthur dans le Pacifique, d'autres en Afrique du Nord, en Italie et en Crête. Plus de 15 000 n'en reviendront pas. Dans l'une et l'autre guerre, les soldats néo-zélandais se bâtiront une réputation de bravoure à toute épreuve, gagnant le respect de leurs "cousins" britanniques.

Une politique intérieure de stabilisation économique et de plein emploi assure aux années 1940 une relative prospérité, tandis que le pays sort de la guerre animé d'un sens plus aigu de

1914 et 1918, 100 000 hommes rejoignent le corps d'armée d'Australie-Nouvelle-Zélande (ANZAC) pour aller combattre aux côtés des Alliés en Afrique et en Europe.

La grande dépression des années 1930 frappe durement le pays. Avec la chute de la demande britannique en viande, laine et produits laitiers, le chômage sévit, accompagné d'émeutes sanglantes. Le nouveau Parti travailliste, qui remporte une victoire écrasante aux élections de 1935, va s'appuyer sur une économie mondiale convalescente pour sortir le pays du gouffre. Avec son Premier ministre Michael Savage, la Nouvelle-Zélande se porte une fois encore à l'avant-garde des réformes en élaborant un

Première Guerre mondiale

À la fin du conflit, près de 17 000 Néo-Zélandais avaient perdu la vie. Des pertes disproportionnées par rapport à une population totale d'un million d'habitants à l'époque. Ce massacre absurde trouve son apogée à Gallipoli, à l'entrée du détroit des Dardanelles (Turquie), entre le débarquement du 25 avril 1915 (date commémorée sous le nom de "ANZAC Day") et le sauvetage effectué 8 mois plus tard par la marine britannique. Australie et Nouvelle-Zélande ont perdu 8 587 hommes. Cette tragédie aidera pourtant la Nouvelle-Zélande à se forger une nouvelle identité au sein de l'Empire britannique.

son identité. En 1947, le gouvernement adopte le statut de Westminster : la Nouvelle-Zélande est officiellement indépendante de la Grande-Bretagne.

Le Parti travailliste a entre-temps perdu de sa dynamique, et sa défaite de 1949 marque la fin d'une époque. Le Parti national remporte la victoire en promettant la suppression des impôts pour les entreprises privées.

Les années 1950 débutent par une secousse politique : le nouveau gouvernement abolit le Conseil législatif, haute assemblée du Parlement. La Nouvelle-Zélande devient ainsi l'un des rares pays à n'avoir qu'une seule Chambre

la Grande-Bretagne pour chercher ailleurs un appui militaire.

Fin de l'isolement

Mais c'est la fin de l'isolement qui constitue la première et authentique révolution de l'après-guerre. Auparavant, les hôtels fermaient à 18h, les restaurants ne pouvaient servir de l'alcool, et la semaine de 40 heures sur 5 jours, appliquée dans toute sa rigueur, réglait strictement l'ouverture des magasins, confinant la plupart des familles chez elles le week-end. La société kiwi est ainsi restée cloisonnée jusqu'aux années 1950. Lorsque les paquebots reprennent

législative. Cabinet formé par les membres du parti au gouvernement, l'exécutif en tire un pouvoir démesuré – ce dont ne manquera pas de profiter le Parti travailliste quand il reviendra au pouvoir en 1984, transformant toute l'économie et la structure sociale du pays en quelques heures.

En 1951, l'Assemblée ratifie le pacte de sécurité de l'ANZUS (Australie-Nouvelle-Zélande-États-Unis) : il est temps pour la Nouvelle-Zélande et l'Australie de se détourner de

la mer, des milliers de Kiwis partent faire leur "OE" ("expérience en métropole"), presque toujours à Londres. Ils peuvent pour la première fois comparer leur société avec celle du Vieux Continent.

L'avion et les progrès des télécommunications dans les années 1960 et 1970 introduisent des changements radicaux dans cette société étroite, fermée et hautement contrôlée. À partir des années 1980, les boutiques restent ouvertes en soirée et durant les week-ends, la plupart des restrictions sur les hôtels et tavernes sont levées, les vins de Nouvelle-Zélande font une entrée remarquée sur le marché international, tandis que les restaurants et les cafés élèvent la

---

CI-CONTRE : les îles Cook ont aidé la Nouvelle-Zélande dans son effort de guerre en Europe.

CI-DESSUS : visite d'Elizabeth II dans les années 1970.

gastronomie au rang de culture nationale. Le tourisme explose.

Cette transition ne s'est pas faite sans à-coups. Au début des années 1970, la Nouvelle-Zélande doit à la fois diversifier sa production et trouver des marchés autres que celui de la Grande-Bretagne. Avec la flambée des prix du pétrole, sa dette s'alourdit, tandis que les gouvernements successifs empruntent en espérant que les prix du secteur primaire remonteront. Mais il faut alors savoir se vendre. Et les Néo-Zélandais n'ont jamais eu à se soucier de marketing, vivant jusque-là sans souci, simplement parce qu'ils sont de bons fermiers. L'entrée de

Dirigé par Sir Robert Muldoon, le Parti national au pouvoir renforce les mesures imposées par les travaillistes sur l'immigration, les importations et le dollar. Muldoon s'attire la colère des syndicalistes en gelant les salaires, mais il tient bon malgré les grèves.

À la fin des années 1970 et au début des années 1980, l'inflation connaît une telle flambée (jusqu'à 17 %) que les coûts de revient de l'élevage obligent Muldoon à octroyer des subventions aux fermiers. Tous ces règlements et réajustements successifs plongent le pays dans le doute quant à son avenir économique. En 1984, le chômage touche 130 000 personnes, et

SHOULD AULD ACQUAINTANCE BE FORGOT?

la Grande-Bretagne dans la Communauté économique européenne (CEE) en 1973 les plonge dans la confusion.

Remise en question

Durant les années 1970, l'État a subventionné les éleveurs pour doper la production, le nombre d'ovins dépassant pour la première fois les 70 millions de têtes. Le secteur primaire est largement assisté et la production industrielle reste très protégée entre 1975 et 1984.

Les barrières douanières imposées par la CEE à la Grande-Bretagne, combinées à la crise pétrolière, provoquent l'envol du coût des produits industriels.

la dette internationale de la Nouvelle-Zélande atteint 14,3 milliards de $NZ.

Le Parti travailliste revient au pouvoir à la fin de l'année 1984. Du jour au lendemain ou presque, toutes les subventions sont abrogées, les licences d'importation abandonnées et les grilles salariales démantelées au profit d'une politique ultralibérale.

Un autre bouleversement intervient dans le domaine des affaires étrangères. Durant les années 1960, déjà, tandis que la France se lançait dans un programme d'essais nucléaires en Polynésie, plusieurs grandes manifestations avaient secoué le pays. Ce sentiment populaire prend une nouvelle ampleur en 1984 lorsque le nouveau Premier ministre travailliste David Lange s'engage à instaurer un périmètre interdit à toute activité nucléaire sur 320 km de large autour de la Nouvelle-Zélande, et à renégocier le pacte de sécurité de l'ANZUS, vieux de 33 ans, pour interdire l'entrée des ports du pays aux navires américains dotés d'armes de propulsion nucléaires. Les États-Unis auront beau brandir le pacte de l'ANZUS et annuler tous leurs accords de défense avec la Nouvelle-Zélande, la loi est votée en 1987. Des divisions internes au Parti

UNE NATION VERTE

En 1990, l'opinion publique contraint le nouveau gouvernement au pouvoir à conserver la position antinucléaire de David Lange.

ce avec l'Australie. En 1965, le New Zealand Free Trade Agreement (NAFTA) est signé. Le programme prévoit le démantèlement progressif des barrières douanières entre les deux pays, mais à un rythme si lent qu'un nouvel accord apparaîtra nécessaire.

En 1983, les deux gouvernements signent le Closer Economic Relations (CER), et, au début des années 1990, le libre-échange est mis en place des deux côtés de la mer de Tasmanie, n'épargnant que quelques secteurs. La Nouvelle-Zélande et l'Australie se tournent simultané-

travailliste obligeront Lange à démissionner en 1989. Mais le nouveau Premier ministre et dirigeant du Parti national Jim Bolger entend bien poursuivre la politique de la dérégulation.

Au milieu des années 1990, l'économie se porte mieux et le gouvernement peut desserrer son étau sur les dépenses publiques et la politique monétaire.

Dès l'après-guerre, la Nouvelle-Zélande a compris que son avenir reposait sur une allian-

Ci-contre : l'adhésion de la Grande-Bretagne à la CEE porte un coup sévère à l'économie néo-zélandaise.
Ci-dessus : campagne antinucléaire, fin des années 1960.

ment vers les puissances économiques asiatiques. Le Japon est aujourd'hui le second marché de la Nouvelle-Zélande, juste derrière l'Australie. Plus d'un tiers des exportations du pays partent vers l'Asie – plus que l'Europe et l'Amérique du Nord réunies – et près d'un tiers des importations proviennent d'Asie. Si le Japon et Singapour sont des partenaires de longue date, les échanges s'accélèrent avec la Corée, la Thaïlande, la Malaisie, l'Indonésie, Taïwan, la Chine, Brunei et le Chili.

La question maorie

Durant 30 années de turbulences sociales et économiques (1960-1990), la Nouvelle-Zélande s'est imposée comme l'une des démocraties les plus stables du monde. Mais une cicatrice est longue à se refermer : celle des injustices infligées aux Maoris plus d'un siècle plus tôt.

Le gouvernement travailliste de 1984-1990 a fini par reconnaître la validité de leurs droits sur la terre et les zones de pêche dont ils affirment avoir été illégalement dépossédés – droits fondés sur le traité de Waitangi (1840). Il a créé le tribunal de Waitangi pour étudier leurs réclamations spécifiques. De nombreuses terres seront ainsi concédées aux Maoris, notamment celles détenues par l'État, ainsi qu'une importante zone de pêche.

pense maintenant que le pays et ses habitants doivent travailler plus dur et se livrer une concurrence acharnée, à la fois sur le marché intérieur et outre-mer. Un fossé croissant sépare désormais les riches des pauvres – une nouvelle donne pour le jeu politique national. La faille étroite qui séparait autrefois deux blocs politiques, jamais très loin du centre, ne semble plus suffire à présent à contenir des aspirations nouvelles.

Réforme électorale

Lors du référendum de 1993 sur une réforme électorale, c'est toute l'insatisfaction provoquée

Le consensus qui prévaut sur le droit des indigènes à réparation n'a pas empêché les tensions nées de certaines décisions du tribunal. L'arbre symbolique de One Tree Hill à Auckland (*voir p. 144*) a été vandalisé en 1994 puis en 1996 ; un activiste maori s'est attaqué au trophée de la coupe de l'America avec une masse sous prétexte qu'elle symbolisait l'élitisme pakeha. Le règlement des réclamations de terres progresse pourtant, et demeure au premier rang des préoccupations politiques.

Les influences planétaires et une infrastructure économique modernisée ont métamorphosé les comportements sociaux. Régie pendant 150 ans par l'égalitarisme, la société kiwi

par une série de gouvernements qui s'exprime. Le pays vote l'abolition du scrutin majoritaire au profit d'un système à la proportionnelle appelé MMP (Mixed Member Proportional). Beaucoup craignent alors de voir la structure des partis politiques se fragmenter à l'excès – craintes que l'avenir justifiera en partie.

En 1996, sur un total de 120 sièges, Jim Bolger et le Parti national en remportent 44 ; les travaillistes en conservent 37, mais ils ont dû en céder 17 au New Zealand First Party (dont 4 à des Maoris), qui détient ainsi les clés de l'équilibre politique et se positionne en partenaire de coalition dans le nouveau gouvernement formé par le Parti national.

L'instabilité politique devient alors chronique : en 1997, le Premier ministre Jim Bolger démissionne, remplacé en décembre par la nouvelle tête du Parti national, Jenny Shipley. Elle est la première femme de l'histoire de Nouvelle-Zélande à occuper ce poste. Mais, affaiblie par l'éclatement de la coalition et les ratés de l'économie, elle perd les élections de 1999 au profit d'une coalition menée par une autre femme, Helen Clark, dirigeante du Parti travailliste cette fois. L'approche inflexible de Helen Clark, appuyée par la reprise du marché intérieur et la baisse du taux de chômage, lui permet d'arracher un second mandat lors des élections de 2002.

Outre sa gestion pragmatique, Helen Clark a su trouver l'art et la manière de susciter une fierté nationale chez les Néo-Zélandais, un sentiment resté jusqu'alors des plus discrets. Les Néo-Zélandais lui font montre de confiance lors des élections législatives de septembre 2005 en votant à 41 % pour son parti, le NZLP.

Retour de la confiance

La Nouvelle-Zélande a longtemps souffert d'un complexe culturel. Cela provient en partie des personnalités qui ont quitté le pays pour des rivages perçus comme plus enchanteurs. Et beaucoup, à l'instar de l'écrivain Katherine Mansfield ou du groupe de rock les Datsuns, n'ont été reconnus dans leur propre pays qu'après avoir fait leurs preuves à l'étranger.

Le 31 décembre 1999, les Néo-Zélandais ont compris qu'en vertu des fuseaux horaires leur pays était le premier de la planète à entrer dans le nouveau millénaire. Cette attitude témoigne d'une prise de conscience nouvelle.

Il y a bien longtemps que la Nouvelle-Zélande a cessé d'être un modèle réduit de l'Australie ou un reflet décoloré de la "mère patrie". Mais, une fois établi ce qu'elle n'est pas, encore faut-il définir ce qu'elle est. Plusieurs facteurs vont aider le pays dans cette voie, notamment l'introduction du système MMP en 1993, qui permet de former un gouvernement plus représentatif. Aux élections qui suivent son adoption, on voit les Maoris et les femmes conquérir un plus grand nombre de sièges, tandis que sont élus les premiers députés asiatiques, musulmans et de Pacific Island.

La Nouvelle-Zélande s'affiche bel et bien aujourd'hui comme une société multiculturelle. Un processus encouragé par une politique d'immigration généreuse, qui provoque un boom parmi la communauté asiatique – mais aussi certaines tensions raciales.

Leur isolement a obligé les Néo-Zélandais a se forger un esprit "Number 8" (légende selon laquelle un Kiwi peut tout réparer avec du fil de fer n°8), ce dont ils ne sont pas peu fiers. Et leurs héros dûment anoblis – de Sir Edmund Hillary à Sir Peter Blake – les ont aidés à consolider une identité nationale qu'ils ne sont pas près de perdre. ❏

UN MONDE À PART

Les Kiwis sont fiers d'avoir été les premiers à accorder le droit de vote aux femmes en 1883, et, en ce début de XXIe siècle, la visibilité des femmes néo-zélandaises dans les affaires publiques témoigne d'un degré certain d'égalité. Celles-ci ont occupé les trois plus hautes fonctions du pays (Premier ministre, gouverneur général et Chief Justice) ; la seconde et la cinquième villes de Nouvelle-Zélande ont eu des femmes pour maire ; et des femmes encore ont présidé la plus grande banque et les deux plus grandes compagnies de télécommunications du pays. Il n'empêche que leurs salaires moyens ne dépassent pas la moitié de ceux des hommes.

À **GAUCHE :** Civic Square, Wellington.
À **DROITE :** le Premier ministre Helen Clark.

À LA DÉCOUVERTE DE SITES GRANDIOSES

Des sentiers bien balisés et jalonnés de lieux d'hébergement vous permettent d'explorer à l'infini des espaces naturels grandioses.

Les randonneurs viennent du monde entier parcourir les célèbres pistes de Nouvelle-Zélande : la Coastal Track, un trek de 3 jours sur la côte nord de South Island ; la Milford Track, si fréquentée qu'il est indispensable de réserver ; et la Routeburn au sud de South Island. Mais il reste de superbes sentiers où vous pourrez marcher pendant des heures sans croiser personne. Cerise sur le gâteau, si vos muscles et tendons crient grâce, soyez sûr qu'une source thermale vous attend non loin de là.

Dans toutes les villes, le Department of Conservation (DOC) vous informe bien entendu sur les pistes, mais aussi sur la vie sauvage, la flore et la faune spécifiques à chacun des 14 parcs nationaux. Vous trouverez également brochures et documentation dans les offices de tourisme.

UNE ÉCOLOGIE UNIQUE

Les nombreux oiseaux coureurs reflètent l'absence de prédateurs, mais certains arbres n'ont pas eu cette chance. Les opossums importés d'Australie pour l'exploitation des fourrures ont causé de lourds dégâts aux forêts néo-zélandaises. Si, en Australie, les arbres ont développé un système immunitaire qui empêche les bêtes de les ravager complètement, ce n'est pas le cas ici, où se livre un combat permanent pour préserver un équilibre écologique. Les formes de vie existant dans le pays sont si particulières que les scientifiques préfèrent actuellement étudier les espèces endémiques de Nouvelle-Zélande à celles d'autres planètes.

△ **SOUTHERN ALPS**
joyau de la couronne de la chaîne des Alpes du Sud, le mont Cook ne doit pas être abordé à la légère. Sir Edmund Hillary, conquérant de l'Everest, y a fait ses premières armes. Deux activités très prisées ici : l'héli-ski et le ski sur glacier.

▷ **LE YAKAS**
Réserve naturelle protégée, la Waipoua Kauri Forest (Northland) abrite l'un des plus gigantesques kauris du pays, le Yakas. D'autres pistes mènent à Tane Mahuta, le plus grand arbre néo-zélandais : âgé de 1 200 ans environ, il mesure 52 m de haut.

▽ **LAC ROTOROA**
Paradis des pêcheurs, ce magnifique lac glaciaire a le Nelson Lakes National Park pour écrin, tout comme le lac Rotoiti.

◁ **L'OUEST SAUVAGE**
Le lac Matheson et les monts Tasman et Cook, Westland National Park. Ce parc abrite aussi les glaciers Fox et Franz Josef ainsi que de magnifiques sentiers de grande randonnée comme la Copland. Attention, météo très imprévisible.

△ **MONT NGAURUHOE**
Les randonneurs tomberont amoureux du plus jeune des 3 volcans du Tongariro National Park, réputé pour ses pistes de ski, qui dévalent le très actif Ruapehu, ainsi que pour sa vie sauvage, son gibier et sa pêche.

Quelques précautions vous permettront d'apprécier pleinement ces paysages hors du commun. Ne partez jamais sans préparation : renseignez-vous toujours au bureau local du DOC ou à l'office de tourisme, car les conditions météos sont très changeantes, même en plein été. Ces bureaux vous indiqueront la durée des parcours, les possibilités d'hébergement en chalet et l'activité volcanique. À chaque étape, indiquez avant de partir sur le livre de bord votre destination suivante. Vous profiterez mieux de certains treks avec un guide (photo ci-dessus) qui connaît bien le secteur. Des excursions guidées en groupe sont organisées.

Ne partez jamais pour une randonnée, courte ou longue, sans chaussures ni vêtements appropriés ; ayez toujours dans votre sac à dos le matériel de base : carte, boussole, lampe torche, allumettes, kit de premiers soins, lunettes et crème solaire. Quantité de magasins vendent ou louent un équipement honnête, et certaines auberges et des hôtels prêtent habits, gants et chapeaux. Informez toujours quelqu'un de votre itinéraire avant de partir et rassurez-les lors du retour.

Une fois sur la piste, il est facile de se tromper de direction, dans quel cas le trajet peut prendre plus de temps que prévu.

△ **MONT TARANAKI**
L'un des endroits les plus humides du pays. C'est pourtant la montagne la plus escaladée, et une station de sports d'hiver fréquentée.

▷ **LACS D'ÉMERAUDE**
Des minerais donnent leurs teintes magiques à ces lacs de montagne. À découvrir, avec d'autres, le long du Tongariro Northern Circuit, dans un paysage volcanique tourmenté.

HISTOIRE NATURELLE

Le pays a vu le jour dans des conditions géologiques mouvementées, et sa vie sauvage n'est pas moins remarquable, du moa, disparu, aux survivants du kiwi.

Entourée de tous côtés par les immensités de l'océan, située à des milliers de kilomètres de l'Asie et de l'Amérique et à un hémisphère de l'Europe, la Nouvelle-Zélande est la plus isolée de toutes les masses terrestres. Mais ce ne fut pas toujours le cas.

La Nouvelle-Zélande a conquis son indépendance physique il y a 80 millions d'années, en plein âge d'or des dinosaures. C'est au cours d'une période extrêmement longue que le pays s'est séparé du continent préhistorique du Gondwana, en même temps que la mer de Tasmanie prenait forme ; 20 millions d'années plus tard, la Nouvelle-Zélande avait gagné sa position actuelle, à plus de 1500 km de l'Australie.

À l'origine, on pense qu'un vaste continent recouvrait la région où la Nouvelle-Zélande apparaîtra plus tard. Ce qui correspond aujourd'hui à l'est de l'Australie était alors soudé à un autre continent – selon une étude géologique récente, il s'agirait de l'Amérique du Nord. Lorsque ces deux masses se séparèrent voici 500 millions d'années, un archipel d'îles volcaniques se forma entre elles. Ces roches, visibles encore dans le Fiordland et le nord-ouest de North Island, ont enregistré la naissance de la Nouvelle-Zélande. Par endroits, elles ont conservé des fossiles, tels que trilobites et brachiopodes, les plus anciens témoignages de vie du pays.

La séparation

Pendant plusieurs centaines de millions d'années, la Nouvelle-Zélande a reposé sur un bord "convergent" du supercontinent du Gondwana. Le long de cette bande, la croûte océanique, en expansion continuelle à partir d'une arête médiane, se retrouva poussée sous le continent par le mécanisme de la tectonique des plaques.

Divers types de roches et de sédiments remontent alors du sol et se déplacent le long de la croûte océanique comme un gigantesque tapis roulant. Lorsqu'ils atteignent un bord convergent, ils se retrouvent "plâtrés" les uns par-dessus les autres comme des couches de beurre sur une tartine. Durant plusieurs millions d'années, la Nouvelle-Zélande s'est ainsi développée, accumulation chaotique de roches arrivées de toutes les directions.

Finalement, un énorme pan de terre s'est séparé du Gondwana, dérivant dans le Pacifique. Presque aussitôt, il commença à s'enfoncer dans la mer. Sapées par les vagues, les montagnes s'érodèrent en collines. La Nouvelle-Zélande actuelle n'est que la minuscule partie émergée d'un immense continent noyé, le "Tasmantis", que les cartes des fonds marins représentent déployé de la Nouvelle-Calédonie au nord jusqu'à Campbell Island au sud. La Nouvelle-Zélande d'il y a 30 millions d'années s'était tant enfoncée dans les eaux que ses terres n'émergeaient sans doute plus. L'essentiel de ce qui constitue à présent le pays se résumait alors à une plate-forme sous-marine peu profonde.

CI-CONTRE : le kiwi roa dans son habitat de South Island.
CI-DESSUS : forêt de hêtres, Fiordland National Park, South Island.

C'est seulement récemment – à l'échelle des temps géologiques – que des mouvements compressifs vinrent soulever le continent hors des flots. Les collines se transformèrent en montagnes déchiquetées, les volcans entrèrent en activité, l'eau et les glaces sculptant leurs reliefs pour former les paysages actuels. La Nouvelle-Zélande est campée à cheval sur la frontière de deux immenses plaques en mouvement. Au sud, la plaque indo-australienne se glisse sous la plaque pacifique, tandis qu'au nord la plaque pacifique pousse

OISEAU DE NUIT

Le kiwi tient son nom du cri du mâle. Cet oiseau nocturne se nourrit de fruits, d'insectes et de vers.

font partie de la plaque océanique pacifique. Outre qu'elles ont créé un environnement montagneux à partir d'une terre restée plate pendant des millions d'années, les Alpes offrent une barrière majeure aux vents d'ouest. À cette latitude, seules les Alpes du Sud et la pointe sud de la cordillère des Andes bloquent la circulation de ces vents chargés d'humidité (*voir encadré ci-dessous*).

À l'époque de la naissance des Alpes du Sud, le refroidissement de la planète s'est accentué pour produire l'ère glaciaire – en fait une suc-

dans l'autre sens, s'avançant sous la plaque indo-australienne. Entre les deux, la terre n'a pas d'autre solution que de s'élever, encore et encore. Fort logiquement, ces forces d'une puissance incalculable ont produit un pays de séismes et de volcans.

Les Alpes du Sud de South Island se sont presque entièrement soulevées durant les 2 derniers millions d'années – un clin d'œil à l'échelle géologique. Elles continuent de se soulever de plusieurs centimètres par an. La frontière de plaques qui les constitue se devine très nettement si vous traversez le Westland. Les basses terres se trouvent sur la plaque indo-australienne, tandis que les Alpes, de leur base au sommet,

PLUIES ET FORÊTS HUMIDES

Lorsque les courants aériens butent sur les Alpes du Sud de Nouvelle-Zélande avant de les franchir, ils y abandonnent leur humidité, déclenchant les précipitations considérables (parfois plus de 5 000 mm par an) qui balayent la côte ouest. Mais, en quelques kilomètres seulement, du côté abrité des montagnes, les précipitations peuvent descendre à 300 mm. Aussi paradoxal que cela puisse paraître, un taux de pluviométrie élevé peut s'avérer incompatible avec la survie des forêts humides : des pluies trop abondantes lessivent le sol des nutriments dont elles ont besoin, ne laissant plus sur pied qu'une végétation rabougrie.

cession de glaciations séparées par des périodes de réchauffement. Durant les épisodes de refroidissement, d'immenses glaciers sont apparus en Nouvelle-Zélande. Cette alternance a considérablement influé sur les paysages actuels, où jeunes montagnes et glaciers se mêlent pour former l'un des paysages les plus grandioses du globe. Dans le Fiordland, les vertigineuses parois rocheuses des anciennes vallées glaciaires chutent à pic dans la mer. Un tel environnement a sensiblement restreint l'impact de l'homme sur la nature.

L'essentiel du pays a été préservé dans son état quasi originel et quiconque recherche une

remonte à l'époque où presque toute la Nouvelle-Zélande se trouvait sous les flots. Dans cette région, le ski de fond connaît un vif succès.

Les matériaux les plus précieux du pays sont également liés à l'histoire des Alpes du Sud. Appelée *poumanu* par les Maoris, la néphrite provient de fins éclats d'une roche locale, enfouie très profondément sous la surface de la terre. Altérée par la chaleur et la pression durant le processus de formation des montagnes, cette roche a été poussée en surface en quelques points isolés de l'ouest de South Island. Sa rareté, sa beauté et ses propriétés physiques dans une culture qui ne connaissait pas le métal

nature sauvage ne peut qu'être comblé. De l'autre côté des Alpes, les lacs de South Island, comme Wanaka et Wakatipu, sont des vestiges de l'ère glaciaire. À l'abri des pluies, le climat ensoleillé se prête au farniente comme aux activités de pêche, ski nautique ou baignade.

Lorsqu'on s'éloigne des Alpes du Sud, les hautes terres présentent une singularité : leurs sommets tabulaires, fragments de l'ancienne surface terrestre soulevée par les processus ultérieurs. La plus grande partie de cette surface constituait sans doute une vaste plate-forme, qui

conférèrent au *poumanu* une valeur comparable à celle de l'or pour les Européens. L'or lui-même est apparu dans le quartz qui veine le schiste, roche principale de la plupart des Alpes du Sud. En même temps que les montagnes se soulevaient, elles s'érodaient, évacuant les minéraux plus tendres et plus légers du schiste ; l'or, en vertu de sa haute densité, se concentra dans les interstices des lits des rivières, provoquant une affluence de nouveaux colons.

Toute l'histoire récente de la Nouvelle-Zélande ne se résume pas à un soulèvement. Dans le nord de South Island, un vaste réseau fluvial est à l'origine des Marlborough Sounds. Les randonneurs et plaisanciers apprécient leur

CI-CONTRE : une terre encore en devenir, White Island.

CI-DESSUS : le *tuatara*, préhistorique mais bien vivant.

climat ensoleillé et leurs innombrables baies. Quant à l'histoire surtout volcanique de North Island, elle a emprunté de nombreux chemins.

Auckland est née parmi plusieurs petits cônes volcaniques formés par des coulées régulières de lave et de cendre. Les Maoris ont terrassé et clôturé ces défenses naturelles pour en faire des *pa* (forts). Dans le plateau central, une autre sorte de lave a produit un type de volcan explosif et bien plus redoutable. C'est aux alentours de 130 apr. J.-C. que l'une des plus grandes éruptions volcaniques de l'histoire a donné naissance au lac Taupo. Elle recouvrit de cendres chaudes une grande partie de North

quadrupède, en particulier mammifère – sauf 2 espèces de chauves-souris endémiques –, ainsi que du moindre serpent. On attribuait jadis le phénomène à l'époque où la Nouvelle-Zélande s'était séparée du Gondwana, mais de récentes découvertes ont révélé que des dinosaures carnivores et herbivores, ainsi que des ptérosaures ailés y étaient encore établis. Seul indice de la présence de quadrupèdes terrestres depuis les dinosaures, une mâchoire de crocodile mise au jour près de St Bathans, dans le Central Otago. Ces derniers ont aujourd'hui disparu du pays.

Les mammifères également ont peut-être fait partie de la faune originelle qui se développa

Island, anéantissant d'immenses régions de forêts. La Nouvelle-Zélande n'a jamais connu de période entièrement dénuée d'activité volcanique, et il n'y a aucune raison de penser que cela va changer. Mais, à long terme, ces cataclysmes s'avèrent très bénéfiques. Les roches volcaniques rajeunissent le paysage, et en s'érodant forment les sols les plus riches du pays, comme en témoignent leurs pâturages. Quant aux pentes des volcans du plateau central, elles constituent d'excellentes pistes de ski.

Dinosaures et mammifères

La faune néo-zélandaise présente une caractéristique surprenante : l'absence de tout grand

avant que le pays ne se sépare du Gondwana. L'actuelle absence de grands animaux terrestres résulte, semble-t-il, d'une extinction intervenue durant les 80 derniers millions d'années. Nous ne possédons aucun fossile ancien d'animaux tels que le moa, le kiwi ou le *tuatara* (lézard à 3 yeux). Si le *tuatara* a sans doute vécu en Nouvelle-Zélande depuis toujours, l'origine des moas et des kiwis est incertaine. Ce dernier ne vole pas, tout comme le moa jadis, mais il semble que ses ancêtres volaient : avec d'autres oiseaux indigènes, ils ont pu arriver en Nouvelle-Zélande et y perdre peu à peu leur aptitude au vol. Sans prédateurs, ils ont proliféré dans des "niches" écologiques normalement occupées par les mammifères. N'étant plus obligés de voler, certains en ont perdu la faculté, comme peut-être le fameux moa, aujourd'hui éteint (*voir encadré ci-contre*).

Facteur climatique

Durant presque toute la période où la Nouvelle-Zélande fit partie du Gondwana, elle se trouvait située au sud du cercle polaire mais les fossiles ne révèlent la présence d'aucune calotte glaciaire polaire, ni même de glaciers. Il ne faisait donc pas trop froid pour la faune et la flore, qui devaient cependant s'adapter à un facteur crucial : la continuelle lumière d'été et les longues

période la plus chaude que le pays ait connue – seule époque qui vit croître des récifs coralliens le long des côtes. Jadis répandus partout, les palmiers ne poussent plus aujourd'hui que dans la moitié sud de South Island.

Certains organismes ne purent s'adapter aux changements et disparurent, tandis que d'autres parvenaient à voler, à nager, ou étaient disséminés par le vent. Si l'image de la Nouvelle-Zélande comme une arche de Noé dérivant du Gondwana avec sa nature préhistorique est fausse – la biomasse originelle a très bien pu se renouveler intégralement depuis –, le pays n'en détient pas moins un environnement unique au monde.

ténèbres hivernales. À Curio Bay, à l'extrême sud de South Island, recouvrant une plate-forme dégagée par la marée, l'une des "forêts pétrifiées" les mieux préservées du monde daterait de cette époque. On peut y deviner des souches de pins et de fougères arborescentes, ainsi que de longs fûts pétrifiés.

Après sa séparation, la Nouvelle-Zélande a dérivé vers les eaux plus chaudes de l'équateur, subissant une suite de changements climatiques. Il y a 20 millions d'années, un brusque réchauffement planétaire a donné lieu à la

Ci-contre : kaka, Kapiti Island, North Island.
Ci-dessus : *kéa*, South Island.

LE MOA

La disparition du moa a laissé bien des regrets. Les ailes de ce géant (250 kg, jusqu'à 3 m de hauteur) ne lui permettaient pas de voler. Sa taille et l'absence de prédateurs naturels en firent une proie facile pour les hommes : il fut chassé jusqu'à extinction au début du XVIe siècle. Mais son mythe lui survécut. Certains racontèrent en avoir vu, dont deux prospecteurs d'or dans les années 1860. D'autres en auraient aperçu sur la plage de Martins Bay au début du XXe siècle. En 1993, un patron de pub prétendit en avoir photographié un. Histoires nébuleuses, mais qui sait ce que cachent encore les brumes de Nouvelle-Zélande ?

Environ 80 % des arbres, des fougères et des plantes à fleurs néo-zélandais sont endémiques, et des arbres typiquement australiens, gommiers (eucalyptus), acacias et autres *casuarinas*, ne poussent pas en Nouvelle-Zélande, quoique des fossiles prouvent qu'ils y prospéraient jadis. À leur place, des arbres à feuilles persistantes dominent la brousse originelle. Caractéristique de la Nouvelle-Zélande actuelle, le hêtre austral (*Nothofagus*) recouvre de vastes territoires, tout comme en Tasmanie, dans certains secteurs du continent australien, en Nouvelle-Guinée, en Nouvelle-Calédonie et en Patagonie – après avoir longtemps verdi l'Antarctique.

Facteur humain

La date d'arrivée des ancêtres des Maoris demeure sujet à débat (*voir p. 19*). Cet évènement n'en est pas moins très récent à l'échelle planétaire, et la Nouvelle-Zélande fut la dernière grande masse terrestre (Antarctique excepté) à être colonisée. La présence humaine eut un premier effet : la multiplication des incendies, qui entraîna la disparition de vastes zones forestières.

Autre conséquence, certaines espèces d'oiseaux disparurent. Il ne fallut ainsi que quelques centaines d'années au moa pour s'éteindre, victime d'une chasse excessive. Les oiseaux eurent également à souffrir de l'introduction des rats et des chiens. Avec la raréfaction puis l'extinction du moa, un changement s'effectua dans le mode de vie des indigènes. Le poisson devint une part cruciale du régime alimentaire, tandis que le cannibalisme se développait. Selon une théorie discutée, celui-ci serait dû à un manque de protéines animales.

À partir de la fin du XVIIIe siècle, les Européens prirent le relais, accélérant considérablement le processus. Une très vaste proportion de la forêt néo-zélandaise fut abattue ou brûlée. L'introduction à grande échelle de l'élevage et des cultures métamorphosa le paysage au point qu'aucune espèce originelle n'a subsisté. Les opossums, les lapins et les cerfs, en prélevant de grandes quantités de végétation, contribueront à son éradication. Dans ce pays montagneux reposant sur sa forêt pour fixer les sols, une érosion massive s'en est suivie. De leur côté des espèces étrangères comme le chat, la belette et les rongeurs ont provoqué des ravages parmi les oiseaux.

Ces derniers siècles ont bouleversé le paysage néo-zélandais comme jamais auparavant. Le changement s'est effectué si vite que de nombreux arbres sont assez vieux pour avoir connu les moas, tandis que beaucoup d'oiseaux n'ont pas encore eu le temps d'apprendre à craindre les humains. Ce thème du changement demeure au cœur des préoccupations des Néo-Zélandais : en dépit d'altérations inévitables, ceux-ci entendent bien que leur pays et sa biomasse conservent leur caractère unique.

Le *tuatara*, qui existe depuis 250 millions d'années, est aujourd'hui élevé en captivité, avant d'être relâché dans des espaces protégés. Les écologistes tentent également de restaurer des sites de nidification pour les oiseaux et font campagne contre tous les nouveaux projets de construction littorale.

À Otago Peninsula, sur South Island, le programme Penguin Place a rencontré un succès emblématique. Il s'agissait de sauver le rare manchot antipode, dont seulement 5 000 individus survivent à l'état sauvage. La colonie est passée de 16 manchots en 1984 à 160 couples en 2000. Également protégés, phoques et albatros royaux s'y reproduisent de manière satisfaisante (*voir p. 302*). ❑

À GAUCHE : ouvrez l'œil – un moa peut en cacher un autre.

Une flore et une faune uniques

En raison de son évolution singulière, la Nouvelle-Zélande présente une succession d'aspects uniques – archaïques ou exotiques. Presque tous les insectes et mollusques marins du pays, 80 % de la flore et 25 % des oiseaux sont endémiques. Ainsi la flore et la faune néo-zélandaises revêtent-elles une importance planétaire, tout comme les efforts qui tendent à la préserver.

Vous y apercevrez facilement des albatros, des manchots, des baleines, des phoques ou des dauphins. Les croisières organisées au départ de Kaikoura (*voir p. 236*), au nord de South Island, sont souvent l'occasion d'observer jusqu'à une demi-douzaine de cachalots et plusieurs centaines de dauphins. À Kaikoura, une colonie de phoques s'est même installée sur le rivage au bout de la ville.

La Nouvelle-Zélande abrite un grand nombre d'espèces d'oiseaux menacées dans le monde, et divers programmes visent à accroître leurs populations. Ainsi, le kakapo, ou perruche hibou, seul psittaciforme non volant de la planète, habitait jadis les 3 îles. En 1974, on n'avait plus aucune preuve de son existence, lorsque l'on découvrit un groupe de mâles dans le Fiordland, puis une population de mâles et de femelles sur Stewart Island – deux des sites les plus isolés du pays. Le département de l'Environnement emploie 10 personnes à temps plein sur des programmes liés à la protection du kakapo (*www.kakaporecovery.org.nz*), et des individus ont été transférés dans des îles vierges de prédateurs. Le premier kakapo élevé à la main a pondu en 2002, évènement salué par tous les Néo-Zélandais. Mais la survie de l'espèce demeure encore très fragile.

Plusieurs îles ont été vidées de leurs prédateurs et accueillent d'autres oiseaux, reptiles ou insectes menacés, qui prospèrent aujourd'hui dans ces environnements protecteurs. En visitant des îles telles Tiritiri Matangi et Kapiti sur North Island, Motuara sur South Island et Ulva sur Stewart Island, où résident la talève takahé, le créadion caronculé ou le méliphage hihi, vous aurez un aperçu de la nature néo-zélandaise avant l'arrivée des Pakehas. Il existe au moins 10 500 espèces d'oiseaux en Nouvelle-Zélande, dont 1 100 ont été introduites – le plus souvent involontairement – par les hommes.

Le pays possède également de magnifiques futaies, à commencer par les fabuleuses forêts de kauris du Northland, celles, tout aussi splendides, de podocarpes de Pureora ou de Whirinaki dans le centre de North Island, ou les grandes hêtraies que vous traversez en franchissant le Main Divide de South Island.

La végétation n'est pas en reste, avec ses 600 espèces de plantes, dont l'immense majorité est endémique. Sorte de bouton-d'or, le lis du mont

Cook est la variété la plus connue, mais ne manquez pas pour autant l'étonnant "mouton végétal" (Haastia pulvinaris), qui pousse en véritables troupeaux d'aspect laineux, ni le speargrass doré, entre autres raretés spectaculaires. La plupart de ces plantes ont développé des caractéristiques inhabituelles de façon à s'adapter à un environnement parfois rude.

Les passionnés de biologie ou d'horticulture, les amateurs d'oiseaux comme de mammifères marins ne devraient pas non plus être déçus par les étonnantes créatures qui les attendent en Nouvelle-Zélande, au large des îles comme au plus profond des forêts, le long des côtes comme au pied des glaciers. ❑

CI-DESSUS : le kakapo, ou perruche hibou, ne se rencontre qu'en Nouvelle-Zélande et de nuit.

LES KIWIS

Maoris, îliens du Pacifique et Pakehas ont accueilli de nouveaux immigrants qui contribuent à structurer l'âme et la personnalité des Kiwis.

Un vieux cliché dépeint le Kiwi moyen comme un fermier au visage buriné par le noroît, scrutant les collines et les moutons à rassembler avec l'aide de ses chiens.

Le pays a certes longtemps véhiculé l'image d'un grand exportateur de laine, de viande et de produits laitiers. Mais, en réalité, le Néo-Zélandais est aujourd'hui un citadin. Plus de la moitié des 4 millions d'habitants vivent dans les grandes villes ou à leur périphérie. Il y a plus d'individus à Auckland et dans ses banlieues que sur tout South Island. Environ 90 % des Néo-Zélandais se concentrent dans des agglomérations de plus de 1 000 habitants.

Aujourd'hui, près de 75 % de la population est d'origine européenne, essentiellement anglaise, mais aussi hollandaise, croate et allemande. Les Maoris représentent 14 % de la population et les îliens du Pacifique 6 % – les 5 % restants étant composés d'Asiatiques et de membres de diverses ethnies.

La Nouvelle-Zélande a toujours connu une immigration régulière : les Chinois s'y implantent au XIXᵉ siècle, suivis par les Scandinaves, les Allemands, les Dalmates, les Grecs, les Italiens, les Libanais, les réfugiés fuyant l'Europe occupée par les nazis ou, plus récemment, l'Indochine, l'Afrique et ces dernières années l'Indochine. Depuis 1990, l'immigration en provenance de Hong Kong, de Taïwan et de la Corée a plus que doublé.

Migrations océaniques

La première grande immigration polynésienne eut lieu voici 1 000 ans, lorsque les Maoris débarquèrent au terme d'épiques traversées en pirogue à travers le Pacifique. La seconde vague débuta timidement avec l'envoi de quelques Polynésiens dans les missions néo-zélandaises pour y suivre leur séminaire. Après la Seconde

Guerre mondiale, d'autres arrivèrent pour compenser la pénurie en main-d'œuvre. Une fois installés, ils firent venir leur famille, tissant des liens jusque dans presque tous les villages des îles Cook, des Samoa occidentales, de Niue, des Tokelau et des Tonga. Leur nombre est passé de 14 000 en 1961 à 262 000 en 2001.

Les Samoans occidentaux représentent presque la moitié des îliens du Pacifique ; les îliens des Cook, qui reçoivent automatiquement la nationalité néo-zélandaise, comptent pour un cinquième. Quant à ceux qui sont originaires de Niue et des Tokelau, ils sont plus nombreux en Nouvelle-Zélande que sur leur île natale. Les deux tiers des îliens du Pacifique vivent à Auckland, beaucoup se concentrant dans les banlieues sud.

Les Samoans

Groupe le plus important des îliens de Nouvelle-Zélande, les Samoans ont conservé des traditions religieuses plus fortes que leurs cousins de

---

PAGES PRÉCÉDENTES : danseurs maoris pratiquant la *haka* (danse de guerre) ; équipage tricolore à la barre, Auckland Harbour.

CI-CONTRE : cérémonies et danses traditionnelles.

À DROITE : jeune couple d'Auckland.

Cook. Le dimanche est réservé au culte, qu'il soit catholique, méthodiste, presbytérien, congrégationaliste, adventiste du 7e jour, mormon ou Assemblées de Dieu. Dans tous les cas, chacun chante et s'exprime haut et fort.

Système clanique des Samoa, le *matai* a moins bien résisté, progressivement supplanté par l'Église. Autre difficulté pour les Samoans, il leur a fallu s'adapter à un monde du travail qui inverse les rôles traditionnels en valorisant les jeunes et en rejetant les vieux *matai*. Un problème aggravé par un stakhanovisme austère : l'homme travaille de jour et multiplie les heures supplémentaires tandis que la femme travaille de nuit. L'argent gagné paye non seulement le loyer, mais aussi la dîme due à l'Église, le reste étant envoyé à la famille élargie demeurée sur l'île. La moitié des échanges extérieurs samoans proviennent de versements effectués par des parents à l'étranger.

Les Samoans adorent le sport et font d'excellentes recrues dans les équipes de rugby ou de net-ball. De nombreux joueurs de rugby sont rentrés au pays pour étoffer l'équipe des Samoa occidentales. Les joueurs des Fidji et des Tonga défendent souvent les couleurs des équipes de province, et certains se mêlent même aux All Blacks dans les compétitions internationales.

PASIFIKA

La ville d'Auckland détient la plus importante population polynésienne du monde. Chaque année, au mois de mars, la fête de Pasifika célèbre la vie des îles du Pacifique au Western Springs Park. Ce mélange bigarré, explosif et envoûtant de cultures débordantes d'énergie rassemble et représente les îles Niue, Samoa, Tokelau, Cook, Kiribati et Fidji.

Les festivités mettent à l'honneur les arts, l'artisanat et la gastronomie, avec des plats cuisinés dans l'*umu* (ou *ahima'a*, four de terre). Certains des musiciens les plus populaires du pays, issus des communautés polynésiennes de Nouvelle-Zélande, s'y produisent.

Autres îliens du Pacifique

Il n'est pas toujours facile pour un Néo-Zélandais de faire la différence entre un Maori et un îlien des Cook. Pour découvrir la langue, la culture et les danses de leurs 27 000 représentants, rien de tel que d'assister à une messe ou à une réunion à Otara, Porirua, Napier et Hastings, ou encore à Rotorua et Tokoroa, où beaucoup travaillent dans l'industrie forestière. Les îliens des Cook vous rappelleront peut-être que plusieurs des grandes pirogues migratrices qui abordèrent la Nouvelle-Zélande venaient des îles Cook, et que le maori est un dialecte dérivé de leur langue.

Dans les années 1950, la reine Salote fonde la Tongan Society d'Auckland, afin de rassembler les immigrés des Tonga et d'organiser leur communauté. Les Tongans se sont depuis répandus à travers tout le pays – une diaspora qui se retrouve à l'église, wesleyenne, tongane libre ou unie. Toutes les fois où ils l'ont pu, les Tongans ont reconstitué leurs communautés villageoises traditionnelles.

Même si les Nations unies ont un peu poussé du coude la Nouvelle-Zélande pour qu'elle accorde l'indépendance à Niue en 1974, la majorité des habitants de l'île ont choisi de vivre en Nouvelle-Zélande, leur territoire étant trop petit pour subvenir à leurs besoins. Mais ces 18 000 immigrants ont conservé leur langue

à Wellington, où leur population dépasse déjà 8 000 personnes. La fête du Fiji Day est l'occasion d'assister à leurs danses spectaculaires.

Les gouvernements successifs ont adopté des politiques différentes à l'égard des communautés des îles du Pacifique. La fermeture des frontières par Robert Muldoon dans les années 1970 a provoqué des tensions et suscité des accusations de racisme. La tendance s'est assouplie ces dernières années, comme en témoigne la croissance de la communauté tongane, passée de 13 600 personnes en 1986 à 30 000 aujourd'hui. D'après les estimations officielles, les îliens du Pacifique devraient

et leur identité, essentiellement à travers leurs congrégations religieuses.

Les îles Tokelau, très basses, ont failli être submergées par les ouragans à plusieurs reprises : la Nouvelle-Zélande leur a alors servi de refuge. Il est peu de conteurs aussi merveilleux que les îliens des Tokelau – un talent bien nécessaire face aux incertitudes menaçantes de la nature.

Les Fidjiens sont arrivés plus récemment. Des communautés se sont implantées à Auckland et

représenter 9 % de la population néo-zélandaise en 2021.

La croissance asiatique

Les années 1990 inaugurent un changement de politique : l'immigration asiatique est encouragée en Nouvelle-Zélande ; le pays s'est trouvé une place nouvelle dans la région Pacifique et cherche à attirer des capitaux étrangers.

Inquiets de leur avenir sous le nouveau gouvernement chinois, de nombreux immigrants arrivent de Hong Kong. Chacun doit apporter au minimum un demi-million de dollars pour pouvoir s'installer. Cette vague d'arrivées couronne une décennie marquée par la plus forte immi-

À GAUCHE : couple des Cook Islands, Pacifique Sud.
CI-DESSUS : immigré des îles Tonga employé dans une scierie.

gration chinoise que le pays ait connue. En 5 ans, les Chinois, dont beaucoup originaires de Taïwan, ont doublé leur nombre, qui s'élève à quelque 38 000 personnes. La population indienne a également plus que doublé, dépassant les 27 000 individus, soit le chiffre total atteint par les autres Asiatiques – Vietnamiens, Cambodgiens, Japonais, Thaï, Malais et Philippins. À partir des années 1975, les boat-people indochinois ont émigré dans le pays. Au nombre de 7 000, ils constituent 90 % des réfugiés récents. Cambodgiens, Laotiens et Vietnamiens passent par le centre d'immigration de Mangere, qui les aide à s'intégrer dans le monde du travail.

Les réfugiés tournant le dos aux guerres africaines suivent un chemin comparable. Des communautés somalies, notamment, s'implantent en divers endroits du pays.

Les Chinois ont parfois à souffrir de la politique gouvernementale. Les premiers d'entre eux accompagnèrent la ruée vers l'or au XIXe siècle. Ceux qui, manquant de chance, sont restés échoués en Nouvelle-Zélande sont considérés comme "indésirables" par le Premier ministre Seddon, et n'ont pas droit à la retraite.

De nombreux Indiens des îles Fidji fuyant les discriminations politiques sont venus grossir les rangs de ceux qui arrivèrent de la province

LA COMMUNAUTÉ CELTE – DISCRIMINATION ET PROSPÉRITÉ

Au XIXe siècle, les catholiques irlandais sont largement exclus de la première vague de colonisation. Mais la ruée vers l'or des années 1860 les voit débarquer avec le reste de la planète. La West Coast est alors peuplée pour un quart d'Irlandais.

Ces derniers se sont aujourd'hui intégrés à la population pakeha, et beaucoup ont occupé des postes politiques en vue. Richard John Seddon se fit d'abord connaître sur la West Coast – où les Irlandais demeurent très présents – avant de devenir un Premier ministre des plus pugnaces. D'origine irlandaise, Robert Muldoon a émergé de l'importante communauté d'Auckland en se

faisant élire Premier ministre au milieu des années 1970, puis au début des années 1980.

Leader du Parti national (NP) durant les années 1990, Jim Bolger peut également s'enorgueillir de posséder de solides racines irlandaises.

Près d'un quart de la population néo-zélandaise est d'origine écossaise presbytérienne. Cette influence se fait particulièrement sentir à Dunedin, où les kilts et les cornemuses sont de rigueur dès que la moindre équipe sportive écossaise débarque en ville. Les clubs de cornemuse ou de danses des Highlands sont très répandus à travers tout le pays.

du Gujarat (région de Bombay) durant les années 1920. Si le premier Indien de Nouvelle-Zélande fut un sikh – un petit temple sikh se dresse à la sortie d'Hamilton –, nombre d'entre eux sont musulmans plutôt qu'hindous, comme en témoigne l'Islamic Centre d'Auckland. Plusieurs centaines de familles sri-lankaises se sont également installées ces dernières décennies. Plus récemment, ce sont les réfugiés afghans et iraquiens qui venus ainsi accroître la communauté musulmane de Nouvelle-Zélande.

> **VIEUX ZÉLANDAIS**
>
> Quittant leur petit pays et ses espaces confinés, quelque 30 000 Hollandais sont arrivés après la guerre, attirés par le boom économique néo-zélandais.

Juifs et autres Européens

Les commerçants juifs font depuis longtemps partie des notabilités des grandes villes. L'un des premiers à avoir laissé son empreinte est Sir Julius Vogel, ministre des Finances puis Premier ministre. Dans les années 1870, il persuade les Rothschild, à Londres, de financer le grand bon en avant du pays, y attirant 100 000 ouvriers européens pour développer les réseaux routier et ferroviaire.

Parmi les immigrants de Vogel, 5 000 Danois et Norvégiens abattent les forêts de la région sud de North Island, s'établissant en des lieux comme Norsewood ou Dannevirke. Il en arrive finalement 10 000, qui se consacrent aussi paisiblement à la monoculture que les fermiers suisses convaincus par leur guide Felix Hunger de s'implanter de l'autre côté de North Island durant la deuxième moitié du XIXe siècle.

Les Allemands débarquent en même temps que les Britanniques, et le flux ne s'est pas tari depuis, sauf durant les deux guerres mondiales. En 1945, la Nouvelle-Zélande accueille des immigrants d'Allemagne et d'Autriche, comme l'attestent les austères chapelles luthériennes en bois dispersées dans tout le pays.

Les 3 000 Italiens qui arrivent ici à la fin du XIXe siècle, pour la plupart originaires de la région de Sorrento et de Stromboli, y reprennent leurs activités traditionnelles de pêcheurs et de planteurs de tomates. Beaucoup s'installent sur Wellington Bay, surnommée "Little Italy".

Également à la fin du XIXe siècle, environ 1 000 Dalmates fuyant l'armée austro-hongroi-

se rejoignent les Britanniques qui récoltent la gomme de kauri dans le Nord. Lorsque la gomme vient à manquer, ils se reconvertissent dans le vignoble. Paradoxalement confondus avec les Allemands durant la Première Guerre mondiale, ils souffrent de nombreuses vexations mais s'obstinent – certains aideront à fonder l'industrie vinicole néozélandaise, d'abord dans la région d'Auckland. Leurs patronymes continuent à dominer le monde de la viticulture.

Autre grand nom du vin, les Corban symbo-

lisent la réussite de leurs compatriotes libanais dans le monde des affaires.

Grecs et Européens de l'Est

Les Grecs sont venus au compte-gouttes, un peu comme les Italiens, beaucoup s'installant là où ils débarquent, notamment à Wellington, où leur présence ne passe pas inaperçue autour de leur magnifique église. À Maerton, une église locale a été reconvertie, décorée d'une splendide iconographie grecque. Ne manquez pas non plus l'iconostase (grand retable sculpté) de l'église orthodoxe roumaine de Berhampore, faubourg de Wellington, où se rassemble la petite congrégation roumaine.

À GAUCHE : fête de lanternes chinoises à Auckland.
À DROITE : Dunedin est fier de ses racines écossaises.

À proximité s'élève l'une des deux églises serbes de la ville, tandis qu'à plusieurs collines de distance s'est regroupée la communauté croate fuyant les guerres de l'ex-Yougoslavie. Les Dalmates sont implantés depuis suffisamment longtemps pour avoir inspiré une littérature comme celle d'Amelia Batistich. Quant à la communauté danoise protestante de la région de Manawatu, elle a nourri les histoires d'Yvonne du Fresne. En 1944, les efforts de Janet Fraser, épouse du Premier ministre, permettent à un groupe de 733 orphelins de guerre polonais de trouver refuge à Wellington et ailleurs. Plus de 5 000 réfugiés polonais suivent.

persuader. Le traditionnel gigot d'agneau kiwi bat de l'aile tandis que les cuisines du monde gagnent du terrain. À Auckland, les parades de dragons attirent autant de monde que le rugby ou les champs de courses. Officiellement biculturel, le pays est devenu multiculturel.

Ce brassage ethnique s'est effectué de manière plus accidentelle que délibérée. Ce ne sera que les années 1980 que le pays passera d'une politique d'immigration "blanche" à une attitude plus ouverte envers les Asiatiques. La structure sociale du pays en ressent déjà les effets.

Il reste encore plusieurs problèmes à résoudre pour parvenir à un *melting-pot* idéal en ce début

L'après-guerre verra l'arrivée de Tchèques et de Slovaques, et, en 1968, l'écrasement du "printemps de Prague" déclenche une vague de plusieurs centaines de réfugiés politiques, qui s'ajoutent aux 1 000 Hongrois poussés hors de leur pays par l'invasion soviétique de 1956. Au moins autant de Russes, juifs pour la plupart, complètent cette immigration politique, une poignée de Chiliens, d'autres Européens de l'Est et des ressortissants du Moyen-Orient.

L'avenir

Depuis 1975, l'immigration a transformé les villes en zones cosmopolites – il n'est qu'à observer l'éventail des restaurants pour s'en

de XXIe siècle. Beaucoup de Maoris craignent que les nouveaux arrivants ne fragilisent un équilibre difficilement conquis. Ils veulent être plus écoutés sur la politique d'immigration et ont largement soutenu le parti New Zealand First (Nouvelle-Zélande d'abord), qui a basé sa campagne sur l'arrêt de l'immigration. Les Maoris visent surtout la communauté asiatique. Ils comprennent mal que ses ressortissants achètent des terres alors que leurs propres réclamations n'ont toujours pas abouti. Dans le même temps, les Asiatiques installés en Nouvelle-Zélande estiment qu'ils servent de boucs émissaires. ❏

Ci-dessus : les All Blacks et leur célèbre danse *haka*.

Autopsie d'un Kiwi

Les Néo-Zélandais forment un peuple qui n'est pas plus homogène que ceux des autres nations en cette ère de mondialisation tous azimuts. Cela étant, l'éloignement et l'insularité du pays ont engendré certaines caractéristiques plus accusées ici qu'ailleurs.

L'une d'elles se remarque assez vite : il s'agit d'un "complexe culturel", la croyance selon laquelle la Nouvelle-Zélande est si petite et si isolée que tout ce qui vient d'un autre pays est automatiquement considéré comme supérieur à son équivalent local. Ce complexe entraîne le besoin désespéré d'être approuvé par les étrangers. Ainsi la première question que l'on vous posera sans doute sera : "Vous aimez la Nouvelle-Zélande ?" La réponse qui s'impose est : "C'est un pays merveilleux. J'aimerais tellement y vivre."

Conséquence de ce besoin d'approbation du monde extérieur, les Néo-Zélandais qui ont réussi à l'étranger comptent parmi les plus respectés chez eux – comme l'alpiniste Sir Edmund Hillary, l'acteur Sam Neill, le navigateur Peter Blake ou la cantatrice Kiri te Kanawa. Et ceux qui préfèrent conquérir les cimes, naviguer dans la baie d'Auckland, jouer ou chanter en Nouvelle-Zélande sont soupçonnés de le faire "parce qu'ils n'ont pas réussi à l'étranger".

Quelques facteurs communs

Autre corollaire de l'exiguïté du pays, il est assez facile de s'y faire remarquer. Quiconque s'engage à fond dans n'importe quelle forme d'entreprise a toutes les chances de s'illustrer parmi les meilleurs de sa catégorie, tout simplement parce que les rivaux (ou rivales) ne seront pas légion. Ce qui conduit au préjugé suivant, souvent cité mais complètement erroné : quiconque s'élèverait au-dessus du lot serait immédiatement fauché par une vague de critiques acerbes et envieuses. Cette idée reçue a sans doute été créée de toutes pièces par une élite susceptible qui envisage mal de ne pas être parfaite quoi qu'elle fasse.

Derrière ces approximations se cache une réalité plus sérieuse : en dépit du large gouffre qui sépare les riches des pauvres, la Nouvelle-Zélande demeure une société intrinsèquement égalitaire, héritage d'un système légué par les utopistes qui l'inspirèrent. Les classes sociales sont ici bien moins rigides et étanches que dans la plupart des démocraties occidentales.

Les Kiwis sont plutôt laconiques, mais, paradoxalement, lorsqu'ils s'expriment, ils semblent parler plus vite que tout autre peuple anglophone – surtout si l'on tient compte du fait qu'ils traînent considérablement sur les voyelles.

Ils pratiquent activement un sens de l'humour bien à eux, qui passe largement inaperçu des étrangers, et que l'on peut qualifier de "pince-sans-rire". Si un Kiwi vous assène quelque absurdité, c'est très certainement volontaire, mais ne

vous attendez pas à ce qu'il accompagne sa plaisanterie de gros éclats de rire et autres clins d'œil complices.

Quoique très largement urbanisés, les Kiwis ont conservé de leur héritage des valeurs rurales : l'efficacité, l'entraide, un puissant esprit communautaire, le sens pratique – et son corollaire, la méfiance à l'égard des intellectuels – et un côté "tout est possible". L'expression "n° 8 wire spirit" ("l'esprit fil de fer n°8" ou "Mac Gyver"), ou la faculté de se débrouiller en toute circonstance avec moins que rien, définit assez bien l'ingéniosité du Néo-Zélandais ; mais celui-ci sait aussi faire preuve d'imagination, de drôlerie et de fantaisie. ❑

À DROITE : femme maorie élégamment parée de bijoux traditionnels en os.

LES MAORIS MODERNES

Tandis que les Maoris gagnent peu à peu du terrain dans la société néo-zélandaise,

les non-Maoris montrent un respect croissant pour leur culture traditionnelle.

Si quelqu'un a joué un rôle capital dans la survie de la culture maorie, c'est bien Sir Apirana Ngata (1874-1950), parlementaire de la côte est de North Island. L'importance de sa contribution à l'identité maorie en fait une personnalité à part. À la fin des années 1920, anobli et nommé ministre des Affaires indigènes, Ngata a mis sur pied une législation visant à développer le territoire maori, créé une école de soins à Rotorua, et lancé un programme de construction de bâtiments à usage communautaire.

Un groupe de responsables maoris collabore avec Ngata pour appliquer sa politique nationale à l'échelon local. Parmi eux, la princesse de Waikato, Te Puea Herangi (1883-1952), demeure la force agissante du Maori King Movement né des guerres maories des années 1860. Elle redonne courage à son peuple, réactive ses traditions culturelles, fait construire à Ngaruawahia un village modèle (*voir p. 166*) qui deviendra le centre névralgique du mouvement, et rétablit des milliers de Maoris de Waikato sur des terres agricoles. Elle rallie également une large majorité de Maoris et de Pakehas à la monarchie maorie, auparavant considérée avec suspicion en dehors de Waikato. Turangawaewae Marae et Ngaruawahia sont demeurés les premiers centres nationaux de réunions pour les Maoris.

Aujourd'hui, la petite-nièce de Te Puea, Te Arikinui Dame Te Atairangikaahu, maintient le dynamisme du mouvement : quelque 100 000 Maoris sont sous son allégeance, et elle bénéficie du respect de la communauté tout entière.

Hausse du niveau de vie

Vers la fin de la grande dépression des années 1930, le peuple maori trouve un appui dans le gouvernement travailliste nouvellement élu. Le programme de santé de celui-ci fera plus que toutes les mesures précédentes pour élever leur niveau de vie et assurer la survie physique de la communauté, menacée par les maladies que les colons européens ont introduites. Les Maoris en prendront acte, élisant uniquement des députés travaillistes jusqu'aux élections de 1996, qui leur donneront une autre opportunité avec le parti New Zealand First. La formation, en 2004, du parti Maori a donné aux Maoris une nouvelle opportunité lors des élections de 2005.

Après la Seconde Guerre mondiale, un changement majeur va transformer en profondeur la société maorie. Le déclin des emplois en milieu rural coïncide avec une expansion rapide du secteur secondaire dans les zones urbaines, attirant les Maoris en nombre croissant vers les villes. En 1945, plus de 80 % d'entre eux vivaient encore à la campagne ; dans les années 1980, ce chiffre est tombé à moins de 10 %. Pour la première fois, les Maoris (14 % de la population) et les Pakehas (la majorité des 76 % restants) doivent vivre côte à côte.

Les Maoris sont en butte à une discrimination parfois ouverte, parfois plus subtile. Privés d'accès ou d'encouragements réels à pour-

À GAUCHE : feu Sir James Henare, grand chef maori.
À DROITE : l'avenir semble sourire aux Maoris.

suivre leur éducation, beaucoup se retrouvent condamnés à des emplois à bas salaires. Les conditions de logement sont à l'avenant – un cercle vicieux qui verrouille leurs perspectives d'emploi. Ils découvrent un monde différent, dur, dépourvu du réseau de soutien que leur offrait la famille élargie. Beaucoup de ceux qui naissent dans ce nouvel environnement, luttant pour se construire une identité et un avenir, réagiront à leur manière : la criminalité augmente, accentuant encore ce cercle vicieux.

Des progrès ont cependant été accomplis durant les dernières décennies. Le système éducatif s'est progressivement adapté à ces nou-velles exigences. Le *kohanga reo* (foyer linguistique) a été mis sur pied pour imprégner les petits Maoris de leur langue et de leurs traditions. Le cursus scolaire reflète mieux l'importance de la culture maorie dans la vie quotidienne. Des programmes incitent les Maoris à poursuivre des études supérieures, et plusieurs lois récentes interdisent la discrimination dans le monde du travail. Les tribunaux offrent aide judiciaire et services de traduction, tandis qu'au Parlement on parle occasionnellement le maori, aujourd'hui seconde langue officielle du pays.

En dépit de ces évolutions, la pauvreté demeure endémique dans certaines régions, et

LE *HUI*, RÉUNION TRADITIONNELLE MAORIE

Au début d'un *hui*, les visiteurs sont appelés sur le *marae* (l'esplanade devant la maison de réunions) par un *karanga*, longue plainte lancée par les femmes, pour saluer les vivants et honorer les morts. En réponse, les visiteurs pénètrent sur le *marae*, précédés par leurs épouses, généralement vêtues de noir. Une pause se fait alors, suivie par le *tangi* (pleurs rituels) funèbre, auquel succède l'échange entre anciens des *mihi* (discours de bienvenue) et leurs réponses.

Au terme de chaque discours, les compagnons de l'orateur entonnent avec lui un *waiata* (chant) de lamentation. Puis les visiteurs s'avancent et *hongi* (frottent leur nez)

avec leurs hôtes, se faisant ainsi "absorber" par la *tangata whenua* (tribu d'accueil) durant toute la cérémonie.

On sert à cette occasion une nourriture particulière : viande et légumes sont cuits dans un *hangi* (four en terre). Les produits de la mer prédominent – crustacés, *kina*, anguille ou requin séché –, ainsi que des spécialités comme le maïs fermenté ou le *titi* (puffin fuligineux). Le tout s'accompagne de *rewena* (miche de pain) et de beignets. Bien plus que dans la société pakeha, le repas est un rituel qui permet de communiquer et de renforcer des liens. Accepter cette forme d'hospitalité compte autant que de l'offrir.

les Maoris continuent de remplir les prisons en proportion excessive. Ce qui conduit certains commentateurs à se demander si ces problèmes sociaux ne remontent pas beaucoup plus loin, notamment aux débuts de la colonisation.

Le tribunal waitangi a été créé en 1975 pour aider les Maoris à récupérer leurs territoires perdus. Ils peuvent également demander des compensations, sous forme de terre, d'argent ou de quotas de pêche, pour les ressources qui leur ont été injustement confisquées à la suite de la colonisation. Le tribunal a beaucoup fait pour tenter de répondre à leurs requêtes. Mais des conflits culturels continuent d'opposer

maorie. Il intervient généralement sur un *marae* (esplanade devant la salle de réunions), sous l'œil de la *tangata whenua*, ou tribu invitante. Après les premières cérémonies d'usage, le *hui* s'ouvre aux discussions publiques et privées d'affaires d'intérêt local, tribal ou national. Il comprend également un banquet, des chants et des services religieux. Les participants dorment dans le vaste hall de réunions, où les discussions se poursuivent parfois jusqu'à l'aube.

Les mariages, baptêmes ou cérémonies funéraires maories diffèrent également beaucoup de ceux pratiqués par les Pakehas. S'y mêlent volontiers discours, chants et proverbes en

périodiquement les deux communautés. Au milieu des années 1990, un mouvement pour la souveraineté maorie a connu une existence éphémère, tandis que, en 2003, le pays s'est affolé quand les Maoris ont revendiqué la zone littorale située entre les marées basse et haute.

Ces derniers s'affirment aujourd'hui dans tous les domaines de la vie néo-zélandaise – dont la politique –, et une image d'eux plus positive tend à remplacer les vieux clichés.

Le *hui* (*voir encadré ci-contre*) dévoile un aspect particulièrement révélateur de la culture

langue maorie, et les sentiments s'y expriment avec une remarquable liberté de parole. Des concepts tels que le *tapu* (sacré), le *noa*, le *wairua* (spirituel) et la *mana* (autorité spirituelle) perdurent dans le quotidien du Maori moderne.

Les deux principales cultures du pays vivant aujourd'hui au coude à coude, les Pakehas se sentent tenus de mieux respecter les rites maoris et les lieux *tapu* (accueillant objets sacrés, événements historiques ou enterrements). Ils assistent de plus en plus à des cérémonies maories comme le *hui* (assemblée traditionnelle), le *tangi* (le deuil), et la *karakia* (prière). Il faut espérer que les deux communautés bénéficieront de cette évolution positive. ❏

À **GAUCHE :** le *hongi*, le bonjour maori.

CI-DESSUS : pirogues de guerre lors d'une cérémonie.

Names of Tatus

V Shape centre

Bands on foreh
and temples

Where these
in inside
the eyelids

ornament on
of Tiwhana,
corner of eye
P

ornament on
between the
Ko

double spira
upper part

notching d
nose. Wha

double spiral
nostrils Pon

pattern over
Lip

Both Lips ta
Ngutu pu
Pattern on
Kau

8 Bands from
to chin palle
RER

stab on the outer
centre of the

SPIRAL on the upper cheeks
KOWIRI —

lines of above, just under the eyes

ARTS ET TRADITIONS MAORIS

Les œuvres d'art des Maoris ne se résument pas à leur beauté, elles témoignent également de leur structure sociale, de leurs croyances et de leur histoire.

A vec l'esthétique "classique" des Maoris de Nouvelle-Zélande, les arts du Pacifique ont atteint un sommet. Par la diversité de ses styles et l'habileté technique de ses créateurs, elle a produit des objets d'une beauté intemporelle. Mais, pour mieux apprécier cette réussite, il est intéressant de connaître les matériaux utilisés, les techniques élaborées, le symbolisme des œuvres et le contexte social, économique et religieux qui les a inspirées.

Au cœur de l'art et de l'artisanat maoris, il y a d'abord le bois, la pierre, l'os, les végétaux, les plumes, les pigments d'argile et autres matériaux naturels mis en œuvre par des techniciens virtuoses. À commencer par la sculpture du bois : les pirogues, les granges, les habitations, les fortifications, les armes, les ustensiles domestiques ou de travail sont tous taillés dans le bois.

Art et cultures

Les objets maoris se classent en 3 catégories. La première concerne les objets communautaires, comme la pirogue de guerre. La deuxième comprend les ustensiles privés – parures, peignes, ornements en néphrite, instruments de musique et tatouages. Les outils du sculpteur, les hameçons du pêcheur, les pièges et armes du chasseur sont fabriqués par leur utilisateur et relèvent donc de cette catégorie. La troisième englobe les objets rituels placés sous la garde des *tohunga* (prêtres) et employés dans les cérémonies où les Maoris entrent en communication avec leurs dieux et leurs esprits ancestraux. Un simple bâton à creuser peut ainsi se métamorphoser en une forme rituelle sophistiquée.

On distingue 4 périodes : archaïque, classique, historique et moderne. Les Maoris archaïques, descendants directs des Polynésiens, survivent par la chasse, la cueillette et la pêche. Leur art se caractérise par des formes austères dont certaines surpassent par leur pureté tout ce qui a été fait depuis.

PAGES PRÉCÉDENTES : maison de réunions, Waitangi.
CI-CONTRE : *moko* traditionnel (tatouage facial).
À DROITE : femme maorie tenant une gourde décorée.

Avec le temps, la culture de la *kumara* (patate douce), entre autres, ainsi que la capacité à exploiter toutes les ressources naturelles de la forêt et de la mer instaurent un mode de vie villageois. Puis survient l'âge classique, avec ses surplus alimentaires, son système tribal hautement organisé et ses frontières territoriales. Des

artistes à part entière émergent alors dans chacune de ses communautés.

Durant la période historique, l'art maori doit s'adapter à une série de changements aussi divers que l'adoption du christianisme, des mousquets et des canons, des outils en métal, des tissus européens et de cultures nouvelles. À partir de 1800, les guerres se font particulièrement dévastatrices lorsque les premières tribus à détenir des mousquets attaquent leurs ennemis traditionnels uniquement armés de massues et de lances. Devenus indéfendables, les *pa* (villages fortifiés) sont abandonnés et les grandes pirogues de guerre tombent en désuétude avec l'apparition des armes à feu.

La période moderne débute avant 1900 et se poursuit jusqu'à nos jours. Durant ces dernières décennies, la montée de l'intérêt pour la *maoritanga* (culture maorie) coïncide avec sa renaissance. Au début du XXe siècle, de grandes figures comme Sir Apirana Ngata et Sir Peter Buck (Te Rangi Hiroa) se font les avocats de l'étude et du renouveau de l'art maori. La maison de réunions jouera à merveille son rôle de diffusion.

La société maorie traditionnelle

La société comme les arts reposaient sur des chefs guerriers qui avaient pour charge héréditaire de veiller aux affaires tribales. Ce sont eux

les mieux habillés, les plus décorés : leur *mana* (prestige) dépend de leur personne et de leur apparence.

Un guerrier en tenue ne se présente jamais sans ses armes : une courte massue passée sous sa ceinture, et une plus longue à la main. Les armes demeurent toujours à portée : il faut être prêt à se défendre – une attaque sournoise et soudaine sur un ennemi sans défiance impose le respect. Les guerriers se montrent également très versés dans l'art oratoire.

La société obéit à une autocratie hiérarchisée. Les individus appartiennent à des *whanau* (familles élargies) qui, à leur tour, forment des *hapu* (sous-tribus) alliées en tribus par les liens du sang. Les arbres généalogiques remontent aux *waka* (pirogues ancestrales) dont les tribus portent le nom.

Il existe deux classes, qui se recoupent dans une certaine mesure. La classe supérieure comprend les *ariki* (nobles) et les *rangatira* (chefs ou généraux). La classe inférieure se compose majoritairement de gens du *tutua* (peuple). Quant aux *taurekareka* (esclaves), ils ne détiennent aucun droit, accomplissent les corvées et servent parfois de victimes lors de sacrifices ou dès qu'un événement particulier requiert de la chair humaine.

Les Maoris s'habillent selon leur rang, mais, s'ils se livrent à une tâche quotidienne, ceux des classes supérieures et inférieures portent indifféremment les mêmes vêtements. Hommes et femmes se drapent d'un pagne et, si le temps ou une cérémonie l'exigent, d'un grand châle passé sur l'épaule. Les enfants prépubères vont généralement nus. Mais, une fois adultes, ils doivent cacher leur sexe.

LES MAISONS DE RÉUNIONS MAORIES

À la période classique, de vastes *pataka* (granges) servent à entreposer les produits étrangers qui voient le jour avec une nouvelle économie, et dont certains ont été conservés par l'Auckland War Memorial Museum (*voir p. 142*).

Durant la période historique, la *whare runanga* (maison de réunions) symbolise à la fois la vie sociale et la révolution artistique maories. Elle joue un rôle crucial durant tout le XIXe siècle, lorsque les réunions permettent de discuter des problèmes de la tribu – dont les ravages causés par les maladies importées et les pertes dues aux combats avec les colons. De nombreuses *whare runanga* ont subsisté sur North Island. Les grands bâtiments maoris portent le nom d'un ancêtre et leur construction symbolise cette personne : l'arête faîtière représente son échine, les poutres ses côtes, et les planches de la façade, parfois terminées par des doigts, figurent ses bras. Son masque facial coiffe le pignon. Certains Maoris pensent encore qu'en y pénétrant ils entrent dans le cœur protecteur de leur ancêtre. De nombreuses maisons de réunions se visitent, dont Tama-te-Kapua, construite en 1878 à Ohinemutu, à Rotorua. Elles sont le plus souvent privées, mais les visites sont parfois autorisées – à condition d'en avoir demandé la permission préalable.

L'art du tatouage

Le tatouage facial indique le rang de la personne. Les tatoueurs sont bien payés. Avec des ciseaux en os d'oiseau trempés dans un pigment charbonneux qui bleuit sous la peau, on pratique sur le visage des hommes des incisions profondes et douloureuses. Les guerriers du Nord portent souvent des tatouages additionnels sur les fesses et les cuisses. Les femmes arborent de profonds tatouages sur le menton et les lèvres, bleuis par des peignes à aiguilles.

Les têtes momifiées témoignent de cet art remarquable. Les Maoris ramènent les têtes de leurs ennemis au village pour les bafouer, mais

supérieures, chefs et gens du peuple honorent également l'art, et même les nobles ne dérogent pas en se tournant vers un travail créatif. Les femmes de haut rang confectionnent de belles parures, et les chefs occupent souvent leurs loisirs à sculpter une boîte ou tout autre petit objet.

Les artistes maoris s'appuient sur leur croyance en des dieux et des esprits ancestraux. Durant la période préchrétienne, ils sont animistes, pensant que des êtres surnaturels résident dans les éléments de la nature. Hymnes et rituels sont donc nécessaires pour garantir le succès de toute entreprise.

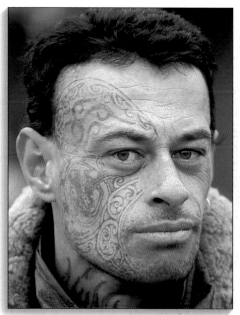

préservent celles de proches pour les pleurer. Grâce à un traitement à la vapeur, à la fumée et à l'huile, elles demeurent alors intactes, conservant chevelure, peau et dents. Par respect pour les croyances maories, les musées les exposent rarement. Les Maoris mènent actuellement campagne pour le retour des têtes momifiées détenues par les musées étrangers.

Un art dédié aux dieux

Si les tatoueurs et autres artistes sont généralement des prêtres respectés, issus des classes

Les individus, les objets fabriqués à la main et les éléments de la nature possèdent une force psychique appelée *mana*. Cette notion est essentielle à la compréhension de l'art et du comportement maori. La *mana* se traduit à de nombreux degrés différents, comme le prestige, l'influence, l'autorité et, par-dessus tout, le pouvoir psychique. La présence de la *mana* se manifeste aussi bien dans le succès d'un guerrier lors d'une bataille, que dans l'efficacité d'un hameçon. La *mana* s'accroît avec le succès et diminue à la suite d'un contact impropre. Si un chef ou ses possessions sont touchés par une personne de rang inférieur, il y a alors salissure et la *mana* faiblit.

Ci-contre : sculpture maorie en faîte de pignon.
Ci-dessus et à droite : *moko* (tatouages faciaux).

Dans la société traditionnelle, hommes et femmes sont séparés dans toutes les activités artisanales. Les premiers travaillent les matières dures (bois, os et pierre), les secondes utilisent les matières souples (*voir p. 82*) ou préparent les fibres de lin employées dans la fabrication de vêtements et de *taniko* (franges décoratives). La femme a été façonnée à partir de la terre par Tane. L'homme est une création spirituelle directe du dieu Tu. Les femmes sont *tua* (non sacrées), contrairement aux hommes, *tapu*. Ce qui les place dans une position subalterne et les exclut des hautes pratiques religieuses, des arts et des activités impliquant les dieux les plus importants et les esprits ancestraux. Les femmes ne peuvent s'approcher d'un homme réalisant un objet d'art. Des punitions sévères sanctionnent toute transgression à cette règle.

Les chefs et les prêtres bénéficient du statut le plus élevé. Ils n'accèdent à cette position qu'après un long apprentissage des rites religieux. Les *tiki wananga* (bâtons divins), enrobés de cordes sacrées et parés de plumes, servent aux prêtres quand ils prient les dieux et les esprits ancestraux d'accorder leur protection à la tribu. Des *taumata atua* en pierre (dieux des récoltes) sont placés dans les jardins ou à proximité pour accroître la fertilité des pousses.

De remarquables coffres funéraires, creusés en un seul bloc et dotés d'une porte épaisse, contiennent les os des défunts. Les coutumes funéraires maories veulent que l'on enterre une première fois les personnages importants, puis que, un an ou deux plus tard, on récupère leurs os pour les placer dans ces coffres lors d'une ultime cérémonie. L'esprit du défunt voyage alors jusqu'au cap Reinga, à l'extrémité nord de Northern Island, où il plonge dans les flots, vers l'antique pays de Hawaiki. Les coffres funéraires adoptent fréquemment une forme de pirogue ; certains présentent même une quille centrale. Cachées dans des grottes et autres refuges, nombre de ces magnifiques œuvres d'art ont été découvertes dans le district d'Auckland et beaucoup ont rejoint les musées.

Monuments et cénotaphes de formes variées honorent la mémoire des morts. Il s'agit souvent de totems sculptés de figures humaines stylisées, les *tiki*, d'autres adoptant la forme d'une pirogue, enterrée assez profondément dans la terre pour pouvoir tenir à la verticale. On érige également des poteaux pour marquer les frontières tribales ou commémorer un événement particulier.

Thèmes artistiques

Au premier abord, l'art maori peut déconcerter par sa variété. Mais la connaissance d'un petit nombre de symboles et de motifs révèle une réelle cohésion. Prédominante dans la plupart des compositions, la forme humaine, ou *tiki*, représente le premier homme de la mythologie maorie. Le *tiki* figure les ancêtres et les dieux ; il est sculpté dans le bois, la pierre ou l'os, tandis que la néphrite est réservée au *hei-tiki* (pendentif). Dans les maisons de réunions, des *tiki*

EFFETS PRÉCIEUX

L'art des Maoris s'exerce tout particulièrement sur leurs effets personnels. Peignes, parures de plumes, coffrets, épingles à manteaux, bijoux en néphrite – dont le *hei-tiki*, pendentif ancestral – affichent souvent une touche personnalisée qui reflète la *mana* (autorité spirituelle) de leur propriétaire.

Le *wakahuia* (coffret en bois) devait renfermer les pièces les plus précieuses, telles que parures en pierres ou en plumes. Conçus pour être accrochés aux poutres, ces coffrets à couvercle étaient entièrement sculptés, notamment leur dessous, plus fréquemment offert aux regards.

ancestraux ornent les panneaux supportant la charpente ou toute autre partie de la structure. Leur grosse tête stylisée occupe un poteau ou panneau, signe de l'importance accordée à la tête dans les croyances maories – c'est la partie la plus sacrée du corps, avec les organes sexuels.

Mâle ou femelle, ces derniers sont souvent disproportionnés : le pénis ou la vulve sont considérés comme des sources de pouvoir magique apportant fertilité et protection. De petites figures de nativité apparaissent

> ### STYLES RÉGIONAUX
>
> Les styles de sculptures diffèrent selon leur origine. Dans la région de Bay of Plenty (North Island), les visages sont angulaires, tandis que ceux de Tanaki et d'Auckland sont plus sinueux.

de grands yeux obliques, des mains griffues au pouce recourbé, un bec et d'autres appendices d'oiseau. Ces caractéristiques se superposent à la forme humaine originelle pour créer un hybride : l'homme-oiseau. Cette pratique s'inspire sans doute de la croyance selon laquelle les âmes des morts et des dieux utiliseraient les oiseaux pour se déplacer.

Autre symbole majeur, la *manaia* se présente de profil avec un bec, des bras et des jambes. Placée près d'un *tiki* elle

souvent entre les jambes ou sur le corps du *tiki*, symbolisant la chaîne des générations. Les figures qui ornent les panneaux adoptent fréquemment les postures contorsionnées des danses guerrières. La langue tirée exprime le défi et la magie protectrice.

Le sculpteur de *tiki* ajoute des accessoires qui serviront aux dieux et aux esprits ancestraux. Sur certains poteaux, des portraits reproduisent le tatouage d'une personne précise, mais la plupart se réfèrent à des êtres stylisés et non au monde des mortels. Les *tiki* possèdent souvent

semble vouloir en attaquer la tête et le corps. Parfois la *manaia* fait partie du *tiki*, parfois elle alterne avec lui sur les linteaux de portes, sous forme d'homme-oiseau ou d'homme-lézard, plus rare. Elle symbolise peut-être le pouvoir psychique du *tiki*.

La baleine (*pakake*) apparaît sur les façades inclinées des granges. Sa tête se termine à la base par de vastes spirales entrelacées symbolisant la bouche. Les poissons, chiens et autres créatures sont assez rares, et toute tentative de dépeindre la nature de façon figurative semble absente de l'art maori.

Fascinants hommes-sirènes de la catégorie des *taniwha* – ces créatures mythiques qui han-

À GAUCHE : *tiki* maori aux yeux en *paua* (abalone).
CI-DESSUS : le sculpteur maori Keri Wilson à l'ouvrage.

tent les bassins d'eau douce et les grottes –, les *marakihau* s'observent sur les panneaux des maisons du XIXᵉ siècle et les parures en néphrite. Le *marakihau* était probablement un esprit ancestral réfugié en mer. Doté d'une queue enroulée et d'un corps serpentin, il arbore une tête cornue, de gros yeux ronds et une langue tuyautée. On le représente parfois suçant un poisson. Le *marakihau* est capable d'avaler une pirogue et son équipage.

Les motifs peints sur les charpentes obéissent à un schéma de tige incurvée et de bulbe appelé

koru. La compagnie Air New Zealand a pris un koru pour logo.

Outils et matériaux

Les artistes maoris utilisaient un matériel assez limité – bois, pierre, fibres et coquillages. Principal outil des sculpteurs sur bois, l'herminette consiste en une pointe de pierre attachée à un manche en bois. Toute la sculpture traditionnelle maorie a été réalisée avec cet outil. Les formes étaient d'abord taillées, puis la surface était décorée au burin. Les Maoris préféraient de loin la lame de la néphrite. Ficelés à un manche court, les ciseaux présentaient un bord droit ou en gouge. Des vrilles à pointe en pierre

et divers coins et maillets complétaient ce matériel de l'âge de pierre.

L'apparition de la peinture à l'huile rendra caduque le vieux *kokowai* (pigment) ocre rouge, dont on ne voit plus de trace que sur les anciennes sculptures. Malheureusement, la pratique consistant à recouvrir les enduits d'origine par de la peinture européenne rouge en a effacé presque toute la patine, jusqu'aux ocres les plus anciens : nous avons ainsi perdu la polychromie de la période historique.

Les sculpteurs appréciaient particulièrement deux arbres relativement tendres mais durables, le kauri et le totara – ce dernier ne poussant que dans les zones plus chaudes du nord de North Island. Le bois dur était tout aussi abondant. Pour les Maoris le jade néphritique, ou *pou-manu*, était un matériau sacré. Présente seulement dans les rivières de l'Arahura et du Taramakau sur la côte ouest de South Island, cette pierre semi-précieuse faisait l'objet d'un commerce important. La néphrite est d'une telle dureté qu'une pointe d'acier ne peut l'entamer. On imagine la difficulté d'un tel travail sans diamant : l'artisan frottait sa pierre avec des lames en grès pour lui donner la forme d'un *hei-tiki* (pendentif), d'une arme ou de tout autre objet.

L'os avait de multiples usages. Celui de baleine était très apprécié pour les armes, tout comme les parures en dents de cachalot, tandis que le poil de chien, mais aussi les éclatantes plumes d'oiseaux néo-zélandais décoraient les armes et les manteaux selon divers motifs. L'abalone, ou *paua*, aux teintes irisées, était incrustée dans les sculptures sur bois ; les teintures des tissus provenaient d'écorces. L'imprégnation de fibres dans une boue marécageuse produisait un noir intense.

Les Maoris exploitaient le lin de diverses façons. Des lanières de feuilles vertes, ils faisaient des paniers ou des plats ; détrempées, malaxées et blanchies, elles donnaient une fibre solide pour des vêtements chauds ou des cordages. La corde de lin permettait l'assemblage des pirogues, des maisons et des granges, car le métal n'existait pas et les Maoris ne connaissaient pas les chevilles en bois. ❏

À GAUCHE : motif maori, le *koru* a été adopté comme logo par Air New Zealand.

CHANGEMENT RADICAL

Lorsque les Européens introduisent le métal, les lames en fer changent radicalement les techniques de sculpture.

L'art maori contemporain

Des centaines d'artistes maoris travaillent aujourd'hui en Nouvelle-Zélande. Ils utilisent les supports les plus divers, des dernières technologies aux outils traditionnels.

Au cours du XXe siècle, l'art maori s'est divisé en deux courants majeurs. Le premier se concentre autour du *whare whakairo* (maison de réunions sculptée), qui comprend le *whakairo* (sculpture), le *kowhaiwhai* (peinture) et le *tukutuku* (panneau tissé). De nombreux artistes accueilleront avec intérêt le modernisme puis le postmodernisme. Ils ont digéré ces apports à leur manière, fusionnant l'art indigène avec une conception plus globale.

À partir des années 1960, les Maoris présentent leurs œuvres dans des galeries. Plusieurs générations d'artistes se sont succédé, à commencer par celle de la *kaumatua*, réunissant des hommes et des femmes aujourd'hui âgés de 60 ou 70 ans comme Ralph Hotere, Paratene Matchitt, Arnold Manaaki Wilson, Sandy Adsett, Fred Graham et d'autres. Leur travail prouve que l'art maori a sa place dans les galeries, et pas seulement dans les musées d'anthropologie.

Un nouveau groupe émerge dans les années 1970 et 1980 avec des artistes comme Emare Karaka, Shona Rapira-Davies, Robyn Kahukiwa, et Kura Te Waru-Rewiri. Leurs œuvres, dont certaines sont ouvertement politiques, allient symboles militants, couleurs vives et expressivité. Une nouvelle vague d'artistes s'est imposée depuis, parmi lesquels Brett Graham, Michael Parekowhai, Natalie Robertson, Areta Wilkinson et Lisa Reihana. Ils ont recours à des installations vidéo, remettant en cause certains stéréotypes qui cantonnent l'art maori à une esthétique formelle.

La maison traditionnelle demeure un centre important pour les arts contemporains. Beaucoup de *whare whakairo* maintiennent la tradition en matière d'architecture et de choix de décor – sculpture, peinture et panneaux tissés –, tout en innovant par la gamme de matériaux utilisés. Les maîtres sculpteurs comme Pakaariki Harrison sont célébrés dans le monde entier.

Le nombre de publications sur l'art et les artistes maoris ne cesse d'augmenter. Ces éditions traitent à la fois de l'art tribal et de l'art moderne, et, surtout, sont écrites en maori pour des Maoris. Des galeries se sont ouvertes qui n'exposent que des artistes indigènes, comme la Mataora Gallery de Parnell Street et la Te Taumata Gallery de Upper Symonds Street, toutes deux à Auckland.

Le visage se transforme également, comme en témoigne le *moko*, expression frappante de la culture maorie. Le *ta moko* (tatouage) est toujours réservé aux parties traditionnelles du corps comme le visage – complet pour les hommes,

lèvres et menton pour les femmes –, les cuisses et les jambes pour les hommes et les femmes. Très recherchés, les *tohunga ta moko* (spécialistes du tatouage), hommes ou femmes, pratiquent dans tout le pays. Les années 1970 ont vu la renaissance du *moko* et il n'est pas rare d'apercevoir des personnes tatouées siroter leur grand crème dans un café chic. Si des artistes comme Te Rangikaihoro Nicholas, Derek Lardelli, Rangi et Julie Skipper ou Gordon Hadfield utilisent tous les pistolets modernes, la tendance actuelle est au retour aux outils traditionnels comme le *uhi* (ciseau), technique qui élève le *moko* au rang de véritable sculpture, et le différencie de tous les autres tatouages. ❏

À DROITE : les artistes maoris contemporains défient en permanence les stéréotypes de la tradition.

L'ART LÉGENDAIRE DES MAORIS

L'âge de pierre maori et ses ressources limitées ont vu l'éclosion de techniques raffinées, dont l'artisanat actuel revendique l'héritage.

Lorsque les Maoris émigrent de Polynésie en Nouvelle-Zélande, bien des surprises les attendent, mais ils sauront tirer le meilleur parti des ressources disponibles. Ils utilisent des herminettes en pierre pour construire de longues et élégantes pirogues en *kauri* ou en *totara*, bois idéal pour les sculptures dont ils assurent la longévité en les recouvrant d'un mélange d'argile rouge et d'huile de requin.

OBJETS USUELS

Les objets usuels comme les ustensiles de cuisine, les outils et les armes ont manifestement leur importance, mais également l'art en tant que tel, étroitement associé à la mythologie maorie. D'imposantes représentations d'ancêtres sculptées dominent encore le *marae*, le lieu de réunion traditionnel. Fabriquée en os ou en néphrite, la figure humaine stylisée du *tiki* est un porte-bonheur : le *hei-tiki*. Il se porte en pendentif autour du cou. Les femmes tressent des nattes et des paniers avec des feuilles de lin, ou tissent les fibres pour en faire des vêtements de cérémonie décoratifs.

LA RENAISSANCE

Les Maoris ont pris conscience de leur héritage et les arts traditionnels connaissent une renaissance. Les jeunes réapprennent à sculpter le bois, l'os et la néphrite, notamment au Maori Arts and Crafts Institute, à Rotorua. Les Néo-Zélandais d'origine européenne manifestent de plus en plus d'intérêt pour les arts polynésiens traditionnels. La sculpture sur néphrite, en particulier, est devenue un art à part entière, qui n'a rien à voir avec les objets produits industriellement et vendus dans les boutiques de souvenirs.

▷ **CENTRE D'APPRENTISSAGE**
Les sculpteurs sur bois apprennent leur métier au NZ Maori Arts and Crafts Institute de Rotorua. Situé à Whakarewarewa, il est ouvert au public (*voir p. 186*).

▽ **TISSAGE TRADITIONNEL**
Le lin est assoupli dans des sources thermales, puis les fibres sont tissées en robes par les femmes maories. Les hommes portent également des manteaux en lin, bordés de motifs géométriques.

▷ **CONTES ILLUSTRÉS**
Comme les Maoris ne connaissaient pas l'écriture, ils se transmettaient oralement mythes et légendes, de génération en génération. Une grand-mère illustre ici avec des fils l'histoire des volcans Tongahiro et Ruapehu, supposés personnifier des divinités naturelles capricieuses.

◁ *TIKI* **EN OS**
Voici plusieurs siècles, ces *tiki* raffinés étaient en os de moa, taillés à l'aide de pierres aiguisées. L'immense oiseau coureur ayant disparu, les Maoris emploient les os d'autres animaux.

◁ **À FAIRE PEUR**

Caractéristiques de l'art maori, ces sculptures de crânes monstrueux et de faces grimaçantes ont une forte dimension spirituelle. On les plaçait sur les palissades défensives d'un *pa* (village fortifié) pour effrayer les assaillants.

▽ **HERMINETTE RITUELLE**

Les Maoris employaient des outils en pierre pour sculpter le bois, mais un *toki* (herminette en néphrite) comme celui-ci était trop précieux pour un tel usage : armant les chefs tribaux et autres personnages de haut rang, il symbolisait leur statut et leur autorité.

▽ **PROTECTION RAPPROCHÉE**

Ces figures en bois d'ancêtres servaient à protéger une tribu contre la colère des dieux et à intercéder en sa faveur.

PIROGUES DE GUERRE

Sculptées et peintes avec raffinement, les pirogues de guerre conféraient un grand prestige à la communauté. La plupart étaient teintées en rouge, soulignées de détails en noir et blanc et couronnées de plumes. La splendide pirogue de guerre de 35 m (*ci-dessus*) de Waitangi a été sculptée dans 2 troncs de gigantesques *kauris* de Puketi Forest. Il fallut 27 mois pour la construire : elle fut lancée en 1940 pour célébrer le centenaire du traité de Waitangi.

La coque, effilée, ne dépasse jamais 2 m de large, mais elle pouvait accueillir 160 guerriers assis. Propulsée par 80 pagaies, cette pirogue atteignait une vitesse impressionnante dans les eaux abritées de Bay of Islands.

Dans leur quête d'une terre promise, les Polynésiens traversèrent le Pacifique à bord d'embarcations construites par leurs soins : non pas de fines pirogues de guerre comme celle-ci, mais d'autres, plus stables et offrant plus d'espace. En 1985, une copie de 21 m de l'une de ces pirogues à balancier fit la traversée entre Rarotonga, dans les Cook Islands, et la Nouvelle-Zélande. Un voyage de 5 000 km en à peine plus de 5 semaines, l'équipage naviguant avec la carte du ciel, tout comme les ancêtres des Maoris.

ART ET LITTÉRATURE

"Pour nous, la terre est à la fois matrice et destructrice", écrit le poète
James K. Baxter, résumant le conflit que vivent tant d'artistes néo-zélandais.

Les Néo-Zélandais ont de tout temps entretenu une attitude quelque peu ambiguë avec l'art. Agence d'État chargée des subventions, Creative New Zealand suscite toujours des quolibets lorsqu'elle déclare le montant des bourses versées aux artistes et écrivains – comme si elle jetait cet argent par les fenêtres. Pourtant, une solide culture indigène s'est épanouie dans le pays. Leur isolement a contraint les artistes à se forger leur propre voie, sans s'appuyer sur des modèles étrangers ni des encouragements au plan local.

Le goût de la récupération des Néo-Zélandais dans différents domaines – notamment l'agriculture et la rénovation de maisons – transparaît dans les œuvres d'artistes aussi divers que le merveilleusement inventif Michael Parekowhai ou le magistral Ralph Hotere, dont les peintures intègrent fréquemment de la tôle ondulée et des morceaux de bois. Contribution de la Nouvelle-Zélande à la biennale de Venise de 2003, une installation de Michael Stevenson fait se côtoyer une Trekka (le seul véhicule néo-zélandais jamais produit) et un Moniac (un ordinateur alimenté à l'eau qui, curieusement, n'a jamais été fabriqué ailleurs). Conservateur associé du Te Papa Tongarewa de Wellington (*voir p. 217*), Robert Leonard y voit une subversion astucieuse du sens de la débrouille des Kiwis.

La Nouvelle-Zélande ne possède aucun musée des Beaux-Arts. Les vestiges de ce qui pouvait passer pour tel ont été relégués à l'étage du Te Papa, et si ce musée demeure incontournable, n'escomptez pas y trouver un panorama exhaustif de l'art néo-zélandais. Il vous faudra pour cela arpenter les galeries de la capitale et des villes de province – en particulier la superbe Christchurch Art Gallery (*voir p. 250*), inaugurée en 2003. La longue ligne ondoyante de ce bâtiment en verre et métal évoque la forme du *koru*, fougère stylisée qui orne égale-ment la queue des appareils d'Air New Zealand. Ne manquez pas non plus la City Gallery de Wellington (*p. 219*), l'Auckland Art Gallery (*p. 140*), la Dunedin Public Art Gallery (*p. 297*) et l'audacieuse Govett-Brewster Gallery (*p. 209*) de New Plymouth, sans oublier la Pataka de Porirua.

IMAGES MOBILES

Extérieur aux principaux courants de l'art néo-zélandais – et à son pays pendant une grande partie de sa vie –, Len Lye (1901-1980) a expérimenté divers matériaux, mais il s'est surtout fait connaître par son travail sur la cinétique et la gravure sur pellicule, créant ainsi des images abstraites étonnantes. Mis en musique, ces "films" ont été décrits comme la préhistoire des vidéos musicales. La Govett-Brewster Gallery de New Plymouth (*voir p. 209*) détient la collection et les archives Len Lye, dont elle expose régulièrement les œuvres. Parmi celle-ci, citons l'envoûtante *Wind Wand*, qui joue en permanence avec les vents du Pacifique.

CI-CONTRE : en lice pour le festival de sculpture de Wellington.
À DROITE : l'élégante *Wind Wand* de Len Lye sur le rivage de New Plymouth.

Beaux-arts

L'un des premiers artistes exposés à la nouvelle Christchurch Art Gallery fut W. A. (Bill) Sutton (1917-2002), artiste régional dont les sobres paysages semi-abstraits semblent symboliser sa relation personnelle avec la terre. Celle-ci est souvent appréhendée dans l'art néo-zélandais comme vide, menaçante, voire hostile aux hommes.

Ici très appréciés, les paysages réalistes de Grahame Sydney participent quelque peu de cette approche, mais dans un style plus apaisé. L'œuvre de Sydney a été comparée, non sans raison, à celle d'Andrew Wyeth. "Parrain" de

Sculpture et poterie

La sculpture a toujours été le parent pauvre des arts plastiques en Nouvelle-Zélande. La petite taille du pays et l'idée répandue que de l'argent alloué à l'art est de l'argent gaspillé n'ont rien fait pour encourager les commandes publiques, aussi maigres que rares. Aussi les sculpteurs tendent-ils à travailler à petite échelle. Deux d'entre eux méritent toutefois une mention particulière.

Marquées du sceau du traditionalisme, mais non sans maints clins d'œil postmodernes, les œuvres de Terry Stringer aiment jouer sur le contraste qui oppose la fermeté

l'art néo-zélandais, Colin McCahon a su passer de simples paysages aux connotations religieuses à des incantations sombres et mystiques dont le pouvoir inquiétant tient autant aux prières inscrites sur les œuvres qu'à la force de leurs formes cubistes.

Moins tourmentés et moins lugubres, les successeurs de McCahon se sont tournés vers des expressions plus ludiques et une ironie toute post-moderne tels Joanna Braithwaite, Shane Cotton, Dick Frizzell, Don Driver, Richard Killeen, Seraphine Pick, Peter Robinson et l'inimitable Bill Hammond, dont les œuvres surréalistes ont provoqué ce commentaire : "Tout en elles est étrange."

du bronze, son matériau favori, à la souplesse de son modèle. Si l'exploration de la lumière demeure en principe l'apanage du peintre, Neil Dawson crée des sculptures dans lesquelles les ombres projetées ont autant d'importance que la forme même, souvent taillée dans l'aluminium ou l'acier. Ses spectaculaires *Ferns* (fougères) surplombent le Civic Square de Wellington, et c'est à lui que l'on doit le monumental *Chalice* qui orne Cathedral Square, dans sa ville de Christchurch.

La poterie néo-zélandaise a quant à elle connu un essor et un succès dont les raisons restent obscures. Deux courants majeurs ont émergé. Le premier adopte un style "proche de la terre", solide et rustique ; Barry Brickell est sans conteste la représentante la plus connue. Plus esthétisant, John Parker incarne l'autre tendance : il travaille depuis des années sur une poterie uniquement blanche, d'une élégance austère et raffinée.

Littérature

Katherine Mansfield – de son vrai nom Kathleen Murry (1888-1923) – est le premier écrivain néo-zélandais à avoir attiré l'attention en dehors de son pays. Ses nouvelles subtiles ont survécu à de nombreuses modes et se lisent avec autant de plaisir de nos jours que lors de

plaires à travers le monde. La différence entre les deux écrivains résume l'histoire du pays : tandis que Katherine Mansfield ne se passionnait guère pour les problèmes néo-zélandais, l'œuvre monumentale de Keri Hulme se concentre de façon radicale sur des questions d'identité nationale et de biculturalisme, entre autres thèmes plus universels.

Première publication d'un écrivain maori, le recueil de nouvelles *Pounamu Pounamu* sort en 1972 : un véritable événement qui va faire de Witi Ihimaera l'un des plus grands romanciers du pays. Adapté au cinéma en 2003, *The Whale Rider* rencontre un énorme succès. Autre

leur parution, environ 15 ans avant sa mort, à l'âge de 34 ans. Mais la Nouvelle-Zélande du début du XXe siècle était trop étouffante pour la jeune écrivain, qui abandonne son pays en 1908 pour se faire un nom, d'abord à Londres, puis en Suisse et dans le sud de la France. Elle ne reverra jamais sa terre natale.

Il faut attendre 1985 pour qu'un auteur néo-zélandais connaisse le même succès : Keri Hulme reçoit cette année-là le Booker Prize pour *The Bone People*. Le livre est traduit en 40 langues et vendu à des millions d'exem-

CI-CONTRE : la Christchurch Art Gallery.
CI-DESSUS : la poterie, un art à part entière.

BEST-SELLER

Le plus grand succès de librairie de l'histoire néo-zélandaise n'est pas l'œuvre d'un poète comme le pays en compte tant, ni *The Bone People* de Keri Hulme, traduit dans le monde entier. Non, il s'agit tout simplement du *Edmonds Cookery Book*, livre de cuisine publié pour la première fois en 1907 pour promouvoir la levure chimique Edmonds. Ses recettes n'ont rien d'avant-gardiste et peinent à suivre les changements de modes culinaires, mais c'est peut-être justement l'origine de son succès auprès d'une population très traditionaliste. En 2003, sa 51e édition s'est vendue à 4 millions d'exemplaires – soit un par habitant.

best-seller des années 1990 adapté à l'écran en 1994 par Lee Tamahori, *Once Were Warriors* d'Alan Duff est considéré comme le "premier roman néo-zélandais à se consacrer au quotidien des Maoris des villes". D'autres romanciers se sont imposés depuis, tel Elizabeth Knox, qui se fit connaître dans le monde entier avec *The Vintner's Luck*, rêverie sur la rencontre d'un Français du XIXe siècle avec un ange, ou l'éclectique Lloyd Jones, dont la remarquable improvisation sur la tournée britannique des All Black en 1905, *The Book of Fame*, précéda *Here at the End of the World we Learn to Dance*.

Depuis de nombreuses années, Michael King a fait de l'histoire et de la biographie ses domaines réservés – de ses biographies de dirigeantes maories (Te Puea, Whina Cooper) à celles de deux des plus grands écrivains du pays : Frank Sargeson et Janet Frame. Des historiens comme Miles Fairburn, James Belich, Anne Salmond et Philip Temple ont su délaisser l'histoire événementielle à caractère purement politique ou économique pour explorer avec plus de finesse la société, la culture et les relations entre Maoris et Pakehas.

Comme ailleurs, la littérature enfantine constitue une industrie à part entière, ici propulsée par Lynley Dodd et ses célèbres *Hairy*

McLary pour les petits, et par Joy Cowley, dont le roman *The Silent One* a fait l'objet d'une adaptation de grande qualité.

Si des écrivains-illustrateurs tels que Gavin Bishop se sont également consacrés avec bonheur aux enfants, c'est peut-être dans le domaine de la littérature pour jeunes adultes qu'il faut chercher les auteurs les plus originaux. Les romans de Paula Boock, David Hill, Bernard Beckett, Tessa Duder, et en particulier Kate de Goldi avec son étonnant *Closed, Stranger,* s'attaquent aux vrais problèmes de l'adolescence et abordent la question de leur sexualité. Quant à Margaret Mahy, ses livres comme ses lectures et ses apparitions publiques en ont fait un véritable monument national.

Poésie

La poésie se porte étonnamment bien dans le pays. Même si un recueil de poèmes ne dépasse pas les quelques centaines d'exemplaires vendus en moyenne, il s'en publie des dizaines chaque année, tandis que les ateliers de poésie et d'écriture ont le vent en poupe. Lorsque le poète américain Billy Collins est venu en Nouvelle-Zélande, il a été accueilli avec beaucoup de chaleur. La plupart des grandes villes ont leurs salles, bars et cafés littéraires où se tiennent régulièrement des lectures ouvertes à tous. Un nombre surprenant de rencontres littéraires ont vu le jour à travers tout le pays, parfois associées à des festivals artistiques, notamment deux biennales, l'Auckland Writers Festival et la Writers & Readers Week de l'International Arts Festival de Wellington.

Il existe en Nouvelle-Zélande un prix de poésie non officiel, dont le prestige demeure limité. Un seul poète a su véritablement acquérir une stature que l'on pourrait qualifier de légendaire : James K. Baxter, nationaliste enflammé, célèbre pour avoir parcouru le pays, tel un Christ, pieds nus, cheveux et barbe aux quatre vents durant les dernières années qui ont précédé sa mort en 1972, à l'âge de 46 ans. Dans son *Poem in the Matukituki Valley*, Baxter écrivait : "Pour nous, la terre est à la fois matrice et destructrice", résumant ainsi de manière lapidaire

À gauche : Witi Ihimaera, un auteur comblé.
Ci-contre : avec Frederic Hundertwasser, les toilettes ne se cachent plus – on y danserait presque...

la relation conflictuelle qu'un grand nombre d'artistes néo-zélandais entretiennent avec la nature. Depuis la mort de Baxter, on est revenu à un style plus distancé, plus ironique. Bill Manhire s'est affirmé comme le chef de file de cette tendance.

Il y a longtemps que les écrivains ne se préoccupent guère de se forger une identité néo-zélandaise, assurés aujourd'hui de leur place dans le monde. Même Allen Curnow, le plus vieux poète du pays, mort en 2002, a fait du chemin depuis le nationalisme de ses jeunes années pour en arriver à un style imagé plein de verdeur – tranchant comme un rasoir.

Jenny Bornholdt, James Brown, Kate Camp, Glenn Colquhoun, Anna Jackson, Andrew Johnston comptent parmi les jeunes poètes les plus réputés, tout comme Robert Sullivan et le bouillant Hone Tuwhare – ces derniers, les deux meilleurs, se réclamant de leur héritage maori.

La plupart des écrivains maoris rédigent en anglais, mais les deux langues font plus que se côtoyer parfois, produisant maints hybrides : si vous lisez les poèmes de Colquhoun, par exemple, vous aurez bien du mal à savoir s'il est pakuha ou maori. Et vous finirez probablement par conclure qu'au fond cela n'a pas grande importance. ❑

ARCHITECTURE : KITSCH OU ÉLÉGANCE ?

Si la thématique maorie a parfois trouvé place dans certains bâtiments publics de style européen comme Te Papa à Wellington ou la Christchurch Art Gallery, elle n'a pas profondément influencé l'architecture nationale.

Quant au gothique anglais, il s'en trouve encore quelques exemples, dont la Old St Paul's Cathedral de Wellington, bâtie non pas en pierre mais en bois.

À l'exception de Napier, entièrement reconstruite dans le style Art déco après le séisme destructeur de 1931, aucune ville néo-zélandaise ne présente de réelle unité architecturale. Dunedin a préservé un certain charme d'avant guerre, tandis qu'Oamaru se signale par sa pierre blanche locale. Dans la banlieue de Wellington, la chapelle moderniste Futuna de John Scott ne manque pas d'intérêt ; plus spectaculaire encore est la Central Library de Wellington, dont Ian Athfield a rythmé la façade de colonnes métalliques en forme de palmier nikau. Le Civic Square attenant, du même Athfield, est tout aussi remarquable.

En termes d'impact architectural, deux réalisations se disputent la palme de la notoriété : la Sky City Tower d'Auckland, qui pointe vers le ciel comme une sucette géante, et les éclatantes toilettes publiques en mosaïque de Hundertwasser à Kawakawa, dans le Northland.

MUSIQUE, SCÈNE ET CINÉMA

À la scène comme à l'écran, les maigres subsides ont étouffé la créativité des artistes, qui commencent seulement à voir le bout du tunnel.

É tant donné l'image des Néo-Zélandais, peuple réputé laconique, voire effacé, on peut s'étonner qu'ils aient pu s'intéresser le moins du monde à la scène. Bien des Néo-Zélandais ont jugé indispensable de se rendre à l'étranger pour y mener une carrière en rapport avec leur talent, à commencer par Kiri Te Kanawa, Russell Crowe ou Jane Campion.

Si personne ici ne jalouse leur succès, on admire surtout ceux qui sont restés, luttant et s'exprimant au nom de leur peuple. Que Peter Jackson ait pu obliger Hollywood à venir tourner en Nouvelle-Zélande, voilà un événement qui a redonné confiance aux productions locales, suscitant une incroyable vague de créativité dans les premières années du XXIe siècle.

Musique classique

Le New Zealand Symphony Orchestra, en résidence à Wellington, voit le jour en 1946 lorsque quelques intellectuels, compositeurs et peintres inventent une culture nationale – le Royal New Zealand Ballet et les New Zealand Players naissent à la même période. Cet orchestre de qualité – tout comme l'Auckland Philharmonia – donne plus de 100 concerts par an.

À l'époque de la création de l'orchestre national, Douglas Liburn, premier compositeur néo-zélandais, fera ce commentaire : "De la musique a été écrite ici, et l'on continue d'en écrire ici, mais je pense que tout cela ne constitue que l'ombre d'une esquisse vers la solution de notre problème – la découverte de notre identité." Dans son sillage, des compositeurs comme Jack Body, Hirini Melbourne, Gareth Farr ou Philip Dadson créeront un répertoire riche et divers, qui puise pour une part dans les styles maori et polynésien.

Mais la plus célèbre interprète classique nationale demeure la soprano Kiri Te Kanawa. Cette diva, acclamée dans toutes les capitales, ne s'est pourtant que rarement produite dans son propre pays – et ne semble pas d'ailleurs lui porter grande affection. La Nouvelle-Zélande n'en continue pas moins d'abriter d'excellents chanteurs, comme la soprano Malvina Major ou la jeune basse Jonathan Lemalu. Une représentation du New Zealand Opera au St James de Wellington ou à l'Aotea Centre d'Auckland

Ci-contre : un certain regard sur la Nouvelle-Zélande : *Le Seigneur des anneaux*, de Peter Jackson.

À droite : la cantatrice Kiri Te Kanawa, expatriée.

MUSIQUES ET DANSES MAORIES

La musique a toujours joué un rôle essentiel chez les Maoris. Dès la période classique, ils fabriquent des instruments en os de baleine, en bois et même en pierre. Les hymnes et les *waiata* (chants traditionnels) rythment les cérémonies, les *tangi* (funérailles) et les mariages. Il en va de même pour les danses, très physiques et rythmées, scandées en se frappant la poitrine et les cuisses, en tapant du pied ou parfois sur des bâtons. Les tambours sont inconnus. Des *concert parties* se livrent chaque année à des compétitions, et certains groupes performants partent en tournée à travers le monde entier.

ne devrait pas vous décevoir : même si certains regrettent le conservatisme de ses choix, la compagnie fait toujours preuve de profession- nalisme. Mais, pour assister à un opéra authen- tiquement néo-zélandais, rendez-vous à Wel- lington lors de la biennale du New Zealand Festival : c'est toujours un moment fort dans la vie culturelle du pays.

Ballet et danse contemporaine

La danse en Nouvelle-Zélande a connu une évolution difficile et semée d'embûches. Un ballet coûte cher à produire et à faire tourner, et que le Royal New Zealand Ballet ait pu fêter son cinquantenaire en 2003 tient presque du miracle. Réputée pour sa rigueur et sa qualité, cette compagnie demeure hélas trop prisonniè- re d'un public conservateur.

Douglas Wright et Michael Parmenter, les deux étoiles de la chorégraphie contemporaine, sont issus de la célèbre troupe Limbs, formée dans les années 1970 et dissoute 10 ans plus tard. Tous deux ont créé des œuvres impor- tantes et sensibles, et ce en dépit de leurs maigres ressources financières.

Établis à Auckland, les hommes de Black Grace allient l'athlétisme de joueurs de rugby avec l'élégance de danseurs de ballet, mêlant

SCÈNE MUSICALE CONTEMPORAINE

Miraculeusement, la scène rock des pubs néo-zélandais n'a pas été totalement balayée par la vague techno des années 1990. On peut même affirmer que le succès inter- national de groupes de rock comme The Datsuns (long- temps raillés pour leur style influencé par un hard rock en pleine traversée du désert) ou The D4 ont favorisé le retour en force du rock national.

La tradition alternative des légendaires Flying Nun Records – qui produisirent durant les années 1980 des groupes cultes comme The Clean, The Chills et Straight- jacket Fits – se maintient également dans les bars et les pubs des grandes villes. Mais le hip-hop polynésien a su

également s'imposer avec Nesian Mystik, Che Fu, ou l'au- teur-interprète Bic Runga, pour ne citer qu'eux.

Si vous préférez le jazz, ne manquez pas le Waiheke Island Jazz Festival d'Auckland (week-end de Pâques) et ses grandes têtes d'affiche, ni le festival de Wellington, moins bondé, en octobre-novembre.

Après quelques apparitions sporadiques en Nouvelle- Zélande, le festival de *world music* Womad semble appe- lé à se produire plus régulièrement (tous les deux ans) dans le cadre du Taranaki Arts Festival de New Plymouth. Les stars internationales s'y partagent l'affiche avec les meilleurs groupes polynésiens et maoris.

la chorégraphie moderne aux formes maories et polynésiennes traditionnelles. À ne surtout pas manquer si vous passez par Auckland.

Théâtre

Richard et Edith Campion n'ont pas seulement engendré la réalisatrice Jane Campion, ils sont également à l'origine du théâtre professionnel néo-zélandais avec la création des New Zealand Players en 1953. Avant cette date, les amateurs de théâtre avaient le choix entre les tournées occasionnelles de

THÉÂTRAL

Folie architecturale construite en 1929, le Civic Theatre d'Auckland arbore éléphants, bouddhas, panthères et reproduction de la voûte céleste.

perdu son rôle titre au profit de Circa. Cette compagnie dispose d'une troupe solide qui joue tant des œuvres de renommée internationale que des pièces locales, de Roger Hall notamment.

Aucune histoire du théâtre néo-zélandais ne se conçoit sans mentionner Hall, émigrant britannique et auteur de comédies que l'on pourrait qualifier chez nous de "boulevard", reflétant les peurs, les désirs et les intérêts d'une communauté dont la culture se résume essentiellement aux séries télévisées britanniques. Des auteurs plus auda-

compagnies britanniques harassées et les troupes locales. Évoquant la suspicion qui entourait toute forme d'art en ces années sombres, le dramaturge Bruce Mason se rappelle combien ces troupes étaient "ignorées, parfois même vilipendées par le Kiwi moyen".

Les New Zealand Players ont plié bagage en 1960, non sans inspirer toute une génération d'acteurs et de troupes professionnelles. La première, Downstage, se produit encore à Wellington, capitale officieuse du théâtre, quoiqu'elle ait

---

CI-CONTRE : plus à la mode, les Datsuns ?
CI-DESSUS : la compagnie de danse Black Grace d'Auckland combine élégance et puissance.

cieux se sont fait connaître depuis, comme Ken Duncum, Duncan Sarkies ou Jo Randerson, ainsi que Hone Kouka et Briar Grace Smith, qui ont évoqué l'histoire néo-zélandaise du point de vue maori.

Le théâtre professionnel se nourrit des derniers et des meilleurs succès britanniques ou américains, de nouvelles créations de classiques, et parfois même d'œuvres locales récentes. Hormis Circa et Downstage, ce théâtre est défendu par le Centrepoint de Palmerston North, le Court Theatre de Christchurch et le Fortune de Dunedin. L'Auckland Theatre Company ne possède pas son propre théâtre mais se produit généralement au Herald

Theatre de l'Aotea Centre ou au Maidment de l'Auckland University. La compagnie a pris suffisamment d'ampleur aujourd'hui pour pouvoir occasionnellement jouer le répertoire local.

L'avant-garde théâtrale se fait plus discrète, mais, au Silo d'Auckland ou au Bats de Wellington, semble souvent s'exprimer une résistance à l'establishment culturel. Ces théâtres réservent quelques excellentes surprises, audacieuses et inspirées – comme le groupe multimédia de Christchurch baptisé "The Clinic", modèle de stabilité rare dans ce milieu. L'avant-garde oscille souvent entre le théâtre de rue et un répertoire scénique plus traditionnel proposé

en des lieux comme le Silo et le Bats. Dans les années 1990, la comédie s'était trouvé une salle permanente au Classic d'Auckland. Un grand festival de comédies est organisé en mars.

Les festivals offrent l'opportunité à de nouvelles œuvres de se produire, et à celles qui ont déjà vu le jour de tourner. Le plus important est la biennale du New Zealand Festival de Wellington qui se déroule toutes les années paires. Christchurch, New Plymouth, Taupo, Tauranga, Nelson et Bay of Islands organisent également leurs propres manifestations. Un moment très attendu au festival de Nelson : les Wearable Art Awards, qui présentent les costumes les plus extravagants.

Cinéma

Quelques réalisateurs obstinés sont parvenus à produire un film ici ou là avant les années 1970, notamment John O'Shea, spécialisé dans les thèmes à dominante biculturelle (un mélodrame interracial, *Broken Barrier*, et *Don't Let it Get You*, chef-d'œuvre de kitsch musical où apparaît une toute jeune Kiri Te Kanawa). O'Shea dut parfois recourir à des travaux alimentaires – films sur la sécurité routière, manifestations sportives –, mais il sut persévérer et le cinéma néo-zélandais lui doit beaucoup.

Il faudra attendre le succès local du thriller de Roger Donaldson *Sleeping Dogs*, en 1977, pour qu'une vague de films commerciaux envahisse les écrans. Donaldson part pour Hollywood, où sa plus grande réussite, *Cocktail*, lance Tom Cruise. D'autres réalisateurs émergent à la même époque, comme Vincent Ward (*Vigil* et *The Navigator*), très apprécié des cinéphiles, Geoff Murphy, dont le "western maori" *Utu* reste très sous-estimé, et Gaylene Preston, qui réussit avec *Mr Wrong* un film subtilement féministe et subversif. Mais aucun ne peut rivaliser sur le plan international avec Jane Campion et sa *Leçon de piano* – ou son tout aussi remarquable *Portrait de femme*.

Après un début prometteur avec *Memory and Desire*, Niki Karo enchaînera sur un succès international, *Whale Rider*, inspiré d'une légende maorie contée par l'un des plus grands écrivains de Nouvelle-Zélande, Witi Ihimaera. Comme *La Leçon de piano*, ce film prouve que l'on peut réussir à l'étranger sans recourir aux recettes hollywoodiennes. Ce qui n'enlève rien au tour de force réalisé par Peter Jackson, dont le *Seigneur des anneaux* (*voir p. 95*) parvient à enchanter à la fois le grand public, la critique et les fans de Tolkien. Le pays tient enfin son héros culturel. Mais sa magie aura-t-elle autant d'effet sur son dernier projet, un remake de *King Kong*, sorti en décembre 2005.

Compte tenu de sa taille, la Nouvelle-Zélande semble avoir engendré un nombre disproportionné de stars internationales, dont Sam Neill (qui débuta dans *Sleeping Dogs*), Anna Paquin et Russel Crowe, tous deux dûment oscarisés. Deux acteurs se sont également fait un nom dans la génération actuelle, Danielle Cormack et Joel Tobbeck. ❑

À gauche : Sam Neill, acteur néo-zélandais désormais au firmament des stars hollywoodiennes.

Des anneaux en or

La trilogie cinématographique du *Seigneur des anneaux* a été tournée sur des sites qui couvrent presque tout le territoire de la Nouvelle-Zélande, et même si l'équipe des effets spéciaux a conçu certaines vues par ordinateur, elle a surtout exploité le caractère spectaculaire des paysages choisis. Ces films ont suscité un énorme intérêt pour le pays et sa nature vierge ; depuis, les tour operators emmènent les fans – des millions depuis la sortie du premier épisode – sur de nombreux sites.

Si beaucoup de ces lieux, difficilement accessibles ou privés, ne peuvent se visiter que par l'intermédiaire d'un tour operator, vous serez en mesure d'en découvrir certains par vous-même. Ainsi, vous pourrez avoir un aperçu de vastes secteurs du "Mordor" ou des "Monts Brumeux". Mais n'espérez pas retrouver les décors des films – les Néo-Zélandais sont très sensibles en matière d'environnement, et tous, sauf un, ont été démolis depuis.

Le seul décor demeuré en place représente **Hobbitebourg**, dont la maison de Bilbon – ou en tout cas sa porte, l'intérieur ayant été filmé à Wellington. Il est situé dans un domaine privé de Matamata mais peut se visiter (entrée payante). Ces vastes terres verdoyantes, intensément cultivées, reflètent bien le paisible **Comté**.

Plus au sud se déploie le **Mordor**, mieux connu ici sous le nom de Tongariro National Park. Les paysages du film font souvent appel à l'assistance par ordinateur, mais l'immense désolation volcanique de cette région sauvage correspondait idéalement au royaume de Sauron. Et, dans la forme du mont Ngaruhoe, l'un des trois sommets qui dominent le parc, vous reconnaîtrez facilement la **Montagne du Destin**.

Les productions avaient élu domicile dans le Kaitoke Regional Park, au nord de Wellington. C'est le site de **Fondcombe**, demeure d'Elrond, et du **fleuve Anduin**. La Hutt River, que longe l'autoroute à la sortie de Wellington, et le lac Manapouri sur South Island ont également été choisis pour l'évoquer.

À DROITE : si vous ne risquez pas de croiser Nazgûls, Orcs ou autres Trolls monstrueux sur les sites du tournage du *Seigneur des anneaux*, attendez-vous cependant à voir des paysages fabuleux.

Le lieu de tournage le plus accessible se trouve en plein Wellington, là où le mont Victoria a servi de décor à de nombreuses scènes, dont le départ de Frodon et de Sam du Comté, et la poursuite des Hobbits par les Nazgûls.

Pour se rendre au **Mordor**, il faut passer par South Island : les **Marais des Morts** où Frodon, Sam et Gollum luttèrent pour l'anneau ont été filmés dans un marais appelé Kepler Mire, sur la Kepler Track près de Te Anau. Également proche de Te Anau, la Takaro Road mène à la **forêt de Fangorn**, le domaine des Ents où Merry et Pippin convainquirent Sylvebarbe de se joindre à la bataille de Helm.

À la sortie de Queenstown, près d'Arrowtown, c'est à Skippers Canyon qu'Arwen, venue au secours de Frodon blessé, s'opposera aux Nazgûls bientôt emportés par le torrent furieux.

De nombreux endroits de South Island vous permettent d'admirer les **Monts Brumeux**, où la Compagnie vécut avant de se séparer. Bien sûr, dans la région comme sur les cartes, il n'est fait mention que des "Southern Alps"...

Les Néo-Zélandais, qui sont très sensibles aux éloges quand ils viennent d'ailleurs, sont fiers du succès du *Seigneur des anneaux*. Mais il faut leur pardonner s'ils semblent un peu blasés quant à la beauté des sites filmés. Après tout, c'est leur pays, et rien ne leur semble plus naturel. ❑

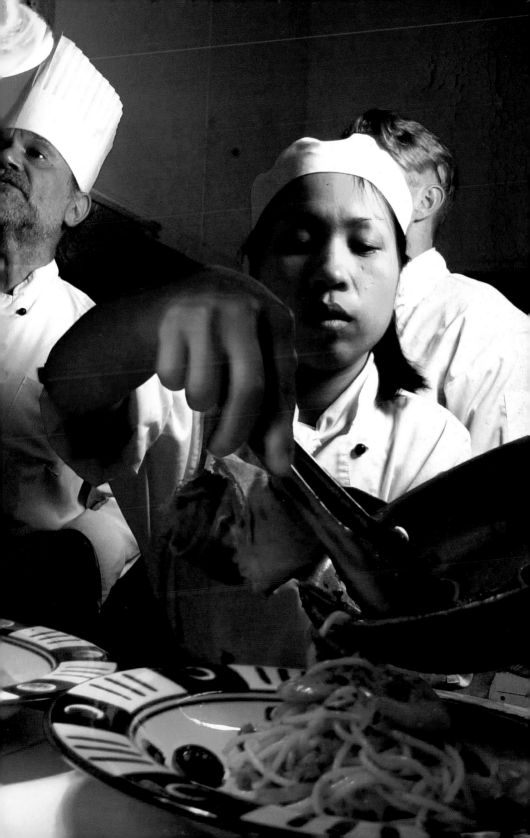

GASTRONOMIE

La cuisine kiwi se distingue par des ingrédients frais et goûteux, associés
en de multiples métissages qui reflètent la diversité culturelle du pays.

La cuisine néo-zélandaise doit beaucoup à l'éclatante fraîcheur de ses fruits et légumes, de sa viande, de ses produits laitiers et de la mer. Les principaux ingrédients qui atterriront dans votre assiette n'auront, le plus souvent, pas voyagé plus de 100 km. Mais les chefs néo-zélandais les accommodent d'une façon qui n'a rien à voir avec la cuisine traditionnelle. Vous ne goûterez d'ailleurs que fort peu de plats indigènes. En dehors des produits de la mer, toutes les espèces du pays ont été importées des différentes parties du monde, chacune ayant été acclimatée à un milieu approprié, dans la douceur perpétuelle du Nord, ou sous les climats extrêmes du Sud.

Cuisine cosmopolite

Les chefs néo-zélandais suivent dans l'ensemble les mêmes tendances que leurs homologues australiens ou californiens. Tous sont installés en bordure du Pacifique, mais, plus que leur position géographique, c'est l'amour des saveurs les plus chatoyantes et le désir de tenter tout ce que l'inspiration leur dicte qui les anime. Poivrons, aubergines, olives, ail ou asperges poussent ici sans problème, apportant avec eux tous les parfums de la cuisine méditerranéenne.

On accommode le pesto et le houmous aussi bien à Wellington qu'ailleurs. La gastronomie asiatique n'est pas en reste, et partout vous trouverez currys, légumes sautés ou soupe au mizo.

Les Kiwis puisent également leur inspiration de leurs séjours à l'étranger, et se tiennent au courant des tendances internationales à travers livres, magazines et émissions de télévision. En outre, chaque groupe culturel du pays, des Chinois aux Grecs, des Croates aux Thaïs, a contribué à l'élaboration de cette culture nationale en important des produits spécifiques, en ouvrant des restaurants et en continuant de préparer la cuisine traditionnelle à la maison.

PAGES PRÉCÉDENTES : agitation frénétique dans les coulisses du restaurant Nicollini's, Wellington.
CI-CONTRE : langouste fraîche.
À DROITE : saveurs exotiques des îles du Pacifique.

Racines coloniales

Angleterre, Écosse ou Irlande, les plus importantes sources d'immigration depuis la colonisation conservent leur prépondérance dans la cuisine familiale. Aucun repas de fête ne peut se concevoir sans un savoureux gigot d'agneau, accompagné de pommes de terre bien crous-

tillantes, de potiron, de panais et de *kumara* (patate douce), le tout servi dans le même plat avec bettes et sauce à la menthe. En été, si la viande est à l'honneur dans les barbecues où steaks, côtes d'agneau et saucisses s'accompagnent de pain et de salades, les brochettes de poissons et les fruits de mer se disputent très souvent le gril.

Malgré l'influence des cuisines du monde entier, de nombreux plats de résistance proposés sur les menus de restaurant prennent encore la forme de belles pièces de viande ou de poisson accompagnées de légumes. Et les Néo-Zélandais excellent toujours dans l'art de préparer des scones maison, des *pikelets* (petites crêpes) ou des *muffins*, sans oublier les confitures, marmelades, chutneys et autres *pickles*.

Cuisine maorie

Les aliments indigènes – oiseaux, baies et racines de fougères – ne se récoltaient pas sans mal. Parmi leurs mets de choix figurent le *mutton bird*, puffin à bec grêle, l'anguille, l'abalone (ormeau), le pipi, le paua et le *kina* (oursin). Avec l'introduction de la *kumara* (patate douce polynésienne), c'est tout le régime alimentaire des régions tempérées qui se trouve bouleversé. La cuisine maorie bénéficiera également de l'arrivée des porcs et autres animaux de ferme,

des légumes, des fruits et des céréales importés d'Europe et d'Afrique. La mer a toujours assuré au pays des ressources vitales, et son rôle demeure intact, comme en témoigne l'extension des quotas de pêche accordés aux Maoris pour des espèces très réglementées.

Le *hangi*, plat traditionnel généralement servi aux visiteurs, consiste en des morceaux de viande et de légumes placés dans des paniers, puis cuits à la vapeur sur des pierres chaudes au fond d'un trou couvert. Le *boil-up* est un potage à base de porc ou de bœuf, de pommes de terre, d'oignons, de carottes et de cresson, *rauraki* ou *puha* (laiteron) avec parfois des *dumplings*,

appelés souvent "*doughboys*". La *paraora rewana* est une grande miche de pain montée à la levure de pomme de terre.

Fruits

Chaque saison apporte sa gamme extraordinaire de fruits. Si aucun n'est originaire de Nouvelle-Zélande, en deux siècles chacun d'eux s'est intégré à merveille à la cuisine locale, et plusieurs s'exportent même très bien. Les boutiques de fruits et légumes et les supermarchés en proposent un large éventail, mais certains sont à peine mûrs sur l'étal et demandent quelques jours avant d'être consommés. Au bord des routes de tout le pays, vous pouvez

LA REINE DES POMMES DE TERRE

Peau violacée, chair jaune, la *kumara* figure sur les tables de presque chaque maison néo-zélandaise et de bien des restaurants. Les Maoris cultivent 20 espèces de *taewa* (pommes de terre) qui n'existent nulle part ailleurs. Peu souvent cuisinées et connues de rares spécialistes, plusieurs de ces variétés sont menacées d'extinction. On essaye actuellement de les sauvegarder, si possible pour les exploiter commercialement. L'*urenikai* est l'une des plus singulières : non seulement sa peau mais également sa chair arborent un violet éclatant. Cette pomme de terre exotique a rencontré un vif succès au Salon de l'alimentation 2000 de Milan.

acheter de délicieux fruits cueillis mûrs sur l'arbre, près de leurs lieux de production. Les marchés du week-end se multiplient dans les villes et dans les régions de production, tandis qu'un nombre significatif de supermarchés, d'échoppes et de boutiques spécialisées vendent des produits biologiques.

L'automne surtout vous réserve de savoureuses surprises avec les fruits tropicaux qui poussent dans les régions les plus tempérées du pays. Quatre d'entre eux se dégustent un peu à la façon d'un œuf dur : coupés en

DESSERT DE NOËL

Une bolée de fruits frais nappés de sucre glace et de crème fouettée conclut le repas traditionnel de Noël.

nouvelle variété de la taille d'une cerise. La pulpe cramoisie ou parfois dorée des *tamarillos* (tomates-cerises) se distingue par sa saveur épicée. Certains agrumes mûrissent également en hiver – les mandarines, les oranges navel et le pamplemousse de Nouvelle-Zélande, variété originale à la peau ambrée et à la pulpe douce amère.

Les fraises commencent à mûrir au printemps, et sont rejointes en décembre par les framboises et les framboises de Logan, les mûres, les *boysenberries* et les

deux et évidés avec une cuiller. Le premier à venir à maturité est le *feijoa*, fruit ovale, vert et parfumé, à la peau douce et à la saveur rappelant celle de l'ananas et de la fraise. Le fruit de la Passion cache sous sa robe froissée violette une cuillerée de grains noirs baignés d'un jus doré aromatique. Vendu sous l'étiquette "Zespri", le kiwi, à la pulpe vert pomme ou d'un jaune plus mielleux, s'est enrichi d'une

---

CI-CONTRE : la *kumara*, base de la cuisine locale.
CI-DESSUS : célébration du kiwi, fruit emblématique national.
À DROITE : vraiment craquantes, ces grappes de tomates-cerises.

groseilles. À Noël, les cerises seront aussi prêtes à être consommées : un joli panier de fruits de saison fait un présent apprécié.

Tandis que l'été avance, d'autres fruits à noyaux remplissent les corbeilles – prunes, pêches (la Golden Queen locale, blanche en début de saison, jaune ensuite), nectarines, brugnons, pêches et abricots, qui, dans leurs principales régions de production, Hawke's Bay et Central Otago, se vendent souvent au bord des routes. Avec l'automne viennent les pommes, dont la goûteuse Braeburn, les poires, notamment la juteuse Doyenne du Comice, les *nashi* (poires en forme de pomme à la chair blanche, ferme et juteuse) – et les kakis, à déguster lorsqu'ils sont encore fermes. Miel, châtaignes, noix, noisettes et macademias agrémentent avec bonheur ce jardin des délices.

Richesses de la mer

À chaque saison de l'année les bateaux de pêche rapportent leurs trésors : hoki, grondin, flet, sans oublier les savoureuses spécialités locales, le *tarakihi* et le mérou, la morue bleue, le saint-pierre (John Dory), ainsi que le "gros yeux" (*Hyperoglyphe antarctica*) et le *hapuka*. Le saumon d'élevage, disponible toute l'année, se savoure souvent fumé, comme d'autres espèces. En hiver, les Néo-Zélandais consom-

ment plus particulièrement les huîtres de Bluff, mais celles de Nelson ne sont pas à dédaigner pour autant, tandis que les huîtres d'élevage du Pacifique ont leurs amateurs. La plupart des supermarchés vendent les délicieuses grosses moules vertes élevées dans les Marlborough Sounds. Sur les plages de sable, vous pourrez aussi faire provision de plus petits coquillages comme le *pipi*, le *tuatua* et différentes coques. L'abalone (*paua*) s'accroche aux rochers de nombreuses côtes, et peut se ramasser en quantités réglementées. La petite friture se mange entière, souvent mélangée à des œufs dans la poêle. Autre délice printanier, les coquilles

LA CRÈME DE LA CRÈME

S'il existe un dessert national néo-zélandais, c'est bien le *pavlova*. Et s'il est un dessert national australien, ce ne peut être que le *pavlova*. Les deux pays se disputent âprement la paternité de cette meringue géante noyée de crème fouettée et coiffée de fruits.

La question de sa recette alimente au moins autant le débat. Mais deux faits demeurent indiscutables : premièrement, ce dessert fut à l'origine servi à la danseuse étoile russe Anna Pavlova, qui se rendit dans les deux pays voici plus d'un siècle ; deuxièmement, vous pouvez difficilement engloutir plus de sucre en une bouchée qu'avec un *pavlova*.

Saint-Jacques sont très appréciées, tandis que l'anguille se déguste surtout fumée. Les poissonniers vendent parfois des *mutton birds* salés – oisillons de puffins à bec grêle récoltés sur quelques îlots près de Stewart Island. Les amateurs en vantent la chair riche et goûteuse. Quant à la langouste, jadis très répandue, elle est devenue un produit de luxe.

Viande et produits laitiers

Toute l'année, d'immenses prairies verdoyantes nourrissent des millions de moutons et d'agneaux élevés pour leur laine et pour leur chair, des bœufs et des vaches laitières et à viande, sans oublier les troupeaux de cerfs. Ici appelés *paddocks*, ces pâturages s'imprègnent des vents salés de l'océan qui donnent aux animaux leur goût si particulier. Il n'y a pas de saison pour savourer une brochette de viande bien rosée à l'intérieur ou de savoureuses côtelettes. Le foie d'agneau a également ses inconditionnels. Les amateurs de steak auront l'embarras du choix entre le tournedos, l'aloyau, le chateaubriand ou la culotte. La venaison d'élevage, souvent proposée sous le label Cervena, se cuit rapidement et se sert à point.

Le lait, le beurre et le fromage ont toujours compté dans la cuisine locale. Vous trouverez partout de la crème fraîche et des yaourts d'excellente qualité. Si la Nouvelle-Zélande produit plus de 60 variétés de fromages – goûtez l'*aorangi*, le *kirima*, le *blue supreme*, et les fromages de style hollandais fabriqués par plusieurs petits producteurs –, le cheddar tient ici le haut du pavé, tout en douceur, du plus jeune au plus âgé, au caractère plus prononcé. Les fromages de chèvre et de brebis viennent de faire une apparition remarquée sur le marché.

Cerfs, porcs et chèvres sauvages composent un gibier de choix pour le plus grand plaisir des chasseurs, mais vous n'en trouverez pas souvent à la carte des restaurants. Et, le cas échéant, soyez certains qu'ils sont passés par un abattoir certifié. Présente en de nombreux cours d'eau et rivières, la truite est exclusivement réservée aux pêcheurs licenciés et ne peut s'acheter. Quant à la pêche au gros, elle se pratique, et se consomme, en plusieurs points de la côte.

Provisions de pique-nique

S'il est un en-cas dont l'importation ne date pas d'hier, c'est bien la *meat pie*. Vendue dans les boutiques à emporter, les boulangeries et les stations-service, elle se réchauffe sur commande. Ronde, carrée ou ovale, elle renferme une sauce contenant du bœuf haché ou en dés. Une couche de fromage supplémentaire est appréciée – certaines s'enrichissent encore de purée de pommes de terre.

Les boulangeries proposent souvent les mêmes spécialités que celles traditionnellement préparées à la maison – biscuits Anzac, "afghans" glacés de chocolat aux noix, brownies aux cacahuètes, barres de gingembre, *muffins* au son ou au fromage, gâteau à la banane.

Ci-contre : dîner en terrasse, Auckland.
À droite : table avec vue.

Le café est presque toujours un *espresso*, torréfié dans de petites boutiques spécialisées. Vous trouverez dans le pays les mêmes thés, tisanes, eaux minérales et jus de fruits qu'en Europe.

Au restaurant

Même dans les coins les plus reculés, au cœur des forêts ou des vignobles, d'excellents restaurants vous ouvrent leurs tables. Luxueux ou modestes, tous déclinent une carte variée – du grand classique réinventé, comme les tripes, au plus frais des poissons ou du gibier.

L'inspiration puise ses sources dans toutes les cuisines du monde et la créativité ne connaît

pas de frontières, même si les chefs mettent un point d'honneur à respecter les ingrédients locaux.

La taille relativement réduite du marché favorise une vive concurrence, et chaque grand chef met tout en œuvre pour asseoir sa réputation. Mais les tables renommées d'Auckland, de Wellington et d'autres grandes villes ont parfois tendance à se reposer sur leurs lauriers. Et il n'est pas rare de voir un nouveau restaurant afficher complet 3 mois à l'avance, puis se vider soudain parce qu'un établissement flambant neuf vient d'ouvrir. Cela dit, quantité de bons restaurants ont survécu aux modes et vous réservent d'excellentes surprises. ❑

L'agriculture

Si la Nouvelle-Zélande s'est construite sur son agriculture, les temps ont changé et les fermiers n'ont pas la vie facile.

Le matin se lève en ce bel été du cœur de South Island. Daniel Jamieson, fermier de la seconde génération, père de deux enfants, et joueur de cricket amateur, prend son petit déjeuner avec sa femme, Colleen. Puis il sort travailler sur cette terre qui l'a vu naître. Plus de 600 vaches laitières l'attendent avec ses employés dans un bâtiment ultramoderne situé non loin de

pas le seul phénomène à modifier la physionomie des campagnes.

Des milliers d'hectares de pinèdes enveloppent aujourd'hui des pentes trop abruptes, inaptes à l'élevage, notamment dans certaines parties de North Island. La culture des fruitiers – pommiers, fruits à noyaux et kiwis – domine encore à Bay of Plenty, Gisborne, Hawke's Bay, Nelson et Otago. Mais de nouvelles cultures comme la production de légumes à grande échelle sont venues transformer d'autres plaines littorales fertiles. Le raisin s'épanouit aujourd'hui sur bien des coteaux. Cervidés, émus, alpaca, autruches ou chèvres, olives et lavande apportent égale-

l'ancienne bergerie. Daniel se rappelle la sueur, la chaleur et la poussière de la tonte estivale à l'époque où il élevait des brebis. Voici quatre ans, il fut le premier à innover avec le bétail. Aujourd'hui, son troupeau, comme beaucoup d'autres, pâture là où les moutons ont vagabondé pendant près d'un siècle.

Le vent du changement

C'est ainsi qu'un vent nouveau balaye le cœur des campagnes néo-zélandaises. Traditionnellement implanté dans les régions de North Island – Waikato, Taranaki et Manawatu –, l'élevage bovin a rapidement gagné les anciens territoires à ovins de Canterbury, Otago et Southland. Mais ce n'est

ment une diversité bienvenue dans la production agricole. L'expansion de la production laitière et des exploitations forestières devrait se poursuivre quelque temps encore. Mais les jours de l'humble mouton paraissent comptés. Longtemps pierre angulaire de l'agriculture néo-zélandaise – et de toute une économie tournée vers l'exportation –, la production ovine et ses industries dérivées subissent les conséquences de ces bouleversements. L'entrée de la Grande-Bretagne dans le Marché commun lui a porté le premier coup, avec la perte d'un marché assuré. En 1984, l'arrêt des subventions lui sera fatal. L'agriculture néo-zélandaise est actuellement l'une des moins aidées au monde.

Renaissance

Les fermiers affrontent ces défis sans broncher. Ils ont écumé la planète à la recherche de nouveaux débouchés, et demeurent les garants du plus vaste secteur économique de Nouvelle-Zélande, produisant plus de la moitié des marchandises d'exportation, dont une majorité de produits laitiers.

Si l'exportation de matières premières vers l'Europe a chuté, de nouveaux marchés ont vu le jour en Australie et en Asie. Ce même esprit d'innovation qui lança la réfrigération de la viande de mouton embarqué en 1882 a permis des avancées rapides dans la technologie de transformation des produits alimentaires et dans le système de production agricole, sans parler des changements de comportement à la ferme.

Du bois de cerf en poudre aux fleurs fraîches en passant par la viande labellisée et les fromages fermiers, la diversité des exportations agricoles ne reflète qu'une partie de ses bouleversements, révélant la volonté des fermiers de s'adapter aux nouvelles tendances des marchés. Quant aux milliers d'éleveurs de moutons, il leur a fallu se spécialiser de plus en plus dans certains types de viandes et de laine, dont beaucoup sont aujourd'hui d'appellation contrôlée.

Pressions et possibilités

Les fermiers néo-zélandais ont rapidement réagi à l'inquiétude croissante du consommateur concernant les résidus chimiques, la santé des animaux ou l'hygiène alimentaire. Bénéficiant d'une population clairsemée, d'un air et d'une eau relativement propres et d'un climat tempéré, les exportations de produits biologiques connaissent une croissance exponentielle, tandis que des règlements sanitaires très stricts sont imposés à de nombreux secteurs de l'agriculture locale.

Contrairement aux cassandres des années 1980 qui prédisaient que le secteur agricole ne survivrait pas sans subventions, la ferme familiale est demeurée le fondement de l'agriculture néozélandaise. La superficie des terres accroît, sans pour autant embaucher. L'un ou l'autre des époux a souvent un emploi à l'extérieur pour subvenir aux besoins du ménage. Et les enfants ne reprennent plus systématiquement la ferme de leurs parents. Par ailleurs, un nombre croissant de grandes compagnies gèrent d'énormes exploitations.

CI-CONTRE : les prairies verdoyantes de Waikato.
À DROITE : le concours traditionnel des bûcherons.

La propriété même du sol demeure une source de conflits en plusieurs régions, de nombreuses tribus maories demandant réparation pour les préjudices passés (*voir p. 34, 43 et 71*), dont la confiscation de vastes domaines.

L'État a adopté un mode de règlement complexe, essentiellement à base de compensations financières, assorties de quelques restitutions de domaines publics aux Maoris. Mais si les fermiers ne risquent guère de se retrouver dépossédés de leurs terres après 150 ans de colonisation, les réclamations indigènes n'en ont pas moins augmenté les tensions chez de nombreuses communautés, notamment à Taranaki et au Northland.

Préserver l'avenir

Par-delà les frontières et les problèmes nationaux, les maladies et insectes "importés" de l'étranger, qui s'attaquent à la faune et à la flore, constituent une menace écologique et économique majeure pour la Nouvelle-Zélande. Le contrôle sanitaire aux frontières est l'un des plus stricts au monde, et peut paraître parfois excessif, mais de minuscules envahisseurs pourraient ruiner des pans entiers de l'économie locale.

De reconversions en défis, il est évident que Daniel et Colleen Jamieson ont plus d'un souci en tête par les temps qui courent. Mais comme des milliers d'autres fermiers, ils ne changeraient de vie pour rien au monde. ❑

LES VINS

Petite dernière dans le monde du vin, la Nouvelle-Zélande
produit aujourd'hui des cuvées de réputation mondiale.

Puisque la Nouvelle-Zélande est le dernier endroit du globe à avoir été habité par l'homme, il est logique que ce soit aussi le dernier endroit où l'on ait produit du vin. Le pays a pourtant comblé ce handicap à une vitesse étonnante, en particulier dans le domaine des petits vignobles de qualité.

L'histoire locale du précieux nectar a commencé au nord, dans Bay of Islands, avec l'arrivée de James Busby. Ce gouverneur britannique, promoteur du traité de Waitangi (*voir p. 33*), horticulteur et viticulteur hors pair – il introduisit également la vigne dans la Nouvelle-Galles du Sud, en Australie –, planta le premier cep sur sa propriété de Waitangi en 1834 ; le premier vin néo-zélandais naquit deux ans plus tard. L'amiral français Dumont d'Urville le goûta, le trouva léger, pétillant et délicieux. Ses compatriotes n'ont pas toujours été aussi tendres pour le vin néo-zélandais, une sévérité d'autant moins justifiée avec le temps. Waitangi (*voir p. 158*) a été classé site historique : vous y verrez les vestiges du coupe-vent qui abritait la vigne de Busby, face à la baie.

C'est au nord d'Auckland, à Matakana et dans les autres vignobles de la région de Kaipara, que sont nées les premières tentatives de viticulture commerciale, dans le dernier quart du XVIIIe siècle ; mais la politique de prohibition ruina ces efforts entre 1900 et 1920. Bénéficiant à présent d'une reprise vigoureuse, cette région produit quelques-uns des vins les plus cotés du pays. Ses chais accueillent volontiers les visiteurs, notamment celui de Heron's Flight (*www.heronsflight.co.nz*) avec son restaurant en terrasse et son atmosphère agréable.

Au plan international

Si la Nouvelle-Zélande s'identifie à un cépage, c'est bien au sauvignon blanc, produit ici avec autant de réussite qu'ailleurs dans le monde. Également très en vogue, le pinot est en passe

d'être concurrencé par le syrah, une véritable révolution. Il va de soi que seuls des vins néo-zélandais devraient accompagner la cuisine locale durant votre séjour.

Toujours tournés vers l'exportation, les vignerons participent à de nombreux concours internationaux, et beaucoup rapportent une ou

VINS DE CARACTÈRE

Les Kiwis produisent un vin de caractère, fruité, que personne ne peut vraiment expliquer. Un vin un peu à leur image… On ne peut invoquer le climat, plutôt maritime, même si toutes les régions semblent aussi bien adaptées à la vigne que d'autres de par le monde. Le sol est peut-être en cause, en raison de sa jeunesse unique en termes géologiques, à moins que la luminosité du ciel ne joue un rôle, phénomène comparable à celui des Charentes, dont les viticulteurs assurent qu'il contribue à la finesse et à la robustesse de leur cognac. À moins que tous ces facteurs ne se combinent pour aboutir au miracle.

CI-CONTRE : un vigneron goûte son pinot noir (une des variétés les plus réussies du pays) au fût.
À DROITE : grappe prometteuse, Hawke's Bay.

plusieurs médailles au pays. Ainsi le cabernet merlot 2000 du Te Mata Estate a-t-il reçu le second prix des vins rouges, et le sixième de tous les vins en compétition au Vin-expo de Bordeaux 2003. Les vignerons sont partis à l'assaut des marchés australien, britannique et américain, multipliant leurs exportations par 5 entre 1990 et 2001.

L'HABIT DU MOINE

Les vignobles engagent souvent des artistes pour la réalisation d'étiquettes qui parfois en promettent plus que la bouteille ne peut contenir.

Chais de North Island

Les vins produits dans les environs d'Auckland comptent parmi les meilleurs du pays, et les

bourgognes. Plus bas sur la même route, Matua Valley (*www.matua.co.nz*) évoque la Californie avec son restaurant et son centre d'accueil, tandis que Westbrook (*www.westbrook.co.nz*) et Soljans (*www.soljans.com*) ont plus l'allure de restaurants avec des chais en annexe – mais les vins y sont à la hauteur de la cuisine.

L'exotique Waiheke Island est en passe de devenir la réplique néo-zélandaise du Martha's Vineyard (Massachusetts, États-Unis), mais avec un vin meilleur. Le Goldwater Estate (*www.goldwater*

restaurants des chais n'y manquent pas d'intérêt. C'est ce qu'on appelle ici le "*Dally country*", car cette culture de la vigne puise ses origines chez les immigrants dalmates de Croatie. Leurs descendants dirigent encore de nombreux vignobles, comme Babich (*www.babich wines.co.nz*) sur son domaine de Henderson.

Les chais de la région ont conservé le sens de l'hospitalité à l'ancienne. Chez Collards, sur Lincoln Road, vous pourrez goûter certains des meilleurs vins du pays tout en bavardant au comptoir. Au nord-ouest de la ville, la Kumeu Valley est célèbre pour ses remarquables vignobles de Kumeu River (*www.kumeuriver. co.nz*) qui n'ont pas grand-chose à envier à nos

wine.com) vous enchantera sans aucun doute, tandis que la route sud longe les superbes vignobles de vins doux de Rongopai (*www. rongopaiwines.co.nz*) déployés sur les collines de Te Kauwhata.

Hawke's Bay et Wairarapa

Sur la côte occidentale de North Island, la vigne prospère à Hawke's – un peu trop selon certains. Mais la qualité n'en souffre pas. Et le beau domaine de Te Mata (*www.temata.co.nz*), plus ancien vignoble en activité du pays, demeure une valeur sûre avec des crus qui comptent parmi les meilleurs au monde.

Il existe encore de nombreux vignobles

récompensés dans la région (*voir encadré*), parmi lesquels l'étonnant Eskdale (*www. eskdalewinegrowers.co.nz*), dans la jolie vallée de l'Esk, que dirige un viticulteur médiéviste et féru de parapente, totalement dévoué à ses vins. Personne au monde, sauf peut-être dans certaines régions d'Italie, ne fait du vin blanc sec de cette façon. Sur la Ngaruroro River, Stonecroft (*www.stonecroft.co.nz*) marque également sa singularité par ce panneau érigé à l'entrée de son domaine : "pas de cars, pas de visites, pas de vin doux". Mais on lui doit des gewurztraminers, chardonnays et syrahs de très haute volée.

Centre de production par excellence du pinot noir, Wairarapa rassemble ses domaines viticoles sur une si petite superficie que vous pouvez tous les visiter à pied – ce qui évite d'avoir à désigner un chauffeur, obligé de rester sobre. Ne manquez pas, entre autres, ceux de Ata Rangi (*www.atarangi.co.nz*), Martinborough Vineyard (*www.martinborough-vineyard.co.nz*) et de Te Kairanga (*www. tkwine.co.nz*) – mais attention, victimes de leur succès, ces vins s'écoulent rapidement, et tous ne sont pas forcément disponibles.

Vignobles de South Island

Seule région totalement dédiée à la production de vin, le Malborough rappelle un peu la Bourgogne, avec ses chais et ses panneaux racoleurs. Il ne faudrait pas négliger pour autant Cloudy Bay (*www. cloudybay.co.nz*) ni Fromm (*www.frommwineries.com*). N'hésitez pas non plus à vous rendre à Villa Maria's (*www.villa maria.co.nz*), un chai moderne qui ne manque pas d'ambition.

Une tout autre atmosphère imprègne Nelson, région bucolique, dorée par le soleil, à la fois maritime et montagneuse, où se sont établis potiers et artistes. Le vignoble de Neudorf (*www.neudorf.co.nz*) se classe parmi les meilleurs du pays. Les chais de Waipara, dans le North Canterbury, produisent quelques pinots noirs de qualité. Plus au sud, la route qui traverse Central Otago vous offrira le plus beau cocktail panorama-vignobles : les montagnes dominent les vignes accrochées à leurs pentes, les lacs luisent comme des turquoises, et les rivières se précipitent au fond des vallées. Installez-vous en terrasse pour déguster un verre de vin en regardant les cimes se découper sur un azur cristallin. Le pinot noir règne en maître, mais les rieslings lui livrent une concurrence farouche. Presque tous les chais ouverts au public méritent un coup d'œil, dont ceux de Gibbston Valley (*www.gvwines.co.nz*) et Chard Farm (*www. chardfarm.co.nz*), fréquentables tout autant pour leurs vins que pour leur cuisine.

Et pour garder un souvenir mémorable du vin néo-zélandais, si vous faites un petit tour du côté de Black Ridge (*www.blackridge. co.nz*) à Alexandra, vous découvrirez le meilleur de la viticulture locale : individualiste, exigeante, sûre de ses produits et de son terroir. ❑

LA ROUTE DES VINS DE HAWKE'S BAY

Parmi les nombreux chais de Hawke's Bay (*voir p. 206*) ouverts au public, 36 jalonnent la route des vins balisée par l'office de tourisme. Beaucoup de grands noms et de lauréats de concours parmi eux, mais, en affinant votre choix, vous ne devriez manquer ni les meilleurs vins, ni les plus beaux chais. Quelques recommandations : Clearview Estate ; Mission Estate ; Alpha Domus pour son ambiance ; Ngatarawa, qui a conservé le style traditionnel de Hawke's Bay ; la moderne Te Awa Farm ; Selini ; Trinity Hill ; Montana et enfin Church Road, qui présente une collection d'anciens outils viticoles de différents pays. (*Voir aussi* Vignobles, p.386)

CI-CONTRE : contrôle des grappes, Kumeu.
À DROITE : dégustation d'un cru récent.

ALLUMÉS DU SPORT

*Profitant de vastes espaces et adeptes d'un style de vie plutôt sain,
les Néo-Zélandais cultivent avec ferveur le sport et l'aventure.*

La présence incontournable de l'océan et des montagnes expliquent sans doute la passion des Kiwis pour le sport. Peut-on grandir dans ce pays sans occuper une partie de ses loisirs à randonner dans les montagnes, pêcher en rivière ou surfer les vagues du Pacifique ? Certains des "héros" néo-zélandais les plus vénérés doivent leur renommée internationale au monde du sport et de l'aventure : Sir Edmund Hillary, Sir Peter Blake, les All Blacks.

Dès l'instant où les enfants entrent à l'école, le sport et l'éducation physique occupent une part importante de leur emploi du temps. Plus de 90 % des jeunes participent activement à un sport à travers leur école ou un club.

Sports d'équipe

Principal sport du pays, le rugby attire plus de 140 000 joueurs dans un club, et l'équipe nationale, les All Blacks, demeure la plus légendaire au monde. Février marque le début de la saison avec la "Super 12 Competition" régionale, saison qui s'achève fin octobre avec les National Provincial Championships. Une bonne saison garantit aux All Blacks le statut de célébrités : ils font alors la une de tous les magazines du pays pendant des mois. L'obsession des Néo-Zélandais pour le sport atteint son paroxysme durant les matchs internationaux, lorsque des dizaines de milliers de fans s'habillent et se peinturlurent aux couleurs du pays. Les matchs perdus déclenchent des scènes de deuil national, avec homélie funèbre sur chacun des joueurs en cause.

L'été est la saison du cricket et la Nouvelle-Zélande participe aux séries Test Match et autres compétitions internationales. Le cricket a lui aussi ses héros, dont le légendaire Sir Richard Hadlee, dont les records se succédèrent de 1970 aux années 1990 et qui fut anobli pour services rendus à la nation. Se déroulant sur une journée, pratiqués par des joueurs habillés de

couleurs vives, le nom inscrit au dos pour les reconnaître plus rapidement, ces matchs ont remis au goût du jour un sport que beaucoup tenaient pour un passe-temps plutôt ennuyeux.

Sport féminin hivernal, le net-ball connaît également un large succès, en partie dû à la retransmission télévisée de toutes les rencontres

internationales et de la concurrence farouche que se livrent la Nouvelle-Zélande et sa plus grande rivale, l'Australie. Quant au volley-ball, il se pratique en plein air, sur les plus belles plages du pays. Le public apprécie tout autant le beach-volley, dont les matchs ont l'avantage de pouvoir s'organiser à la dernière minute.

Autres sports d'équipe, le hockey, le football et le basket-ball sont largement pratiqués dans tout le pays. Chaque samedi d'hiver, les terrains de sport fourmillent d'enfants venus participer à telle ou telle manifestation sportive. Et leurs familles pressées sur les bords d'applaudir, de crier et de prodiguer des encouragements à leurs champions en herbe.

PAGES PRÉCÉDENTES : kayak dans les Marlborough Sounds. **À GAUCHE :** snowboarder à Whakapapa, mont Ruapehu. **À DROITE :** un All Blacks en action.

Golf, chasse, pêche, ski...

De nombreux sports considérés ailleurs comme élitistes se pratiquent sans difficulté en Nouvelle-Zélande. Il est ainsi peu de villes qui ne possèdent un golf. Ce dernier n'est plus le domaine réservé des seuls retraités ou nantis, et remporte un succès croissant auprès des jeunes.

Quant aux chasseurs, ils ont l'embarras du choix entre cerfs, chamois, sangliers et chèvres sauvages. Afin de diversifier leurs ressources, certains fermiers n'hésitent pas à inviter des chasseurs sur leurs terres, dans les régions les plus reculées. Les Alpes du Sud hébergent les plus belles espèces de gibier à trophée. La prin-

me marlin ou espadon. D'autres préfèrent marquer et relâcher leur spécimen géant pris au large de l'East Coast, de Northland ou de Bay of Plenty. La pêche au gros se pratique toute l'année, mais les conditions optimales se situent entre la mi-janvier et la fin mai.

Des ciels parfaitement bleus, des altitudes élevées et des pentes éblouissantes ont assuré la popularité du ski et du snow-board dans cette région abondamment pourvue en pistes de ski alpin et de fond, et domaines accessibles par hélicoptère. North Island compte trois domaines skiables sur le mont Ruapehu et un autre sur le mont Taranaki. Ceux de South

cipale saison de chasse court de mars à septembre, durant le rut, lorsque les grands mâles cherchent des partenaires. Mais attention, chasser dans ces régions sauvages au climat rude requiert une excellente condition physique.

Les Britanniques ont introduit dans le pays la pêche à la truite, toujours très prisée. Elle se pratique d'octobre à fin avril sur South Island et fin juin sur North Island. La moindre boutique d'articles de sport de l'un des 22 districts de pêche vous délivrera une licence.

Depuis que l'écrivain Zane Grey a fait connaître au monde les opportunités de pêche au gros dans Bay of Islands, nombreux sont ceux qui rêvent de rapporter chez eux un énor-

Island s'éparpillent dans toutes les Alpes, jusqu'au Coronet Peak de Queenstown, le plus méridional et le plus beau peut-être du pays. Les équipes de ski de l'hémisphère nord viennent s'y entraîner. Les tour operators d'héli-ski ou sur glacier proposent de nombreux circuits hors-piste entre juillet et octobre.

Trek et randonnée

La Nouvelle-Zélande détient quelques-uns des plus beaux sentiers de randonnée au monde. Des forêts sauvages de Fiordland ou de Whirinaki, des plaines volcaniques du Tongariro aux héli-trek sur le glacier Franz Josef, le choix est vaste et la beauté des paysages époustouflante.

Si vous disposez d'une énergie inépuisable, vous pouvez parfaitement traverser tout le pays par des pistes de randonnée balisées. Vous trouverez le détail de ces pistes – mais sans indication de durée ni de condition physique requise –, dans les bureaux du Department of Conservation (DOC) et offices de tourisme. Ces randonnées ne présentent pas de risques particuliers : les animaux sauvages sont inoffensifs, les sentiers bien indiqués et soigneusement entretenus. Cependant, rappelez-vous que la météo est

METTRE LES VOILES

Chaque dernier lundi de janvier se tient la régate anniversaire d'Auckland. Avec plus de 1 100 participants, c'est la plus grande régate d'un jour au monde.

liers d'embarcations en tout genre. De Westhaven à Buckland's Beach, des East Coast Bays à Murray's Bay, elles volent, gonflées par la brise de sud-ouest, rasant les flots et pressées comme des nuages de papillons blancs. Puis, à mesure que la rive s'éloigne, elles se déploient, révélant une multitude de yachts, de vedettes, de planches à voile et de jet-skis. Ce scénario immuable se répète sur toutes les eaux côtières du pays.

Passion de tout un peuple, la voile a connu un vent de folie avec l'America's Cup – trophée

imprévisible : quel que soit votre niveau, équipez-vous de façon adéquate.

Vous devrez réserver auprès du DOC pour certaines pistes très réputées comme la Milford, la Heaphy ou la Routbourn : le nombre de marcheurs y est strictement contingenté afin de préserver la flore de ces régions intactes.

Voile

Un week-end ensoleillé, et les eaux de la baie d'Auckland bouillonnent sous l'étrave de mil-

remporté par la Nouvelle-Zélande et son héros Peter Blake en 1995, puis défendu avec succès en 2000 par *Black Magic* et Peter Blake, encore.

En quête d'adrénaline

Au début du XIXᵉ siècle, le terme "aventure" était synonyme de mondes à découvrir, de territoires inexplorés à conquérir, de terres à cartographier, de capacités humaines poussées à leurs limites extrêmes. À cette époque, on ne connaissait guère les harnais, les accessoires en polypropylène et le GPS. L'aventure, la vraie, rimait avec inconfort, danger – et souvent avec la mort. Nos aventuriers d'aujourd'hui n'ont besoin que d'un peu d'argent et d'un zeste de folie.

À GAUCHE : un pêcheur taquine la truite dans le Nelson Lakes National Park.
AU-DESSUS : régate à Auckland Harbour.

La Nouvelle-Zélande a toujours été très forte à ce petit jeu (*voir p. 120*) et à sa commercialisation. Sauter d'un avion, d'une montagne ou d'un pont, dévaler des rapides en furie et des chutes terrifiantes, plonger sous les déferlantes à la recherche d'épaves ou nager avec les requins – tout est possible, moyennant finance. Basé à Queenstown, Fly by Wire témoigne de l'inventivité kiwi. Créée et mondialement brevetée par Neil Harrap, cette expérience unique permet de piloter soi-même un avion relié par un filin à un point d'attache situé 55 m plus haut. On peut atteindre ainsi des vitesses de l'ordre de 125 km/h.

peut-être un voyage en montgolfière au-dessus des Canterbury Plaines, ou encore des acrobaties aériennes en bimoteur près de Rotorua. Et pour tous ceux qui recherchent une activité plus contemplative, le vol à voile constituera une option reposante – Wairarapa, Matamata et Oamaru bénéficiant de conditions météorologiques particulièrement favorables.

Surf et plongée

Les eaux de Nouvelle-Zélande offrent aux amateurs de sports nautiques une panoplie inégalée de frissons en tout genre. Surf, funboard, flysurf, snorkling et plongée confrontent force et

Le vol à voile, le parapente et le parachute permettent également d'augmenter son taux d'adrénaline tout en profitant d'une vue aérienne fabuleuse. En été, les spécialistes de vol à voile opèrent sur la plupart des grands lacs. Près des centres touristiques majeurs et notamment à Taupo, Christchurch, Queenstown ou Wanaka, nombre de petits aérodromes gèrent un club de planeur ou de chute libre. Cette dernière, pratiquée en tandem, laisse généralement un souvenir inoubliable… Après avoir sauté de l'avion, vous passerez environ 30 secondes en chute libre, projeté vers le sol à une vitesse de 200 km/h, avant de goûter les joies plus sereines du parachute. Certains préféreront

adresse à l'un des éléments les plus puissants de la nature.

Nouveau venu sur les plages, le flysurf est en plein essor. Le surfeur utilise les forces conjuguées du vent et des vagues pour se propulser dans les airs jusqu'à 30 m de haut, pouvant ainsi couvrir de longues distances sur les flots. Pieds calés dans des footstraps, il est relié par un harnais à l'aile qu'il contrôle par des suspentes, comme sur un cerf-volant. Ce sport combine à la fois l'acrobatie aérienne, le funboard et le sky-surf (surf aérien).

La côte et les îles au large de la Nouvelle-Zélande offrent des conditions de plongée sous-marine quasi idéales. Des promontoires rocheux de l'extrême Nord aux fjords du Sud profond, vous pourrez explorer des épaves, nager sous la glace, pénétrer dans des grottes sous-marines, vagabonder au milieu de forêts de coraux noirs, jouer avec les poissons et aller à la rencontre de requins plutôt farouches. Les eaux littorales reflètent la diversité du pays, déployant une immense gamme de milieux aquatiques sur une superficie très réduite.

Joyaux de la plongée néo-zélandaise, les Poor Knights Islands se situent au large de Tutukaka. Surnommé les "Diver's Knights", ce labyrinthe de grottes, de tunnels, de puits et de tombants héberge une vie sous-marine florissante : l'île a été décrétée réserve naturelle et recèle des fonds spectaculaires. Les plongeurs confirmés ne seront pas déçus non plus par des sites comme Taravana Cave, Kamakazi Drop Off, Northern Arch et Wild Beast Point. Et, pour les passionnés de photo, Maomao Arch, Middle Arch ou le Cream Garden promettent couleurs et action à des profondeurs moindres. Non loin des Poor Knights gisent deux frégates, le *Tui* et le *Waikato* : deux sites de plongée exceptionnels – tout comme celui de la célèbre épave du *Rainbow Warrior*, un peu plus au nord. Les centres nautiques de Tutukaka proposent un éventail d'excursions adaptées à chaque niveau. En cas de besoin, ils fournissent moniteurs et matériel.

Les eaux plus froides de South Island vous réservent des aventures tout aussi passionnantes. Les amateurs d'épaves ne manqueront pas le paquebot de croisière russe *Mikhail Lermontov*, échoué par 36 m de fond près de Port Gore dans les Marlborough Sounds ; les spéléos se lanceront dans le réseau de grottes de Riwaka Source, dans la Takaka Valley, et les apprentis biologistes marins multiplieront les découvertes dans le Fiordland. Si son niveau de précipitations fait de la région l'une des plus arrosées de la planète, elle crée également des conditions de plongée uniques. Une couche permanente d'eau douce recouvre l'eau de mer sur une épaisseur pouvant atteindre 10 m, bloquant la lumière du soleil : ce phénomène attire les créatures des grands fonds à un niveau très inhabituel. De leur côté, 14 fjords nourrissent la plus importante population de coraux noirs au monde – environ 7 millions de colonies, certaines âgées de 2 siècles, à des profondeurs uniquement accessibles aux plongeurs certifiés.

Rapides en furie

Chaque année, des milliers de fanatiques embarquent dans leur kayak ou sur leur radeau gonflable pour dévaler des rivières aussi dangereuses que spectaculaires. Surmontant tous les obstacles de la nature, ils basculent au-dessus des chutes et zigzaguent entre les rochers dans un délire d'écume et de folie. Plus de 80 agences spécialisées en rafting transpor-

RAFTING : RÈGLES DU JEU

Outre un goût prononcé pour l'aventure, le rafter inexpérimenté doit posséder deux autres qualités : la capacité d'écouter et un bon sens de l'humour. Vous devez bien enregistrer les instructions dispensées avant le départ, prendre note de la technique du pagayage avant et arrière, comprendre comment changer de côté sans assommer votre voisin avec la pagaie et savoir où vous cramponner lorsque le raft fonce dans les eaux bouillonnantes. Mais, après avoir déstabilisé l'équipage en confondant votre droite et votre gauche, vous être fait assommer par quelqu'un qui, lui, n'aura pas écouté les instructions et avoir été balayé par-dessus bord par les eaux tumultueuses, vous vous devez de garder le sourire.

À GAUCHE : une parachutiste heureuse après une descente réussie.
À DROITE : un surfeur chassant les vagues dans la baie de Christchurch.

tent quelque 130 000 clients par an sur 57 rivières. Chaque année entre Noël et février, ce sont 13 000 personnes qui envahissent la seule Shotover River. Vous pouvez choisir à votre guise entre des rapides de niveau I à V ; combinaisons, gilets de sauvetage et casques vous seront fournis.

Le kayak est sans conteste plus paisible, et vous trouverez partout des possibilités d'excursions en eaux douces ou côtières. Le Fiordland réunit sans doute les sites les plus spectaculaires, avec ses hautes montagnes émergeant à pic de fjords presque toujours navigables. L'Abel Tasman National Park sera l'occasion

Attendez-vous à être mouillé, glacé et terrorisé. Et si tout cela vous paraît trop timoré, la même compagnie peut vous organiser une épopée encore plus extrême. Autre agence fiable, Waitomo Adventures – qui mesure le degré de danger sur une "échelle de Rambo" – vous fera descendre des cascades en rappel, ou vous lâchera à 100 m de profondeur dans un trou appelé The Lost World ("le monde perdu"). Sur la West Coast de South Island, The Wild West Adventure Company décline une gamme similaire d'activités formellement interdites aux cardiaques.

Le canyoning consiste à descendre les gorges encaissées d'une rivière en utilisant des cordes

d'inoubliables périples de plusieurs jours. Le littoral est parsemé de terrains de camping sûrs, et vous aurez sans doute le bonheur de croiser quelques dauphins ou un phoque.

Dans les bas-fonds

Les spéléologues Dave Ash et Peter Chandler ont fait de leur sport un commerce lorsqu'ils fondèrent The Legendary Black Water Rafting Company à Waitomo en 1987. Les plus intrépides se lanceront dans des chambres à air à travers des galeries souterraines inondées, illuminées de vers luisants et hérissées de stalactites et de stalagmites avant de refaire surface pour apprécier une soupe chaude et des *crumpets*.

selon la technique du rappel, préalablement à quelques sauts et prises de bouillons moins orthodoxes. Ce sport fut introduit en Nouvelle-Zélande par la Deep Canyoning Company lorsqu'elle explora les gorges spectaculaires sculptées dans les schistes des environs de Wanaka. Instants magiques que la descente en rappel, à l'intérieur ou derrière d'immenses cascades, tout en observant les merveilleuses formes rocheuses sculptées par l'eau.

Dans le vide

Les Néo-Zélandais semblent fascinés par le vide, et les chutes vertigineuses les attirent irrémédiablement. En ce domaine, la Sky Tower d'Auckland ne craint aucune rivale dans l'hémisphère sud avec ses 192 m de haut s'élevant au-dessus du casino de Sky City. C'est ici qu'on vient s'adonner au "skyjump", une sorte de base-jumping sans parachute. Le sauteur se rend à Mission Control, au premier niveau du Sky City Plaza, paye son dû, signe une décharge, puis endosse une ravissante combinaison fluo jaune et bleu. On l'escorte ensuite jusqu'à l'ascenseur qui l'emmène au 53e étage. Là, il enfile un harnais, fait contrôler son équipement et se dirige vers le bord d'une plate-forme : alors, rassemblant ce qui lui reste de courage ou de folie, il saute vers la ville en contrebas.

Pour une variante tout aussi amusante, il ne faut pas manquer d'essayer le Shotover Canyon Swing. Équipé d'un harnais corporel, vous commencez par une chute libre de 60 m du haut du canyon avant d'effectuer, grâce à un système de palan, un immense arc de cercle à la vitesse de 150 km/h. Une vraie balançoire !

Skywire, la toute dernière attraction située à 10 min de Nelson, vous fera voler au-dessus de la vallée de Tasman, l'un des décors du *Seigneur des anneaux*. Installez-vous dans la nacelle, attachez votre ceinture et… attention au départ. L'aller-retour dure 10 min pendant lesquelles vous admirerez la forêt, la mer… ❑

La Nouvelle-Zélande compte plusieurs sites de saut à l'élastique, le plus célèbre étant l'Auckland Harbour Bridge. La Bridge Walk menant au site n'est pas moins palpitante pour les spectateurs. Sur South Island vous avez le choix entre le saut de Queenstown, à 43 m au-dessus de la Kawarau River, Skippers Canyon et son plongeon de 71 m, Pipeline Bridge et ses 102 m, ou le *nec plus ultra* des 134 m "offerts" par une nacelle suspendue au-dessus du confluent de la Nevis et de la Kawarau.

À GAUCHE : dans les tourbillons de la Rangitata River, Canterbury.

AU-DESSUS : plongeon du Kawarau Bridge, Queenstown.

HISTOIRE REBONDISSANTE DU BUNGY

Jadis, la vie au Vanuatu était simple pour les garçons qui effectuaient leur rite initiatique. Il leur suffisait de grimper en haut d'une tour de bambou, de lier leurs pieds avec une fine corde et de sauter. Trouver aujourd'hui un rite équivalent n'est pas chose aisée, pourtant le bungy demeure de nos jours le grand défi pour ceux qui veulent prouver leur courage, se tester ou tout simplement qui n'osent pas dire non. Si l'activité fut initiée en Angleterre par l'Oxford Dangerous Sports Club, c'est en Nouvelle-Zélande qu'elle trouve sa forme commerciale. Henry Van Asch et A. J. Hackett ont amené ce sport sur la scène internationale en 1987 lors d'un saut spectaculaire du haut de la tour Eiffel.

AU PAYS DU GRAND FRISSON

En matière d'aventures, les Néo-Zélandais
ne sont jamais à court d'inspiration, plus folles
et loufoques les unes que les autres.

Les Kiwis sont réputés pour leur penchant à sauter du haut des ponts, à dévaler les rapides ou les pentes des collines dans des ballons gonflables. Ils adorent également faire partager leur passion, qu'ils propagent à travers le monde entier. Chaque semaine, des milliers de néophytes se réunissent ici ou là pour assouvir leur soif de frissons. Les Kiwis semblent "accros" à l'adrénaline. Après tout, cette drogue-là vaut bien le Prozac – mais, comme toute drogue, elle en demande toujours plus. Ainsi les "accros" ont-ils délaissé le saut à l'élastique, jugé soporifique, pour le rap-jumping ou le jet-boat, qui vous fait descendre les gorges d'une rivière à une vitesse supersonique en rasant les berges rocheuses (*ci-dessus*).

DES RISQUES MESURÉS

Cette industrie du sport extrême est aujourd'hui strictement réglementée et ses opérateurs suivent un entraînement de haut niveau. Ils ont tous été formés à la même école, et savent parfaitement comment vous faire prendre une activité pour plus dangereuse qu'elle ne l'est vraiment. Car plus vous croirez au risque, plus forte sera votre poussée d'adrénaline une fois l'expérience "miraculeusement" surmontée.

Demandez à votre moniteur depuis combien de temps il saute en tandem : il vous dira que c'est sa première avec un client payant. Avant de vous lancer du pont, demandez combien de sauts un élastique peut supporter avant d'être changé : on vous répondra "100, et tu es le 99ᵉ". Cousu de fil blanc, mais très efficace. Et l'industrie des sports d'aventure connaît un très faible taux d'accidents dans ce pays.

Personne n'a jamais vraiment su expliquer pourquoi les Kiwis sont si imaginatifs en la matière. La beauté des paysages et leur isolement du reste du monde y sont sans doute pour quelque chose. Ils satisfont ainsi un très puissant besoin d'évasion, et un goût irrépressible pour les grands espaces et la liberté.

△ **SKY DIVE EN TANDEM**
Vous partez en chute libre pendant 30 secondes à 200 km/h avec un moniteur sur le dos. Les 4 minutes suivantes en parachute devraient ralentir vos pulsations.

▽ **RAP JUMPING**
Cette forme de rappel a été inventée par les commandos SAS. Utile en cas de panne d'ascenseur.

ZORBING : L'AUTRE DIMENSION

△ ACROBATIES

L'avion paraît minuscule, le pilote paraît dérangé, vous ne pouvez pas lui dire d'arrêter et on ne fournit même pas un sac. Loopings, tonneaux, montées en flèche, descentes en piqué, virages inversés : votre estomac fait des nœuds. Bien mieux que le Grand Huit – mais un conseil, partez à jeun.

Avec le *zorbing*, les Kiwis ont vraiment fait très fort. Selon un pilote de la NZ Air Force, le *zorbing* procure "les mêmes sensations qu'une série de loopings en vrille et de tonneaux avant de s'écraser au sol. Sauf qu'en *zorbing* on ne se fait pas mal". En gros, vous voyagez quelques instants dans une machine à laver.

Le *zorb* est en fait constitué de deux sphères, l'une étant suspendue à l'intérieur d'une enveloppe gonflable. Vous ne distinguez qu'un brouillard de ciel bleu et d'herbe verte qui se mélangent tandis que vous rebondissez dans la pente. Les fans aspergent d'abord l'intérieur pour ne pas être tenté de s'y cramponner. Il est prévu d'adapter le *zorbing* aux rapides et aux chutes d'eau.

Comme beaucoup de sports d'aventure, le *zorb* est presque aussi amusant à regarder qu'à pratiquer : au départ, quand l'aspirateur inversé gonfle le *zorb*, et à l'arrivée, quand le "zorbé" essaye tout tremblant de s'extirper de son cauchemar.

En tout cas, le *zorbing* est le plus sûr de tous les sports d'aventure. Vous ne risquez absolument rien, sauf peut-être le ridicule. Mais après tout, Hillary arriva au sommet de l'Everest en 1953 pour une raison tout aussi déraisonnable, ou, comme l'avait décrété Mallory 30 ans plus tôt : "Parce que c'est là."

△ DELTAPLANE EN TANDEM

L'une des activités les moins risquées, même si l'aile en aluminium et nylon paraît fragile. Vous pourrez peut-être vous diriger tout seul durant une partie du vol.

▽ RANDONNÉE SUR GLACE

Elle bouge, elle craque, elle vit : arpenter une montagne de glace n'a rien de rassurant. Vous encorder au guide vous évitera de chuter au fond d'une crevasse.

△ HÉLI-BUNGY

Quand les ponts ne suffisent plus : on n'a pas encore trouvé mieux qu'un hélicoptère, ni plus haut, pour attacher l'élastique.

ITINÉRAIRES

Ces pages vous proposent une visite détaillée du pays. Sur les cartes, des repères représentés par des chiffres ou des lettres vous permettent de localiser facilement les sites principaux.

Les Kiwis sont certes accueillants et chaleureux, mais ce sont d'abord la grandeur sauvage du Milford Sound, le miroir éblouissant des Southern Lakes, l'étrange solitude du lac Waikaremoana, l'activité bouillonnante des régions thermales, et bien d'autres merveilles encore qui fascinent et attirent le voyageur jusqu'à l'autre bout de la terre.

Selon la genèse maorie, la terre et les hommes ne font qu'un – chair et argile tirées d'une même matière originelle. Les Maoris vouent un attachement viscéral à leur terre qui a également influencé la culture pakeha (européenne) ; le credo national *"clean and green"* (vert et propre) n'est pas qu'un argument touristique, mais aussi un choix de vie.

Émigrés à 20 000 km d'une Europe qu'ils appelaient encore leur patrie, les premiers Européens tentèrent de façonner la Nouvelle-Zélande à l'image des campagnes anglaises. Ils déboisèrent la forêt et semèrent de l'herbe, mais finirent par comprendre assez vite à quel point leur terre d'accueil était différente de tout ce qu'ils avaient connu auparavant.

Les sources thermales de North Island ont rapidement été réputées pour leurs vertus curatives. Dès 1901, le gouvernement nomma un expert en thermalisme et créa un département du tourisme, premier organisme de promotion touristique au monde à être subventionné par un État. Les stations thermales attirent encore une foule de touristes. Mais de nos jours, avec le développement de mégalopoles toujours plus peuplées et polluées, ce sont surtout les paysages vierges et immaculés, ainsi qu'une sensation d'espace et d'infini, qui caractérisent l'image de la Nouvelle-Zélande. Certains viennent simplement pour admirer le spectacle, d'autres, toujours plus nombreux, se lancent sur les pistes de grande randonnée : pour eux, la découverte des beautés les plus secrètes du pays semble revêtir une valeur purificatrice.

Son éloignement du reste du monde a longtemps permis à la Nouvelle-Zélande de contrôler l'expansion du tourisme tout en protégeant ses terres d'une surexploitation. Ceux qui débarquaient s'émerveillaient de trouver tant à découvrir en un pays qui pouvait se parcourir en deux jours, quelques heures suffisant pour passer de l'ouest à l'est. Et ce qui n'était connu que par un petit nombre de visiteurs enthousiastes fit le tour du monde en 2001, avec la sortie du *Seigneur des anneaux* de Peter Jackson. Baptisée Mordor à l'écran, North Island déployait ses beautés uniques et irréelles aux yeux de tous. Et la Nouvelle-Zélande devint subitement le paradis le moins bien caché de la terre. ❑

PAGES PRÉCÉDENTES : Milford Sound, entre nuit et jour ; neiges et pâturages de la West Coast ; mer de moutons dans les collines de Canterbury.
CI-CONTRE : le lac Wakatipu au pied de la chaîne des Remarkables, Queenstown.

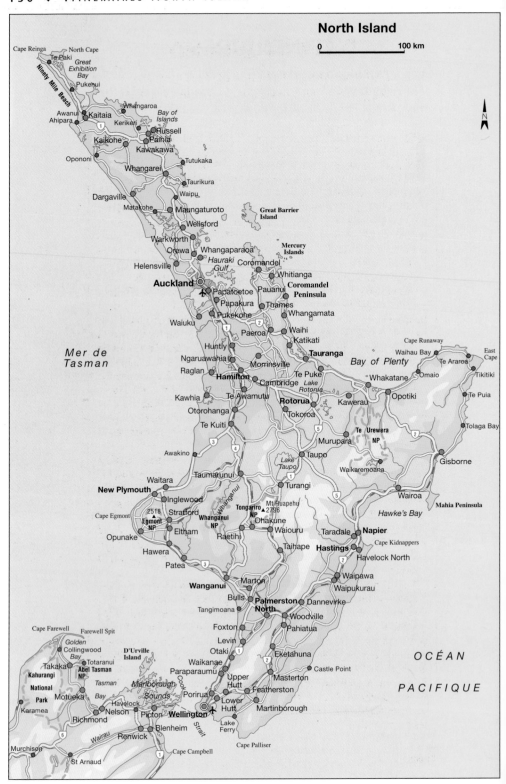

NORTH ISLAND

*Tout bouillonne sur North Island : les volcans
et les geysers, mais aussi les villes et les hommes.*

Selon la légende polynésienne, North Island serait le poisson pêché dans la mer par Maui. Une prise de légende, à coup sûr... Et la plus peuplée des îles de Nouvelle-Zélande sait se muer en hameçon pour ferrer le voyageur en lui faisant miroiter ses monts et merveilles.

North Island réunit les trois plus grandes villes du pays – Wellington, Auckland et Hamilton. Tandis que de nombreuses caractéristiques de l'île se retrouvent un peu partout sous une forme ou une autre dans le reste du pays, trois de ses sites méritent une mention particulière : Bay of Islands, le Rotorua, et – beaucoup moins accessible et beaucoup moins visité – le Te Urewera National Park.

À l'extrémité de l'île, le Northland, pourtant l'une des premières régions colonisées par les Européens, se signale par son important héritage maori. Il suffit de visiter les villes de Paihia et de Russel, sur Bay of Islands, pour comprendre pourquoi. Tout ici est tourné vers la mer : la voile, la pêche au gros, la plaisance. Les sites historiques ne manquent pas, entre la maison où fut signé le traité de Waitangi et la plus vieille demeure en pierre du pays. Les habitants mènent une vie paisible, ce qui n'est pas vraiment le cas de leurs voisins d'Auckland, où résident plus d'un quart des 4 millions de Néo-Zélandais. La plus grande ville polynésienne au monde est également l'une des plus cosmopolites, ainsi qu'en témoignent ses boutiques, restaurants et activités diverses.

Comme partout ailleurs en Nouvelle-Zélande, il ne faut pas aller bien loin pour changer de paysage. En une heure de route, vous passerez des cultures maraîchères aux prairies pour entrer dans le Waikato où la Waikato River, plus long fleuve du pays, déroule ses méandres. La ruée vers l'or poussa les premiers colons européens vers le Coromandel, tandis que ses superbes plages et baies paisibles attirent bien des explorateurs modernes. Bay of Plenty a su demeurer une corne d'abondance, tandis qu'East Cape séduit par ses paysages inviolés.

Vers l'intérieur, le climat se réchauffe à sa façon : sources thermales minérales, boues bouillonnantes, geysers et volcans ont valu au Rotorua le surnom de "pays des merveilles thermales". Plus au sud, les eaux du lac Taupo, le plus grand de Nouvelle-Zélande, comblent les pêcheurs de tous bords. L'agriculture intensive et la production laitière puisent dans les terres fertiles du Taranaki, du Wanganui et du Manawatu, où de nombreuses bourgades hospitalières desservent les fermes locales. Quoique située tout au bout de North Island, la capitale Wellington est bien au centre de la vie néo-zélandaise, et sur les rives de sa baie siègent la majorité des grandes sociétés du pays. ❏

AUCKLAND

Voir plan p. 134

Peu de villes sont aussi vastes, et pourtant vous pouvez la traverser à pied en vingt minutes. Les volcans et la mer ont forgé le caractère du site, mais ses habitants cherchent encore leur identité.

Depuis les origines, Auckland se définit par les eaux qui l'entourent. Les Maoris appelaient **Waitemata** – eau étincelante – la baie dont les flots léchaient la future grand-rue d'Auckland, et, quel que soit le point de vue, ancien ou moderne, artificiel ou naturel, ce nom sonne toujours aussi juste. Même lorsque le soleil se cache – mais les "Aucklanders" aiment à voir en leur ville un joyau toujours béni par le soleil du Pacifique –, les vagues se mirent dans les nuages, prenant l'éclat du diamant quand ils se déchirent.

Si la mer se fait omniprésente – pénétrant, s'insinuant dans les criques, les estuaires et battant les rives d'une centaine de baies – 2 km à peine de terre ferme empêchent Auckland de se muer en île. Les bourgs du XIXᵉ siècle qui se sont joints pour former la cité du XXIᵉ siècle émaillaient un isthme en forme de S ne mesurant que 1,3 km de longueur à son point le plus étroit. Portage Road le traverse, dont le nom rappelle son rôle de liaison entre les deux ports. C'est ici que les Maoris échouaient leurs pirogues : seule cette bande de terre venait rompre la voie maritime reliant les baies abritées de l'extrême nord et la Waikato River, le plus long fleuve de Nouvelle-Zélande, qui s'engage jusqu'au cœur de North Island. Quel autre pays peut se traverser ainsi, d'une côte à l'autre, en moins de 20 minutes ?

CI-CONTRE :
le port d'Auckland.
CI-DESSOUS :
Auckland,
"cité des voiles".

La "cité des voiles"

Ainsi encerclés par les eaux – le Waitemata ouvrant la porte d'un paradis hérissé de voiles, le golfe de Hauraki –, les Aucklanders ne jurent que par la mer. Le nombre de bateaux de plaisance par habitant – yachts luxueux, vedettes de pêche au gros, boîtes de conserve en aluminium, barques ou kayaks – y est probablement le plus élevé au monde.

"The city of sails" (la ville des voiles) : le surnom que s'est choisi Auckland lui va comme un gant. Une régate salue même son jour anniversaire, fêté le dernier lundi de janvier : depuis sa création en 1840, qui se confond presque avec celle de la ville, cette compétition emplit la baie d'un millier de voiliers de toutes tailles.

Cette nation de yachtmen a fort logiquement produit des champions. Team New Zealand bénéficiait d'un budget bien moins important que ses concurrents lorsqu'il remporta la très convoitée coupe de l'America en 1995, et la défendit avec succès en 2000. Et ceux qui pleurèrent en voyant la coupe repartir aux mains des Suisses en 2003 purent se consoler en sachant que tous les membres d'équipage du bateau étaient des Kiwis.

Quatre villes composent officiellement la communauté urbaine d'Auckland. Auckland City est bordée par Manukau (la plus peuplée) au sud, Waitakere à

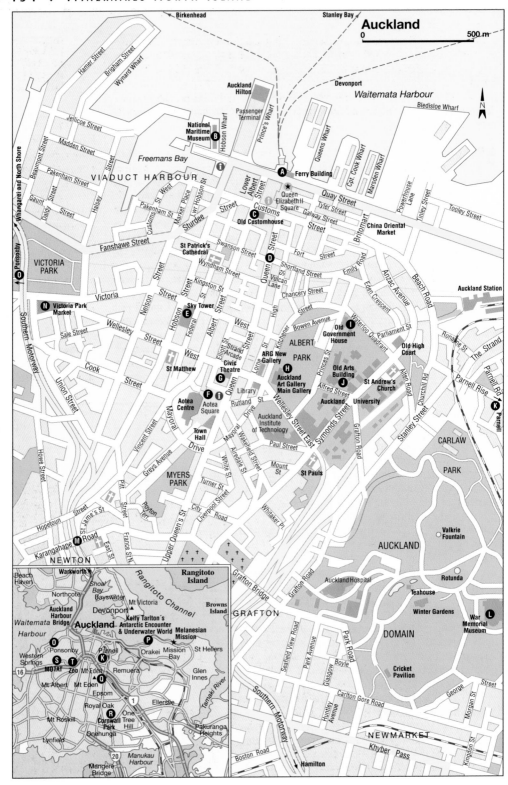

Auckland

l'ouest, et North Shore de l'autre côté du Waitemata. Mais Auckland City, qui à elle seule concentre 30 % de l'agglomération et 10 % de la population nationale, constitue indéniablement le nerf économique du pays. Entre 1991 et 2001, sa population a fait un bond de 25 %. Les Aucklanders produisent et consomment une part disproportionnée de la richesse nationale, ce qui n'est pas sans engendrer une certaine forme d'amertume parmi les habitants de villes plus petites et provinciales.

Voir plan p. 134

Turbulences

Nouveau-née à l'échelle géologique, Auckland est venue au monde il y a seulement 50 000 ans, lorsqu'une série d'éruptions créa une soixantaine de volcans. Le plus jeune, Rangitoto Island, dont la masse bleu-vert domine la vue vers la mer au centre-ville, se réveilla il y a 6 siècles, ensevelissant un village maori sur l'île voisine de Motutapu.

L'histoire de la ville n'est pas moins agitée. Les ancêtres des Maoris seraient arrivés de Polynésie orientale vers 800 apr. J.-C. Les légendes évoquent les incessantes et sanglantes guerres intertribales qui donnèrent à Auckland son premier nom maori, *Tamaki Makaurau*, ou "bataille des 100 amants" – une métaphore poétique qui ne fait pas allusion à une histoire d'amour mais à un conflit acharné.

Pendant un demi-siècle, les Maoris ont entretenu des contacts sporadiques avec ces Blancs qu'ils appelleront plus tard les Pakehas – marchands et baleiniers qui trouvaient refuge sur la côte et dont le manque d'hygiène était proportionnel à l'appétit sexuel. Mais la création officielle de la colonie britannique d'Auckland date de l'arrivée du bouillant Samuel Marsden en 1820 (*voir encadré ci-dessous*).

Les habitants d'Auckland se voient souvent affublés du sobriquet injurieux de JAFA, soit "Just Another F... Aucklander" (encore un c... d'Aucklander). Une telle animosité provient en partie de l'amertume et de la jalousie provoquées par leur richesse et leur statut social.

CI-DESSOUS : Queen Street au début du XXᵉ siècle.

UNE EXCELLENTE AFFAIRE

La colonie britannique d'Auckland naquit officiellement avec la visite de l'entreprenant révérend Samuel Marsden en 1820. Ce missionnaire basé à Sydney baptisa l'embryonnaire capitale du nom du comte d'Auckland, George Eden, vice-roi des Indes. L'intrépide prédicateur traversa l'isthme d'Auckland à bord du *Coromandel* en novembre : il était le premier Européen à franchir ce pas et son arrivée annonça une vague d'achats de parcelles qui, aujourd'hui encore, posent de graves problèmes politiques au pays.

Les Maoris, dont les liens traditionnels avec la terre ignorent totalement le concept de propriété, crurent probablement autoriser les étrangers à s'installer sur leur domaine en échange de cadeaux, et non le leur céder pour toujours. Les nouveaux arrivants, quant à eux, pouvaient se frotter les mains : le territoire actuellement occupé par le centre d'Auckland leur a coûté 50 couvertures, 20 pantalons, 20 chemises et autres bagatelles, plus 50 dollars en espèces, et 6 livres payées l'année suivante. Ces 1 200 ha s'étendaient de Freemans Bay à Parnell, et jusqu'au Mount Eden à l'intérieur. Aujourd'hui, un hectare de terrain en centre-ville coûte au minimum 30 millions de dollars néo-zélandais.

Vous pouvez sans vous fatiguer traverser Auckland à pied à son point le plus étroit (1,3 km), une caractéristique à peu près unique en son genre compte tenu de l'étendue de la ville.

En 1978, le conteur et humoriste anglais Clement Freud déclarait qu'il aurait bien du mal à dire quelque chose de la Nouvelle-Zélande "car quand il y était, tout avait l'air fermé". Une plaisanterie sans doute appropriée à l'époque… mais, ces dernières décennies, la belle au bois dormant a su se métamorphoser en une ruche trépidante.

La croissance d'Auckland a été largement alimentée par le boom de l'immigration des années 1990, essentiellement asiatique – dont les riches familles des banlieues sud-est de Howick (surnommé par dérision "Chowick") et les cohortes d'étudiants venus chercher une éducation à l'occidentale. Ce changement a perturbé les Kiwis "de souche", qui s'inquiètent de voir leur ville changer si rapidement et se transformer en une vaste métropole pacifico-asiatique.

L'un des premiers visiteurs d'Auckland n'y vit que "quelques tentes et cabanes et une mer de fougères s'étendant à perte de vue". Aujourd'hui, l'œil s'égare sur une mer de banlieues. Le grand Auckland commence à ressembler à Los Angeles : plus vaste que Londres avec ses 1 016 km² et son réseau de métro, le plus étendu au monde, pour une population de seulement 1,3 million d'habitants. La mer, à l'est, et le parc régional des Waitakere Ranges, à l'ouest, ont opposé leurs barrières naturelles à l'extension latérale. Des règlements d'urbanisme ont mis fin à l'avancée géante qui se poursuivait au nord comme au sud : les 4 municipalités s'étendent maintenant sur 80 km de Whangaparaoa au nord à Drury au sud. Aujourd'hui, les constructions résidentielles n'ont d'autre choix que de se développer à la verticale.

D'une manière générale, les Aucklanders vivent et travaillent dans des banlieues ponctuées de grands centres commerciaux, et ne s'aventurent en ville qu'exceptionnellement. Au milieu des années 1980, le centre-ville s'est rapide-

Ci-dessous :
le front de mer
d'Auckland
et l'aiguille
de la Sky Tower.

ment développé : tours de bureaux et barres résidentielles ont émergé, parfois bâties à l'emporte-pièce. Un désastre architectural. Plus que toute autre ville peut-être, en dehors de celles de l'ancien bloc communiste, Auckland aura fait table rase de son passé, remplaçant ses élégantes demeures victoriennes par des clapiers anonymes et bon marché. L'architecture contemporaine y brille par son manque d'imagination, à l'exception de certains projets menés à bien dans Viaduct Harbour, site de l'ancien village de la Coupe de l'America.

Auckland Harbour

L'étendue du grand Auckland ne facilite pas son exploration, une entreprise propre à décourager les meilleures volontés, d'autant plus que les taxis sont chers, en dépit d'un réseau de bus et de ferries performants. Les principaux sites du centre-ville historique, en revanche, peuvent parfaitement se découvrir à pied.

Fièrement campé au pied de Queen Street, le **Ferry Building** Ⓐ en brique rouge de Quay Street offre un excellent point de repère. Ce bâtiment de 1912 abritait autrefois les bureaux de l'administration portuaire. Vous y trouverez aujourd'hui deux des meilleurs restaurants du centre. À l'arrière de l'édifice partent les ferries pour North Shore et les îles du golfe de Hauraki.

Tournant le dos au bâtiment, vous êtes à 3 minutes du secteur de **Viaduct Harbour** et de l'excellent **New Zealand National Maritime Museum** Ⓑ (ouv. tlj. de 9h à 17h ; entrée payante ; tél. 09-3730 8003 ; www.nzmaritime.org). Ses collections couvrent l'histoire maritime du pays des premiers navigateurs polynésiens à nos jours. Parmi les bâtiments exposés, le *Rapaki*, une grue flottante à vapeur, et le *KZI*, le yacht qui déclencha la fièvre néo-zélandaise pour la Coupe de l'America lorsqu'il fut battu en 1988 à San Diego.

Voir plan p. 134

Le KZI, premier participant néo-zélandais de l'histoire de la Coupe de l'America (1988), trône au National Maritime Museum.

CI-DESSOUS : le Ferry Building.

NOTEZ-LE

Les centres
d'information
d'Auckland se
trouvent Viaduct
Harbour, à l'angle
de Quay et Hobson
Streets (ouv. tlj. de
9h à 17h) et dans
l'atrium de Sky City
(ouv. du dim. au mer.
de 8h à 20h, mer.
de 8h à 22h).
Renseignements au
tél. 09-979 2333 ;
www.aucklandnz.com

CI-DESSOUS :
terrasse de
restaurant sur
Viaduct Harbour.

C'est la Coupe qui est à l'origine de la reconstruction de **Viaduct Harbour**. Plus vaste marina de l'hémisphère sud, le Viaduct est également un secteur de bars et de restaurants à la mode, certes hors de prix mais dont la vue et la bonne chère attirent les foules. Lorsque les grands yachts mouillent dans les eaux du port, notamment en plein été, ces palaces flottants constituent à eux seuls une attraction de choix. À l'extrémité nord-est de Viaduct Harbour, l'**hôtel Hilton** s'élève sur Prince's Wharf : avec ses lignes évoquant celles d'un paquebot de croisière, il est l'un des meilleurs représentants de l'architecture postmoderne d'Auckland. Si l'ambiance des lieux vous a séduit, vous retournerez peut-être y dîner en terrasse sur les quais, à la fraîche.

De l'autre côté de Quay Street, **Britomart**, le principal pôle de transports de la ville, domine Queen Elizabeth Square. Siège de l'ancienne poste centrale, ce bâtiment néoclassique date de 1910. En quittant la place pour traverser **Customs Street**, jetez un coup d'œil sur votre droite (à l'ouest). Une rue plus loin, au coin d'Albert Street, l'**Old Customhouse** ❻ (anciennes douanes ; ouv. tlj. de 10h à 22h ; entrée libre ; tél. 09-308 0700) affiche un style néo-Renaissance. Achevé en 1889, cœur financier d'Auckland pendant plus de 80 ans, c'est l'un des derniers exemples d'architecture victorienne monumentale à avoir survécu aux démolisseurs du quartier des affaires. Il abrite à présent la DSS Galleria.

Centre de Queen Street

Le malicieux Clement Freud aurait bien du mal à reconnaître Auckland. Les boutiques en quête de la manne touristique restent désormais ouvertes tard en semaine et tout le week-end. Mais **Queen Street** ❼ – principale artère du centre, traditionnellement surnommée le "Golden Mile" – a quelque peu perdu de sa superbe.

Les échoppes chinoises et autres cybercafés débordent d'étudiants asiatiques, côtoyant des magasins d'alimentation entre lesquels quelques boutiques de luxe viennent s'intercaler. De nombreuses compagnies néo-zélandaises siègent dans Queen Street "valley", plutôt lugubre et dépeuplée en dehors des heures de bureau. Certains très bons restaurants ne désemplissent pas le long des rues qui rayonnent de Freyberg Place, mais c'est surtout dans les faubourgs de la petite ceinture – à Parnell, à l'est, et à Ponsonby, à l'ouest – que vous trouverez les meilleurs établissements. Si le cœur vous en dit, arrêtez-vous dans les boutiques pour touristes du bas de Queen Street : les prix ne sont pas donnés, mais pas excessifs non plus – même si certains articles sont indéniablement *"made in Taiwan"*.

En remontant Queen Street vers le sud, faites une pause au carrefour de Fort Street. Il y a 150 ans, les vagues venaient mourir ici ; Shortland Street, une rue plus haut, tenait lieu d'artère principale et Queen Street n'était qu'un goulet recouvert de broussailles où un canal servait d'égout à ciel ouvert.

Vous n'aurez pas manqué de remarquer, 500 m au sud-ouest, la vertigineuse **Sky Tower** (ouv. tlj. de 8h30 à 23h, jusqu'à 0h le ven. et le sam. ; entrée payante ; tél. 09-363 6000 ; www.skycity.co.nz). La construction du plus haut édifice de l'hémisphère sud déclencha sarcasmes et railleries. Certains voyaient en cette seringue de 328 m le symbole parfait de la drogue du jeu générée par le casino qu'elle surmonte. Mais elle est rapidement devenue un élément indissociable du panorama d'Auckland – à contempler de la baie ou du Harbour Bridge en voiture. Des ascenseurs à grande vitesse vous propulsent jusqu'au sommet : par temps clair, la vue peut s'étendre sur plus de 80 km à la ronde. Et si vous n'avez pas le vertige, vous pouvez même vous balancer du haut de la tour, sans parachute mais harnaché tout de même, dans une variante de cette grande trouvaille kiwi qu'est le saut à l'élastique.

Du haut de ses 328 m, la Sky Tower semble toujours prête à embrocher un nuage égaré.

CI-DESSOUS : le vieux Civic Theatre a été intelligemment restauré.

Vestiges du passé

Retour sur le plancher des vaches : 400 m plus au sud, à gauche, le bâtiment massif de l'**Auckland City Council** et le principal centre culturel de la ville, l'**Aotea Centre**, encadrent l'**Aotea Square** 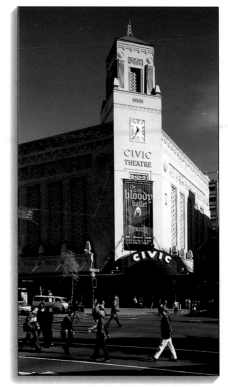. Construit sur ce site malgré l'indignation de ceux qui comprenaient mal pourquoi le plus important édifice de la ville ne prenait pas place sur le front de mer, l'Aotea Centre frappe par son style austère. Si sa salle polyvalente de 2 300 places est une aberration acoustique – la plupart des concerts classiques se donnent dans la salle chaleureuse et superbement restaurée du **Town Hall**, côté sud-est de la place –, elle fonctionne parfaitement comme centre de congrès. Cet ensemble répond au nom administratif de The Edge, le "Rivage" (tél. 09-309 2677 ; calendrier et programme sur www.the-edge.co.nz).

En bas de la rue (dir. nord), au coin de Wellesley Street, le **Civic Theatre** 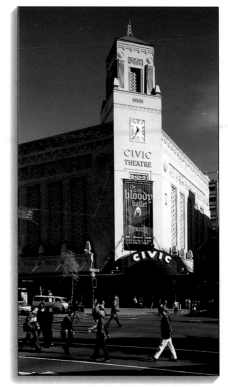 (ouv. tlj. de 10h à 16h ; entrée libre ; visites sur demande ; tél. 09-307 5060) abrite l'un des plus beaux cinémas du monde, même si y sont programmés surtout comédies musicales et spectacles en tournée. Le luxe de ses décors est le fruit du travail de dizaines d'artisans lors de la Grande Dépression – peut-être symbolisés par les centaines d'éléphants en plâtre qui surveillent ses escaliers

NOTEZ-LE

Dans Kitchener Street,
face à l'Auckland Art
Gallery, la très réputée
Gow Langsford Gallery
présente un grand
nombre d'artistes
contemporains
néo-zélandais et
internationaux de
renom (ouv. lun.-ven.
11h-18h, sam. 11h-
15h ; tél. 09-303
4290 ; www.gowlangs
fordgallery.com).

CI-DESSOUS :
la New Gallery
revendique haut et
fort sa modernité.

labyrinthiques. Millénaire oblige, la réhabilitation mise en œuvre à coups de millions de dollars a conservé le ciel nocturne et ses étoiles clignotantes, sans doute l'un des plus beaux spectacles de la ville.

Le plus important complexe de cinémas de la ville sépare l'Aotea Square et le Civic Theatre. Une rue plus loin, la salle de lecture de la **Central City Library** (bibliothèque centrale, Lorne Street ; ouv. du lun. au ven. de 9h30 à 20h, le sam. de 10h à 16h, le dim. de 12h à 16h) permet aux voyageurs et aux immigrants de consulter la presse étrangère.

Une rue à l'est, à l'angle de Kitchener et Wellesley Streets, s'ouvre une moitié de l'**Auckland Art Gallery ⓗ** (ouv. tlj. de 10h à 17h ; entrée libre ; tél. 09-307 7700 ; www.aucklandartgallery.govt.nz), appelée **Main Gallery** depuis qu'en 1995 est venue s'y ajouter la **New Gallery**, de l'autre côté de la rue. La première se consacre aux peintres du passé (on y voit notamment des portraits idéalisés de Maoris exécutés au XIXᵉ siècle par Gottfried Lindauer et Charles Goldie), tandis que la seconde présente de belles expositions d'art contemporain de Nouvelle-Zélande et d'outre-mer.

En sortant du musée, remontez en direction du nord-est sur 600 m environ – un chemin s'ouvre à gauche de l'entrée principale de la Main Gallery : vous rejoindrez **Albert Park**, dont les jardins édouardiens accueillent des sculptures contemporaines, avant de pénétrer dans le domaine ombragé de l'université d'Auckland. Sur le campus, à l'angle de Princes Street et de Waterloo Quadrant, l'**Old Government House ❶** date de 1856. Cette ancienne résidence du gouverneur semble bâtie en pierre alors que tout l'extérieur est en kauri, grand conifère qui dominait jadis les paysages néo-zélandais et servit de matériau noble de construction jusqu'au milieu du XIXᵉ siècle.

Mais c'est l'**Old Arts Building**  et son étonnant clocher, quelques mètres plus au sud dans Princes Street, qui constitue le principal intérêt de l'université. Achevé en 1926 dans le style néogothique, il fut immédiatement surnommé le "gâteau de mariage" par les riverains en raison de ses pinacles décoratifs en pierre blanche.

À 250 m au nord-est, griffons et gargouilles grimaçantes ornent l'extérieur de la **High Court**, au coin d'Anzac Avenue et de Parliament Street, dont le nom rappelle l'ancien statut de capitale d'Auckland. C'est sous la pression de South Island et de ses mines d'or, ainsi que des nouvelles villes du sud de North Island, que la capitale sera déplacée d'Auckland à Wellington en 1865.

À l'est du centre-ville

Poursuivez vers l'est à travers le parc baptisé **Constitution Hill**, dont les hommes d'affaires résidant à Parnell devaient gravir la forte pente pour rejoindre leur bureau en ville – vrai parcours de "santé" (*constitution*) avant la lettre. Traversez **Parnell**  via Parnell Rise sur 2 km. Curieusement, les faubourgs situés à l'est de Queen Street ont toujours attiré les membres de la haute société – selon certains, parce qu'ils n'aimaient pas avoir le soleil dans les yeux à l'aller ou au retour de leur bureau en ville. Toujours est-il que Parnell a conservé un chic de bon ton ; c'est la porte d'accès à **Newmarket**, secteur très commerçant où se pressent les noms les plus en vue de la mode, et à **Remuera**, refuge des grandes fortunes. Parnell s'est presque entièrement affranchi des rénovations en faux ancien des années 1970 qui tentèrent de métamorphoser le quartier en village de pionniers.

Au bout de Parnell Road, passé la cathédrale anglicane, vous entrerez dans l'**Auckland Domain**, par Maunsell Street sur la droite. Mares aux canards,

Voir plan p. 134

NOTEZ-LE

Si vous ressentez une petite faim dans l'Auckland Domain, faites une pause à sa charmante Wintergarden Teahouse (ouv. tlj. de 9h à 17h). De divines tentations vous y guettent.

CI-DESSOUS : aube d'automne sur l'Auckland Domain.

NOTEZ-LE

L'impressionnant
spectacle culturel
Manaia Maori se tient
à l'Auckland War
Memorial Museum.
(tél. 09-306 7048 ;
tlj. : avr.-déc. 11h,
12h et 13h30 ;
tlj. : jan.-mars 11h,
12h, 13h30 et 14h30 ;
durée : 30 min ;
adulte 15 $NZ,
enfant 7,50 $NZ).

CI-DESSOUS :

majestueusement
néoclassique,
l'Auckland War
Memorial Museum.

terrains de jeux, statuaire traditionnelle et les Wintergardens, deux vastes serres abritant des plantes tropicales et tempérées, jalonnent cet espace vert de 75 ha, le plus ancien de la ville. Vous poursuivez ensuite jusqu'à l'**Auckland War Memorial Museum** ❶ (ouv. tlj. de 10h à 17h ; entrée payante ; tél. 09-306 7067 ; www.aucklandmuseum.com) qui surplombe le Domain.

Ne prêtez pas attention au nom du musée : il n'a rien à voir avec des souvenirs de guerre, mais se consacre, sur trois niveaux, à des sujets aussi divers que l'histoire naturelle, l'ethnologie et l'archéologie. Le bâtiment, édifié en 1929, est dédié à la mémoire des soldats tombés durant la Première Guerre mondiale. Il accueille l'une des plus remarquables expositions au monde sur les cultures maorie et polynésienne, avec des objets remontant jusqu'au XIIIᵉ siècle. Clou de la collection, le *Te-Toki-A-Tapiri* (la hache de Tapiri) est une pirogue de guerre de 35 m sculptée dans un tronc géant de totara, où 100 guerriers pouvaient s'asseoir. Autre joyau du musée, la salle des oiseaux de Nouvelle-Zélande est célèbre pour sa reconstitution de 4 m de haut du célèbre moa, aujourd'hui éteint.

Au sud et à l'ouest du centre-ville

Auckland est la plus grande ville polynésienne au monde. Près de 250 000 Néo-Zélandais (6 %) sont originaires des îles du Pacifique, dont plus de 60 % vivent dans la région d'Auckland. Certaines populations dépassent même en nombre celles restées au pays – 9 habitants de Niua sur 10 résident ici – et, dans la plupart des cas, plus de la moitié sont natifs de Nouvelle-Zélande. Presque tous ces peuples du Pacifique se sont installés en ville dans les années 1950, notamment à Ponsonby et Grey Lynn, jusqu'à ce que la flambée de l'immobilier et l'embourgeoisement de ces banlieues les déplacent vers Manukau (*voir p. 149*).

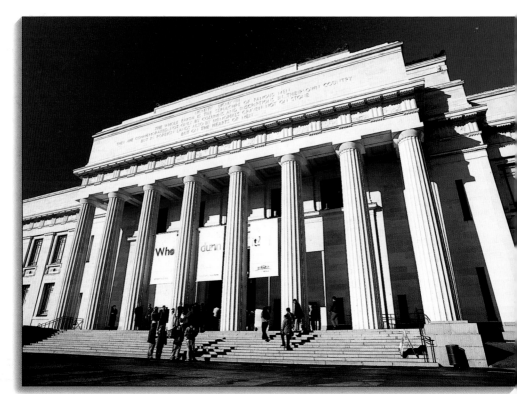

Voir
plan
p. 134

Quittant le Domain, une marche de 1,5 km vous conduit à **Karangahape Road** – plus connue sous le nom de K Road –, qui part de Grafton Bridge (dir. ouest). Là, les influences du Pacifique se manifestent de façon plus évidente : aux devantures s'étalent des tissus aux couleurs éclatantes, tandis que taro, ignames, papayes, mangues, bananes vertes et noix de coco évoquent des paradis tropicaux. K Road, c'est l'envers un peu canaille mais terriblement séducteur de la ville. Son extrémité ouest a longtemps accueilli l'industrie sexuelle locale, aujourd'hui tapie au centre-ville, dans Fort Street. Le quartier a été récemment réhabilité, amélioration que déplorent ceux qui appréciaient son caractère.

Un kilomètre au nord de K Road, le **Victoria Park Market** (ouv. tlj. de 9h à 18h) a été construit sur le site – et au pied de la haute cheminée en brique – d'une ancienne usine d'incinération des déchets. Ce piège à touristes fonctionne 7 j./7 : vous y trouverez des articles d'excellente qualité vendus au prix fort, des étals de fruits et légumes, mais pas l'atmosphère des marchés de producteurs.

Ponsonby s'étend un peu plus à l'ouest, à 10 minutes à pied – un bus vous permet de gravir la pente. Ce ruban de route ponctué par les meilleurs restaurants de la ville répond à sa jumelle Parnell, à la même distance de Queen Street. Mais les différences sont profondes : nouveaux riches à Ponsonby, vieilles familles à Parnell – Ponsonby est "tendance", Parnell se veut élégant. Ponsonby accueillit un temps un grand nombre d'étudiants échevelés et des familles polynésiennes immigrées. Aujourd'hui, ses villas 1900 rénovées et leurs jardins minuscules atteignent des prix faramineux, et ses rues résonnent sous les semelles de souliers parfaitement cirés. Ce n'est pas vraiment Rodeo Drive, et la partie la plus active et créative de la ville occupe les ruelles en contrebas, mais, en ce début de XXIe siècle, c'est bien le Golden Mile d'Auckland.

*Le Ponsonby
Town Hall.*

CI-DESSOUS :
Victoria Park
Market.

Tamaki Drive

Retour au Ferry Building pour longer le front de mer d'Auckland. Le ruban d'asphalte qui fait le tour de la baie en direction de l'est depuis le port dévoile une série de panoramas exceptionnels. Quay Street devient **Tamaki Drive**, qui serpente sur 8 km le long de la mer. Ses plages sûres invitent à des baignades à marée haute ou à des pauses pique-nique. Rangitoto Island se profile, à portée de main ou presque. De nombreux cyclistes et marcheurs empruntent la piste piétonne par week-end de beau temps, et les loueurs de vélos, de bateaux ou de planches à voile font un malheur.

En chemin, vous ne pourrez éviter de faire halte au **Kelly Tarlton's Antarctic Encounter and Underwater World** (ouv. tlj. de 9h à 18h, jusqu'à 20h en été ; entrée payante ; tél. 09-528 0603 ; www.kellytarltons.co.nz). Cet "aqualand" à grande échelle s'élève sur une station de pompage qui cessa de déverser ses eaux usées dans la baie vers 1960. Un immense tunnel transparent vous permet d'observer à votre guise la faune aquatique. La star de la nouvelle section, Stingray Bay – peuplée d'une multitude de raies – n'est autre que Phoebe, une pastenague de 250 kg et de 1 m d'envergure, vieille de 40 ans. La section Antarctic propose un périple en Snow Cat permettant d'observer une colonie de manchots royaux et papous dans leur habitat de neige et de glace.

Voir
carte
p. 134

*L'obélisque de One
Tree Hill – sans
l'arbre qui lui tint
longtemps compagnie.*

CI-DESSOUS : otarie
au zoo d'Auckland.

Mount Eden et Cornwall Park

Trois kilomètres au sud du centre-ville se dresse le cône éteint de **Mount Eden ◗**, point culminant d'Auckland, dont les 196 m offrent un panorama à 360° sur la région, presque aussi étendu que celui de la Sky Tower. Aménagé dans une ancienne cuvette de lave versant est, **Eden Garden** (24 Omana Avenue ; ouv. tlj. de 9h à 16h30 ; entrée payante ; tél. 09-638 8395 ; www.eden garden.co.nz) éblouit par la variété de ses massifs de fleurs, dont la plus vaste collection de camélias de l'hémisphère sud. Des bénévoles entretiennent cette merveille créée en 1964 sur le site d'une carrière abandonnée.

Trois kilomètres au sud-est, le cône de **One Tree Hill** coiffe **Cornwall Park ◗** (ouv. tlj. de 7h au coucher du soleil ; entrée libre), ainsi que l'obélisque qui surmonte la tombe du "père d'Auckland", Sir John Logan Campbell. Le 21 décembre 1840, celui-ci plantait une tente au bas de Shortland Street, ouvrant ainsi le premier magasin d'Auckland. Campbell demeura le plus grand homme d'affaires de la ville jusqu'à sa mort, en 1912, à l'âge de 95 ans. Lorsqu'il devint maire, il fit don à la municipalité des 135 ha qui entourent One Tree Hill. Le nom de Cornwall remonte à la visite faite en 1901 par le duc et la duchesse de Cornouailles. Campbell construisit au pied de One Tree Hill l'**Acacia Cottage** en 1841 – c'est la plus ancienne maison d'Auckland.

En maori, One Tree Hill s'appelle Te Totara-i-ahua, en référence au *totara*, arbre sacré qui s'y élevait avant que des colons ne le remplacent par un pin. Aujourd'hui, le nom de "One Tree" n'évoque plus que le passé : malade après qu'un activiste maori l'a attaqué à la tronçonneuse pour attirer l'attention sur sa cause, le pin solitaire a dû être abattu en 2002.

Voitures et kiwis

Autre phare proche de la ville – mais cette fois au ras du sol –, le **Museum of Transport and Technology ◗** (ouv. tlj. de 10h à 17h ; entrée payante ; tél. 09-815 5800 ; www.motat.org.nz) se trouve à Western Springs, sur l'autoroute nord-ouest. Le MOTAT présente plus de 300 000 véhicules anciens en état de marche, des avions et des machines ainsi que d'excellentes expositions interactives. Des bénévoles enthousiastes y font des démonstrations le week-end, et vous pourrez y admirer l'avion construit par le Néo-Zélandais Richard Pearse qui, selon ses fidèles, aurait volé en mars 1903, plusieurs mois avant les frères Wright.

En empruntant le vieux tram du MOTAT, ou tout simplement à l'occasion d'une agréable promenade à pied, rendez-vous autour du lac de Western Springs jusqu'au **Auckland Zoo ◗** (ouv. tlj. de 9h30 à 17h30 ; entrée payante ; tél. 09-360 3800 ; www.aucklandzoo.co.nz), où vous attendent le kiwi, seul oiseau coureur de Nouvelle-Zélande, et le *tuatara*, fossile vivant datant de l'ère des dinosaures.

Il est impensable de voyager en Nouvelle-Zélande sans connaître sa plus grande ville. Et avant de poursuivre vers les sites plus touristiques du Nord et du Sud, il vous reste encore beaucoup de choses à découvrir en vous éloignant un peu du centre. Car, comme vous le confirmera tout Aucklander qui se respecte : sortir de la ville ou devenir fou, il faut choisir. ❏

La mode et les tendances kiwis

Si la mode néo-zélandaise n'a sans doute pas encore atteint le stade de maturité, elle s'affirme peu à peu. Dans une industrie où l'imitation la plus éhontée ne fait peur à personne, les créateurs néo-zélandais ont bel et bien entrepris de développer un style qui leur est propre.

En 1997, 4 marques nationales – World, Moontide, World, Wallace Rose et Zambesi – participent à l'Australian Fashion Week. Deux ans plus tard, les Kiwis apparaissent à la London Fashion Week, et Vogue écrit : "On croit percevoir une assez nette différence entre l'Australie et la Nouvelle-Zélande. Les Néo-Zélandais ont une vision plus sombre. Moins ostentatoire. Plus intellectuelle." Les Kiwis se sentent pousser des ailes.

Lors des manifestations de mode néo-zélandaises, on ne remarque même plus la présence des critiques et des faiseurs d'opinions internationaux, jadis si rares. Mais en dépit du jugement de Vogue, le style néo-zélandais est moins une affaire individuelle qu'une assimilation brillante de nombreuses influences. Comme dans tant d'autres domaines, l'isolement du pays a obligé ses habitants à faire preuve d'imagination, tant en mode qu'en agriculture. Quoique fortement influencés par les critères européens, de nombreux stylistes s'inspirent de l'esthétique polynésienne, alors que d'autres puisent dans un pot pourri éclectique pour en tirer une ligne cohérente. En revanche, une grande part de la jeune mode polynésienne est conditionnée par la culture hip-hop américaine.

Ceux qui réussissent le mieux dans le monde de la mode savent généralement se vendre en tant que marques, telles que Karen Walker et Trelise Cooper. Dans cette petite société, il est facile d'attirer l'attention et d'atteindre la célébrité.

Parmi les créateurs les plus en vue, beaucoup sont installés à Auckland, comme Walker, Cooper, Kate Sylvester, Scotties, Zambesi ou World – le plus innovant peut-être. Mais la plus grande ville du pays n'est pas seule à nourrir des ambitions.

Les magasins de Wellington présentent les signatures nationales mais aussi des marques locales comme Andrea Moore, Madcat, Ricochet ou Voon. Des enseignes leader comme NOM D, Carlson, Mild Red ou Dot Com ont préféré s'implanter à Dunedin, où la présence d'étudiants confère à la mode ambiante un style plus détonnant qu'ailleurs.

La mode la plus dynamique est aussi à chercher en marge, chez de jeunes créateurs qui deviendront peut-être de grands noms un jour. À Auckland, loin des boutiques chic de High Street et de Chancery, vous trouverez parfois la perle rare sur Karangahape Road, pourtant de si fâcheuse réputation. Ailleurs, l'avant-garde éphémère donne à voir ses créations dans divers ateliers aux alentours de Dunedin.

Quant à la mode pour hommes, le Kiwi mâle n'est pas censé, sauf exception, se préoccuper de son apparence. ❏

À DROITE : la styliste trelise Cooper dans son atelier de Parnell.

ENVIRONS D'AUCKLAND

Auckland se compose d'un patchwork de villes aux personnalités bien marquées, selon que vous prenez la direction de l'ouest, du nord ou du sud – ou de l'est vers les 47 îles du golfe de Hauraki.

Carte
p. 149

Les Aucklanders sont passionnément attachés à leur voiture, comme les autoroutes embouteillées aux heures de pointe vous le feront vite comprendre. Des décennies de tergiversations politiques ont bloqué le développement du réseau ferroviaire, et les bus doivent s'accommoder de la circulation. En dehors des heures d'affluence, ils vous transporteront assez rapidement, et les circuits organisés en car ne manquent pas. Mais, si vous ne voulez pas vous ruiner en taxis, il vous faudra bien louer une voiture pour profiter au mieux de votre séjour en explorant les lisières de la ville.

À l'ouest

La frontière d'Auckland, comme celle du Nouveau Monde, passe à l'ouest. **Waitakere City ❶**, à 15 km à l'ouest du centre-ville sur la SH (State Highway) 16, s'éveille brusquement au milieu des années 1950 avec la construction d'une levée à travers le fond de la baie, rapprochant ainsi l'ouest du centre-ville. Mais rapprochement ne veut pas dire intégration. Surnommés "Westies", ses habitants, artistes, artisans, fervents du retour à la nature, populations maorie et polynésienne, se côtoient allègrement dans ce melting-pot à la néo-zélandaise.

Venant du centre-ville, vous aurez un premier aperçu de Waitakere City à **Henderson Valley ❷**, à l'ouest de la SH16, à l'embranchement de Lincoln Road. La vallée fut d'abord colonisée par des viticulteurs dalmates et croates. Les noms de leurs dynasties se retrouvent sur les plaques de rues, tandis que les chais jalonnent Waitakere – grands domaines ou exploitations familiales dont le vin ordinaire se vend encore en bouteilles de 2 litres.

À la sortie de Henderson, poursuivez sur la SH16 pour rallier, 20 km après l'embranchement de Henderson, **Kumeu ❸**. Vous serez sans doute surpris de voir des chevaux y labourer de petites parcelles. Leurs propriétaires travaillent dans une ville proche en semaine, et se consacrent à l'agriculture le week-end. Quelques vignobles importants prospèrent également dans la région, comme **Kumeu River**, **Nobilo** ou **Matua Valley**.

De nos jours, une grande partie des banlieues ouest d'Auckland se sont muées en zones commerciales. Ce long ruban d'hypermarchés anonymes et d'implantations industrielles légères se déroule jusqu'aux **Waitakere Ranges**, dont les épaisses forêts commencent à 20 km à peine du centre d'Auckland. Les randonneurs pénètrent ici dans un paradis de kauris, de fougères géantes et de palmiers nikau. Vous pourrez aisément explorer les montagnes en suivant la bien nommée **Scenic Drive** (SH24), qui serpente sur leurs crêtes pendant 28 km, entre Titirangi et Swanson. À 5 km environ de **Titirangi ❹**, l'**Arataki Visitors**

À GAUCHE : en rappel dans les Waitakere Ranges.
CI-DESSOUS : petit fermier deviendra grand, Kumeu.

Centre (ouv. tlj. de 9h à 17h en été, de 10h à 16h en hiver ; tél. 09-817 4941) vous permettra de planifier votre excursion en détail avec un choix de randonnées de difficulté graduée et des conseils pour camper.

Plages de la côte ouest

Au-delà des montagnes commence véritablement l'Ouest sauvage : une frange de terre dentelée par une série de plages de sable noir, et balayée par les vents dominants et les vagues de la mer de Tasman. La plage la plus au nord, **Muriwai** ❺, se déploie le long des 32 km de ce qui est officiellement baptisé une route – mais où les 4x4 ne s'engagent qu'avec précaution –, tandis qu'à l'extrémité de **Whatipu**, 24 km au sud, la mer semble bouillonner en se jetant dans Manukau Harbour. À la pointe sud de Muriwai, des belvédères vous permettent d'admirer une colonie de fous de Bassan, sûrement l'un des plus beaux spectacles des environs. Un grand peintre de la région, Colin McCahon (*voir p. 86*), s'est beaucoup inspiré de Muriwai.

Entre ces deux extrémités, la mer écume à **Piha**, paradis des surfeurs et des vacanciers, ainsi qu'à **Karekare** ❻, où fut filmée la somptueuse séquence d'ouverture du film de Jane Campion, *La Leçon de piano*. Même surveillées en été, les plages de la côte ouest sont toutes très dangereuses, et la mer y rejette chaque année les corps de touristes imprudents. Nagez toujours entre les drapeaux et méfiez-vous des lames de fond qui peuvent balayer un promeneur sur la plage ou un pêcheur sur son rocher.

Plus au sud s'étend **Manukau Harbour**, dont une rive marque la frontière ouest de Manukau City. Avec ses vasières à marée basse, le site n'a certes pas le charme de Waitemata, mais, en descendant, la route bascule sur des plages tran-

La saison de nidification, de septembre à mars, est la meilleure période pour observer la colonie de fous de Bassan de Muriwai.

Ci-dessous : au creux de la vague, plage de Piha.

quilles frangées de palmiers. Les pêcheurs vantent la qualité de cette côte peu fréquentée, voire dédaignée par les Aucklanders, car longtemps polluée par les eaux usées industrielles et municipales. Mais les écologistes ont depuis fait des miracles en matière d'assainissement.

Carte p. 149

Sud d'Auckland

Le terme "South Auckland" n'évoque rien de bon pour les Aucklanders. Les banlieues qui s'égrènent de chaque côté de l'autoroute du sud après Otahuhu comptent sans nul doute parmi les plus déshéritées de la région – même si certains quartiers de **Manukau City** sont très riches. Vous retrouverez là le paysage social décrit dans *Once Were Warriors*, ici film culte, qui dépeignait sans fard les ravages exercés sur les familles maories par la boisson, la violence domestique et la guerre des gangs.

Les visages des habitants de Manukau sont en grande majorité bruns, et même si bien des Pakehas (Européens) n'aiment pas l'admettre, la corrélation entre statut social dévalorisé et appartenance aux communautés maorie ou polynésienne est évidente. À 14 km d'Auckland, **Otahuhu** ❼ offre un bon aperçu de la diversité culturelle de Manukau City : flânez-y un instant dans la rue principale et vous perdrez très vite vos repères, commerçants asiatiques ou du Pacifique jouant du coude à coude et donnant de la voix pour attirer l'attention des passants.

Mais la ville ne manque pas non plus de réussites, comme en témoigne l'**Otara Market** animé et coloré (ouv. sam. uniquement de 6h à 12h), installé à 3 km au sud dans l'Otara Shopping Centre de Newbury Street (prenez l'embranchement d'East Tamaki-Otara sur la SH1). C'est ici qu'il faut venir faire vos achats de souvenirs, vous y dépenserez moins que dans les pièges à touristes.

Le film Once Were Warriors, *tiré d'un roman d'Alan Duff et mis en scène par Lee Tamahori, fut salué par une critique enthousiaste en 1994. Tourné à South Auckland, il met en lumière les problèmes qui submergent des familles maories déshéritées.*

CI-DESSOUS : rappeur de Manukau City.

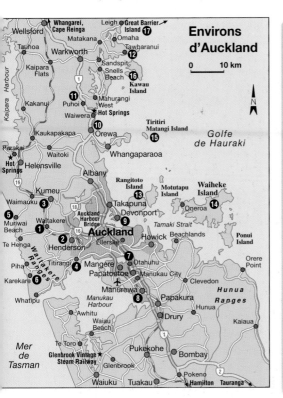

À 5 km plus au sud, le **Rainbow's End** (ouv. tlj. de 10h à 17h ; entrée libre ; www.rainbowsend.co.nz) est un parc d'aventures très apprécié. Vous y trouverez les seules montagnes russes en hélice du pays et la Fear Fall, qui vous précipite dans une chute impressionnante.

À 5 km environ du Rainbow's End, les **Auckland Regional Botanic Gardens** (ouv. tlj. de 8h à 18h ; entrée libre ; tél. 09-267 1457), près de **Manurewa** ❽, seront pour les amoureux des jardins l'occasion de découvrir quantité d'espèces locales ou exotiques. En novembre, les jardins accueillent l'Ellerslie Flower Show pendant 5 jours.

Nord d'Auckland

Prenez votre courage à deux mains, et escaladez l'Auckland Harbour Bridge (voir détails ci-contre).

L'ouverture de l'**Auckland Harbour Bridge** en 1959 métamorphosa la ville du jour au lendemain. Le chapelet de petites bourgades provinciales adossées à leurs collines et pâturages devenait virtuellement partie intégrante d'Auckland par la grâce de ce "portemanteau" de 1 020 m jeté entre Fanshawe Street, au nord de la ville, et Northcote, de l'autre côté de la baie. Quelque 136 000 véhicules empruntent le pont chaque jour.

Le Harbour Bridge conduit à un vaste arrière-pays d'interminables banlieues et zones industrielles, véritable ville en soi, dont les habitants évitent de "descendre" à Auckland – ce qui ne semble guère chagriner les Aucklanders. Un tour operator entreprenant, **Auckland Bridge Climb** (tél. 09-377 6543 ; www.aucklandbridgeclimb.co.nz) propose une escalade guidée du pont de 2 heures : si vous n'êtes pas sujet au vertige, vue imprenable sur la ville et la baie garantie. Vous pouvez également tenter le saut à l'élastique. Mais il est paradoxalement deux choses que le pont vous interdit : le vélo et la marche à pied.

CI-DESSOUS :
Auckland Harbour Bridge.

Toute la journée des ferries partent du Ferry Building de Quay Street (*voir p. 137*), reliant régulièrement le centre d'Auckland et Devonport, de l'autre côté de la baie. À 20 min du centre par la route, mais à seulement 3 km au nord par ferry, **Devonport** ❾ affiche un charme non dénué d'élégance. De nombreuses et majestueuses demeures victoriennes impriment leur style à ce quartier bourgeois qui ne manque ni de boutiques d'artisanat et galeries ni de cafés et bars où reposer ses jambes après une promenade le long des quais. Le centre commercial est réputé pour ses galeries d'art et ses boutiques d'artisanat. À proximité, les promontoires volcaniques de Mount Victoria et de North Head, à 1 km des quais, ménagent des perspectives dégagées sur tout le centre d'Auckland et vers les baies orientales. Habitées par les Maoris pendant 7 siècles jusqu'en 1863, ces deux collines furent percées de galeries lors d'une menace d'invasion russe durant les années 1870.

Au nord de Devonport, la côte déploie une succession sans fin de criques abritées et de plages de sable blanc, qui perdent peu à peu leur caractère de banlieue pour devenir plus sauvages en se rapprochant de la pointe de North Island. Vous pourrez faire du shopping à **Takapuna**, dont la plage, très fréquentée, donne sur Rangitoto Island.

Mais c'est plus au nord, au-delà de **North Shore City**, que l'excursion commence à porter ses fruits. Lovée au pied de la Whangaparaoa Peninsula, à 40 km du centre-ville, **Orewa** ❿, qui se résumait à des prairies verdoyantes et à quelques villas de plage voici une génération à peine, est devenue la ville-dortoir la plus au nord d'Auckland. Si elle a beaucoup perdu de son attrait, certains de ses faubourgs frontaliers sont ourlés de plages sans danger, et les pique-niqueurs apprécieront son parc régional, à l'extrémité est.

Carte
p. 149

NOTEZ-LE

Le Riverhead Ferry vous conduit pendant 5 heures tout au long de la baie, offrant une vision complète d'Auckland et de ses faubourgs. Départ du Pier Z sur Westhaven Drive près de l'Auckland Harbour Bridge (tél. 09-337 0752 ; www.seacity.co.nz/riverhead.htm).

CI-DESSOUS : la baie d'Auckland, Devonport en arrière-plan.

Si vous en avez le
temps, faites une halte
au Puhoi Bohemian
Museum (ouv. tlj. de
13h à 15h30 en été ;
uniquement le w.-e.
de 13h à 15h30 en
hiver), sur Puhoi Road.
Ce musée évoque
l'histoire de la
colonisation du
secteur par des
immigrants venus de
Bohême au XIXᵉ siècle.

Au-delà d'Orewa, les perspectives commencent à s'ouvrir. Les piscines du **Waiwera Thermal Resort** (ouv. tlj. de 9h à 22h ; entrée libre ; tél. 09-427 8800 ; www.waiwera.co.nz), dont le nom signifie "eau chaude" en maori, sont situées sous une colline à 6 km au nord d'Orewa. Il existe d'autres sources thermales dans la région, à **Parakai**, près de Helensville, à 55 km au nord-ouest de la ville par la SH16.

Puhoi ⓫, à 6 km au nord de Waiwera, fut le premier endroit du pays colonisé par les catholiques de Bohême. Si vous passez par là, arrêtez-vous pour prendre un verre ou une chope à la **Puhoi Tavern**, un œil sur les vieilles photos d'immigrants et les outils de ferme exposés.

Poursuivant vers le nord, à 4 km au sud de Warkworth, le **Honey Centre** (ouv. tlj. de 9h à 17h ; entrée libre ; tél. 09-425 8003 ; www.honeycentre.co.nz) vend toutes sortes de variétés de miel et vous pourrez y observer les abeilles au travail derrière les vitres de ruches en activité. Jolie petite ville au bord de la rivière, **Warkworth** marque la frontière nord du secteur d'Auckland. Elle se trouve également proche de quelques merveilles incontournables. Prenez vers l'est par la route Matakana-Leigh, qui traverse un nouveau pays de vignobles, et, à 25 km de Warkworth, vous rejoindrez **Tawharanui ⓬**, le parc le plus septentrional de la région : en semaine, vous avez de bonnes chances de profiter d'une interminable plage de sable blanc pour vous tout seul.

Îles du golfe de Hauraki

Définie par sa baie, Auckland l'est autant par les eaux du **golfe de Hauraki**, et vous ne pouvez quitter la région sans explorer le fond de ce golfe. Toutes les îles ici mentionnées sont aisément accessibles par ferry au départ du Ferry Building d'Auckland dans Quay Street (*voir p. 137*).

CI-DESSOUS :
Waiheke Island.

À 8 km au nord-est d'Auckland, **Rangitoto Island ⓭** fascine avant tout par son volcan endormi depuis 6 siècles, qui domine le panorama du centre-ville. Son ascension vous demandera une marche énergique mais pas épuisante – une promenade en buggy vous sera même proposée en alternative. Enfilez de bonnes chaussures, les pierres volcaniques du sentier pouvant lacérer les cuirs tendres. Du haut de ses 260 m, le sommet déploie une vue panoramique à 360° sur la ville, les baies du nord et le golfe de Hauraki. Une levée relie Rangitoto à **Motutapu**, île cultivée.

La plus peuplée des îles du golfe, **Waiheke Island ⓮**, se trouve à 19 km du centre d'Auckland. Il y a quelques décennies encore, elle accueillait les marginaux et les artistes, seuls quelques braves osant prendre le ferry et affronter la houle une heure durant pour aller travailler en ville. Un catamaran rapide a réduit le temps de la traversée, métamorphosant du même coup le paysage social et urbain de l'île. Même l'artisanat, jadis de pacotille, atteint une qualité irréprochable. Sur les pentes abruptes qui plongent en de nombreuses petites baies, les modestes maisonnettes ont été remplacées par des villas d'architecte.

Des cafés élégants bordent les rues d'**Oneroa**, principale agglomération, et l'essentiel de l'artisanat local propose des articles d'excellente qualité. Les bus passent irrégulièrement – ils s'adaptent aux horaires du ferry –, mais taxis et voitures de location sont bon marché et le plaisir de la promenade à pied ne coûte rien. Waiheke s'est bâti une réputation justifiée pour sa viticulture naissante, et vous pouvez aussi bien découvrir l'île en une journée, ou la parcourir à votre guise, en choisissant parmi une gamme d'hébergements adaptée à tous les goûts – même les plus extravagants.

À 25 km au nord d'Auckland, **Tiritiri Matangi Island** ⓯ est un rêve écologiste devenu réalité. Sauvée des prédateurs que plusieurs siècles de colonisation avaient introduits, l'île est désormais un superbe sanctuaire de la vie sauvage où prospèrent plusieurs espèces d'oiseaux menacés comme le kiwi et le takahé.

Encore un peu plus au nord, à 46 km de la ville, **Kawau Island** ⓰ ouvre son port abrité aux mordus de la voile. Dans la baie du même nom, la majestueuse **Mansion House** (ouv. tlj. de 9h30 à 15h30 ; entrée payante ; tél. 09-422 8882) accueillait en villégiature l'un des premiers gouverneurs du pays, Sir George Grey. Il y fit venir le wallaby d'Australie, marsupial qui s'est fait depuis redoutablement envahissant.

Si vous disposez d'un peu de temps, réservez 2 jours à l'exploration de **Great Barrier Island** ⓱, l'île la plus éloignée du golfe, à 90 km au large d'Auckland. Vous serez transporté dans un autre monde, où l'électricité n'est pas de mise. Les îliens, qui appellent leur terre "the Barrier", ont une réputation d'endurance sans égale. Les plages sont absolument sauvages, l'essentiel de la forêt primaire a survécu, et l'île héberge plusieurs espèces uniques de plantes et d'oiseaux. Les randonneurs trouveront ici leur bonheur, tout comme les plongeurs, les pêcheurs, les surfeurs et les campeurs. Ferries et avions relient régulièrement l'île à Auckland, mais il serait dommage de n'y passer qu'une heure ou deux. The Barrier mérite infiniment mieux. ❑

Pour plus d'informations sur Great Barrier Island et ses activités, renseignez-vous auprès du Claris Postal Centre (ouv. tlj. de 9h à 16h ; tél. 09-429 0033) ou consultez www.greatbarrier.co.nz

CI-DESSOUS :
Mansion House, Kawau Island.

NORTHLAND

Carte p. 158

Région rêvée de villégiature ou de retraite, le Northland au charme pittoresque, dissimule un passé de guerres, de débauches, de révoltes et de conquêtes avant la colonisation finale.

Guerres tribales, affrontements sanglants entre Maoris et Pakehas, insurrections, zèle des missionnaires et débauche de leurs ouailles, traité de paix et promesses non tenues – le Northland a traversé bien des zones de turbulences. Mais c'est à présent une région où vous pouvez vous détendre au soleil tout en appréciant des paysages, une cuisine et un mode de vie bien particuliers, passant d'un Sud pastoral et cultivé aux légendes et à l'isolement de l'extrême Nord. Le Northland est réputé pour sa pêche sportive, ses plages sauvages, son climat agréable, ses sources thermales, ses forêts de kauris – et l'hospitalité de ses habitants. La péninsule se projette sur 450 km au nord d'Auckland jusqu'aux promontoires rocheux de North Cape et de Cape Reinga, extrémité septentrionale de l'île. On l'appelle "le Nord sans hiver" en raison de ses étés chauds et humides et de son hiver doux et pluvieux. Arbre symbole de la région, le *pohutukawa* émaille de ses fleurs écarlates la côte et l'arrière-pays au début de l'été.

Bay of Islands

La très belle et très agréable SH (State Highway) 1 mène, en 3h30 de voiture, à Bay of Islands, 240 km au nord d'Auckland. Pour l'atteindre, franchissez le Harbour Bridge, longez **Hibiscus Coast** et ses stations balnéaires, puis poursuivez à travers les petits bourgs ruraux de Warkworth et de Wellsford en contournant Whangarei City, porte d'accès au nord. Quittez ensuite la voie express à **Kawakawa** – prévoyez une pause aux plus audacieuses toilettes du pays (*voir p. 89*), fruit de l'imaginatif Frederick Hundertwasser, artiste autrichien installé en Nouvelle-Zélande – avant de redescendre la sinueuse route conduisant à la station balnéaire de **Paihia ❶**, bon camp de base si vous souhaitez prendre votre temps pour explorer la région.

Vous voici devant **Bay of Islands**, berceau de la Nouvelle-Zélande et lieu indissociable de l'histoire du pays. Le navigateur polynésien Kupe aurait découvert la baie au Xe siècle, suivi 2 siècles plus tard par Toi. James Cook y pénétra en 1769. Poète à ses heures, il donnera à ces eaux abritées le nom qui leur est resté. Son contour irrégulier de 800 km embrasse 8 grandes îles et une foule d'îlots – 144 au total. La plus grande de ces îles couvre 22 ha. Beaucoup sont inhabitées, certaines appartiennent à des propriétaires privés, d'autres constituent des réserves maories. Le nombre de leurs habitants explose durant les périodes traditionnelles de vacances néo-zélandaises, de Noël à fin janvier, lorsque des milliers de Kiwis émigrent vers le nord pour camper, faire du bateau, nager, pêcher et se détendre. Et comme la plupart des touristes veulent également profiter de la baie, mieux vaut réserver

PAGES PRÉCÉDENTES : Bay of Islands. **CI-CONTRE :** toe toe sur les dunes de Ninety Mile Beach. **CI-DESSOUS :** entrée des toilettes de Hundertwasser, Kawakawa.

Northland

0   30 km

Three Kings Islands

6 Cape Reinga
Spirits Bay
Te Paki
North Cape

Houhora
Te Kao

Ninety Mile Beach

Great
Exhibition
Bay

OCÉAN

PACIFIQUE

Aupori Peninsula

Pukenui ★ Waggener Museum

Rangaunu Bay   Cape Karikari

Doubtless Bay

Waipapakauri
Tauroa Point
Awanui
Ahipara
Kaitaia
Cable Bay
Coopers Beach

5

Herekino

Mangamuka Bridge
Kaeo

Whangaroa Harbour
Matauri Bay
4
Cavalli Islands

Kohukohu
Okaihau
Kapiro
Takou Bay

Hokianga Harbour **8** Rawene
Opononi
Waimate North
Kerikeri **3**

Bay of Islands

7 Kaikohe
Ohaewai
Waitangi Treaty House

Kaiwi Lakes

Waipoua Kauri Forest **9**
Moerewa **1** Paihia
Russell **2**
Hole in the Rock

Opua
Kawakawa

Trounson Kauri Park **10**
Kaihu

Hikurangi

Poor Knights Islands

11 **14**
Whangarei **12**
Tutukaka

Baylys Beach
Dargaville

Mer de Tasman

Ruawai
Matakohe
Ruakaka
Waipu

Bream Bay

Taurikura

Maungaturoto

Hen and Chicken Islands

Brynderwyn

Pouto
North Head

Mangawhai

Kaipara Harbour

Wellsford

Cape Rodney
Leigh

Waioneke
Warkworth
Sandspit
Kawau Island

Little Barrier Island

Puhoi ★
Helensville
Orewa
Waiwera
Whangaparaoa

Muriwai Beach
Kumeu
Albany

Golfe de Hauraki

Port Jackson

Piha
Takapuna
Port Charles

Auckland
Waiheke Island

Manukau Harbour
Howick

Manurewa
Papatoetoe
Ponui Island

Coromandel Peninsula
Coromandel

Hamilton
Papakura

Great Barrier Island

votre hébergement longtemps à l'avance durant cette période.

Depuis les années 1950, Paihia a subi une cure de jouvence. Des hôtels ont jailli tout au long d'un centre commercial bien agencé. Restaurants et animation nocturne en ont fait le cœur du Northland – notamment son quai, d'où partent les croisières vers les îles et les excursions de pêche. Des plaques en bronze signalent divers sites historiques le long de la plage en sable rougeâtre. Paihia a connu bien des premières : le plus vieux pin de Norfolk du pays y respire la brise du large ; une mission vit le jour sur le site de la ville en 1823 ; 3 ans plus tard, les missionnaires y construisirent et mirent à l'eau le *Herald*, premier navire du pays ; importée d'Angleterre en 1834, la toute première presse y imprima la première bible en maori.

Le traité de Waitangi

L'événement le plus marquant de l'histoire de la Nouvelle-Zélande eut lieu sur la pelouse de la **Waitangi Treaty House** (ouv. tlj. de 9h à 17h ; entrée payante ; tél. 09-402 7437 ; www.waitangi.net.nz), à 2 km au nord de Paihia par un pont à voie unique qui conduit également à la Waitangi Reserve et au golf. Cette demeure fait aujourd'hui partie du **Waitangi National Trust Treaty Grounds**.

Le 6 février 1840, le gouverneur William Hobson, des chefs maoris et des notables anglais signèrent un pacte mettant fin au conflit maori-pakeha, garantissant les droits des Maoris sur leurs terres, leur accordant la même protection qu'aux colons et accueillant la Nouvelle-Zélande dans l'Empire britannique. À l'époque de la signature du traité, la demeure appartenait à James Busby, le fameux Résident britannique.

Cette élégante maison coloniale, malgré sa vue sur la baie, tomba par la suite à l'abandon. Elle a été restaurée depuis et convertie en musée national. Ne manquez pas non plus la *whare runanga* (maison de réunion maorie) attenante, où est fièrement exposée la *Ngatoki Matawhaorua*, la plus grande pirogue de guerre au monde, avec ses 35 m de long.

Carte
p. 158

Russell – la cité du péché

Une ligne régulière de ferries dessert **Russell ❷**, située à 15 km au nord-est de Paihia. Au départ d'Okiato Point, un ferry transporte également les véhicules jusqu'au port en eaux profondes d'**Opua**, à 9 km au sud de Russell.

Marins en goguette, forçats en cavale, baleiniers sur les dents, femmes légères, bagarres et soûleries – l'ancienne Kororareka, surnommée "le trou du diable du Pacifique", a tout connu. Les premiers colons y débarquèrent en 1809, ce qui fait de Russell la première colonie européenne du pays. Elle a peu gagné en taille, mais beaucoup en tranquillité, en dépit des nombreuses histoires tantôt réelles, tantôt imaginaires, qui sommeillent dans les coffres de ses greniers victoriens. Son ambiance se réchauffe à Noël et au jour de l'an lorsque les régatiers et les fêtards ressuscitent le vieux Russell. Comme plusieurs autres villes du pays, elle arbora brièvement le titre de capitale. Mais, dans les années 1830, la débauche et l'impunité prévalaient, une bonne trentaine de tripots abreuvant le port de Russell. Des colons réagirent en 1835, fondant **Christ Church** à l'angle de Robertson et Beresford Streets, deux rues à l'est du port. C'est la plus ancienne église de Nouvelle-Zélande, et ses murs grêlés de balles rappellent le siège de 1845.

Après avoir signé, à contrecœur, le traité de Waitangi en 1840, le chef maori Hone Heke s'estima bafoué par les transactions foncières gouvernementales sitôt que les contreparties financières promises firent défaut. En 1845, il abattit le mât de pavillon britannique érigé sur Maiki Hill, derrière Russell. Dans le même temps, un allié de Heke, le chef Kawiti, pillait les églises et en brûlait les biens. Les représailles prirent pour cible le *pa* (village fortifié) de Kawiti, Ruapekapeka, près de Kawakawa. En 1846, une troupe de Tuniques rouges s'emparra de cette puissante forteresse, profitant d'un dimanche où les Maoris convertis

Sculpture maorie ornant le faîte d'une whare runanga.

CI-DESSOUS :
Waitangi
Treaty House.

priaient leur nouveau dieu chrétien. Heke fut finalement gracié et ses hommes furent libérés.

Sur le Strand, **Pompallier** (ouv. déc. à avr. : tlj. de 10h à 17h, mai à nov. : visites guidées 10h15, 11h15, 13h15, 14h15 et 15h15 ; entrée payante ; tél. 09-403 9015 ; www.pompallier.co.nz) est l'unique édifice témoignant de la présence catholique en Nouvelle-Zélande. Nommée d'après l'évêque français fondateur de la mission, cette imprimerie fut construite en 1842 pour publier des textes religieux en maori. Restaurée en 1993, elle a repris du service en rouvrant ses ateliers d'imprimerie, de reliure et de tannerie. Les superbes jardins, propices à la pose pique-nique, furent dessinés par la famille Greenway en 1879. Une rue à l'est dans York Street, le **Russell Museum** (ouv. tlj. de 10h à 16h, jusqu'à 17h en janvier ; entrée payante ; tél. 09-403 7701) expose une maquette navigante de l'*Endeavour* de Cook et de nombreuses curiosités de l'ère coloniale. Non loin, l'un des plus anciens pubs du pays, le **Duke of Marlborough Hotel**, a gardé tout son caractère.

Croisière en baie

Vous apprécierez pleinement la beauté des îles de la baie avec les "Cream Trips" quotidiens proposés par **Fullers** (www.fboi.co.nz) au départ de Paihia (Marsden Road ; tél. 09-402 7422) ou de Russell (Cass Street ; tél. 09-403 7866). Cette croisière de 6 heures emprunte l'itinéraire qui permettait jadis de récolter la crème produite par les îliens. Le courrier et les provisions sont encore livrés ainsi aujourd'hui. Au cours des quelque 96 km parcourus, vous verrez l'île où le capitaine Cook mouilla pour la première fois en 1769 ; la crique où le navigateur Marion du Fresne et ses 25 membres d'équipage furent massacrés par les Maoris en 1772 ; et les baies où les premiers missionnaires débarquèrent.

Ci-dessous : la prise record de Jerry Garrett, un espadon de 369 kg pêché en mai 2003 à Bay of Islands.

Pêche à Bay of Islands

La pêche au gros, voire au très gros, constitue l'un des atouts majeurs de Bay of Islands. La principale saison de pêche court de décembre à juin, lorsque les énormes marlins sont de sortie. De nombreuses prises records de marlins, de requins ou de thons ont été réalisées ici. La pêche au Yellowtail kingfish (*Seriola lalandi*) se prolonge jusqu'en septembre. Apprécié sur toutes les tables du pays, le mérou se montre tout aussi abondant.

Des poissons de combat atteignant 400 kg peuvent être pêchés dans la baie, et la pesée attire une foule de connaisseurs. Des compétitions de pêche à la ligne et au lancer sont régulièrement organisées, les plus importantes en janvier. En dépit des "saisons", la pêche se pratique toute l'année. Des bateaux de location à la journée ou à la demi-journée vous attendent à Paihia ou à Russell. Mais les nombreux petits quais de la ville sont également jalonnés de pêcheurs du dimanche qui fixent leur bouchon d'un air contemplatif.

Les amateurs de kayak apprécient aussi la baie et ses nombreuses criques sablonneuses serrées les unes contre les autres. En été, une foule de voiliers frémissent sous la brise, souvent venus d'Auckland avec leurs propriétaires pour passer des vacances au bon air marin.

Fullers propose également une croisière de 4 heures au phare de Cape Brett et à Piercy Island qui, si le temps le permet, passe sous le fameux **Hole in the Rock**. Nettement moins paisible, le Mack Attack de **Kings** (tél. 09-402 8288 ; www.kings-tours.co.nz) vous catapulte au Hole in the Rock et retour en 90 minutes, à bord d'un catamaran atteignant la vitesse de 90 km/h.

Les myriades d'îles et les eaux extraordinairement limpides de Bay of Islands fascinent tous les plongeurs, tout autant que les tarifs pratiqués, qui comptent parmi les moins chers du monde pour des plongées de haut niveau, organisées par des opérateurs fiables (*voir Carnet pratique, p. 377*).

Carte
p. 158

Les fleurs écarlates du pohutukawa, ou "arbre de Noël".

Kerikeri et les environs

Bâtie à 23 km au nord de Paihia le long d'une anse pleine de charme, la ville de **Kerikeri** ❸ séduit par son caractère inhabituel et sa passionnante histoire coloniale, maorie et européenne. Les terres fertiles de Kerikeri, sur lesquelles le missionnaire Samuel Marsden planta les premiers ceps de vignes en 1819, produisent aujourd'hui une grande part des meilleurs agrumes et fruits subtropicaux de Nouvelle-Zélande, dont le kiwi.

Artisanat et petites industries associées prospèrent dans cette ville de 5 000 habitants, environs compris. La douceur du climat et un mode de vie paisible ont attiré là de nombreux résidants dynamiques, ainsi que de riches retraités néo-zélandais venus d'autres villes. Deux vignobles et d'excellents restaurants ne font rien pour enrayer cette tendance.

Deux des plus anciens bâtiments de Nouvelle-Zélande se dressent au fond de l'anse. Sur Kerikeri Road, **Kemp House** (ouv. tlj. de 10h à 17h ; entrée payante ; tél. 09-407 9236) date de 1822. Construite en planches de kauri et de totara, cette ancienne mission a été complètement restaurée. Pour l'**Old Stone Store** adjacent (ouv. tlj. de 10h à 16h ; entrée libre ; tél. 09-407 9236), de 1833, les missionnaires préférèrent la pierre afin de mieux protéger leurs biens. Il sert toujours de magasin, avec un musée à l'étage. Ne manquez pas le site de **Kororipa Pa** au nord-est. Ce fut entre 1780 et 1826 la base militaire avancée du célèbre chef de guerre Hongi Hika : ses hommes s'y rassemblaient avant de lancer des raids sur les tribus du Sud jusqu'au détroit de Cook.

Plus au nord sur Landing Road, le **village de Rewa** (ouv. tlj. de 9h à 17h ; don bienvenu ; tél. 09-407 6454) est une reconstitution d'un village de pêcheurs maoris du XVIIIe siècle, construit selon les méthodes traditionnelles et avec les matériaux disponibles à l'époque.

Édifiée en 1832 à 15 km au sud-ouest de Kerikeri, la mission de **Te Waimate** (ouv. du lun. au mer. et le sam. et le dim. de 10h à 17h, en hiver le sam. et le dim. uniquement ; entrée payante ; tél. 09-405 9734) hébergera 10 ans plus tard le premier évêque anglican de Nouvelle-Zélande, George Augustus Selwyn.

CI-DESSOUS : le passage du Hole in the Rock.

Cape Reinga et Ninety Mile Beach

Dans la mythologie maorie, Cape Reinga est le lieu d'où partent les esprits pour rejoindre la terre de leurs ancêtres, Hawaiki. Les cars de tourisme sillonnent aujourd'hui le chemin des esprits, longeant l'Aupori Peninsula jusqu'à sa pointe nord, retour *via* Ninety

Le phare solitaire
de Cape Reinga
signale les abords de
cette pointe déserte.

CI-DESSOUS :
coucher de soleil
sur la plage
d'Opononi.

Mile Beach. Les voitures se faisant souvent piéger dans les sables de Ninety Mile Beach, mieux vaut emprunter les cars et les 4x4 qui partent quotidiennement de Paihia, de Kerikeri et d'autres villes du Northland. L'itinéraire est-ouest traverse les anciennes exploitations de gomme du nord de Kerikeri, vestiges des immenses forêts de kauris qui couvraient jadis la région. Les arbres morts laissaient des poches de gomme dans le sol, que les colons exportèrent avec profit car on en tirait un vernis de très bonne qualité. Dans les années 1880, une véritable "ruée vers la gomme" y attira 2 000 personnes.

À 25 km au nord de Kerikeri, l'épave du *Boyd* gît au fond de **Whangaroa Harbour ❹**, base de pêche au gros. En 1809, ce navire avait jeté l'ancre et envoyé 11 hommes à terre pour fabriquer des espars en bois de kauri. Les Maoris massacrèrent les hommes, enfilèrent leurs vêtements, ramèrent jusqu'au navire, puis exterminèrent le reste de l'équipage avant de tout incendier. Aujourd'hui revenue à des occupations plus sereines, Whangaroa accueille plaisanciers et kayakistes.

Environ 24 km plus loin, **Doubtless Bay ❺**, ainsi baptisée par Cook, embrasse un chapelet de plages sablonneuses en pente douce. Frangée de *pohutukawa*, **Coopers Beach** est au moins aussi séduisante, tout comme **Cable Bay** avec ses sables d'or et ses coquillages multicolores. Vous trouverez où vous restaurer et loger sur ces deux plages, mais n'espérez pas avoir grand choix. À **Awanui**, la route bifurque vers le nord, traversant **Te Kao**, la plus grande agglomération de l'extrême Nord, pour rejoindre Cape Reinga et son phare.

Toute la région est imprégnée de folklore maori. Au pied de **Cape Reinga ❻**, 130 km au nord de Doubtless Bay, à la pointe de l'**Aupori Peninsula**, un *pohutakawa* tout tordu, vieux d'au moins 8 siècles, s'accroche solidement aux rochers. Les esprits suivaient ses racines jusque dans la mer pour commencer

leur voyage dans l'infra-monde. À proximité, les barges migratrices ont choisi **Spirits Bay** pour dernière escale dans leur voyage vers l'Antarctique. Du cap et de son phare solitaire, la vue est saisissante. Vous pouvez deviner la ligne de convergence de l'océan Pacifique et de la mer de Tasman, les **Three Kings Islands**, à 57 km au large – découvertes par Abel Tasman en 1643 –, ainsi que les caps voisins. Au sud de Cape Reinga, tout au long de la côte ouest de la péninsule, **Ninety Mile Beach** étire ses 96 km de hautes dunes et de monticules de coquillages. La route de retour vers Paihia passe par **Kaitaia**, ville la plus septentrionale de Nouvelle-Zélande – mais sans autre intérêt.

Côte ouest

Superbe, la route d'Auckland suit la côte ouest. À 150 km au sud de Cape Reinga, la colline de **Kaikohe** ❼ et son monument au chef Hone Heke dégagent un panorama spectaculaire sur les deux côtes. À proximité, les **Ngawha Hot Mineral Springs** (sources thermales ; ouv. tlj. de 9h à 19h30 ; entrée payante ; tél. 09-401 0235) vous promettent un bain de jouvence dans leurs eaux minérales chargées de mercure et de soufre.

À 40 km à l'est de Kaikohe, la longue baie de **Hokianga Harbour** ❽ est protégée par une poignée d'îlots. Kupe en serait parti vers 900 pour regagner Hawaiki. À l'entrée de la baie, la station balnéaire d'**Opononi** s'est rendue célèbre durant l'été 1955-1956, lorsqu'un jeune dauphin se mit à jouer avec les nageurs. La mort mystérieuse d'"Opo" le dauphin plongea le pays dans le deuil.

La route se dirige ensuite vers le sud, traversant la **Waipoua Kauri Forest** ❾ et ses 2 500 ha de kauris adultes. À proximité de la route, deux géants les surplombent : Te Matua Ngahere ("père de la forêt"), vieux d'environ 2 000 ans, et Tanemahuta ("seigneur de la forêt"), âgé de 1 200 ans et d'une circonférence de 14 m. Plus au sud, le **Trounson Kauri Park** ❿ protège d'autres beaux kauris, dont l'un se divise en 4 troncs. C'est le commerce du kauri et de sa gomme qui permit la naissance de **Dargaville** ⓫, à 90 km au sud de Hokianga Harbour. Dans Harding Park, le **Dargaville Museum** (ouv. tlj. de 9h à 16h ; entrée payante ; tél. 09-439 7555 ; www.welcome.to/maritime) a été bâti avec des briques de terre cuite ayant servi de ballast à un navire revenant de Chine. Le musée présente notamment une exposition sur le *Rainbow Warrior*. Échoué près de Kerikeri en 1987, celui-ci constitue aujourd'hui un récif artificiel dont les plongeurs apprécient la vie marine foisonnante.

La nationale bifurque ensuite vers l'est sur 56 km jusqu'à **Whangarei** ⓬. Cette ville de 60 000 habitants et ses industries légères (verreries, cimenteries, raffineries) bordent une baie et un port en eaux profondes. Du mont Parahaki, le panorama s'étend sur toute la baie. Si vous prolongez votre séjour à Whangarei, séduit par ses plages sans danger et sa base de pêche au gros de Tututaka, vous y trouverez un bon choix d'hôtels et de restaurants. Dans tous les cas, ne manquez pas les **Claphams Clocks-The National Clock Museum** (ouv. tlj. de 9h à 17h ; entrée payante ; tél. 09-438 3993 ; www.claphamsclocks.co.nz) dans Dent Street, au centre-ville : plus de 400 horloges et pendules du XVIIe siècle à nos jours vous attendent. ❑

Carte
p. 158

Sortis des marécages et datant de 30 000 à 50 000 ans, certains vieux kauris sont les bois les plus anciens de la planète. Sur la Far North Road, à Awanui, 8 km au nord de Kaitai, les artisans de l'Ancient Kauri Kingdom (tél. 09-406 7172 ; www.ancienkauri.co.nz) en tirent des pièces superbes.

Ci-dessous : vieux kauri dans la Waipoua Kauri Forest.

WAIKATO

La production laitière et l'agriculture prospèrent sur ces terres fertiles du sud d'Auckland, qui sont également riches en histoire et traditions culturelles.

Quand l'aube se lève sur le centre et l'ouest de North Island, un rythme étrange accompagne le chant des oiseaux : celui des trayeuses électriques. L'herbe croît ici toute l'année et plus vite qu'en tout autre endroit au monde, bénéficiant d'un climat exceptionnellement doux et humide (les précipitations moyennes avoisinent 1 120 mm). Les vaches qu'elle engraisse ont apporté la prospérité à des générations de fermiers. Les troupeaux pâturent librement le long de vallées fertiles. En plaine comme dans les collines, la diversification a développé la production de fruits et de légumes. Le Waikato est également un grand pays d'élevage de chevaux et de taureaux.

La plupart de ces prairies aujourd'hui verdoyantes ont fait l'enjeu sanglant des guerres néo-zélandaises dans les années 1860. Sur ces terres jadis abondamment peuplées par les communautés maories, le bush épais des collines surplombait les tourbières et les pinèdes de *kahikatea* (*Abies alba*) des plaines et des vallées des bassins du Waikato et du Waipa.

Les guerres bouleversèrent ce paysage. Il fallut 20 ans aux forces britanniques et coloniales pour soumettre les tribus maories qui entendaient conserver ce qui leur restait de terres. Celles que le gouvernement ne confisqua pas furent spoliées de fait par la loi de 1862 qui obligeait les possessions communautaires maories à se parcelliser. Les propriétaires isolés devinrent une proie facile pour les agents immobiliers, qui ouvrirent la voie à la transformation d'une étendue naturelle sauvage en une région d'agriculture intensive.

CI-CONTRE :
Marokopa Falls, Waikato.
CI-DESSOUS :
vaches laitières dans les riches prairies du Waikato.

La capitale

Quatrième ville de Nouvelle-Zélande, **Hamilton ❶** s'est développée à 136 km au sud d'Auckland et 50 km de la côte. La ville enjambe la **Waikato River**, plus long fleuve du pays. Parcs et sentiers en longent les berges, permettant aux habitants de se promener ou de faire leur jogging en toute occasion. Appelée **Kirikiriroa** par les Maoris, la ville fut rebaptisée par les Européens du nom du capitaine du *HMS Esk*, Fane Charles Hamilton, tué à la bataille de Gate Pa, près de Tauranga, en 1864.

Mode de transport et lien commercial incontournable avec la côte pour les Maoris, la Waikato River conduisit les Européens dans la région, aboutissant à la fondation de Hamilton dans les années 1860. Les premières activités se créèrent le long du fleuve, et, de nos jours, le cœur commercial de la ville bat sur sa berge ouest. Des repas-croisières vous permettent de la découvrir sous un autre angle.

Situé à l'extrémité sud de la principale artère, Victoria Street, le **Waikato Museum** (ouv. tlj. de 10h à

Le Chinese Scholar's Garden, l'un des jardins à thème des Hamilton Gardens.

16h30 ; entrée libre ; tél. 07-838 6606 ; www.waikatomuseum.org.nz) donne sur le fleuve. N'y manquez pas le point fort de ses collections, 15 000 objets tainui (tribu maorie du Waikato) parmi lesquels des sculptures en bois et en pierre, des parures tissées en lin, des objets domestiques ou tribaux. Le musée accueille régulièrement des expositions nationales et internationales itinérantes. Ses pièces maîtresses restent cependant une splendide pirogue de guerre ainsi qu'une sculpture et un tissage contemporains tainui commandés pour l'inauguration du musée en 1987. Logé dans le musée, le centre scientifique interactif **Exscite Center** (entrée payante ; www.exscite.org.nz) détient, entre autres merveilles, un simulateur de tremblements de terre.

Les **Hamilton Gardens** (ouv. tlj. de 7h30 au coucher du soleil ; entrée libre ; tél. 07-856 3200 ; www.hamiltongardens.co.nz) couvrent 58 ha au sud du centre-ville sur la SH1 (State Highway). Créés dans les années 1950, ces jardins très fréquentés sont aménagés par thème, ou "Garden Collection" : le Paradise, le Landscape, le Productive, le Fantasy, le Chinese Scholar et le Cultivar.

La Waikato River joue un rôle touristique pour la région, mais plus encore économique : ses centrales fournissent un tiers des ressources hydroélectriques du pays tout entier. Le week-end, chaque lac de barrage attire quantité d'amateurs de pêche, de voile ou d'aviron.

Forteresse maorie

CI-DESSOUS : rassemblement de montgolfières à Hamilton.

Sur la Waikato River, au nord de Hamilton, **Ngaruawahia** ❷ demeure la capitale du Maori King Movement (*voir p. 36 et 69*) ainsi qu'un important centre culturel maori. Sur la berge est de la ville se tient le **Turangawaewae Marae**, littéralement "un lieu où mettre ses pieds". De traditionnelles maisons de

Carte
p. 172

réunions sculptées y côtoient une salle de concert récente, mais l'ensemble ne s'ouvre au public qu'en certaines occasions. Du pont de la grand-route, vous apercevrez le *marae,* un peu en aval. Les **Waingaro Hot Springs** (ouv. tlj. de 9h à 21h30 ; entrée payante ; tél. 07-825 4761) se trouvent à 24 km à l'ouest de Ngaruawahia.

Cimetière sacré des tribus du Waikato, le **mont Taupiri** recèle des tombes éparpillées sur la colline qui borde l'autoroute, 6 km en aval. À proximité, les eaux de la Waikato River permettent de refroidir la centrale thermique (gaz et charbon) de **Huntly**. Ses deux cheminées de 150 m de haut dominent la ville, implantée au cœur des plus vastes mines de charbon du pays.

Contraste savoureux que celui offert par le **Candyland** de Taupiri (ouv. tlj. de 10h à 17h ; spectacles payants ; tél. 07-824 6818 ; www.candyland.co.nz), flamboyant temple dédié à la confiserie. Dans ce gigantesque magasin de friandises, le plus grand de tout le pays, on vous montre comment fabriquer des bonbons – les enfants n'en perdent pas une miette.

Chevaux de course et sources thermales

Charmante bourgade rurale, **Cambridge ❸** est campée sur la Waikato River, à 24 km au sud-est de Hamilton. Son église anglicane de **St Andrew**, ses rues bordées d'arbres et son "green" communal lui donnent un petit air d'Angleterre. Ceci expliquant peut-être cela, Cambridge a vu naître le célèbre groupe de rock The Datsuns (*voir p. 91*), qui dut fourbir ses armes dans la plus parfaite obscurité – voire hostilité – avant de s'expatrier outre-mer pour connaître enfin le succès.

Centre incontournable de l'élevage des chevaux, Cambridge accueille le **New Zealand Horse Magic** (ouv. tlj. de 10h à 15h ; entrée payante ; tél. 07-827 8118 ;

Situé 48 km à l'ouest de Hamilton, Raglan attire des surfeurs venus du monde entier. Les vagues s'y montrent si fiables que l'école locale a ouvert une Surfing Academy délivrant des diplômes à ses étudiants.

Ci-dessous : le Waikato, Normandie à la néo-zélandaise.

www.cambridgethoroughbredlodge.co.nz), à 6 km au sud par la SH1. Ses spectacles équestres quotidiens présentent plusieurs races de chevaux, dont un étalon Lippizan (le seul de Nouvelle-Zélande) et un Kaimaniwa, cheval sauvage indigène, des arabes, des Clydesdale et des Hackney. Les spectateurs peuvent monter un cheval à l'issue du spectacle.

Villes de province

Cadre du Hobbitebourg dans le film Le Seigneur *des anneaux,* Matamata *a vu exploser sa fréquentation touristique.*

À l'est du fleuve se succèdent Morrinsville, Te Aroha et Matamata. **Matamata ❹** est réputée pour ses écuries de chevaux de course. Le blockhaus à deux étages construit en 1881 par le fermier Josiah Clifton Firth rappelle l'insécurité qui régna dans le pays après les guerres. Il fait aujourd'hui partie du **Firth Tower Historical Museum** (ouv. tlj. de 10 h à 16 h ; entrée payante ; tél. 07-888 8369). Sur le site, la demeure familiale des Firth, construite en 1902, évoque un lieu de vie plutôt qu'un musée. Plusieurs sentiers de randonnée mènent au **Kaimai-Mamaku Forest Park** et au-delà, jusqu'aux belles chutes de **Wairere Falls**. Matamata servira de cadre à Hobbitebourg dans la trilogie cinématographique du *Seigneur des anneaux.*

Morrinsville et sa grande usine de conditionnement desservent les terres fermières environnantes. Ancienne ville minière et station thermale en vogue, **Te Aroha ❺** domine la Waihou River, au pied des pentes sauvages du **mont Te Aroha** (952 m). Célèbre source d'eau thermale gazeuse, le **Mokena Geyser** jaillit dans le **Hot Springs Domain**, réserve thermale de 18 ha qui a fait la réputation de la ville. Le geyser se manifeste toutes les 40 min, s'élevant à seulement 4 m, tandis qu'une tuyauterie complexe permet aux visiteurs de tester les supposées vertus curatives de son eau. Les **Te Aro Mineral Polls** (ouv. tlj. de 10 h

CI-DESSOUS :
Kaimai-Mamaku
Forest Park.

à 22h; entrée payante; tél. 07-884 4998; www.tearohapools.co.nz) réunissent des piscines publiques et privées – certaines dans d'authentiques maisons de bains du XIXᵉ siècle – dont les eaux minérales seraient efficaces contre certaines douleurs.

Au sud-ouest de Hamilton, en direction de Waitomo, les jardins et expositions horticoles de **Te Awamatu** ❻ lui ont valu le surnom de "ville des roses". L'église anglicane **St John** (1854), l'une des plus belles et des plus anciennes églises du pays (1854), se dresse dans la grand-rue, tandis que St Paul's (1856) se trouve à Hairini, plus à l'est. Parmi de nombreux trésors maoris majeurs, le **Te Awamutu Museum** (ouv. du lun. au ven. de 10h à 16h; le sam. et le dim. de 10h à 13h; entrée payante; tél. 07-871 4326; www.tamuseum.org.nz) présente une exposition permanente, True Colours, consacrée à l'histoire de mauvais garçons ayant plutôt bien tourné: les frères Finn du groupe Split Enz.

Grottes de Waitomo

Dans le King Country, ainsi nommé car situé au cœur du Maori King Movement (*voir p. 36 et 69*), le petit village de **Waitomo** est célèbre pour ses **Waitomo Caves** ❼ (ouv. tlj. de 9h à 17h30; entrée payante; tél. 07-878 8227; www.waitomocaves.co.nz). Au fil de leurs eaux souterraines, vous découvrirez un ciel constellé de milliers de vers luisants. Les caves sont également décorées de très belles stalagmites et stalactites, superbes sculptures naturelles créées par l'action de l'eau sur le calcaire au fil des millénaires. Quatre grottes sont ouvertes au public – Glowworm Cave, Ruakuri, Mangapu et Aranui. Les Maoris, qui connaissaient depuis longtemps leur existence, conservèrent le secret à l'arrivée des Européens. Le premier Blanc à y pénétrer fut l'arpenteur Fred Mace, qui en avait entendu parler et avait persuadé un Maori de l'accompagner.

Waitomo est également un centre actif du rafting en eaux "noires" – qui décuple les frissons du rafting "de plein air" en vous propulsant sous terre et dans les ténèbres. Très fiable, **Waitomo Adventures** (tél. 07-878 7788; www.waitomo.co.nz) vous propose un parcours de 2 heures avec divers enchaînements de rappel dans des trous et des cascades, ainsi que l'aventure "Lost World": 7 heures de rappel, de marche, de nage et d'escalade. Le même opérateur organise également des excursions dans les spectaculaires St Benedicts Caverns, découvertes en 1962 et longtemps interdites d'accès sauf aux spéléologues chevronnés.

Avant de vous enfoncer dans les ténèbres, faites une halte au **Waitomo Museum of Caves** (ouv. tlj.: de déc. à mars de 8h à 17h, d'avr. à nov. de 8h à 17h; entrée payante; tél. 07-878 7640; www.waitomomuseum.co.nz), à côté du centre d'information du village de Waitomo. Vous y trouverez de nombreuses informations passionnantes sur la géologie et l'histoire de ces labyrinthes souterrains.

Réfugié à **Te Kuiti**, 19 km plus au sud, le chef maori Te Kooti Rikirangi se fit construire une maison de réunion qu'il l'offrira ensuite aux habitants de Maniapoto en remerciement pour leur protection. À 32 km à l'ouest de Waitomo, les **Marokopa Falls** rugissent à 10 min à pied de la grand-route de Te Anga. ❑

Carte
p. 172

Le ver luisant est une larve de moucheron du champignon (cousin du moustique) qui s'accroche aux voûtes des grottes de Waitomo. La lueur bleu-vert émise par la larve provient des fils soyeux de son corps qu'elle utilise pour capturer des insectes volants et s'en nourrir.

CI-DESSOUS:
Waitomo Caves.

COROMANDEL ET BAY OF PLENTY

Carte p. 172

Si vous n'êtes pas contaminé par la fièvre de la pêche, de la marche ou de la voile, il vous reste les belles plages où lézarder au soleil.

Les habitants du Coromandel misent aujourd'hui bien plus sur les atouts naturels de leur région que sur les richesses minières dont témoigne leur passé. La perspective de trésors rapidement glanés attira jadis ici des hordes d'immigrants européens, en majorité prospecteurs d'or ou "bushmen". De nombreux vestiges de ces premières fortunes ont survécu – demeures coloniales, vieux puits de mines et restes de kauris. De nos jours, les migrants viennent y chercher des trésors moins matériels mais plus accessibles : les loisirs de plein air. Le Coromandel se bâtit ainsi une nouvelle fortune grâce à la plongée, la pêche, la voile, la baignade, le camping, la randonnée ou la chasse aux pierres précieuses.

Thames et ses environs

Située à la base de la péninsule, **Thames** ❽ fut officiellement déclarée mine d'or en août 1867. La ruée qui s'ensuivit fit grimper la population de la ville jusqu'à 18 000 habitants. À son apogée, Thames comptait plus de 100 hôtels. Il n'en reste que 4 aujourd'hui, dont le plus ancien (1868), le nostalgique **Brian Boru**, se dresse à l'angle de Pollen et Richmond Streets, à une rue de la mer. Pour mieux vous imprégner de l'histoire locale, dirigez-vous plus au nord vers Cochrane Street, jusqu'au **Mineralogical Museum** et sa **School of Mines** attenante (ouv. du sam. au dim. de 11h à 15h ; entrée payante ; tél. 07-868 6227). Ce fut l'une des 30 écoles des mines créées à travers la région pour délivrer une éducation pratique aux mineurs en herbe qui abondaient alors.

À proximité, à 500 m au nord-est par Tararu Road, une ancienne mine d'or a été convertie en parc d'attraction, la **Goldmine Experience** (ouv. tlj. de 10h à 16h ; entrée payante ; tél. 07-868 8514 ; www.goldmine-experience.co.nz). Des membres de la Hauraki Prospectors' Association vous y feront une démonstration d'extraction avec du matériel d'époque.

Le centre d'accueil et d'information du Department of Conservation (tél. 07-867 9080) siège dans la **Kauaeranga Valley**, à 10 km au nord-est de la ville. Les premiers espars en kauri furent abattus ici en 1795, principalement pour la Royal Navy, et le mouvement ne fit que s'accélérer. À la fin du XIXe siècle, d'immenses barrages en bois de kauri permettaient d'augmenter le niveau des rivières de la péninsule et de faire ainsi flotter les troncs jusqu'à la mer. Près de 300 barrages de ce genre furent aménagés, dont plus de 60 dans la Kauaeranga Valley. Beaucoup demeurent en place, et ne se désagrègent que lentement. La vallée attire randonneurs et campeurs, qui peuvent explorer ce milieu sauvage à travers ses 50 km de pistes.

À GAUCHE : prairie au bord de la plage, Coromandel Peninsula. **CI-DESSOUS :** Brian Boru Hotel, Thames.

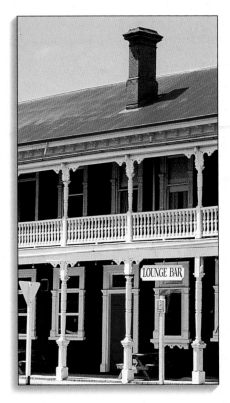

NOTEZ-LE

Le centre
d'informations de
Coromandel se trouve
355 Kapanga Road
(ouv. lun.-ven. de 9h
à 17h, sam.-dim.
de 10h à 13h ;
tél. 07-866 8598 ;
www.coromandel
town.co.nz).

Coromandel et ses environs

Quittant Thames en direction du nord et de la ville de Coromandel, suivez la côte ouest de la péninsule en laissant le golfe de Hauraki sur la gauche pour emprunter une route sinueuse aux panoramas sans cesse renouvelés. Vous longerez la côte presque continuellement, découvrant des baies où les villas de vacances s'alignent au bord du rivage. Les faubourgs d'Auckland ne sont qu'à quelques kilomètres de l'autre côté de la baie, et, par temps clair, les Aucklanders peuvent apercevoir Coromandel.

À 19 km au nord de Thames, **Tapu** se situe au carrefour de la superbe route **Tapu-Coroglen**, qui grimpe à 448 m au-dessus du niveau de la mer. Les **Rapaura Watergardens** (ouv. tlj. de 9h à 17h ; entrée payante ; tél. 07-868 4821 ; www.rapaurawatergardens.co.nz) se trouvent à 7 km en contrebas. Les 26 ha de cette propriété privée sont sillonnés de sentiers où abondent mares aux nénuphars, ponts, ruisseaux, cascades et sculptures de *ponga* (fougère locale). La route qui traverse la péninsule pour rallier la côte orientale est réputée difficile, voire dangereuse en hiver. Mieux vaut alors passer par **Kopu**, au sud de Thames.

À 55 km de Thames, la ville de **Coromandel** ❾ ouvre l'accès au nord de la péninsule. Elle offre un mode de vie paisible et alternatif aux peintres cultivateurs, aux potiers jardiniers et autres tisserands élevant des moutons pour leur laine. La ville et la péninsule furent baptisées d'après le navire de la Royal Navy *HMS Coromandel*, qui vint mouiller ici au début du XIXᵉ siècle pour couper des espars en kauri dans les années 1820. La ville perdit de sa tranquillité lorsque Charles Ring y découvrit de l'or en 1852. Plus de 2 000 personnes débarquèrent aussitôt d'Auckland, mais durent rapidement déchanter : le filon était profondément encastré dans du quartz, et donc coûteux à extraire. Il fallut attendre 15 ans

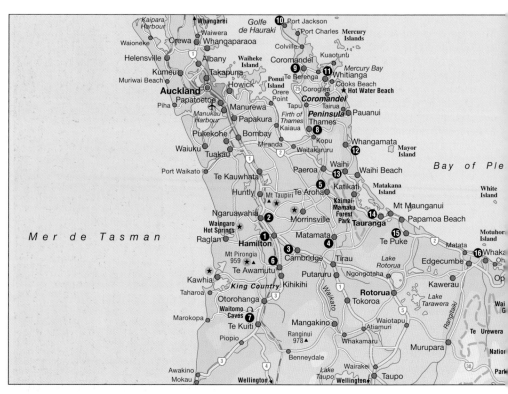

la découverte d'un filon assez riche pour permettre la mise en œuvre d'un outillage adapté. Vous pourrez voir le processus d'extraction en action au **Coromandel Battery Stamper** (410 Buffalo Road ; tél. 07-866 7933), 3 km au nord de la ville. Âgée de plus de 100 ans et en parfait état de marche, cette énorme machine l'or est alimentée par la plus grande roue à eau du pays.

Carte
p. 172

Au plus fort de la saison touristique, Coromandel conserve un rythme de vie paisible. Au 841 Rings Road, le **Coromandel Historical Museum** (ouv. tlj. de 10h à 16h en été, les sam. et dim. de 13h à 16h en hiver ; entrée payante) vous offre un aperçu de l'époque de la ruée vers l'or – prison comprise, à l'arrière.

L'une des attractions les plus originales du pays vous attend à 3 km au nord de la ville, sur Driving Creek Road. Œuvre du potier Barry Brickell, **Driving Creek Railway and Potteries** (ouv. tlj. de 10h à 17h ; entrée payante ; tél. 07-866 8703 ; www.drivingcreekrailway.co.nz) doit sa renommée autant à son chemin de fer surréaliste qu'à la qualité de son artisanat. Brickell a conçu lui-même son train – à l'origine pour transporter l'argile extraite des collines jusqu'à son atelier. Avec son viaduc, ses tunnels, ses 2 spirales et ses 3 voies de machine arrière, ce train miniature embarque ses passagers pour une heure d'excursion jusqu'au sommet de la colline, où la Eyefull Tower offre de splendides vues.

Le train miniature de Driving Creek emprunte une voie de 38,8 cm de large. Départs tlj. à 10h15 et 14h, avec trains supplémentaires en été. Le billet coûte 15 $NZ et 7 $NZ (enfant).

À 28 km au nord de Coromandel, **Colville** détient le dernier magasin – et sans doute le plus photographié de Nouvelle-Zélande –, avant Cape Colville et la pointe nord de la péninsule. Poursuivez votre route jusqu'à son terme, vous contournerez les 891 m de la **Moehau Range**, point culminant de la péninsule. Une légende maorie en fait la demeure de Turehu, sorte de farfadet à peau blanche, mais on n'a pour l'heure découvert aucune empreinte dudit Turehu. Vous aurez peut-être la chance, en revanche, d'apercevoir la très rare *Leiopelma*

CI-DESSOUS :
paradis bucolique.

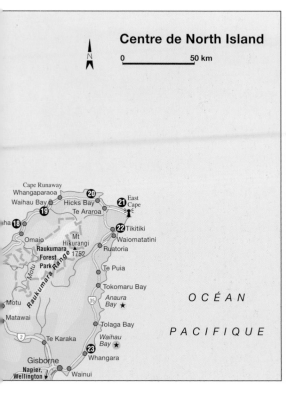

Centre de North Island

N

0 ——————— 50 km

Cape Runaway
Whangaparaoa
Waihau Bay ⑳
⑲ Hicks Bay ㉑ East Cape
Te Araroa
ha ⑱
Omaio ㉒ Tikitiki
Mt Hikurangi Waiomatatini
Raukumara ▲ Ruatoria
Forest 1752
Park Te Puia
Motu
Raukumara Range
Tokomaru Bay
Motu 35 Anaura Bay ★
Matawai
Tolaga Bay
7 Te Karaka Waihau Bay ★
Gisborne ㉓
Whangara
Napier, Wellington Wainui

OCÉAN

PACIFIQUE

NOTEZ-LE

SI VOUS PRENEZ
la route 309
de Coromandel
à Whitianga,
ne manquez pas
les Waiau Waterworks
(tél. 07-866 7191 ;
www.waiauwater
works.co.nz).
Les familles adorent
ce parc à thème
original avec ses jeux
d'eau, ses sculptures
et ses bassins.

CI-DESSOUS :
falaises aux abords
de Whitianga.

archeyi. Transfuge de temps reculés, cette grenouille ne vit que sur la péninsule de Coromandel. La beauté sauvage et l'isolement de **Port Jackson** ❿ et de **Fletcher Bay**, au bout de la route, raviront les amateurs de solitude. Une randonnée de 3 heures à Stony Bay, la **Coromandel Walkway**, part de Fletcher Bay. Mais vous pouvez aussi emprunter la route au départ de Colville, traverser la péninsule jusqu'à Port Charles et **Stony Bay**, puis revenir à Coromandel par la côte est et Kennedy Bay.

Whitianga et les plages voisines

Deux routes mènent de Coromandel à Whitianga, de l'autre côté de la péninsule. La SH25 conduit aux stations balnéaires de Matarangi et de Kuaotunu… et à la Black Jack Road, réputée comme la plus épouvantable route de la région, avis aux amateurs ! Whitianga se trouve à 17 km au sud-ouest de Kuaotunu. Le second itinéraire, plus court de 15 km, emprunte la 309 Road, qui grimpe jusqu'à 300 m avant de redescendre en abordant la ville par le sud et Whitianga Harbour. **Whitianga** ⓫ aurait été occupée pendant plus de 1 000 ans par les descendants du navigateur polynésien Kupe. La gomme de kauri fut exportée de Whitianga dès 1844, atteignant le chiffre record de 1 100 t en 1899. De nos jours, on y vient plutôt pêcher, se baigner ou chercher des pierres – notamment le jaspe, l'améthyste, le quartz, la calcédoine, l'agate ou la cornaline.

La ville occupe les rivages de **Mercury Bay**, l'entrée de **Whitianga Harbour** se trouvant à son extrémité sud. Suivez Whitianga Harbour en direction du sud jusqu'à **Coroglen** (ancienne "Gumtown"). Environ 8 km à l'est, une route vous conduit vers 2 sites incontournables. **Cook's Bay**, d'abord, où le navigateur hissa le drapeau britannique en novembre 1769, revendiquant le territoire néo-

zélandais au nom du roi George III. Par la même occasion, il décrivit le passage de la planète Mercure : un cairn et une plaque commémorent l'événement au sommet des Shakespeare Cliffs.

La péninsule continue de déplier son catalogue de plages de rêve avec **Hahei**, envoûtant ruban de sable blanc et centre de nombreuses activités nautiques en raison de ses eaux cristallines. À la pointe nord de Hahei, une piste mène à **Cathedral Cove**, réputée pour ses majestueuses formations rocheuses. Vous pouvez également y accéder par mer, en kayak notamment.

Deuxième site incontournable de la péninsule, la **Hot Water Beach**, à 9 km au sud de Hahei, dont les émanations thermales font par endroits fumer le sable. Vous pouvez ainsi vous creuser un bassin thermal sur la plage, construire des murs pour empêcher la mer de l'envahir, ou réguler sa température. On n'a jamais fait mieux pour délasser un corps ankylosé par des heures de voiture.

Plus au sud, **Tairua** donne sur la baie du même nom, dominée par les 178 m du **mont Paku**, dont le sommet offre un panorama sur les îles Shoe et Slipper ("chaussure" et "chausson"). De l'autre côté de la baie, l'élégante station balnéaire de **Pauanui** arbore le titre de "Park by the Sea", mais on se croirait plutôt dans un décor de théâtre. À **Whangamata Beach** ⓬ en revanche, 40 km plus au sud, les familles aiment prendre leurs vacances et les surfeurs chevaucher les vagues.

Prenez garde si vous nagez : Hot Water Beach est réputée pour la puissance de ses courants.

Arrière-pays

À partir de Whangamata, la route serpente vers l'intérieur. À **Waihi** ⓭, 30 km au sud, une veine particulièrement riche en or et en argent fut découverte en 1878. La **Martha Hill Mine** produisit la plus grande part des minerais. On creusa des puits jusqu'à plus de 500 m de profondeur, extrayant l'équivalent de 50 millions de $NZ en 60 ans. De nos jours, l'or continue d'être prélevé par une compagnie minière qui a laissé à nu les puits de Martha Hill. D'intéressantes reliques de cette époque minière sont visibles au Waihi Art Center and Museum (tél. 07-863 8386 ; www.waihimuseum.co.nz).

La piste de convoyage passait par Karangahake Gorge pour rejoindre **Paeroa**, à 20 km de Waihi, d'où le minerai était expédié à Auckland. Un sentier emprunte aujourd'hui une partie de cet itinéraire. Les eaux minérales de Paeroa entrent dans la préparation d'une boisson nationale élevée au rang de culte, Lemon and Paeroa. L&P, comme on l'appelle aujourd'hui, est depuis longtemps produit à l'échelon industriel. Quant à la première source d'orgueil de Paeroa, sa bouteille géante en ciment plantée au bord de la grand-route, il fallut la reculer de plusieurs mètres en 2002 : les photographes recherchant le bon angle constituaient un redoutable danger pour la circulation.

Au sud de Waihi, une route franchissant l'Athenree Gorge conduit à **Katikati** par la SH2. En 1991, "la porte d'entrée de la Bay of Plenty" s'inquiéta de voir les voyageurs la traverser sans accorder un seul regard à ses rues anonymes. Katikati décida donc de se métamorphoser en fresque à ciel ouvert. En 5 ans, plus de 20 peintures murales vinrent décorer ses façades et ses pignons. Le nombre des fresques n'a fait que croître depuis, et d'autres formes d'art se sont jointes à ce

CI-DESSOUS :
en kayak à Cathedral Cove.

NOTEZ-LE

Pour des sensations plus terre à terre, essayez le blokarting au Blokart Heaven (Parton Road ; tlj. : été de 10h à 18h, hiver de 12h à 17h), à Tauranga. Créée en 2002, cette invention kiwi est un croisement entre le kart et le char à voile. Record à battre : 90 km/h.

CI-DESSOUS :

sauveteurs en mer à l'entraînement sur la plage de Mount Maunganui.

"musée en plein air", que ne cessent d'enrichir sculptures et installations diverses.

Tauranga et Bay of Plenty

À 30 km au sud-est de Katikati et à l'extrémité ouest de **Bay of Plenty**, la ville côtière de **Tauranga** ⑭ joue avec succès sur les deux tableaux, commercial et touristique. Son rythme de vie nonchalant lui a longtemps valu l'épithète de "ville pour retraités", et ce malgré le dynamique port d'exportation – Tauranga signifie "mouillage sûr" – situé près de Mount Maunganui. Katikati bénéficie d'un climat particulièrement doux et d'un accès à de nombreuses plages peu éloignées du centre-ville.

Les missionnaires débarquèrent à Tauranga en 1838, et le commerce du lin y naquit peu après, voici 150 ans. Durant les guerres néo-zélandaises, Tauranga fut en 1864 le théâtre de violents affrontements au cours de la bataille de Gate Pa. Un fait héroïque illumine ce drame sanglant : entendant des officiers britanniques mortellement blessés demander à boire, le guerrier maori Hene Te Kirikamu risqua sa vie pour porter de l'eau à ses ennemis.

Sites du campement militaire originel, **Monmouth Redoubt** et le cimetière de la mission conservent non seulement les restes des Britanniques morts à Gate Pa, mais aussi le corps de son défenseur, Rawhiri Puhirake, tué dans la bataille qui suivit, celle de Te Ranga. Dans Mission Street, l'**Elms Mission House** (ouv. le dim. de 14h à 16h ; entrée payante ; tél. 07-577 9772) fut construite en 1847 pour le révérend A. N. Brown, qui soigna les blessés des deux camps à la bataille de Gate Pa. Elle est restée habitée par des membres de la famille Brown jusqu'en 1991. Sa bibliothèque, achevée en 1839, est la plus ancienne dans le pays.

De l'autre côté de la baie, la station balnéaire de **Mount Maunganui** fait face à Tauranga. Sa construction autour d'un "mont" de 231 m de haut lui ménage un beau panorama sur Tauranga et les environs. Et si l'énergie vous manque pour escalader ce sommet vertigineux, vous pouvez vous contenter de paresser sur l'une des plages en contrebas ou vous baigner dans l'un des bassins d'eau de mer aménagés au pied de la colline.

C'est au capitaine Cook que Bay of Plenty (baie de l'abondance) doit son nom – un nom qui allait s'avérer prophétique. À commencer par la croissance phénoménale de la culture du kiwi, qui a fait de **Te Puke ⓯**, à 28 km au sud-est de Tauranga, "la capitale mondiale du kiwi". Au-delà de Te Puke, vous pénétrez dans **Kiwi 360** (ouv. tlj. de 9h à 17h ; entré payante ; tél. 07-573 6340 ; www.kiwi360.co.nz). Un "kiwi train" vous promènera dans ce parc-verger, doté d'un centre d'information et d'un restaurant.

D'abord connu sous le nom de groseille chinoise, le kiwi arriva de Chine en 1906 et trouva Bay of Plenty particulièrement à son goût. Dopés par une forte demande et par la hausse des prix qui s'ensuivit, de nombreux fermiers de Te Puke gagnèrent des millions sur à peine quelques hectares. Au fil des années, les superficies cultivées s'étendirent rapidement à d'autres régions, puis à l'étranger, banalisant le kiwi.

Vers Whakatane par le littoral

À environ 100 km au sud-est de Tauranga et 85 km à l'est de Rotorua, **Whakatane ⓰** surveille l'embouchure de la Whakatane River, à la lisière des plaines fertiles de Rangitaiki. La région n'était qu'une étendue de 40 000 ha de marais avant son drainage voici 70 ans.

Carte
p. 172

Attention à l'overdose de kiwi (confiture, miel, vin, ou au chocolat) au Kiwi 360 de Te Puke.

Ci-dessous :
concours de beauté, Mount Maunganui.

NOTEZ-LE

Plusieurs agences de
Whakatane organisent
des excursions à White
Island. En bateau
notamment, avec
l'excellent White Island
Tours (tél. 07-308
9588 ; www.white
island.co.nz). Plus
coûteux, les vols en
hélicoptère de Vulcan
(tél. 07-308 4188 ;
www.vulcanheli.co.nz).

CI-DESSOUS :
le panache de
fumée du volcan
de White Island.

L'histoire légendaire du nom de Whakatane est la suivante : arrivant de Hawaiki, une pirogue mataatua échoua à l'entrée de la rivière. Les hommes descendirent à terre, laissant les femmes dans la pirogue, qui se mit à dériver. Il était *tapu* (tabou) à une femme de toucher aux pagaies, mais la fille du navigateur, Wairaka, en saisit une et s'écria : *Kia whakatane au i ahau !* ("J'agirai comme un homme !") Les autres l'imitèrent et toutes furent sauvées. Une statue en bronze de Wairaka coiffe un rocher à l'entrée de la rivière. Au-dessus du secteur appelé "The Heads" se dresse Kapu-te Rangi ("arête des cieux") : fondé par le navigateur polynésien Toi, c'est sans doute le plus ancien *pa* du pays.

Un fort courant d'écotourisme anime Whakatane, favorisé par le site spectaculaire de **White Island**. Parfaitement visibles de la ville, l'île et son volcan actif émergent à 50 km au large. Des vols touristiques permettent d'en surplomber le cône fumant, dont le minerai de soufre fut extrait entre 1885 et le milieu des années 1930. En 1914, une violente éruption coûta la vie à 12 habitants de l'île.

Des excursions d'une journée relient Whakatane à White Island, avec découverte guidée de ses paysages lunaires. En dépit de conditions apparemment inhospitalières, l'île accueille de nombreux oiseaux. Vous trouverez à Whakatane une foule d'occasions de partir en pêche-croisière ou à la rencontre des dauphins – qui apprécient ses eaux chaudes, et de nager parmi eux. À 7 km de la ville, derrière la colline, s'étend **Ohope Beach**, la plus belle plage de Nouvelle-Zélande pour certains, une pure merveille dans tous les cas.

Entre Whakatane et Cape Runaway, limite orientale de Bay of Plenty, le bourg d'**Opotiki** ⓱ a connu une histoire troublée. En 1865, le révérend Carl Volkner, missionnaire de son état, y fut tué par un chef rebelle maori de la secte des Hau Hau, Kereopa. La tête tranchée de Volkner fut placée sur la chaire de l'église, le calice de la communion servant à en récupérer le sang. À 8 km au sud-ouest d'Opotiki, vous pourrez découvrir la végétation subtropicale du **Hukutaia Domain** au fil de ses sentiers. Vous y verrez beaucoup de plantes rares, dont l'une à plus d'un titre : il s'agit d'un arbre funéraire puriri, Taketakerau, dont l'une des branches se rompit lors d'une tempête en 1913, révélant de nombreux ossements enterrés par les Maoris. Ils furent remis en terre, et les Maoris levèrent le *tapu* (tabou) attaché à l'arbre, vieux de plus de 2000 ans.

Vers East Cape

À partir d'Opotiki, 2 itinéraires rejoignent la côte est. Le plus direct emprunte la SH2, qui passe par les gorges spectaculaires de Waioeka. Le défilé devient plus étroit et plus encaissé, avant de pénétrer dans les collines profondément vallonnées qui se succèdent durant la descente vers Gisborne. Une autre solution consiste à prendre la SH35, qui longe East Cape. Vous y découvrirez quelques-uns des plus beaux points de vue du pays. La route serpente le long de la côte sur 115 km jusqu'au Cape Runaway. Au passage, elle franchit la Motu River, réputée pour ses parcours en rafting et en jet-boat, puis traverse **Te Kaha** ⓲ et sa jolie plage en croissant de lune. Au-delà de Te Kaha, vous serez sans doute surpris par la vision du clocher de **Raukokore** qui semble surgir de la mer. Bâtie en 1894, cette église anglicane s'offre en point de mire

plusieurs lieues à la ronde. À proximité, les campeurs et les plongeurs apprécient **Waihau Bay** , où l'on peut louer un bateau et explorer de riches fonds marins à quelques mètres seulement du rivage. Plusieurs baies superbes se succèdent encore sur la route de **Whangaparaoa**.

Une fois contourné le cap, les grimpeurs aventureux seront tentés de faire une halte nocturne à **Hicks Bay** ⓴ pour ses grottes illuminées de vers luisants. **Te Araroa** est située à 10 km. Vous y trouverez un centre d'information et un embranchement qui mène à **East Cape** ㉑ et à son phare, à 21 km de là – c'est le point le plus septentrional de North Island, et l'une des premières régions au monde à voir se lever le jour. Le plus grand *pohutukawa* du pays, âgé de plus de 600 ans et possédant 9 troncs, pousse sur le rivage.

Filant au sud, la SH35 parcourt un paysage dénudé, traversant **Tikitiki** ㉒, dont l'église **St Mary** fut construite en 1924 pour honorer la mémoire des soldats maoris tués durant la Première Guerre mondiale. Le décor fascine par son exubérance. Tout près de la nationale, **Ruatoria** est au cœur de terres tribales *ngati porou*. À 25 km au sud, **Te Puia** bénéficie de la proximité de sources thermales, tandis que quelques kilomètres encore vous séparent de **Tokomaru Bay**, où vous retrouverez l'océan. Dans toute cette portion de littoral jusqu'à **Gisborne** (*voir p. 199*), un rythme nonchalant et de vastes étendues de plages ont de quoi séduire surfeurs et vacanciers. N'hésitez pas à vous risquer sur les routes secondaires, elles vous récompenseront par maintes merveilles – dont **Anaura Bay** et son camping, ou **Tolaga Bay**, bordée par le plus long quai de Nouvelle-Zélande.

Plus près de Gisborne, **Whangara** ㉓ déroule sa superbe plage de sable blanc, mise en scène dans le film *Whale Rider* (2002). Vous trouverez plusieurs motels à **Wainui Beach**, où vous serez près de la ville tout en profitant de la plage. ❑

Carte
p. 172

Sur la route principale de Te Kaha, faites une pause au Te Kaha Pub (tél. 07-325 2830), perché sur une falaise surplombant la mer. Idéal pour lier connaissance, surtout s'il y a un match de rugby à la télévision pour nouer la conversation.

CI-DESSOUS : plage de Te Kaha.

ROTORUA ET LE PLATEAU VOLCANIQUE

Cartes
p. 184
et 200

Tout semble paisible en surface, mais une activité thermale bouillonnante éveille régulièrement le Rotorua, qui attire amoureux de la nature et curistes depuis l'époque victorienne.

Lors de sa visite en 1934, George Bernard Shaw évoqua le Rotorua en ces termes : "J'ai eu plaisir à côtoyer Hadès de si près et à pouvoir en revenir." Shaw ne fut pas le seul à associer le Rotorua et la demeure flamboyante du démon. Pour de religieux pionniers anglicans, la région dut réunir toutes les caractéristiques de l'Enfer de Dante – un paysage désolé à la végétation rabougrie, troué de chaudrons fumants, de mares boueuses brûlantes et de geysers rugissants, propulsant leurs eaux bouillantes dans un air saturé de soufre.

Les tourments de l'enfer ont aujourd'hui cédé le pas aux plaisirs de la découverte, au point que la région est devenue l'un des deux fleurons du tourisme national avec Queenstown (South Island), un lieu riche en merveilles thermales, en forêts luxuriantes, en verts pâturages et en lacs (normalement) limpides aux truites pleines de vigueur. Une dizaine de ces lacs attirent pêcheurs, campeurs, nageurs, régatiers, plaisanciers, amateurs de ski nautique, de randonnée ou de chasse.

Le Rotorua chevauche une faille volcanique qui s'étire sur 200 km, de White Island, au large de Bay of Plenty, jusqu'au lac Taupo et aux volcans du Tongariro National Park, le plateau central. Plus de 67 000 personnes résident dans la zone urbaine de Rotorua et dans les petites villes voisines. La ville s'ouvre sur Kaiangaroa, l'une des plus vastes forêts créées par l'homme sur la planète. Le pin radiata y domine, bois renouvelable et régulièrement coupé pour l'industrie de la pâte à papier. Le Rotorua est également une région agricole prospère.

PAGES PRÉCÉDENTES : eaux bouillantes, Rotorua.
CI-CONTRE : fronton maori, Rotorua.
CI-DESSOUS : sourire de bienvenue.

Un haut lieu culturel

Le Rotorua a été colonisé par les descendants de navigateurs venus de Hawaiki, la patrie légendaire des Maoris. Parmi les Te Arawa qui débarquèrent de leur pirogue, vers 1350, un homme, nommé Ihenga par la tradition maorie, partit de la colonie de Maketu, gagna l'intérieur des terres pour découvrir un lac qu'il baptisa Rotoiti, "petit lac". Il poursuivit son chemin jusqu'à un plus grand lac qu'il appela Rotorua, le "second lac". La ville compte encore la plus forte proportion de Maoris de tout le pays. Elle doit une grande partie de son caractère à son statut de haut lieu national de la culture maorie.

La cité moderne affiche un étonnant mélange d'abandon et de luxe raffiné. Vous serez frappé par le grand sens de l'hospitalité dont font preuve ses habitants, tout autant que par la forte odeur de soufre qui flotte dans ses rues, indissociable de l'activité géothermique qui règne sur toute la région. Mais on s'y habitue, fort heureusement, en l'espace de quelques minutes seulement.

Au centre-ville

Rotorua ❶ se trouve à 234 km au sud d'Auckland, en suivant la SH1 (State Highway) *via* Hamilton et Tirau, puis en virant à l'est par la SH5. La plupart des grands hôtels et de nombreux motels se concentrent dans **Fenton Street**, artère orientée nord-sud, et aux abords. Vous n'y serez pas loin des principaux sites touristiques, mais ne pourrez vous passer d'un moyen de transport. Le **Visitor Centre** de Fenton Street (tél. 07-348 5179 ; www.rotoruanz.com) vous aidera à louer une voiture ou à réserver visites et excursions en car.

Impossible de ne pas consacrer une partie au moins de votre séjour dans la ville à ses eaux thermales, que vous pourrez apprécier de multiples façons. La construction du premier sanatorium de Rotorua date de 1880, mais si, pour certains, les eaux sulfureuses des bains traitent l'arthrite et les rhumatismes, beaucoup y voient surtout une forme particulièrement agréable de relaxation.

À l'est de l'extrémité nord de Fenton Street, dominant les charmants espaces verts des **Government Gardens**, la splendide Bath House de style Tudor vit le jour en 1908. Ce luxueux centre thermal a été reconverti en musée. Entre autres expositions de peintures, le **Rotorua Museum ❹** (ouv. tlj. de 9h30 à 17h, jusqu'à 18h en été ; entrée payante ; tél. 07-349 4350 ; www.rotoruanz.com/rotoruamuseum) présente d'étranges et assez lugubres équipements utilisés dans l'hydrothérapie voici plus d'un siècle. Des expositions évoquent l'histoire des Te Arawa et l'éruption dévastatrice du mont Tarawera (*voir p. 190*) en 1886.

À une minute à peine du musée, les **Blue Baths** (ouv. tlj. de 10h à 19h ; entrée payante ; tél. 07-350 2119 ; www.bluebaths.co.nz) occupaient dès 1933 un ancien bâtiment d'une mission espagnole. Fermés en 1982, ils furent magnifiquement restaurés pour rouvrir au public en 1999.

En 1874, l'ex-Premier ministre William Fox encouragea le gouvernement néo-zélandais à "convertir la totalité du pays des Lacs en un sanatorium étant donné les propriétés curatives attestées de l'eau". À la suite de cet appel, Rotorua se métamorphosa rapidement en ville thermale.

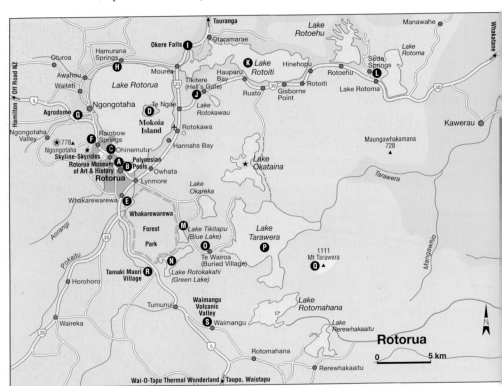

Une courte promenade vous mène ensuite aux **Polynesian Pools**  (ouv. tlj. de 6h30 à 23h ; entrée payante ; tél. 07-348 1328 ; www.polynesianspa.co.nz) et ses 35 piscines thermales, chacune offrant une eau et une température spécifiques, où vous pourrez vous détendre et contempler le lac à travers les feuillages. La Priest Pool tient son nom d'un certain père Mahoney, qui y planta sa tente au bord d'une source en 1878 ; il se baigna dans ses eaux chaudes et fut, dit-on, complètement guéri de ses rhumatismes. La chaleur de certaines piscines étant incontrôlable, les enfants n'y sont pas autorisés – mais Rotorua ne manque pas d'activités pour eux. Vous trouverez également des piscines privées et toute la gamme des soins thermaux.

La légende des sources

Jadis principale agglomération du lac, le village maori d'**Ohinemutu**  se tient un peu plus loin sur la rive. Dans l'**église St Faith** (1910), au décor remarquable, un vitrail représente un Christ maori qui semble marcher sur les eaux du lac Rotorua. Agrémentée d'un buste de la reine Victoria, l'église fut offerte au peuple de Rotorua en remerciement pour sa loyauté envers la Couronne. Elle offre un témoignage saisissant de la façon dont la culture traditionnelle maorie assimila le christianisme.

Il fallut 12 ans pour sculpter au XIXe siècle la maison de réunions voisine de **Tama Te Kapua**, nommée d'après le chef de la pirogue arawa, Tama Te Kapua. Selon la légende, Hine-te-Kakara, fille d'Ihenga, le découvreur du Rotorua, fut assassinée et son corps jeté dans une mare de boue volcanique. Ihenga y éleva une pierre, appelant le site Ohinemutu, "le lieu où la jeune femme fut tuée".

Sur la jetée du lac, le **Lakeland Queen** (tél. 07-348 6643 ; www.lakeland-

Cartes
p. 184
et 200

NOTEZ-LE

Pour apprécier pleinement les expositions du Rotorua Museum, suivez l'une des deux visites guidées quotidiennes (11h et 14h). Renseignements au guichet d'informations.

CI-DESSOUS :
Rotorua Museum of Art and History.

En raison de l'activité thermale de Rotorua, toute construction ou excavation obéit à des règles très strictes. Les maisons ne comportent pas de caves et les tombes restent en surface, protégées par une voûte.

queen.co.nz) vous emmène en excursion (départs quotidiens à 8h, 12h30 et 14h30). Ce bateau à roues de 22 m fait escale à **Mokoia Island ⒟**, au milieu du lac, où vous découvrirez **Hinemoa's Pool**, du nom de l'héroïne légendaire d'une célèbre histoire d'amour maorie. Un jeune chef du nom de Tutanekai vivait sur Mokoia Island lorsqu'il tomba amoureux de la jeune Hinemoa, qui habitait dans un village sur la terre ferme. Mais les familles s'opposèrent à leur mariage. Hinemoa décida de traverser le lac en pleine nuit, s'aidant du son de la flûte en os de Tutanekai. Les siens hissèrent alors toutes les pirogues à terre, obligeant la jeune fille à se ceinturer de gourdes pour traverser les eaux glacées à la nage, toujours guidée par la flûte de son amant. Elle parvint à se réchauffer dans le bassin thermal qui porte son nom, avant de s'unir à Tutanekai.

Boue et geysers

À l'extrémité sud de Fenton Street, le secteur thermal de **Whakarewarewa ⒠** (www.nzmaori.co.nz) à Te Puia, se distingue par deux sites majeurs. Tout d'abord le remarquable **New Zealand Maori Arts and Crafts Institute** (ouv. tlj. de 8h à 18h, 17h en hiver ; entrée libre ; tél. 07-348 9047 ; www.nzmaori.co.nz), où vous pourrez voir des sculpteurs et des tisserands maoris au travail. Le portail d'entrée représente Hinemoa et Tutanekai enlacés.

Autre point fort des lieux, **Pohutu** ("grande éclaboussure") est le geyser le plus important de Nouvelle-Zélande ; il monte à plus de 30 m de hauteur, et ce jusqu'à 20 fois par jour. Des concerts se donnent ici en soirée, et l'on vous servira le *hangi*, plat cuit dans un four traditionnel en terre.

Le long de l'institut, le **Whakarewarewa Thermal Village** (ouv. tlj. de 8h30 à 17h ; entrée payante ; tél. 07-349 3463 ; www.whakarewarewa.com) plonge ses

Ci-dessous :
artisan au New Zealand Maori Arts and Crafts Institute.

visiteurs dans un univers fantastique de bains de boue et de sources thermales. Depuis des générations, les populations tribales utilisent ces eaux pour faire la cuisine, se laver ou se chauffer. Face à l'entrée du village, des boutiques de style colonial vendent peaux de mouton, fourrures, articles d'artisanat et souvenirs – notamment des *pounamu*, parures en jade.

Carte p. 184

En repartant *via* Froude Street, jetez un coup d'œil au terrain de golf d'Arika-pakapa, le seul au monde à présenter des bassins de boue ou d'eau thermale en guise de bunkers et de mares.

Au pays de l'arc-en-ciel

À 4 km au nord-ouest de Rotorua par la SH5, les merveilleuses **Rainbow Springs** 🅵 (ouv. tlj. de 8h à 17h; entrée payante; tél. 07-350 3441; www.rainbownz.co.nz), dont les piscines naturelles fourmillent de truites de lac, fario et arc-en-ciel, jaillissent au milieu d'une végétation naturelle de 12 ha où s'épanouissent quantité de fougères arborescentes. Une vitre panoramique souterraine permet d'observer d'énormes truites – que vous pourrez même nourrir à la main. Le parc héberge aussi des cerfs de Nouvelle-Zélande, des oiseaux et des cochons sauvages "Captain Cooker" – les descendants de ceux introduits par le navigateur. La nuit, des kiwis picorent autour d'une cabane et le seul tuatara (lézard remontant à l'ère des dinosaures) de Rotorua vit ici. De l'autre côté de la route, la **Rainbow Farm** (tlj. séances à 10h30, 11h45, 13h, 14h30 et 16h) montre des chiens de berger au travail et des tondeurs de moutons maniant les ciseaux.

Rainbow Farm et ses amours d'agneaux enchante les petits.

Tout à côté des sources, le terminus des **Skyline-Skyrides** (ouv. tlj. de 9h à 20h; tél. 07-347 0027; www.skylineskyrides.co.nz) propose un grand nombre d'attractions qui conviendront aux aventureux comme aux plus timorés. Un téléphérique vous hisse à mi-pente du mont Ngongotaha, où vous découvrirez une vue saisissante sur la ville, le lac et les environs. Les plus téméraires peuvent redescendre dans une luge à tombeau ouvert – qu'ils se rassurent, ils auront eu la possibilité d'en contrôler la vitesse et de choisir entre trois pistes longues de 5 km, dont la plus "paisible" permet de faire diverses pauses pour prendre des photos du superbe panorama. Version surdimensionnée de la balançoire, la Sky Swing emporte les enfants à 50 m de hauteur et à une vitesse atteignant 120 km/h.

Ci-dessous : les luxuriantes Rainbow Springs.

À 10 km au nord-ouest de Rotorua, près de Ngongotaha par la Western Road, le vaste **Agrodome** 🅶 (ouv. tlj. de 8h30 à 17h; entrée payante; tél. 07-357 1050; www.agrodome.co.nz) couvre 142 ha de prairies. Trois fois par jour (à 9h30, 11h et 14h30), plusieurs béliers entraînés sont réunis pour un *sheep show* d'une heure. Le spectacle se veut aussi éducatif qu'amusant, et les enfants reçoivent à la fin une poignée de laine fraîchement tondue. Ils adorent également nourrir les agneaux – même si parfois le parfum de la nature les incommode ! L'exposition de moutons, dont 19 espèces différentes rassemblées par des chiens de berger extraordinairement intelligents, demeure le point fort de l'Agrodome, mais vous y découvrirez bien d'autres activités. Vous pourrez ainsi faire un tour en tracteur et nourrir moutons, daims, alpagas ou émeus à la main. Quant à l'**Agrodome Adventure**

NOTEZ-LE

En zone thermale, ne marchez sous aucun prétexte en dehors des sentiers balisés. Un sol apparemment ferme peut se révéler n'être une fine croûte recouvrant une mare bouillante. Il y a eu des accidents.

CI-DESSOUS :

le couronnement d'une belle journée de pêche à la truite.

Park voisin, il compte la Freefall Xtreme parmi ses nombreuses spécialités : vous y goûterez la sensation de la chute libre, maintenu dans une colonne d'air à 5 m dans les airs. Vous pouvez également vous risquer au saut à l'élastique, à la course en jet-boat, au zorbing (*voir p. 121*) et au Swoop, une expérience alliant les sensations du saut à l'élastique et le vol libre, qui consiste à catapulter les candidats à 100 m dans les airs à la vitesse de 130 km/h.

Les amateurs de truites seront comblés aux **Paradise Valley Springs** (ouv. tlj. de 9h à 17h ; entrée payante ; tél. 07-348 9667 ; www.paradisev.co.nz) à 11 km au nord-ouest de Rotorua, et aux **Hamurana Springs ❶**, à 17 km sur la rive nord du lac Rotorua. Pour protéger la pêche sportive, il est interdit de vendre ou d'acheter des truites en Nouvelle-Zélande. Mais il est tout à fait envisageable d'en savourer de fraîches au dîner, certains guides affichant un taux quotidien de touches de 97 %. À vrai dire, un voyage au lac Rotorua ou au lac Taupo ne se conçoit guère sans une partie de pêche. Les guides fournissent tout le matériel et prennent leurs clients à l'hôtel (avec bateau en remorque) ou à l'embarcadère. **Clearwater Charters** (tél. 07-362 8590 ; www.clearwater.co.nz) et **Hamill Charters** (tél. 07-348 4186 ; www.hamillcharters.co.nz) proposent un choix d'excursions pour la pêche à la truite.

Dans la plupart des lacs du Rotorua et dans le lac Taupo, la truite arc-en-ciel pèse en moyenne 1,4 kg, tandis que dans le lac Tarawera (*voir p. 190*), où elle se montre plus difficile à capturer, des poids de 3,5 à 5,5 kg ne sont pas rares. Cerise sur le gâteau après une journée de pêche : demandez au cuisinier de l'hôtel ou du restaurant de vous préparer votre prise.

À 8 km au nord de l'Agrodome par la SH5, **Off Road NZ** (ouv. tlj. de 9h à 17h ; entrée payante ; tél. 07-332 5748 ; www.offroadnz.co.nz) offre à tous ceux

Carte
p. 184

qui souhaitent aller vraiment très vite et faire vraiment beaucoup de bruit – notamment à bord d'un 4x4 ou d'un monstre "Off Road" – de conduire eux-mêmes sur un terrain particulièrement défoncé. Vous aurez sans doute besoin après d'un petit remontant : accolé à Off Road NZ, le **Mamaku Blue Winery** (ouv. tlj. de 10h à 17h ; entrée libre ; tél. 07-332 5840 ; www.mamakublue. co.nz), seul "vignoble" du pays à produire du vin de myrtille, organise des visites guidées des chais et des vergers.

Le long de Central Road, au-delà de Ngongotaha *via* Sunnex Road, la **Farm House** (ouv. tlj. de 10h à 15h ; tél. 07-332 3771) loue des poneys et des chevaux sur le dos desquels vous pourrez sillonner son domaine de 245 ha. Si vous continuez dans le même sens autour du lac Rotorua, une route touristique vous mènera jusqu'aux **Okere Falls ❶**. Une brève promenade en forêt vous offrira le spectacle de la **Kaituna River** qui se précipite d'une faille en rugissant et bouillonne dans le bassin en contrebas.

Aux portes de l'enfer

Quittant la SH30 en direction de Whakatane, la traversée de l'Ohau Channel entre le nord-est du lac Rotorua et le lac Rotoiti vous conduit aux portes mêmes de l'enfer. Tikitere, nom maori de **Hell's Gate ❿** (ouv. tlj. de 9h à 20h30 ; entrée payante ; tél. 07-354 3151 ; www.hellsgate.co.nz), évoque la légende de Hurutini qui se jeta dans un bassin bouillonnant parce que son époux la traitait avec mépris. Tikitere est une contraction de *Taku tiki i tere nei* ("ma fille a été emportée par les eaux"). Ce parc thermal très actif de 4 ha doit son nom anglais de Hell's Gate à George Bernard Shaw. Il abrite les **Kakahi Falls**, les plus importantes chutes thermales de l'hémisphère sud. Vous pourrez y expérimenter les bienfaits d'un bain de boue, que vous prolongerez avec profit d'un bain dans les eaux soufrées de **Huritini Pool**.

CI-DESSOUS : boue brûlante à Hell's Gate.

Entreprise familiale, les **Rotoiti Tours World of Maori** (ouv. tls. en été, sur demande en hiver ; entrée payante ; tél. 07-348 8969 ; www.worldofmaori.co.nz) vous incitent à apprécier la culture et l'hospitalité maories sur les rives du **lac Rotoiti ⓚ**. Vous serez conduit au Rakeiao Marae pour y vivre une soirée traditionnelle avec concert et *hangi* ; là, vous pourrez passer la nuit dans le *wharenui* (maison de réunion) communautaire ou être hébergé de façon individuelle.

Si vous avez un peu de temps, continuez sur la SH30 qui longe la rive des **lacs Rotoehu** et **Rotoma**. Et pour piquer une tête d'un genre particulier, prenez entre les deux lacs la route secondaire qui mène aux **Soda Springs ⓛ**, où l'eau chaude se jette dans un torrent limpide. Au sud du lac Rotoiti, une piste de randonnée mène du lac **Okataina**, sauvage, aux rives du lac Tarawera (*voir p. 190*).

L'éruption du Tarawera

Au sud-est de Rotorua, dans la direction de l'aéroport, un embranchement vous fait accéder aux **lacs Tikitapu ⓜ** (lac bleu) et **Rotokakahi ⓝ** (lac vert), tous deux encerclés par la forêt. Les joggers s'en donnent à cœur joie sur leurs rives, tout comme les randonneurs ou les cyclistes qui empruntent leurs pistes bien

balisées et graduées serpentant à travers bush et pinèdes. Par beau temps, suivez les signes indiquant les points d'observation entre les lacs : vous pourrez ainsi comparer leurs couleurs contrastées.

La route rejoint ensuite le grand lac Tarawera, passant par le **Buried Village** ("village enseveli") de **Te Wairoa**  (ouv. tlj. de 9h à 17h en été, jusqu'à 16h30 en hiver ; entrée payante ; tél. 07-362 8287 ; www.buriedvillage.co.nz). Le 10 juin 1886, le mont Tarawera entrait en éruption, vomissant roches, laves et cendres sur une superficie de 15 500 km² et enterrant les villages de Te Wairoa, Te Ariki et Moura. Au total, 147 Maoris et 6 Européens périrent. Le village enseveli expose des objets retirés des ruines de Te Wairoa, dont le *whare* (cabane) d'un *tohunga* (prêtre) qui avait prédit la catastrophe (*voir encadré ci-dessous*) et fut déterré vivant 4 jours plus tard. Un sentiment d'extrême étrangeté émane de ces vestiges d'habitations maories où toute une communauté fut pétrifiée en un instant. Lors de votre visite, n'hésitez pas à consacrer 20 min supplémentaires à ces lieux étranges et empruntez la **Te Wairoa Waterfalls Track**, charmante (mais pentue) promenade menant à une cascade de 30 m de haut.

Quittant le Buried Village, vous atteignez bientôt le **lac Tarawera** , avec le mont **Tarawera**  ("lance brûlée") en point de mire. Avant l'éruption, les touristes victoriens visitant Te Wairoa se faisaient conduire en barque sur ses eaux jusqu'aux fabuleuses Pink and White Terraces – deux gigantesques formations de silice dressées à 250 m de hauteur sur les rives du **lac Rotomahana**. Les **Lake Tararewa Launch Cruises** (tél. 07-362 8595 ; www.purerotorua.com/reremoana.htm) vous conduisent à bord du *NV Reremoana*, vieux bateau classique construit en kauri, au site supposé des terrasses, balayées par l'éruption. Le trajet de retour passe devant les actives sources thermales de Hot Water

Il suffit de 20 min de marche au départ de Buried Village pour gagner l'extraordinaire chute de Te Wairoa.

Ci-dessous : cratère volcanique au sommet du Tarawera.

Les fantômes du Tarawera

L'aura de mystère qui baigne la région s'épaissit encore avec l'histoire de cette apparition fantomatique d'une pirogue chargée de Maoris drapés de robes de deuil en lin entrevue par deux embarcations distinctes de touristes. Cette matinée du 31 mai 1886 était assez brumeuse. Un peu plus tôt, les voyageurs avaient pris le bateau à Te Wairoa pour traverser le lac Tarawera et aller admirer les célèbres Pink and White Terraces qui surplombaient alors les berges du lac Rotomahana voisin.

Le récit de cette vision, quand il parvint à Te Wairoa, terrorisa les villageois maoris : la pirogue de guerre qui leur était décrite avait totalement disparu de la région depuis plus de 50 ans. Tuhuto, le *tohunga* (prêtre) de Te Wairoa, l'interpréta comme "un présage que toute cette région serait détruite".

Onze jours plus tard, par une nuit glaciale de pleine lune, la prophétie s'accomplit à la lettre sur le mont Tarawera, effaçant à tout jamais les Pink and White Terraces des itinéraires touristiques – mais pas de la mémoire de Rotorua. Une éruption de 5 heures ensevelit la région sous une nappe de cendres, de lave et de boue. Rotorua semble n'avoir jamais accepté la perte de ses terrasses, et vous serez étonné d'en entendre si souvent parler durant votre séjour.

Beach et traverse de l'autre côté du lac vers Kariki Point. Au retour, ne manquez pas de goûter l'excellent *mussel chowder* (soupe aux moules) qui fait la réputation du **Landing Café** (tél. 07-362 8595), installé dans le terminal.

Vous pouvez aussi survoler le cratère et les zones thermales au départ de Te Puia, d'Agrodome Park ou de Skyline Skyrides. Les vols sont opérés par HELIPRO (tél. 07-357 2512 ; helipro.co.nz), seule compagnie autorisée à se poser sur le mont Tarawera et à Mokoia Island – une expérience unique, qui vous permet de contempler de près le gouffre de 6 km creusé à 250 m de profondeur par l'éruption.

Carte p. 184

Chaleur et lumière

À 14 km au sud de Rotorua par la SH5, le **Tamaki Maori Village** ® (ouv. tls. ; entrée payante ; tél. 07-346 2823 ; www.maoriculture.co.nz) a été créé par deux frères fauchés mais entreprenants, Doug et Mike Tamaki, qui commencèrent par vendre une Harley pour acheter un minibus. "Tamaki" présente un village maori datant d'avant les Européens, mais habité, avec un marché tribal proposant, entre deux spectacles culturels, l'artisanat traditionnel réalisé sur le site.

À 20 km au sud de Rotorua, toujours par la SH5 en direction de Taupo, un embranchement mène à la **Waimangu Volcanic Valley** ❺ (ouv. tlj. de 8h30 à 15h45, jusqu'à 16h45 en été ; entrée payante ; tél. 07-366 6137 ; www.waimangu.com). Dans cette zone thermale vierge se déploie le **Waimangu Cauldron**, le plus grand lac de ce type au monde. Partant d'un salon de thé, une promenade agréable (et en descente) vous fait découvrir des lacs de cratère bouillonnants, des torrents d'eaux thermales et des terrasses en silice tapissées d'algues – jusqu'au lac Rotomahana, où une vedette peut vous conduire aux très actives **Steaming Cliffs** et à l'ancien site des Pink and White Terraces.

CI-DESSOUS : Waimangu Volcanic Valley.

Les terrasses de silice de Wai-O-Tapu sont le résultat de plusieurs décennies de dépôts minéraux.

CI-DESSOUS : Champagne Pool produit un vin fort en caractère. À laisser refroidir.

Waimangu déploie une palette de teintes éclatantes qui renforcent encore l'impression de pénétrer dans un autre monde. Son activité de surface débuta le 10 juin 1886, créant l'un des plus récents écosystèmes de la planète, plantes menacées et flore adaptée à la chaleur voisinant au cœur d'une intense activité thermale. Le Waimangu Geyser atteignait jadis la hauteur vertigineuse de 500 m. C'était alors le plus grand geyser du monde, mais il a perdu de sa force depuis, et le Pohutu (*voir p. 186*) est aujourd'hui le plus important de Nouvelle-Zélande.

Environ 10 km plus loin par la SH5, une route en boucle conduit à une nouvelle zone thermale, **Wai-O-Tapu Thermal Wonderland** ❷ (ouv. tlj. de 8h30 à 17h ; entrée payante ; tél. 07-366 6333 ; www.geyserland.co.nz), "eaux sacrées" en maori. Le site héberge le **Lady Knox Geyser**, qui s'éveille tous les matins à 10h15 – quelque peu encouragé par un garde qui verse du savon en poudre dans l'évent pour créer une réaction et faire surgir le spectaculaire jet d'eau bouillante et de vapeur. Ne manquez pas également la superbe **Champagne Pool**, les terrasses de silice colorées et les **Bridal Veil Falls**.

À environ 70 km au sud de Rotorua et 37 km au nord de Taupo, vous pénétrez dans la "vallée Cachée" d'**Orakei-Korako** ❸ (ouv. tlj. de 8h à 16h30 ; entrée payante ; tél. 07-378 3131 ; www.orakeikorako.co.nz). Accessible uniquement par bateau sur le **lac Ohakurie**, cette zone géothermal comprend à la fois des geysers, des sources, des bassins de boue volcanique, des dépôts de silice et un circuit de grottes. Jadis, les chefs maoris venaient se peindre devant ses bassins miroitants, d'où son nom de "lieu de parure".

Sur la route de Taupo

Si vous avez manqué les merveilles thermiques du Rotorua, vous pouvez vous rattraper sur la route de Taupo. Environ 7 km avant cette dernière, juste avant la jonction de la SH1 et de la SH5, débute l'aire géothermale de **Wairakei** ❹. Aux **Wairakei Terraces** (ouv. tlj. de 9h à 17h en été, jusqu'à 16h30 en hiver ; entrée payante ; tél. 07-378 0913 ; www.wairakeiterraces.co.nz), des terrasses de silice, détruites lors de la construction d'une centrale électrique, ont été artificiellement reconstituées. On espère qu'elles prendront avec le temps les caractéristiques teintes bleues, roses et blanches, compensant ainsi la perte des Pink and White Terraces. Le **Maori Cultural Village** propose concerts, repas *hangi* et expositions d'artisanat. On peut également visiter la centrale. L'eau bouillante est extraite du sol par des forets, ce qui permet d'acheminer la vapeur sèche dans les turbines électriques.

Toujours entre Wairakei et Taupo, une piste de gravier vous conduit aux **Craters of the Moon** (ouv. tlj. de 9h à 17h ; entrée libre ; tél. 0274-965 131), autre paysage thermal extraordinaire. Vous y plongerez le regard dans des abysses de boues bouillonnantes, empruntant un chemin qui permet de voir sur les pentes la vapeur s'échapper de fumerolles.

Vous n'êtes plus qu'à 5 km de Taupo, mais, auparavant, arrêtez-vous à la géothermale **Prawn Farm** (ouv. tlj. de 11h à 16h ; entrée payante ; tél. 07-374 8474 ; www.prawnpark.com), où vous pourrez observer, nourrir, attraper et déguster de bien singulières crevettes. Halte également intéressante, le **Volcanic Activity Centre** (ouv. du lun. au ven. de 9h à 17h, le sam. et le dim. de 10h à 16h ; entrée payante ; tél. 07-374 8375 ; www.volcanoes.co.nz) vous explique tout ce que vous avez toujours voulu savoir sur l'activité volcanique et géothermique de la région. Si vous voyagez avec vos enfants, emmenez-les à la **Honey Hive** (ouv. tlj. de 9h à 17h ; entrée libre ; tél. 07-374 8553 ; www.honey.co.nz), qui leur apprendra bien des choses sur les abeilles et leur miel. Ne repartez pas sans acheter un flacon de l'excellent miel néo-zélandais *manuka*.

À proximité, une route en boucle grimpe aux impressionnantes **Huka Falls**, où toute la puissance de la Waikato River s'étrangle dans une gorge pour se précipiter en un dénivelé de 12 m. À chaque seconde, le débit des chutes suffirait à remplir deux piscines olympiques. Aux rayons du soleil, l'eau glaciale prend une nuance turquoise étincelante avant de s'écraser dans le bassin écumeux en contrebas. Sur la rive opposée, une passerelle vous offre une vue parfaite des chutes. Pour accéder au niveau de l'eau, réservez votre place sur un Huka Jet et filez narguer l'enfer au pied des chutes (déconseillé aux estomacs fragiles). Un peu plus loin, sur la berge de la Waikato River, **Huka Lodge** (tél. 07-378 5791 ; www.hukalodge.com) offre des prestations hors pair et un refuge réservé aux portefeuilles bien garnis – voire célèbres.

Lac Taupo

Taupo est une abréviation de Taupo-nui-Tia ("la grande cape de Tia"), du nom du navigateur venu en pirogue arawa qui découvrit le **lac Taupo** ❺. Né d'éruptions volcaniques millénaires, le plus grand lac de Nouvelle-Zélande couvre 619 km². Pour les pêcheurs du monde entier, le Taupo symbolise le paradis retrouvé, avec

Carte p. 200

Le Huka Jet vous catapulte sur la Huka River et vous conduit au plus près des formidables Huka Falls. Ce trajet de 30 min fonctionne toute la journée (tél. 07-374 8572 ; www.hukajet.co.nz).

CI-DESSOUS : le rugissement du jet-boat et le tonnerre des Huka Falls dans les oreilles.

son quota de 500 t de truites arc-en-ciel par an. Les rivières qui alimentent le lac ne sont pas moins bien dotées, et les pêcheurs s'alignent au coude à coude à l'embouchure de la Whaitahanui River, formant ce qu'on surnomme la "palissade".

En dehors de la pêche à la truite, les activités ne manquent pas à Taupo – excursions en bateau ou en kayak, chute libre, saut à l'élastique et autres sports à teneur en adrénaline garantie. Station plutôt familiale, Taupo est riche en restaurants et lieux d'hébergement. Si vous souhaitez y séjourner, arrêtez-vous au **Taupo I-SITE Visitor Centre** (30 Tongariro Street ; tél. 07-376 0027 ; www.lake tauponz.com), qui vous renseignera sur toutes les ressources du lieu.

Les trois volcans

À l'extrémité sud du lac, les 7 600 km² du magnifique **Tongariro National Park ❻** comptent 3 volcans actifs : le **Tongariro** (1 968 m), le **Ngauruhoe** (2 290 m) et le **Ruapehu** (2 796 m). Depuis Taupo, la plus belle route quitte la SH1 à **Turangi** en direction de Tokaanu, non loin de la Tongariro Power Station, gravit une montagne couverte de bush, puis longe le lac Rotoaira. Une autre solution consiste à laisser la grand-route à Rangipo pour emprunter la SH47.

Selon la légende maorie, lorsque le prêtre et explorateur Ngatoro-i-rangi se sentit mourir de froid dans les montagnes, ses appels au secours furent entendus par les démons de Hawaiki, qui envoyèrent du feu à travers White Island et Rotorua. Pour apaiser les dieux, Ngatoro jeta sa femme esclave dans le volcan Ngauruhoe, appelé Auuhoe pa les Maoris. Coiffé de son cône caractéristique, le Ngauruhoe est le plus jeune et le plus actif des 3 volcans et continue de temps à autre de cracher sa lave et ses cendres. En 1954-1955, une grande éruption s'y poursuivit par intermittence pendant 9 mois.

CI-DESSOUS :
sky-dive version lac Taupo.

Couronné de neiges éternelles, le **volcan Ruapehu** présente un sommet aplati sur 3 km où bouillonnent les eaux acides du lac Crater, que bordent 6 petits glaciers. Durant les 100 dernières années, le Ruapehu a émis un panache de vapeur et de cendres à plusieurs reprises, éparpillant ses poussières dans un rayon de 90 km en 1945, et interdisant l'accès aux domaines skiables de Whakapapa et de Turoa en 1996. Le 24 décembre 1953, 151 personnes périrent dans une catastrophe ferroviaire lorsqu'un lahar – avalanche d'eau et de boue – déborda du Crater Lake pour se précipiter dans la Whangaehu River.

Carte p. 200

La glisse sous toutes ses formes

Le mont Ruapehu est le plus important domaine skiable de North Island. Ses deux stations couvrent au total 1 800 ha de pistes. Sur sa face nord-ouest, Whakapapa offre de belles pistes pour débutants, avec des secteurs plus difficiles. Sur son versant sud-ouest, **Turoa** dégage une vue fabuleuse sur le mont Taranaki. Le choix d'hébergement est vaste, les skieurs de Turoa s'établissant plutôt à **Oha-kune**, tandis que les autres séjournent à **Whakapapa Village**, que domine le majestueux **Grand Chateau** (tél. 07-892 3809 ; www.chateau.co.nz), construit en 1929, ou au **National Park**, à 15 km de là. Hormis le ski, les tour operators organisent des descentes en rafting des rivières Tongariro et Rangitikei.

En dehors de la saison de ski, le Tongariro National Park permet de réaliser de belles randonnées d'été, dont le fameux **Tongariro Crossing** de 16 km qui traverse une grande variété de paysages superbes en quelque 7 ou 8 heures. Au **Whakapapa Visitors Centre** (tél. 07-892 3729), les gardes vous renseigneront sur les itinéraires et les refuges. Vous pouvez parcourir la piste en une journée rondement menée ; deux jours laissent plus de liberté. ❑

NOTEZ-LE

Plusieurs sites Internet se consacrent au ski en Nouvelle-Zélande, mais, si vous avez choisi le mont Ruapehu, consultez www.mtruapehu.com. Vous y trouverez des renseignements sur Whakapapa et Turoa.

CI-DESSOUS : randonneurs descendant au fond d'un cratère, mont Tongariro.

LES EAUX LÉGENDAIRES DU ROTORUA

Fortement imprégnés de légendes maories, ces étranges paysages émaillés de sources bouillonnantes et de mares boueuses fascinent les voyageurs depuis plus d'un siècle.

La réputation touristique de Rotorua ne date pas d'hier. Voici un siècle déjà, les familles les plus aisées de la planète venaient y prendre les eaux. La ville a pourtant un léger handicap à surmonter, qui lui vaut parfois le surnom de "Stinkville" (ville puante) ou de "Rotten Egg Town" (œuf pourri) : elle vous envahit d'abord les narines par son parfum chargé de soufre. Mais on s'y habitue très vite, sans cesse distrait par de nouvelles merveilles. À chaque geyser, à chaque source s'attachent un nom et son histoire, telles la "Lobster" Pool, ainsi appelée en raison du rouge "homard" dont ses eaux teignent la peau des Anglo-Saxons, ou la mare de boues concentriques poétiquement dénommée "Gramophone Record Pool".

LA LUNE RENAISSANTE

Les Maoris ont baptisé les eaux du Rotorua "Wai-ora-a-Tane" (eau vivante de Tane) car, selon une légende, le dernier croissant de lune meurt en plongeant chaque mois dans le lac mythique d'Aewa. L'astre y reçoit le don de vie qui le soutiendra durant son voyage à travers les cieux.

Il est impératif de respecter les panneaux et de vous en tenir aux sentiers : le sol en cette région n'est pas vraiment aussi stable qu'il en a l'air. Les bassins d'eaux thermales peuvent paraître tentants, mais attention, certains sont bouillants. Si la vapeur vous aveugle, restez immobile et ne continuez pas avant d'y voir plus clair.

▷ **WAI-O-TAPU**
Son nom signifie "eaux sacrées", et Wai-O-Tapu a tout du pays des merveilles thermales, comme en témoignent l'Artist's Palette (*ci-contre*), le Lady Knox Geyser, la Champagne Pool, les Wai-O-Tapu Terraces, les Bridal Veil Falls et d'innombrables bassins de boues brûlantes. Le Rainbow Crater est une source de grotte souterraine formée par une violente éruption hydrothermale voici 850 ans.

◁ CHAMPAGNE POOL

On organise même des banquets et des concerts dans l'atmosphère brumeuse et fantastique de ce bassin du Wai-O-Tapu, au sud de Rotorua. Le bassin est en fait plutôt bleu et vaporeux, ce qui n'évoque pas vraiment le champagne, mais si vous y jetez du sable, l'eau se met à pétiller, tout à fait comme dans une coupe de champagne.

▽ LADY KNOX GEYSER

Voilà exactement ce qu'il ne faut pas faire, mettre le nez dans un évent de geyser – même si l'on vous assure qu'il jaillira une seule fois par jour, à 10h15 sonnantes. Les geysers sont d'humeur capricieuse, mais l'horaire du Lady Knox est respecté à la minute près, grâce au versement de savon et aux quelques chiffons aidant à faire monter la pression.

CROQUET À LA MAISON DE BAINS

"How British", n'est-il pas ? Ce sont des édifices comme celui-ci, le plus photographié de la ville, et cadre parfait pour un match de croquet, qui confèrent à Rotorua son charme distingué.

Aujourd'hui appelée Tudor Towers, l'élégante demeure qui agrémente les Government Gardens vit le jour en qualité de maison de bains en 1908, avec ses sculptures dans le hall. À droite et à gauche de celui-ci, des doubles portes menaient aux bains des hommes et des femmes, où l'on pouvait soigner ses rhumatismes, se faire masser, prendre un bain de vapeur ou de boue.

Le bâtiment a perdu sa fonction d'origine, mais les Polynesian Pools sont ouvertes tous les jours à proximité. Ils furent construits en 1886 sur le site de la première maison de bains de Rotorua.

Aujourd'hui, les Tudor Towers accueillent le Rotorua Museum of Art and History (voir p. 184), qui retrace l'histoire de la peinture et de la gravure en Nouvelle-Zélande, présente des peintures contemporaines, une collection de gommes de kauri, et une autre sur la faune sauvage. Une exposition est consacrée aux Maoris Te Arawa qui colonisèrent la région. Une vidéo sur l'éruption du mont Tarawera en 1886 montre comment les dépôts de silice formés par les Pink and White Terraces furent balayés.

◁ WHAKAREWAREWA

Le nom exact de cette zone thermale est Whakarewarewatanga-o-te-a-Wahiao, ou "la levée d'une troupe de combat de Wahiao". Pohutu, le plus haut geyser du pays, y jaillit plusieurs fois par jour et pendant 40 min, atteignant des hauteurs de 20 à 30 m. Son collègue et voisin, le Prince of Wales Feathers, démarre généralement juste avant.

POVERTY BAY ET HAWKE'S BAY

Carte p. 200

Hawke's Bay et sa voisine au nom si peu approprié de Poverty Bay bénéficient d'une agriculture prospère, de vignobles généreux et d'une architecture originale.

Gisborne et sa région occupent une place particulière dans le cœur des Kiwis. D'abord, par la position de la ville, à 178° de longitude, qui lui vaut d'être la première de la planète à saluer l'aube chaque jour, un hasard géographique dont on a fait grand cas le 31 décembre 1999 à minuit, lorsque les télévisions du monde entier vinrent y filmer le tournant du nouveau millénaire. Par l'histoire de la côte ensuite : promontoire faisant face à Gisborne, de l'autre côté de la baie, Young Nick's Head fut la première terre aperçue depuis l'*Endeavour* par Cook et son équipage en 1769. Le site du débarquement se trouve au pied de Kaiti Hill, grande plate-forme d'observation donnant sur Gisborne et les environs. Une majestueuse statue de Cook domine la Turanganui River, tandis que plus loin, sur la plage, se dresse celle de Nicholas Young, le mousse qui aurait le premier aperçu la terre.

Gisborne

Cook se trompait rarement, mais il mérita le bonnet d'âne en appelant la région **Poverty Bay** car, dit-il, "elle ne nous fournit pas un seul des articles dont nous avions besoin, sauf un peu de bois pour le feu". Poverty Bay a conservé son nom à contrecœur, mais, par esprit de revanche sans doute, ses habitants y élèvent moutons et bétail à cornes, produisent agrumes, kiwis et vignobles, légumes et autres aliments frais conditionnés par une industrie dynamique. Au total, 15 chais se sont implantés dans la région ; souvent ouverts au public (consultez www.gisborne.co.nz/wine), ils proposent des vins, chardonnay et gewürztraminer en particulier, qui comptent parmi les meilleurs du pays.

CI-CONTRE : l'Urewera Range plonge dans le lac Waikaremoana. **CI-DESSOUS :** soleil et détente à Gisborne.

Poverty Bay déploie un spectaculaire panorama côtier de sables blancs et d'eaux bleues étincelantes, où contrastent les fleurs écarlates du *pohutukawa*, surnommé l'"arbre de Noël de Nouvelle-Zélande" car c'est fin décembre que ses couleurs sont les plus belles. Une partie de ce chatoiement déteint sur **Gisborne ❼** (agglomération urbaine de 35 000 hab.), où soleil, eau, parcs, ponts et plages offrent un cadre de rêve aux visiteurs. Les sports nautiques sont ici un mode de vie. Les surfeurs apprécient Gisborne, dont les plages de Wainui, Okitu et Makaorori se montrent particulièrement fiables.

Surnommée la "ville des ponts", Gisborne se dresse au confluent de la Taruheru et de la Waimata ainsi que du Waikanae Creek, qui se rejoignent pour former la Turanganui River. Près du centre-ville, dans Stout Street, le **Tairawhiti Museum** (ouv. du lun. au ven. de

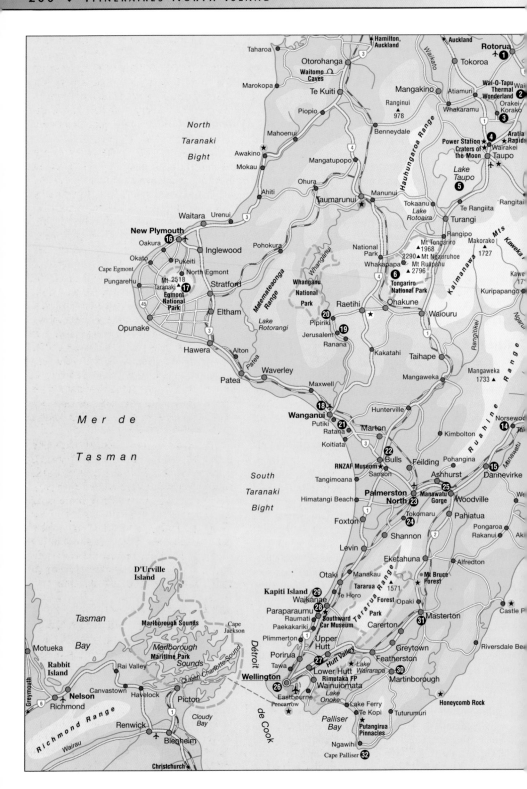

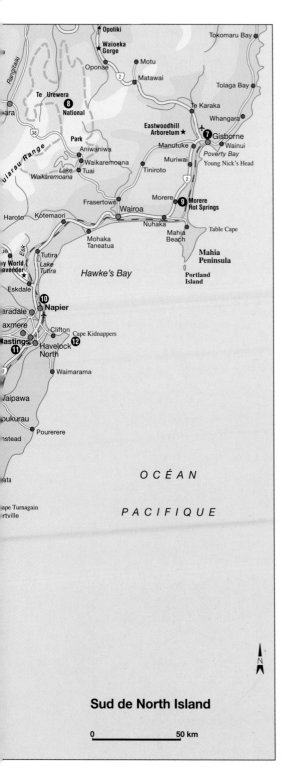

Sud de North Island

0   50 km

10h à 16h; le sam. et le dim. de 13h30 à 16h; entrée libre; tél. 06-867 3832; www.tairawhiti museum.org.nz) retrace l'histoire de la région. Une section du bâtiment principal est consacrée à la marine; vous pourrez y voir des épaves du vapeur *Star of Canada*, qui fit naufrage sur la plage de Kaiti en 1912.

Gisborne met volontiers en avant son lien avec Cook, mais l'histoire de la région est bien antérieure à sa découverte. Les propriétés maories, dont certaines sont louées aux Européens, sont très vastes. De nombreuses maisons de réunions s'égrènent dans les villages maoris de la côte. La plupart présentent des linteaux, des poutres et des panneaux sculptés dans le style traditionnel, mais dont les feuillages, oiseaux et figures mythiques sont peints – une caractéristique de la région. L'une des plus vastes maisons de réunions du pays, **Te Poho-o-Rawiri** (visite sur demande uniquement; tél. 06-867 2103), se trouve au pied de **Kaiti Hill**, sur Queens Drive. Construite en 1925, elle ne put être coiffée du faîtage traditionnel en raison de sa taille, mais possède quelques remarquables *tukutuku* (panneaux tissés) et de magnifiques sculptures.

Centre forestier très important, Gisborne accueille l'**Eastwoodhill Arboretum** (ouv. tlj. de 9h à 17h; entrée payante; tél. 06-863 9003; www.eastwoodhill.org.nz). Pour vous y rendre, prenez la sortie ouest de Gisborne et suivez cette route sur 24 km, *via* Patutahi. Cet arboretum, le plus grand de Nouvelle-Zélande, a été fondé par W. Douglas Cook, un rescapé de la sanglante épopée des Dardanelles. L'œuvre de toute sa vie s'étend sur près de 70 ha.

Légendaire Te Kooti

La paisible Poverty Bay a été le théâtre de bien des batailles par le passé. On y célèbre encore la mémoire du prophète maori Te Kooti, qui mena une rébellion contre les colons au XIXe siècle. Exilé aux Chatham Islands, plusieurs centaines de kilomètres à l'est de North Island, en compagnie de nombreux autres Maoris arrêtés dans les années 1860, Te Kooti met au point un audacieux plan d'évasion: il regagne North Island, où, Dieu lui étant

*Singulière merveille
du Te Urewera
National Park, le lac
Waikareiti contient
lui-même un lac : sur
la minuscule Ranui
Island se niche un
lac appelé Te Tamaiti
o Waikaremoana
("L'Enfant de
Waikaremoana").*

apparu pour lui promettre de sauver les Maoris comme il avait sauvé les Juifs, il fondera un mouvement religieux qui existe toujours, Ringatu ("la main levée"). Le gouvernement lui envoie la troupe, mais Te Kooti se montre un redoutable adversaire, livrant une stratégie de guérilla incessante dans le bush sauvage des **monts Urewera**. Le gouvernement se lassera, finira par gracier Te Kooti en raison de son grand âge, et l'autorisera à partir vivre avec ses fidèles dans le lointain King Country. De nombreux repaires du prophète ont été préservés dans le **Te Urewera National Park ❽**, 212 000 ha de montagnes, de lacs et de forêts sauvages, dont l'essentiel n'est accessible qu'aux randonneurs les plus endurcis. À 164 km au nord-ouest de Gisborne *via* Wairoa, le **lac Waikaremoana** ("lac des eaux ridées"), joyau du parc et trésor à truites, est frangé partout d'une épaisse végétation, sauf sur la rive orientale, où plongent d'abruptes falaises. Waikaremoana propose chalets, motels et aires de caravaning, et des refuges de randonneurs parsèment le parc.

Vers Hawke's Bay

Au sud, Poverty Bay bute sur **Mahia Peninsula**, qui seule la sépare de **Hawke's Bay**. À la base de la péninsule, à 60 km au sud de Gisborne, **Morere ❾** a de quoi retenir le visiteur avec ses sources thermales et ses randonnées en forêt. Au bout de 40 km, après la ville de **Wairoa**, un embranchement mène en direction du nord-ouest jusqu'au Te Urewera National Park (*voir plus haut*). Continuez vers l'ouest sur 104 km jusqu'à l'embranchement d'Eksdale : 5 km plus loin sur la SH5, vous arriverez au **Whitebay World of Lavender** (ouv. tlj. de 10h à 16h ; entrée payante ; tél. 06-836 6553 ; www.whitebay.co.nz). Sur North Island, une terre bonne pour la vigne l'est également pour la lavande, qui prospère dans

Ci-dessous :
les lavandes de
Whitebay et leurs
vagues de couleur.

cette région de Hawke's Bay. Le centre propose toute l'année des visites gui-dées, mais la récolte à Whitebay se fait en janvier. La période qui précède vous imprégnera plus encore des parfums et des couleurs de ces rivières violettes. Outre la boutique de vente de produits à la lavande, un café vous offre l'occasion unique de goûter la fameuse glace à la... lavande.

Carte
p. 200

Napier, triomphe de l'Art déco

Napier ❿, à 20 km, partage la population urbaine de Hawke's Bay avec **Hastings**, plus au sud. Mais, fortement indépendantes, voire concurrentielles, les deux bourgades ne partagent guère autre chose. Napier est une ville de bord de mer peuplée de 54 000 habitants, Hastings est un centre agricole et commerçant de 59 000 habitants. L'océan Pacifique borde les deux agglomérations à l'est, tandis qu'à l'ouest les plaines courent jusqu'aux monts Kaweka et Ruahine, hautes contrées sauvages réservées aux chasseurs et aux randonneurs. Aussi prospères l'une que l'autre, Napier comme Hastings ont conservé peu de cica-trices des ravages causés par le tragique séisme qui secoua Hawke's Bay en 1931 (*voir ci-dessous*).

Le style Art déco de Napier, souverain d'élégance.

Paradoxalement, Napier doit sa résurrection au tremblement de terre. Une ville nouvelle émergea des cendres, dont les façades Art déco ont été voulues par des architectes soucieux d'inscrire la ville dans l'avenir. Avec ses lignes auda-cieuses, ses motifs raffinés et ses élégantes couleurs pastel, l'univers Art déco de Napier compose un ensemble unique au monde. La qualité de cette architecture n'a pourtant été reconnue que récemment, et les habitants de Napier, très fiers de leur patrimoine, ont pu goûter dans ce succès les fruits de la revanche. Les pro-priétaires sont encouragés à restaurer et à entretenir leurs façades, tandis que les

CI-DESSOUS : vue de Napier après le tremblement de terre de 1931.

RESSUSCITÉE DES CENDRES

L
e pire tremblement de terre de Nouvelle-Zélande frap-pe Hawke's Bay le 3 février 1931. Bien des bâtiments s'effondrent sous l'impact d'une secousse de magnitude 7,9 sur l'échelle de Richter. Le reste, à Napier comme à Hastings, est balayé par le feu. Il y a 258 morts, dont un certain nombre dus à la chute de parapets. Napier est très proche de l'épicentre et les sauveteurs font preuve d'hé-roïsme, notamment l'équipage du *HMS Veronica*, présent dans le port ce jour-là (une colonnade a été élevée sur le front de mer en hommage à la goélette).

C'est l'époque de la Grande Dépression, mais un gou-vernement dynamique et un mouvement international de solidarité apportent leur aide aux populations de Hawke's Bay, ainsi que les fonds nécessaires à la reconstruction. On en profite pour élargir les rues, poser des lignes télé-phoniques souterraines et appliquer les règlements anti-sismiques les plus stricts, donnant naissance à une ville flambant neuve dont l'architecture s'inspire du mouve-ment Art déco en vogue à l'époque.

D'une certaine façon, tout le Napier d'aujourd'hui témoigne du séisme d'hier. L'essentiel de ses banlieues occupe 4 000 ha d'anciens marais soulevés par le trem-blement de terre.

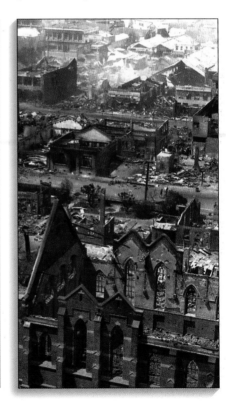

NOTEZ-LE

Le Napier's Art Deco
Trust organise des
visites guidées quoti-
diennes commentées
par des bénévoles.
La promenade, de
90 min, coûte
12 NZ$ et débute
à 14h. Rendez-vous
à l'Art Deco Shop
du Desco Centre,
163 Tennyson Street.

CI-DESSOUS :
l'immeuble du
Daily Telegraph,
bel exemple
d'architecture
Art déco à Napier.

responsables municipaux ont participé au mouvement en aménageant la grand-rue de façon harmonieuse.

Réputée pour avoir su préserver son environnement naturel, la Nouvelle-Zélande s'est montrée nettement moins heureuse en matière de patrimoine architectural. Aussi un groupe visionnaire fonda-t-il le Napier's **Art Deco Trust** (www.hb.co.nz/artdeco) en 1985. Sans ses efforts, la folie du béton des années 1980 aurait peut-être causé autant de ravages sur les bâtiments Art déco que le séisme de 1931 sur leurs prédécesseurs. La fondation organise des activités, dont des promenades guidées ou des manifestations phares comme les Art Deco Week ends de février, qui replongent toute la ville dans l'atmosphère des années 1930. La fondation gère également l'**Art Deco Shop** du Desco Centre (163 Tennyson Street ; tél. 06-835 0022), qui propose un large choix de cadeaux et souvenirs liés au patrimoine de Napier.

Seule entorse, mais de taille, au règne sans partage de l'Art déco sur l'architecture de Napier, le somptueux **County Hotel** (tél. 06-835 7800 ; www.county-hotel.co.nz) se dresse dans Browning Street. Ces anciennes County Council Chambers affichent un majestueux style néoclassique d'époque postvictorienne. Le style n'est pas seul ici à jouer la carte de la nostalgie : dans la bibliothèque, une carafe de porto demeure à la disposition de la clientèle.

Napier bénéficie encore d'un autre atout de taille avec sa **Marine Parade** de 2 km de long. Des allées de grands pins de Norfolk coiffent cette vaste série de jardins, de mémoriaux et de fontaines dédiés à la promenade et aux loisirs. Vous pourrez y admirer la **statue de Pania** qui, selon une légende maorie, tomba amoureuse d'un jeune chef mais se noya ensuite dans la mer avec leur enfant. Toujours sur Marine Parade, **Marineland** (ouv. tlj. de 10h à 16h30 ; entrée

payante ; tél. 06-834 4027 ; www.marineland.co.nz) vous permet de caresser, de nourrir et même de nager avec des dauphins. Des otaries, avec ou sans fourrure, des loutres et autres animaux amphibies de charme complètent la vie marine.

Au 65 Marine Parade, le **Hawke's Bay Museum** (ouv. tlj. de 10h à 16h40, en été de 9h à 18h ; entrée payante ; tél. 06-835 7781 ; www.hawkesbaymuseum. co.nz), outre des salles consacrées à l'art et la culture maoris, retrace les événements liés au tremblement de terre et à la reconstruction de la ville. Sur Marine Parade encore, le **National Aquarium of New Zealand** (ouv. tlj. de 9h à 17h, jusqu'à 19h en été ; entrée payante ; tél. 06-834 1404 ; www.nationalaquarium. co.nz), en forme de raie manta, est le plus riche en espèces de tout le pays. Un tapis roulant vous invite à découvrir les dessous d'un univers aquatique où défilent requins, raies et autres superbes variétés de poissons. Vous pourrez également observer quelques spécimens de faune terrestre, kiwis, *tuataras* et vers luisants notamment. Le musée propose de nombreuses expositions interactives.

Le quartier résidentiel de **Napier Hill** surplombe le centre-ville. Ce fut l'un des premiers secteurs habités par les Européens. En témoignent de belles demeures de style édouardien ou victorien, ainsi qu'un dédale de ruelles sinueuses, tracées avant l'essor de l'automobile. Sur le versant nord de la colline, à côté d'un port toujours animé, **Ahuriri** fut le berceau de Napier et la première colonie européenne de la région. Une route grimpe en lacet jusqu'au sommet de **Bluff Hill**, d'où vous apercevrez la ville, le port et la baie.

Fructueuse Hastings

Environ 20 km plus loin, **Hastings** ⓫ bénéficie également des trésors architecturaux de l'après-tremblement de terre, mais le style espagnol "Mission" y

Carte p. 200

La statue de Pania des Récifs sur Marine Parade se réfère à une légende maorie.

Ci-dessous : vendeuse de pommes, Hastings.

NOTEZ-LE

Hastings a conçu une Scenic Drive, itinéraire balisé de parcs et attractions diverses, notamment l'Oak Avenue, magnifique route de 1,5 km plantée de chênes et autres arbres immenses par un propriétaire du XIXᵉ siècle, et amoureusement entretenue par ses successeurs.

CI-DESSOUS :
fou de Bassan, Cape Kidnappers.

côtoie l'Art déco. En dépit de leur proximité, Hastings diffère beaucoup de Napier, avec son agencement plan et formel, déployé au cœur d'une plaine alluviale où prospère une agriculture horticole incroyablement riche. "Panier à fruits de la Nouvelle-Zélande", la ville profite d'un climat de type méditerranéen, de nappes phréatiques pures et d'exploitants inventifs qui ont su en faire l'une des plus grandes régions productrices de pommes au monde. Abricots, pêches, prunes, nectarines, kiwis, poires, fraises ou cerises poussent également à profusion, se retrouvant en vente sur des étals au bord des routes durant les récoltes, tout comme les tomates, les épis de maïs, les asperges ou les petits pois.

Les deux villes s'appuient en outre sur une agriculture puissante, source historique de richesse pour la région. Seules les forêts de pins viennent défier la suprématie des cheptels ovin et bovin des collines de l'arrière-pays. Ces fermes sont l'héritage des colons victoriens qui s'approprièrent d'immenses parcelles de Hawke's Bay et firent leur fortune dans la laine, puis dans la viande de mouton, le bœuf et les peaux. Mais les jeunes seront sans doute bien plus intéressés par la Hastings **Splash Planet** (ouv. tlj. de 10h à 18h en été ; entrée payante ; tél. 06-876 9856 ; www.splashplanet.co.nz), parc nautique à vocation familiale dont la quinzaine d'attractions comprend, entre autres, un bateau pirate grandeur nature, un château fort et des toboggans.

Son charme et sa grâce ont valu à **Havelock North**, à 3 km par la plaine, le surnom de "The Village". En surplomb, le **Te Mata Peak** dresse son sommet (accessible en voiture). Le panorama vaut qu'on y grimpe, d'autant que vous pouvez vous lancer en deltaplane ou en parapente du haut de sa paroi abrupte, versant est. Important producteur de miel, **Arataki Honey** (ouv. du lun. au sam. de 8h30 à 17h ; le dim. et les jours fériés de 9h à 16h ; entrée payante ; tél. 06-877 7300 ; www.aratakihoneyhb.co.nz) héberge quelque 17 000 ruches à Havelock North. Sur le "Bee Wall", vous verrez une colonie entière au travail, de la reine aux faux bourdons – une architecture naturelle qui vaut bien les splendeurs Art déco de Napier.

Fous de Bassan et vignobles

Hastings et Napier en arrivent tout de même à partager certains centres d'intérêt, comme la colonie de fous de Bassan de Cape Kidnappers et la viticulture locale. À 18 km de Hastings et à 20-30 minutes en voiture de l'une et l'autre ville, **Cape Kidnappers** ⑫ est accessible par un trajet en remorque de tracteur le long de la plage. Le cap accueille l'une des plus importantes colonies de fous de Bassan au monde. Durant la période de nidification, entre juin et octobre, il demeure fermé au public pour permettre aux scientifiques de travailler. Son nom évoque un incident survenu lorsque l'*Endeavour* de Cook mouillait à proximité, et que des Maoris tentèrent d'enlever le jeune Tahitien qui servait à bord.

Plus d'une vingtaine de vignobles se sont implantés aux environs de Napier et de Hastings. Hawke's Bay est la plus ancienne région viticole du pays – et, selon elle, la meilleure. Elle doit sa réputation montante à la qualité de ses chardonnay, sauvignon blanc et cabernet sauvignon. Les connaisseurs disent beaucoup de bien de domaines comme **Trinity Hill**, **Te Mata Esta-**

te ou **Church Road**. Fondé en 1897, Church Road est l'un des plus grands et des plus anciens producteurs du pays. C'est ici que le pionnier du vignoble néo-zélandais, Tom McDonald, ouvrit la voie d'un vin rouge de qualité. Le musée du vin de Church Road (le seul du pays) présente des objets liés à la vigne, dont certains remontent à l'âge du fer. Les chais de la région sont souvent ouverts au public, et beaucoup proposent une dégustation avec une restauration sur le site. Si vous ne trouvez pas de voiture pour vous emmener, il vous reste la solution des circuits qu'organisent de nombreuses agences de Napier ou de Hastings.

Carte p. 200

Au sud de Hastings

À 50 km au sud de Hastings, deux autres villes "jumelles" de Hawke's Bay, Wai-pukurau et Waipawa, desservent les fermes d'élevage de la région. À proximité de **Waipukurau** ⑬, une colline porte l'un des noms les plus longs du monde : Taumatawhakatangihangakoauauotamateapokaiwhenuakitanatahu. Ces 57 lettres se traduisent par "la colline où le grand époux du ciel, Tamatea, souffla une musique plaintive par sa flûte pour monter jusqu'à sa bien-aimée".

Plus au sud, c'est une autre culture qui a laissé son empreinte. Au XIXᵉ siècle, de robustes colons danois et norvégiens défrichèrent la forêt humide du sud de Hawke's Bay. Ils fondèrent les villes de Norsewood, à 85 km au sud de Hastings, et de Dannevirke ("œuvre de Danois"), 20 km plus au sud. **Norsewood** ⑭ a conservé son atmosphère nordique. Cette bourgade possède une filature de laine réputée dont les produits tricotés portent son nom pour marque. De son côté, **Dannevirke** ⑮ met tout en œuvre pour rappeler ses liens historiques avec la Scandinavie. La ville dessert les fermes environnantes et offre une halte bienvenue sur la nationale qui relie Manawatu et Hawke's Bay. ❑

Hawke's Bay est bien la plus ancienne région viticole du pays, sinon la meilleure.

CI-DESSOUS : pique-nique familial dans la douceur de Hawke's Bay.

TARANAKI, WANGANUI ET MANAWATU

Les neiges étincelantes du mont Taranaki couronnent cette région où domine la splendeur de paysages parsemés de paisibles villes provinciales.

E ntre Te Kuiti et New Plymouth au sud, les 169 km de route qui longent la côte ouest de North Island traversent des paysages peu peuplés – des collines, les gorges de l'Awakino River, et un littoral bordé de falaises et de baies sablonneuses. Après avoir gravi le mont Messenger, vous verrez par temps clair surgir la silhouette du **Taranaki** – ou mont Egmont. Un étonnant mémorial en l'honneur de l'anthropologue polynésien sir Peter Buck est érigé au nord d'Urenui, son lieu de naissance. Aux abords de New Plymouth, principale agglomération de la province, le relief s'estompe au profit des prairies d'élevage qui entourent le volcan endormi du Taranaki et son cône presque parfait, à 2 518 m.

New Plymouth et ses environs

Le Taranaki se dresse à l'arrière-plan de **New Plymouth** ⓰, ville de 48 000 habitants qui s'étend jusqu'à la côte. Le site, sa terre et son climat ont immédiatement séduit les Européens arrivés là dans les années 1840. Les premiers missionnaires et colons y découvrirent une population maorie décimée par les guerres intertribales, mais la nouvelle colonie n'en fut pas mieux acceptée pour autant. La guerre éclata en 1860, durant laquelle New Plymouth se retrouva pratiquement assiégée.

Musée, bibliothèque et centre d'information tout à la fois, le **Puke Ariki** (Ariki Street ; ouv. les lun., mar., jeu. et ven. de 9h à 18h, le mer. de 9h à 21h, les sam. et dim. de 9h à 17h ; entrée libre ; tél. 06-759 6060 ; www. pukeariki.com) abrite d'intéressantes collections et informations interactives sur l'histoire de la région. Trois des premières familles de colons résidèrent dans **Richmond Cottage**, qui fait aussi partie du musée.

Un peu à l'est, dans Queen Street, la **Govett-Brewster Art Gallery** (ouv. tlj. de 10h30 à 17h ; entrée libre ; tél. 06-759 6060 ; www.govettb.org.nz) renferme l'une des plus belles collections d'art contemporain du pays, notamment des œuvres de Len Lye, l'un des premiers artistes abstraits du pays (*voir p. 85*). Dans Vivian Street, vous découvrirez **St Mary** (tél. 06-758 3111 ; www.stmarys.org.nz), la plus ancienne église en pierre de Nouvelle-Zélande (1846).

New Plymouth a su s'embellir de parcs superbes. Quelques rues au sud-est de la Govett-Brewster, une ancienne friche a donné naissance au **Pukekura Park** (ouv. tlj. de 7h30 à 19h, 20h en été), lieu enchanteur avec ses lacs, son jardin de fougères, ses fontaines et sa cascade illuminée la nuit.

La **Coastal Walkway** court tout le long de la ville sur 7 km, de l'embouchure de la Waiwakaiho River à Point Taranaki. À mi-chemin, face au Puke Ariki, une

À GAUCHE : le mont Taranaki, également appelé mont Egmont. **CI-DESSOUS :** la Govett-Brewster Art Gallery, New Plymouth.

NOTEZ-LE

L'Egmont National Park
est encore plus beau
à la saison des fleurs,
entre décembre et mars.
Pour une randonnée
accompagnée, contactez
MacAlpine Guides
(tél. 06-765 6234 ou
02-7441 7042 ; www.
macalpineguides.com)
ou Top Guides
(tél. 0800-448 433 ;
www.topguides.co.nz).

Ci-dessous :
rhododendron
en fleurs.
À droite : collines
verdoyantes
de Wanganui.

sculpture cinétique de Len Lye dresse son antenne de 45 m. D'abord vilipendée, *Wind Wand* (*photo p. 85*) a fini par être adoptée avec la plus fervente dévotion.

En empruntant Carrington Road pour quitter New Plymouth par le sud, vous atteindrez, après 8 km, le **Hurworth Cottage** (ouv. du mer. au dim. ; entrée payante ; tél. 06-753 545). Cette propriété, l'une des toutes premières de la région, fut construite en 1855 par le jeune colon anglais Harry Atkinson, futur Premier ministre de Nouvelle-Zélande (1876-1877).

Chaque année, d'octobre à novembre, le Rhododendron Festival se déroule au **Pukeiti Rhododendron Trust** (ouv. tlj. de 9h à 17h ; entrée payante ; tél. 06-752 4141 ; www.pukeiti.org.nz). Situé à 12 km au sud de Hurworth Cottage, ce parc de 320 ha, créé en 1951, possède l'une des plus belles collections au monde de rhododendrons – 10 000 au total – et d'azalées se développant dans leur habitat naturel. Lors du festival que vous pourrez les admirer dans toute leur splendeur.

Les 300 km de pistes de randonnée offerts par l'**Egmont National Park ⓱** et le mont Taranaki combleront, en été, les randonneurs et, en hiver, les skieurs. L'ascension du sommet ne présente pas de grandes difficultés, mais les conditions météo étant plus que capricieuses, renseignez-vous impérativement avant de partir ou participez à une randonnée accompagnée (*voir ci-contre, Notez-le*). L'accès le plus facile au parc se fait par **Egmont Village**, à 20 km au sud-est de New Plymouth. Le **North Egmont Visitor Centre** (ouv. tlj. de 9h à 16h30 ; tél. 06-756 0990) vous y informera plus en détail sur le parc.

Wanganui

Quittant New Plymouth, la SH3 (State Highway) traverse les villes agricoles de Stratford (dont la tour d'horloge est la seule du pays à posséder un carillon), de

Carte p. 200

Hawera et de Patea. Au bout de 160 km, vous arriverez à **Wanganui** ⓲, célèbre pour son fleuve, orthographié Whanganui : les amateurs de kayak ou de jet-boat parcourront avec enthousiasme la plus longue artère navigable du pays. Dans Watt Street, le **Whanganui Regional Museum** (ouv. tlj. de 10h30 à 16h30 ; entrée payante ; tél. 06-349 1110 ; www.wanganui-museum.org.nz) déborde d'objets maoris, dont sa pirogue de guerre, Te Mata-o-Hoturoa. À noter également une remarquable collection de peintures du XIXᵉ siècle, œuvres du grand artiste néo-zélandais Gottfried Lindauer. Non loin, perchée en hauteur, la **Sarjeant Gallery** (ouv. tlj. de 10h30 à 16h30 ; entrée libre ; tél. 06-349 0506 ; www.sarjeant.org.nz) expose un ensemble de photographies des XIXᵉ et XXᵉ siècles.

Avant de quitter la ville, empruntez le vieil ascenseur de 1918 (ouv. tlj. de 8h à 18h) qui vous hisse sur 66 m à l'intérieur de **Durie Hill** jusqu'à la **Memorial Tower**. Par beau temps, les 176 marches de la tour vous récompenseront de vos efforts par une vue extraordinaire sur la ville et le fleuve.

À environ 2 km au sud par Pukiti Drive, **Pukiti Church** (ou St Paul's Memorial) cache derrière une façade blanche anonyme un splendide intérieur décoré de sculptures maories et de *tukutuku* (panneaux tissés). Pour la visiter, adressez-vous au Wanganui Visitor Information Center (tél. 06-349 0508).

En empruntant la sortie ouest par la SH3, vous accéderez facilement, après quelques détours, à la **Bason Botanical Reserve** ainsi qu'à la réserve de **Bushy Park**. Au nord, la SH4 traverse les Paraparas et des paysages d'une beauté remarquable. À l'est de Wanganui et au nord de Palmerston North (*voir p. 212*), la **Rangitikei River** – dont le cours supérieur se prête parfaitement au rafting – rejoint la SH1 près de Managaweka, où vous trouverez des informations sur les possibilités de rafting, tout comme à Wanganui et Palmerston North.

Ne manquez en aucun cas la **Whanganui River Road**, qui longe le fleuve sur 79 km, de Wanganui à Pipiriki, en un peu plus de 2 heures. Cependant, un tronçon de 30 km demeure non goudronné, pouvant être un peu hasardeux pour un pilote non expérimenté. Aussi est-il préférable de faire le trajet en car (Whanganui River Road Tours, tél. 06-345 8488) pour appréciez au mieux les vues spectaculaires.

En approchant du village de **Jerusalem** ⓳ ("Hihuharama" pour les Maoris), vous comprendrez pourquoi les missionnaires catholiques élurent domicile en 1854 dans cette courbe du fleuve, ou ce qui poussa le poète James K. Baxter à y fonder une communauté au début des années 1970. Tandis que la mission existe toujours, la communauté se dissoudra après sa mort, en 1972. L'accès à sa tombe est payant.

Au bout de la route, **Pipiriki** ⓴ constitue une excellente base pour la multitude de randonnées cartographiées et pour accéder au Whanganui National Park. La vallée fut colonisée après la Première Guerre mondiale par des soldats de retour du front. Mais, en 1942, la Grande Dépression et les difficultés agricoles les en avaient tous chassés. Témoignage fantomatique de leur présence, le **Bridge to Nowhere** ("pont vers nulle part", ou plutôt au milieu de nulle part) a été construit pour desservir cette colonie, aujourd'hui uniquement accessible par voie fluviale ou au terme de 3 jours de grande randonnée.

Le capitaine Cook baptisa Egmont le mont que les Maoris appelaient Taranaki. Après plusieurs décennies de discussions, le gouvernement officialisa en 1986 les deux noms.

CI-DESSOUS : maison de style colonial à Pipiriki.

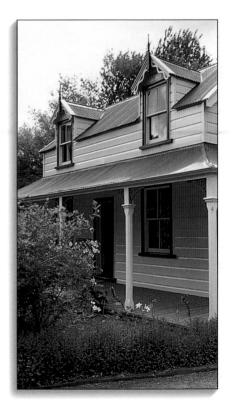

L'équipe nationale de rugby, les All Blacks, jouit d'un statut quasi divin dans un pays où chacun pratique ce sport avec une ferveur toute religieuse. Pour plus d'informations, consultez www.allblacks.co.nz

Ci-dessous :
le sport national, incontournable à Palmerston North comme ailleurs.

Au sud de Wanganui

La SH3 continue ensuite vers le sud-est, reliant Wanganui à Palmerston North, à 74 km. Si vous en avez le temps, arrêtez-vous à **Ratana ㉑**, bourgade portant le nom d'un prophète et guérisseur. Érigé en 1917, un temple honore sa mémoire. **Bulls ㉒** est la plus grande agglomération que vous rencontrerez avant Palmerston North. Vous pourrez y approfondir vos connaissances agricoles en prenant la route qui mène à la côte et à la **Flock House**, une école d'agriculture. Construit en 1895, le bâtiment fut racheté en 1923 par les New Zealand Sheepgrowers, association visant à former les fils de marins britanniques à l'élevage des moutons. Entre Bulls et Sanson, la **Royal New Zealand Air Force Base** (RNZAF) d'Ohakea héberge le 75e escadron de l'armée de l'air. Son **Airforce Museum** (ouv. tlj. de 9h30 à 16h30 ; entrée payante ; tél. 06-351 5020 ; www.airforcemuseum.co.nz) comblera les passionnés de vieux avions.

Palmerston North

Le **mont Stewart** surgit à l'approche de Palmerston North, donnant sur les verts pâturages du Manawatu. Au bord de la route, non loin de la demeure historique et des jardins de **Mount Lees Reserve**, un mémorial est dédié aux premiers colons. Capitale prospère de la province agricole du Manawatu, **Palmerston North ㉓** se concentre autour de son **Square**. Les Maoris l'ont baptisé Te Marae o Hine ("cour de la fille de la paix") en mémoire de Te Rongorito, une femme chef qui chercha à mettre fin aux guerres intertribales du début de la colonisation européenne. À l'ouest du Square, les trois sections du musée de **Te Manawa** (ouv. tlj. de 10h à 17h ; entrée payante ; tél. 06-355 5000 ; www.temanawa.co.nz) traitent de l'histoire, des arts et des sciences.

Au nord-ouest du Square, le **New Zealand Rugby Museum** (ouv. du lun. au sam. de 10h à 12h et de 13h30 à 16h, le dim. de 13h30 à 16h; entrée payante; tél. 06-358 6947; www.rugbymuseum.co.nz) a ouvert ses portes au 87 Cuba Street. Ce temple dédié au sport national présente toutes sortes de souvenirs rugbystiques et une section entièrement consacrée aux All Blacks.

Rayonnant, comme d'autres artères, à partir du cœur de "Palmy", **Fitzherbert Avenue** conduit à l'autre point névralgique de la ville, la **Manawatu River**. Enjeu de bien des lamentations, l'unique pont qui franchit le fleuve est chaque jour emprunté par les milliers de voitures et de vélos qui se rendent à la **Massey University** et aux divers centres de recherche scientifique. Également sur cette rive, l'**International Pacific College** et la plus grande base militaire du pays sont implantés à Linton. Arguant de sa richesse en établissements éducatifs, Palmerston North s'est octroyé le titre de "Centre de la connaissance" du pays.

Bordant la Manawatu River, le merveilleux parc de **Victoria Esplanade** (ouv. tlj. jusqu'au coucher du soleil; entrée libre; www.pncc.govt.nz) comprend des jardins botaniques, un train miniature, une aire de jeux pour enfants, une volière, un centre éducatif et un conservatoire. N'y manquez pas le **Dugald Mackenzie Rose Garden**, roseraie mondialement primée pour ses créations.

À quelques pas également sur Park Road, les toboggans et cascades du **Lido Aquatic Centre** (ouv. du lun. au jeu. de 6h à 20h, le ven. de 6h à 21h, le sam. et le dim. de 8h à 20h; entrée payante; tél. 06-357 2684; www.lidoaquaticcentre. co.nz) raviront les enfants. Une promenade piétonne ceinture Palmerston North, et vous trouverez des réserves naturelles à proximité. Les infrastructures sportives permettent à la ville d'accueillir de nombreuses manifestations nationales.

Carte
p. 200

CI-DESSOUS:
les éoliennes de
Tararua Wind Farm,
Manawatu.

À la découverte du Manawatu

Au sud de Palmerston North, la SH57 vous mène rapidement à **Tokomaru** ❷❹ et à son original musée ferroviaire, le **Tokomaru Steam Engine Museum** (ouv. du lun. au sam. de 9h à 15h30, le dim. de 10h30 à 15h30; entrée payante; tél. 06-329 8867).

À l'ouest, la SH56 conduit vers les plages de Tangimoana, Himatangi ou Foxton. Ce ne sont peut-être pas les plus belles du pays, mais de très agréables sentiers côtiers courent de l'une à l'autre. À 20 min au nord-est par la SH54, la ville de **Feilding** compte un circuit automobile, un champ de courses, et un marché aux enchères s'y tient le vendredi matin. Vous trouverez dans les environs de nombreux élevages de chevaux, une caractéristique du Manawatu.

Mais la route la plus spectaculaire de la région, au départ de Palmerston North, passe par la sauvage **Manawatu Gorge** ❷❺. Elle traverse d'abord **Ashhurst**, bourgade provinciale qui offre une vue imprenable sur la **Tararua Wind Farm**, dont les éoliennes de 40 m de haut brassent le ciel telles de géantes pales d'avion.

Pour une halte pique-nique, faites un détour vers les réserves naturelles de **Pohangina** et de **Totara**. La route se rétrécit ensuite et, s'accrochant au flanc de la Manawatu Gorge, rejoint la région de Hawke's Bay. Sur la rive opposée passe la voie ferrée de Hastings et Napier, ouverte en 1891. Ne contemplez pas trop le paysage: cette route exige toute votre attention. ❏

WELLINGTON

*Siège du gouvernement, mais également centre culturel
du pays, Wellington fait preuve d'un caractère
à la fois effervescent et cosmopolite.*

Cartes
p. 200
et 216

Tawhiri-ma-tea, déesse polynésienne du vent et de la tempête, livra maintes batailles avec ses frères terrestres de Wellington et du Wairarapa. Ceci expliquant peut-être cela, le détroit de Cook qui sépare ici North Island de South Island s'est rapidement fait connaître comme l'une des plus dangereuses voies maritimes du globe. Les premiers Maoris voyaient North Island tel un grand poisson dont la chair nourrissait leur famille. Aujourd'hui, la bouche du poisson s'est enrichie d'une couronne en or ornée de saphirs, le grand bleu de la baie de Wellington ayant peu souffert des extensions portuaires et des tours d'immeubles qui s'élèvent au pied de collines semées de maisons de bois peintes en blanc.

Les citoyens de Wellington ne témoignent pas d'un grand respect pour leur père fondateur pakeha, Edward Gibbon Wakefield. Aucun monument n'honore sa mémoire en ville, hormis sa pierre tombale. Il faut dire que le grand homme, soupçonné d'avoir enlevé une riche héritière, connut la prison en Angleterre – la demoiselle était consentante, mais pas son père. Le jeune Wakefield put ainsi méditer sur la condition des plus pauvres et imaginer un plan destiné à attirer les investissements des riches dans des projets offrant une chance à ceux qui n'avaient rien.

En pratique, ce fut un échec total. Les idéalistes ne couraient pas les rues, contrairement aux spéculateurs. Le frère de Wakefield, William, n'eut que 4 mois pour trouver de la terre aux nouveaux immigrants. Rondement menés, ses achats comprenaient Wellington, échangée avec les Maoris contre 60 bonnets de nuit rouges, 100 mousquets, 100 couvertures, une douzaine de parapluies, des clous, des haches et autres outils. Wakefield prétendit avoir payé 9 000 livres "la tête du poisson et l'essentiel de son corps", soit 8 millions d'hectares.

CI-CONTRE :
l'ancien côtoie
le moderne,
Wellington.
CI-DESSOUS :
enseigne de bar
sur Courtenay Place.

Une jumelle de San Francisco

Wellington ❷⓺ a souvent été comparée à San Francisco. En plus de leur vulnérabilité aux tremblements de terre et de leur relief prononcé, les deux villes partagent les mêmes *painted ladies*, ces vieilles demeures victoriennes en bois multicolores. Comme San Francisco, Wellington possède son *cable car*, qui surgit de Lambton Quay pour grimper jusqu'aux jardins botaniques, offrant un vaste panorama sur la baie.

Mais Wellington souffre d'un autre handicap : le vent. Un dessin humoristique plutôt réaliste montre ses habitants continuellement courbés, luttant pour avancer contre les rafales glacées qui descendent des Alpes du Sud. Ce qui explique, peut-être, leur goût pour la belle architecture et le confort. Par ailleurs, comme les hommes politiques passent le plus clair de leur temps dans la capitale, siège du gouvernement, ils n'épargnent pas le budget national en matière de constructions publiques.

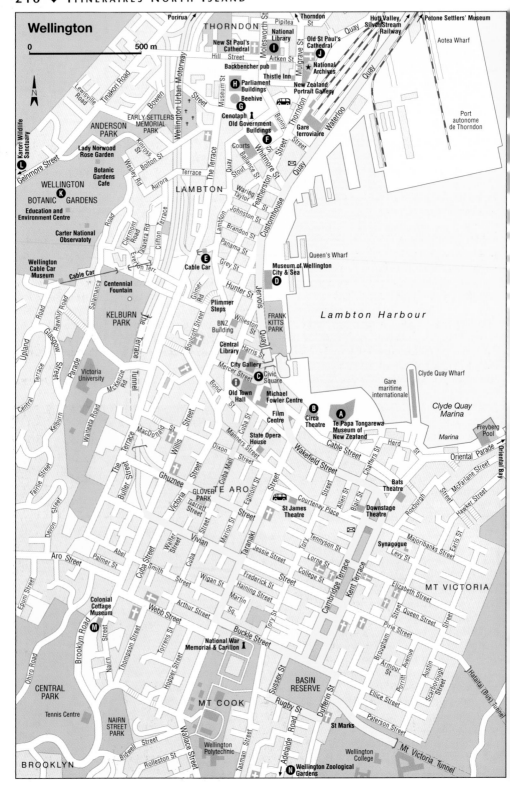

Wellington

0   500 m

N

THORNDON

Porirua
Pipitea
Thorndon St
Hutt Valley, Silver/Stream Railway
Petone Settlers' Museum

National Library ●**I**
New St Paul's Cathedral
Hill Street
Aitken St
Old St Paul's Cathedral ●**J**
Aotea Wharf

Backbencher pub
Thistle Inn
★ National Archives
New Zealand Portrait Gallery

Port autonome de Thorndon

●**H** Parliament Buildings
●**G** Beehive

ANDERSON PARK
EARLY SETTLERS MEMORIAL PARK

Cenotaph
Old Government Buildings ●**F**
Gare ferroviaire

Karori Wildlife Sanctuary ◀**L**
Lewisville Road
Tinakori Road
Bowen
Gelnmore Street

Lady Norwood Rose Garden
Botanic Gardens Cafe

Courts
Ballance St
Whitmore St
Stout St
Waring Taylor

WELLINGTON BOTANIC GARDENS ●**K**

Education and Environment Centre

Carter National Observatoty

Aurora
Terrace
LAMBTON
Johnston St
Brandon St
Panama St

Customhouse Quay

Queen's Wharf

Wellington Cable Car Museum
Cable Car

Cable Car ●**E**

Grey St

Museum of Wellington City & Sea ●**D**

Lambton Harbour

Centennial Fountain

KELBURN PARK

Plimmer Steps
BNZ Building

Willeston St
Jervois Quay
FRANK KITTS PARK

Hunter St

Clyde Quay Wharf

Gare maritime internationale

Central Library
City Gallery ●**C**
Civic Square
Old Town Hall

Victoria University

Mercer Street
Harris St
Michael Fowler Centre

Clyde Quay Marina

Film Centre
●**B** Circa Theatre
●**A** Te Papa Tongarewa Museum of New Zealand

Freyberg Pool

State Opera House

Marina

Oriental Parade
Oriental Bay

TE ARO
Wakefield Street
Cable Street

Bats Theatre

GLOVER PARK
Garrett Street

St James Theatre
Courtenay Place
Downstage Theatre

Colonial Cottage Museum

Vivian Street
Marion St
Taranaki St
Jessie Street
Tory
Lorne St
Tennyson St

Synagogue
Majoribanks Street
Levy St

MT VICTORIA

Webb Street
Arthur Street
Martin Sq.
Frederick St
Haining Street
College St

Elizabeth Street
Queen Street
Pirie Street

Buckle Street
National War Memorial & Carillon ◉**M**

CENTRAL PARK
Tennis Centre

NAIRN STREET PARK

MT COOK

BASIN RESERVE

Rugby St

St Marks

Mt Victoria Tunnel

BROOKLYN

Wellington Polytechnic
Wellington College

Wellington Zoological Gardens ●**N**

Durant la seconde moitié des années 1970, la ville fut la proie de séismes artificiels : la municipalité décida d'abattre au centre-ville tout un secteur de pièces montées victoriennes, trop vulnérables aux tremblements de terre… réels. Mais les gratte-ciel de verre et d'acier qui les remplacent n'inspirent guère plus confiance.

Après cette vague de démolitions, Wellington réhabilita quelques rares vestiges du passé, comme l'université Victoria, le théâtre St James, de style néobaroque, sur Courtenay Place, et les bâtiments administratifs de The Terrace, construits en bois dans un style à l'européenne.

Durant la même période, le port de Wellington fut déplacé de 1 ou 2 km vers de nouveaux docks adaptés aux containers. Il n'en continue pas moins d'occuper le premier rang des 13 plus grands ports du pays – une position qui doit beaucoup à la liaison des ferries du détroit de Cook et aux bateaux de pêche qui font escale pour se mettre en règle et s'approvisionner.

Le plus beau musée de Nouvelle-Zélande

Les bâtiments délaissés par le déménagement du port ont largement participé à la renaissance de Wellington lorsque les services publics, principal employeur de la ville, furent décimés durant les années 1980. Physiquement étranglée par la mer d'un côté et les monts Rimutaka de l'autre, la ville se mit au travail avec un enthousiasme que couronna la construction du musée le plus original du pays. Toute expédition dans la ville devrait débuter par Cable Street et son **Te Papa Tongarewa**, ou **Museum of New Zealand** (ouv. tlj. de 10h à 18h, le jeu. jusqu'à 21h ; entrée libre ; tél. 04-381 7000 ; www.tepapa.govt.nz). Le plus beau musée du pays abrite quelques-uns de ses plus grands *taonga* (trésors). Vous ne trouverez pas meilleure introduction à la Nouvelle-Zélande sous un même toit,

Avant de partir à la découverte de Wellington, passez au I-SITE Visitor Centre de Civic Square, à l'angle de Wakefield et de Victoria Streets (tél. 04-802 4680, www.wellingtonnz.com)

CI-DESSOUS :
Te Papa Tongarewa, un musée pas comme les autres.

Carte p. 216

D'étonnants palmiers en métal jalonnent Civic Square. Leur auteur, l'architecte Ian Athfield, a également conçu la Wellington Central Library voisine.

CI-DESSOUS :
Civic Square, au cœur de Wellington.

et si l'approche postmoderne du lieu dérange parfois, elle donne toujours matière à réflexion. Vous trouverez là un vaste choix d'expositions à thèmes néozélandais, du *te marae*, maison de réunion maorie contemporaine, à *Awsome Forces*, reconstitution des forces géologiques ayant formé la Nouvelle-Zélande, en passant par la maison des séismes. Mais aussi des espaces de "réalité virtuelle", des ateliers à remonter le temps, des cafés, une boutique de souvenirs et un bar. L'exploration d'un tel musée phare vous demandera au moins une journée.

En sortant du musée, tournez à droite vers les anciens quais : vous apercevrez un bâtiment évoquant irrésistiblement une pièce montée. Ce rescapé des Wesport Chambers abrite dorénavant le dynamique théâtre **Circa** Ⓑ (tél. 04-801 7992), parfait exemple du souffle de renaissance qui a balayé la vieille zone portuaire.

À gauche du Te Papa, vous trouverez les deux autres grands théâtres de la ville. De Cable Street, prenez Kent Terrace pour arriver au **Bats Theatre** (tél. 04-802 4175), une petite salle qui présente un répertoire varié mais toujours novateur. À droite encore, Marjorie Street vous mène à la pyramide de béton, de fer et de bois du **Downstage Theatre** (tél. 04-801 6946), où sont données des productions plus conventionnelles, et doté d'un bar et de possibilités d'hébergement. Fondé en 1964, le premier théâtre professionnel de Wellington se dresse à la pointe sud de **Courtenay Place**, quartier des bars et des restaurants branchés.

Mais, pour découvrir le cœur commercial et historique de Wellington, il faut longer le quai, vers le nord, depuis le Circa jusqu'aux deux clubs d'aviron aménagés sur les berges du lac artificiel. Des arcades sculptées y enjambent la grand-rue jusqu'à **Civic Square** Ⓒ. Entre des vestiges de la période victorienne, un ensemble d'immeubles et de galeries aux architectures et aux couleurs audacieuses côtoient une foule de cafés, spécialistes des crèmes et expressos. Sur un

côté de la place voisinent le **Michael Fowler Centre** – la "passoire" en acier très "tendance" qui abrite le conseil municipal – et le rectangulaire **Old Town Hall**. Ce dernier doit sa survie aux témoignages d'illustres chefs d'orchestre invités, comme Leonard Bernstein, qui voyait là l'une des meilleures salles symphoniques au monde. Le New Zealand Symphony Orchestra y réside, et, durant les années impaires, le Michael Fowler Centre et l'Old Town Hall sont au cœur du New Zealand Festival, qui renforce, encore, le statut de Wellington comme capitale des arts du spectacle en Nouvelle-Zélande.

De l'autre côté de Civic Square, l'intérieur métallique de la **Wellington Central Library** (ouv. du lun. au jeu. de 9h30 à 20h30, le ven. jusqu'à 21h, le sam. 17h et le dim. de 13h à 16h; tél. 04-801 4040; www.wcl.govt.nz) ressemble à une usine inondée de lumière; à l'extérieur, des palmiers en métal ponctuent ses superbes courbes en plâtre. Au milieu, le bâtiment Art déco de la **City Gallery** (ouv. tlj. de 10h à 17h; entrée libre; tél. 04-801 3952; www.city-gallery.org.nz) recèle une collection d'art contemporain nationale et internationale.

Le long des quais de Wellington

Étroites et balayées par le vent, les rues de Wellington ménagent peu d'espaces verts entre leurs gratte-ciel, mais toutes mènent sur les quais et leurs ouvertures vers de lointains horizons. Tournez à droite en quittant Civic Square et suivez les quais vers le nord. Peu de quais dans le monde sont ainsi ouverts à tous; hommes politiques et fonctionnaires y font leur jogging à l'heure du déjeuner devant des équipages de chalutiers russes ou coréens. De nouveaux restaurants se sont installés dans d'anciens entrepôts, proposant une cuisine de la mer gastronomique, et, si vous n'êtes pas en appétit, allez admirer d'autres trésors de la

Carte
p. 216

Face au théâtre Embassy, l'édifice répondant au sobriquet de Taj Mahal naquit en 1928 sous forme de toilettes publiques. Il abrite à présent un pub très couru, le Welsh Dragon Bar (tél. 04-385 6566). Ses fervents adeptes ne l'échangeraient même pas contre l'original.

CI-DESSOUS :
marina,
baie de Wellington.

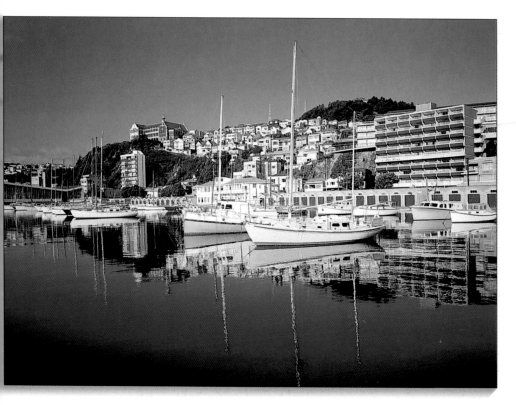

Le bâtiment qui héberge le Museum of Wellington City and Sea fut construit en 1892. Dans l'ancien Bond Store étaient entreposées toutes les marchandises, du café aux corsets, jusqu'au paiement des taxes dues. On peut même affirmer que jusqu'à la Première Guerre mondiale, tout ce que Wellington mangea, but ou porta y avait séjourné.

Ci-dessous :
vue panoramique du Wellington Cable Car.

mer au **Museum of Wellington City and Sea** ❶ (ouv. tlj. de 10h à 17h ; entrée libre ; tél. 04-472 8904 ; www.museumofwellington.co.nz), sur Queen's Wharf. Ce musée présente une collection passionnante de souvenirs maritimes.

Une section du musée, la **Plimmer's Ark Gallery**, conserve les vestiges d'un navire vieux de 150 ans, l'*Inconstant*, rebaptisé le *Plimmer's Ark*. Le rôle controversé de Wakefield dans la naissance de la colonie explique peut-être pourquoi le titre de "père de Wellington" échut à John Plimmer, un négociant moins soucieux d'idéalisme. Plimmer estimait que cet endroit, pourtant dépeint comme un "véritable éden", s'était avéré d'une "réalité implacable et sauvage". Il n'eut pourtant pas à se plaindre, ayant converti en une entreprise florissante la triste épave de l'*Inconstant* gisant éventrée sur la plage. Comme beaucoup de ses collègues, Plimmer construisit son propre quai, et devint l'une des notabilités les plus en vue de la ville, tandis que l'épave, transformée en fauteuil, échouait dans la salle de réunion de la Bank of New Zealand avant de rejoindre la Plimmer's Art Gallery.

Lambton Quay et Parliamentary District

Suivez Grey Street, face au musée, jusqu'à Lambton Quay, puis tournez à droite pour rejoindre le **Wellington Cable Car** ❸ (ouv. du lun. au ven. de 7h à 22h, les sam., dim. et j. fériés de 9h à 22h ; tél. 04-472 2199), funiculaire qui rallie les Botanic Gardens (*voir p. 222*). Étant donné le relief escarpé du centre-ville, le *cable car* permet d'épargner les jambes des employés qui remontent des magasins jusqu'aux bureaux situés en haut de la colline.

Vaste centre commerçant, **Lambton Quay** était jadis une simple plage où Plimmer et d'autres négociants tenaient boutique. Mais l'irrésistible avancée de Wellington vers son étroite bande littorale en repoussa sans cesse les limites,

rognant chaque fois un peu plus sur la baie. Ainsi Lambton Quay a-t-il reculé de plusieurs rues par rapport au rivage actuel.

Si vous faites l'aller-retour en *cable car*, vous pouvez poursuivre au nord sur Lambton Quay pendant 600 m jusqu'aux **Old Government Buildings** . Construit en 1876, ce deuxième plus grand bâtiment en bois du monde déploie 9 300 m² de charpente. Les flots venaient lécher sa base avant les remblais effectués en 1840. Juste en face, hommes politiques, hauts fonctionnaires et hommes d'affaires bourdonnent autour des bureaux du Cabinet. Surnommé **The Beehive** ("la ruche"), cet immeuble circulaire rassemble une grande partie des synergies financières et administratives du pays.

Datant des années 1970, la Beehive et son dôme de cuivre contrastent avec les angles en marbre de ses voisins, les **Parliament Buildings** (ouv. tlj. de 10h à 16h, le sam. jusqu'à 15h ; entrée libre ; tél. 04-471 9503 ; www.ps.parliament. govt.nz), de 1922, et les tourelles gothiques de la **General Assembly Library** (1897). D'un côté de la Beehive, le vénérable bâtiment en brique de **Turnbull House** se tient dans l'ombre du gratte-ciel épuré de Number One Terrace (ministère des Finances), avec la Reserve Bank en vis-à-vis. Au nord de la Beehive et du Parliament, la nouvelle **St Paul's Cathedral** dresse sa façade de béton rose à côté de la **National Library** (Bibliothèque nationale ; ouv. du lun. au ven. de 9h à 17h, le sam. de 9h à 16h30 et le dim. de 13h à 16h30 ; entrée libre ; tél. 04-474 3000 ; www.natlib.govt.nz), dont l'**Alexander Turnbull Library** possède de remarquables collections d'histoire de Nouvelle-Zélande et du Pacifique.

Prenez Aitken Street en quittant la National Library, puis tournez à gauche dans Mulgrave Street où de gracieux *pohutukawa* encadrent **Old St Paul** (ouv. tlj. de 10h à 17h ; entrée libre ; tél. 04-473 6722), petite cathédrale gothique

Carte
p. 216

NOTEZ-LE

Si vous avez envie de côtoyer des hommes politiques, allez prendre un verre à leur bar préféré, le Backbencher Pub, au n° 34 de Molesworth Street (tél. 04-472 3065).

À GAUCHE : Beehive, la ruche des décideurs. **CI-DESSOUS :** Old St Paul's Cathedral.

NOTEZ-LE

Dans les Botanic
Gardens, le Carter
National Observatory
(tél. 04-472 8167 ;
www.carterobs.ac.nz)
est ouvert au public
du lun. au ven. de 10h
à 17h, le sam. et
le dim. de 12h à 17h.
Au programme,
planétarium,
conférences et
commentaires sur
les nuits célestes
de l'hémisphère sud.

CI-DESSOUS :
exubérante
végétation
du Karori Wildlife
Sanctuary.

toute construite de bois – chevilles incluses –, du pays. Ce joyau datant de 1866 compte parmi les 30 églises de la ville, dont beaucoup imitent le style gothique mais utilisent le bois, ce qui fait leur originalité.

À environ 10 min au nord, dans le district de **Thorndon**, les lecteurs de Katherine Mansfield ne manqueront pas de visiter la **Katherine Mansfield's Birthplace** (ouv. du mar. au dim. de 10h à 16h ; entrée libre ; tél. 04-473 7268), au 25 Tinakori Road. L'écrivain naquit dans cette élégante demeure en bois à un étage, superbement restaurée avec son jardin de ville victorien. La vue sur la baie a malheureusement fait place à une perspective imprenable sur l'autoroute.

Faubourgs de Wellington

Certains des sites les plus intéressants de Wellington se trouvent à la lisière de la ville. À 1 km au sud-ouest d'Old St Paul s'étirent les oasis luxuriantes des **Botanic Gardens** ❾ (ouv. tlj. du lever au coucher du soleil ; entrée libre ; tél. 04-499 1400 ; www.wbg.co.nz), réputées pour l'élégance de leur **Lady Norwood Rose Garden**. En été, les fleurs déploient une éclatante gamme de coloris. Les enfants apprécient les promenades grâce au terrain de jeux d'aventure.

À 1 km au sud-ouest des Botanic Gardens, sur Waiapu Road, le remarquable **Karori Wildlife Sanctuary** ❿ (ouv. du lun. au ven. de 10h à 16h, jusqu'à 17h en été, le sam. et le dim. de 10h à 17h ; entrée libre ; tél. 04-920 2222 ; www. sanctuary.org.nz) déroule 35 km de sentiers de randonnée à travers les 252 ha d'une forêt en pleine régénérescence. Vous aurez peut-être la chance d'y voir – ou au moins d'y entendre – le kiwi, le râle wéka et le morepork (*Ninox novae-seelandiae*) dans leur habitat naturel. Des visites nocturnes guidées sont également ment organisées (réservations obligatoires ; tél. 04-920 9213).

Dès la fin des années 1960, les habitants de Thorndon se battirent bec et ongles contre un projet d'autoroute, et sauvèrent une partie de leur quartier. De l'autre côté de la ville, dans la très bohème Aro Valley, au pied de la Victoria University, étudiants et retraités remportèrent une victoire encore plus éclatante en rejetant les plans de la municipalité qui voulait remplacer leurs maisonnettes en bois par du béton. Quittant le Karori Wildlife Sanctuary vers l'est et le centre-ville, vous pourrez observer le résultat d'une bataille de ce genre. Dans Nairn Street, près de l'angle avec Willis Street, le **Colonial Cottage Museum** Ⓜ (ouv. en été : tlj. de 10h à 16h, en hiver : les sam., dim. et j. fériés de 12h à 16h ; entrée payante ; tél. 04-384 9122 ; www.colonialcottagemuseum.co.nz) occupe une maison de 6 pièces bâtie en 1858. Elle devait être démolie dans les années 1970, mais l'obstination de son occupante, petite-fille du constructeur, suscita le soutien du quartier et permit sa conservation. Partant d'Aro Valley, prenez au sud-est *via* Mount Cook jusqu'au terrain de cricket de **Basin Reserve**, ancien lac vidé par un séisme.

Au sud-est du bassin, les rues étroites de **Newtown** accueillent de nouveaux immigrants en provenance du Pacifique, d'Asie et d'Europe. À la sortie de l'école du quartier, vous entendrez près de 20 langues différentes, tandis que des boutiques semblant tout droit surgies d'une ville fantôme du Far West vendent les produits d'une dizaine de pays. À Newton se trouve également le plus ancien zoo du pays, les **Wellington Zoological Gardens** Ⓝ (ouv. tlj. de 9h30 à 17h ; entrée payante ; tél. 04-381 6755 ; www.wellingtonzoo.com). Créés en 1906, ils épousent aujourd'hui la tendance générale et privilégient l'habitat naturel.

Habitats des banlieues de Wellington.

CI-DESSOUS : pause panorama au-dessus de la Hutt Valley.

Hutt Valley

En quittant la ville par le nord, et en empruntant Hutt Road, vous rejoindrez les reliefs aplanis de la **Hutt Valley** ㉗, jalonnée par les villes de **Lower Hutt** et de **Upper Hutt**, ceinturées de leurs banlieues satellites. Les premiers colons ne durent pas porter Wakefield dans leur cœur quand ils échouèrent sur une plage au fin fond des marais de la vallée. L'eau ayant inondé leur campement, ils déménagèrent sur le site exigu, mais au sec, de la ville actuelle. La zone abandonnée, qui porte à présent le nom de **Petone**, ou "fin des sables", deviendra une cité ouvrière et industrielle. Le littoral attire à nouveau du monde, les masures ouvrières s'embourgeoisent et le **Petone Settlers' Museum** (ouv. du mar. au ven. de 12h à 16h, les sam. et dim. de 13h à 17h ; tél. 04-568 8373) commémore les temps difficiles de la colonisation. Tourné vers le présent autant que vers le passé, le musée se signale par son engagement étroit aux côtés de la communauté locale.

Un peu en amont de la vallée, Silver Stream et son St Patrick's College en brique, école de garçons chic et catholique, vous offre l'occasion de voyager sur le **Silver Stream Railway** (ouv. le dim. uniquement, de 11h à 16h ; entrée payante ; tél. 04-971 5747 ; www. silverstreamrailway.org.nz). Un groupe de bénévoles enthousiastes entretiennent avec amour leur ligne ainsi qu'une formidable collection de locomotives à vapeur en parfait état de marche.

Toujours à Lower Hutt, dans Guthrie Street, il serait bien dommage de manquer les **Maori Treasures**

(ouv. du lun. au ven. de 10h à 13h30 ; entrée payante ; tél. 04-939 9630 ; www.maoritreasures.com). Ce sont les ateliers privés des Hetet, artistes maoris réputés qui travaillent selon les règles ancestrales de leur art. Les Maori Treasures accueillent également des expositions temporaires d'art maori et vous offrent la possibilité d'expérimenter par vous-même certaines de ces techniques. L'entreprise est guidée par le souci de faire partager les connaissances de la société maorie traditionnelle.

De retour à Wellington, prenez l'embranchement en direction de l'est pour explorer les villages qui se dissimulent au fond des baies escarpées de la rive orientale. Connue pour son équipe de rugby, **Wainuiomata** vous ouvre les portes du **Rimutaka Forest Park**, un terrain de rêve pour les randonneurs aguerris. Au pied des pentes, côté Hutt, un ensemble de centres de recherche scientifique côtoie un quai de stockage de pétrole, préalable à quelques baies parfaitement sauvages. Une colline plus loin apparaît la ville paisible d'**Eastbourne**, accessible également par ferry. Vous pourrez profiter de ses intéressantes boutiques d'artisanat, ou longer les baies en partant du centre. Une promenade facile de 8 km le long de la côte vous conduira au **Pencarrow Lighthouse**. Construit en 1859, cet édifice en fonte fut placé sous la surveillance d'une certaine Mary Jane Bennett, seule gardienne de phare de l'histoire du pays.

Kapiti Coast

Ci-dessous :
Pencarrow
Lighthouse.

Le week-end, de nombreux Wellingtoniens filent vers la **Kapiti Coast**, au nord-ouest. La région compte plusieurs belles plages, dont **Paraparaumu** ㉘, avec ses toboggans et activités nautiques, ainsi qu'un bon choix d'hébergements. Vous pouvez aussi partir en excursion au sanctuaire d'oiseaux de **Kapiti Island** ㉙, ancienne capitale du chef Te Rauparaha, qui régnait sur la région à l'arrivée des Pakehas. Chats, chèvres et chiens introduits décimèrent la faune locale jusqu'à ce que le Department of Conservation mette en œuvre un programme d'éradication. L'île est aujourd'hui redevenue le refuge d'oiseaux endémiques comme le kakariki, le talève takahé, le kéa et le kiwi. Basés à Paraparaumu, **Kapiti Tours Ltd** (tél. 04-237 7965; www.kapititours. co.nz) peuvent vous y conduire. Quelques kilomètres plus loin sur la "Gold Coast", vous aurez le choix entre déguster de savoureux fromages, observer la tonte des moutons et la traite des vaches au **Lindale Farm Complex** (ouv. tlj. de 9h à 17h ; entrée libre ; tél. 04-297 0916), ou visiter la plus grande collection de voitures anciennes de l'hémisphère sud, au **Southward Car Museum** (ouv. tlj. de 9h à 16h30 ; entrée payante ; tél. 04-297 1221 ; www.southward.org.nz).

La région de Wairarapa

La position clé de Wellington lui permet d'écouler les produits des fermes du **Wairarapa**, au nord-est. Une heure de voiture suffit pour franchir les monts Rimutaka, hauts de quelque 300 m, et changer radicalement d'univers. En hiver, des chaînes peuvent s'avérer indispensables. Par le passé, une locomotive Fell tractait passagers et marchandises sur la pente presque verticale de la montagne.

La vaste plaine qui s'étend au nord du lac Wairarapa accueille des villes bien différentes de la trépidante Wellington. **Greytown** doit son nom au gouverneur George Grey, tandis que **Featherston** et son camp de prisonniers japonais ont laissé des souvenirs plus mitigés. De nos jours, on vient surtout y acheter du mobilier ancien sculpté à l'herminette maorie, et admirer la dernière locomotive Fell au monde au **Fell Locomotive Museum** (ouv. tlj. de 10h à 16h ; tél. 06-308 9379). **Martinborough** ❸⓿, 18 km au sud-ouest de Featherston, s'est bâti une réputation de producteur de vin, du pinot noir en particulier. Outre les circuits, vous en apprendrez plus sur les vins locaux au **Martinborough Wine Centre**, au 6 Kitchener Street (tél. 06-306 9040 ; www.martinboroughwinecentre.co.nz).

À 51 km au nord de Martinborough, **Masterton** ❸⓵ colle bien à l'image traditionnelle de la région avec ses Golden Shears, concours de tonte de moutons organisé en mars (www.goldenshears.co.nz). Même si la Nouvelle-Zélande n'a depuis longtemps plus rien d'une ferme géante, les **Golden Shears** demeurent l'un des rares rendez-vous agricoles auxquels le pays est fidèle. Pour l'ouverture de la chasse au canard, la population gonfle au moins autant que les eaux du lac, alimentées par de fortes pluies. Les collines environnantes font la joie des trekkeurs, kayakistes, botanistes et autres amateurs de chasse ou de rafting venus fuir la foule et l'animation débordantes de l'autre côté des monts Rimutaka.

À environ 60 km au sud-ouest de Martinborough, la côte sauvage et venteuse de **Cape Palliser** ❸⓶ s'étire vers le nord jusqu'à Castle Point. Partant de Lake Ferry, prenez la sinueuse mais superbe Cape Palliser Road, puis continuez à pied le long d'une piste qui vous mènera aux étranges **Putangirua Pinnacles** : la pluie et les inondations en ont érodé le sable et les sédiments, isolant une série d'aiguilles rocheuses qui atteignent jusqu'à 50 m de haut. ❑

Carte
p. 200

Masterton vous rappelle qu'ici se tiennent les Golden Shears, concours annuel de tonte des moutons.

CI-DESSOUS :
les prairies
du Wairarapa.

South Island

0   100 km

Cape Farewell   Farewell Spit   D'Urville Island

Golden Bay   Totaranui

Collingwood

Takaka

Abel Tasman NP

Kahurangi   Tasman

Motueka   Tasman Bay

National   Richmond   **Nelson**   Havelock   **Picton**

Karamea   **Park**   Renwick   **Blenheim**

Cape Jackson

Marlborough Sounds

Détroit de Cook

Wellington

Cape Campbell

St Arnaud

Murchison   Lake Rotoroa   Lake Rotoiti

Westport   **Nelson Lakes NP**

Cape Foulwind

Paparoa NP

Reefton

Lewis Pass

Hanmer Springs

Inland Kaikoura Range

Kaikoura

Punakaiki

Mer de Tasman

Greymouth

Hurunui

Cheviot

Hokitika

924   **Arthur's Pass NP**

Waipara

Ross

Arthur's Pass

Rangiora

Kaiapoi

Lake Coleridge

Darfield   **Christchurch**

Lyttelton

S o u t h e r n   A l p s

Franz Josef Glacier

Aoraki Mt Cook NP

Methven

Akaroa

Fox Glacier

3754 ▲ Mt Cook

Banks Peninsula

Westland NP

Lake Ellesmere

Mt Cook

Haast

Lake Tekapo

Canterbury Plains

Ashburton

Geraldine

Canterbury

Lake Pukaki   Fairlie

Temuka

Bight

Haast

Mount Aspiring

Twizel

Timaru

Lake Ohau

NP

3030 ▲ Mt Aspiring

Lake Benmore

Omarama

Waimate

Lake Hawea

Lake Wanaka

971   Kurow

Waitaki

Treble Cone 2088 ▲   Lindis Pass

Oamaru

Milford Sound   Milford Sound

Wanaka

Ranfurly

Glenorchy   Cromwell   Omakau

Fiordland

Queenstown   Alexandra

Lake Wakatipu

Palmerston

National   Te Anau Downs

Roxburgh

Port Chalmers

Otago Peninsula

Doubtful Sound

Lake Te Anau

Te Anau

Mosgiel   **Dunedin**

OCÉAN

Park

Mossburn

Lawrence

PACIFIQUE

Manapouri

Lake Manapouri

Lumsden   Riversdale

Milton

Clifden

Winton   Gore

Balclutha

Dusky Sound

Tuatapere

Catlins Forest Park

Riverton

Invercargill

Owaka

Bluff

Waipapa Point

Détroit de Foveaux

980 ▲ Mt Anglem

Oban

Stewart Island

Mt Allen ▲ 750

Southwest Cape

SOUTH ISLAND

*Bien peu de pays offrent comme South Island
la possibilité de se promener sur une plage tout en
contemplant les neiges des sommets environnants.*

Les montagnes découpent leurs neiges éternelles au-dessus de larges plaines brûlées par le soleil. Au fond de forêts quasi impénétrables, des cascades rugissantes basculent dans les fjords. Aux riches pâturages succèdent des glaciers grandioses et des lacs d'une beauté sereine. À South Island, chaque paysage est unique, et le bateau légendaire de Maui semble bien avoir ramené un trésor du fond de l'océan. Pendant des décennies, la pression économique a néanmoins poussé les habitants à chercher un emploi et une sécurité financière au nord. Le voyageur y trouvera son compte, qui découvrira une île étonnamment sous-peuplée.

Les accès principaux à l'île passent par Christchurch, la très british "ville verte" de Nouvelle-Zélande, ou par Picton, située dans les superbes Marlborough Sounds. Cette région de baies perdues, à l'extrémité nord de l'île, bénéficie également des plus nombreuses journées d'ensoleillement de tout le pays – pour le plus grand profit des viticulteurs qui produisent chaque année d'excellents crus.

Mettez le cap sur la West Coast et le panorama change du tout au tout. Ici, les plages balayées par la turbulente mer de Tasman bordent l'immensité des Southern Alps. Longtemps pétrifiée dans les illusions perdues de la ruée vers l'or, la région s'est forgé une nouvelle identité en tant que destination touristique, puisant dans les richesses plus réelles de la nature. Entre les défilés s'ouvrent des paysages de vastes vallées et d'alpages à moutons. Des sources chaudes sourdent de cette terre jadis sillonnée par le géant moa.

Christchurch, sur la côte est, est émaillée de jardins et de parcs, de rues piétonnes et de cafés longeant les méandres de l'Avon. Mais Queenstown la détrône en tant que capitale du tourisme : lacs, forêts et montagnes y composent un décor extraordinaire pour une foule d'activités sportives. Plus au sud, la ville universitaire de Dunedin a fièrement préservé les traditions de ses colons d'origine écossaise.

Riche région agricole, le Southland couvre la base de l'île, et ses habitants semblent lutter contre une météo morose par un sourire et une bonne humeur jamais démentis. L'huître de Bluff, trésor culinaire national, prospère sur les fonds du détroit de Foveaux. Quant au Fiordland, s'il occupe 10 % de la superficie du pays, ses habitants ne représentent que 0,75 % de la population néo-zélandaise. C'est dans cette austère solitude que vous découvrirez la Milford Track, le Milford Sound, le Mitre Peak et le Doubtful Sound.

Stewart Island semble ancrer le navire de South Island. Peu connue, même des Néo-Zélandais, elle est pourtant considérée par certains comme le site le plus remarquable d'un pays qui n'en est pourtant pas avare. ❑

PAGES PRÉCÉDENTES : crêtes enneigées des Southern Alps ; le vent et les vagues battent la West Coast de South Island.

NELSON ET MARLBOROUGH

Oasis de vie sauvage, la pointe nord de South Island adopte un rythme paisible et détendu que peu de voyageurs dédaigneront après une traversée houleuse du détroit de Cook.

Carte p. 234

Situées à l'ouest de Wellington, les provinces de Nelson et de Marlborough sont accessibles *via* leurs aéroports de Nelson et de Blenheim, ou au terme de 3 heures de traversée en ferry jusqu'à Picton, dans les Marlborough Sounds. Vous y découvrirez une région contrastée, généralement sèche à l'est et couverte de forêts pluviales à l'ouest. Les deux provinces bénéficient du plus fort taux d'ensoleillement du pays (2 000-4 000 h/an).

En période de vacances, la population de Nelson (50 000 hab.) explose, notamment entre Noël et le jour de l'an. Vide presque toute l'année, son Tahunanui Motor Camp se transforme alors en véritable fourmilière. Dans des stations balnéaires comme Kaiteriteri, la population passe de quelques centaines à plusieurs milliers de personnes. Hôtels, motels et caravanings débordent, tout comme les routes, encombrées de voitures, de caravanes et de bateaux en remorque.

La traversée du détroit de Cook

Le **Cook Strait** (détroit) constitue un goulet naturel pour les puissants vents dominants de nord-ouest, les fameux Quarantièmes Rugissants. Par mauvais temps, vous prierez sans doute pour vous trouver ailleurs. Mais se glisser dans les passes du détroit et pénétrer dans le Tory Channel des **Marlborough Sounds ❶**, c'est aussi découvrir un autre monde, tout de criques et de baies abritées qu'illuminent des bleus et des verts irréels. Ce réseau complexe de vallées inondées couvre plus de 1 000 km de côtes.

La dernière station baleinière du pays a laissé quelques vestiges à l'entrée du Tory Channel. Elle a fermé en 1964, après 50 ans de chasse à la jubarte (baleine "à bosse") menée par une unique famille. Encore aujourd'hui, peu d'habitants des Sounds connaissent le "luxe" de pouvoir accéder à leur maison en voiture : les canots demeurent le principal mode de transport et de communication, même pour le courrier ou le médecin. La navigation en ferry sur le **Tory Channel** et le **Queen Charlotte Sound** ne vous offrira qu'un faible aperçu de ces paysages exceptionnels aux rives parsemées de maisons isolées – dont beaucoup proposent un hébergement.

Durant ses voyages de découverte successifs, le capitaine Cook passa plus de 100 jours dans Ship Cove et aux abords. Et c'est sur le point culminant de Moutara Island, dans le Queen Charlotte Sound, qu'il prit possession de la Nouvelle-Zélande au nom de son roi, et du Sound au nom de sa reine. Un monument érigé près de l'entrée du Sound commémore l'épisode.

Centre de presque toutes les activités commerciales des Sounds, **Picton ❷** est campé au fond du Queen Charlotte Sound. La ville marque le début (ou le

CI-CONTRE : observation des baleines au large de Kaikoura. **CI-DESSOUS :** l'idyllique Queen Charlotte Sound.

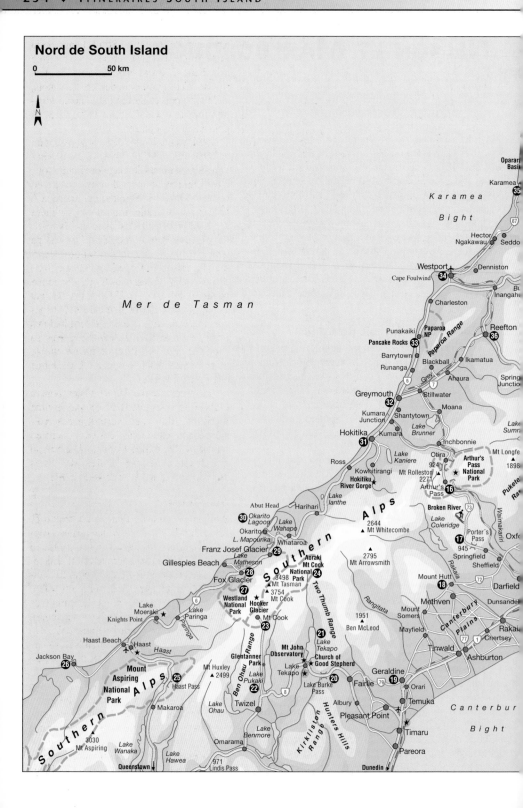

Nord de South Island

0 — 50 km

N

Mer de Tasman

Karamea Bight

Oparar Basi

Karamea

35

Hector
Ngakawau ● Seddo

Westport ● Denniston
Cape Foulwind **34**

Bu
Inangaha

● Charleston

Punakaiki **Paparoa NP**
Pancake Rocks **33**

Reefton
36

Barrytown
Runanga ● Blackball ● Ikamatua

Grey Ahaura
● Spring
Junctio

Greymouth **32** ● Stillwater

● Moana
Kumara ● Shantytown
Junction *Lake Brunner*
● Inchbonnie

Hokitika **31** ● Kumara

Lake Sumr

Ross ● *Lake Kaniere* Otira
924 ▲ Mt Longfe
1898
Kowhitirangi ● Mt Rolleston **Arthur's Pass National Park**
Hokitiku River Gorge Mt Rolleston 2271
Arthur's Pass **16**

Abut Head ● Harihari *Lake Ianthe*
● Broken River **73**

Okarito **30** *Southern Alps*
Lagoon *Lake Wahapo* 2644 *Lake Coleridge*
Okarito ▲ Mt Whitecombe Porter's Pass **17**
L. Mapourika ● Whataroa 945 ● Oxfo

Franz Josef Glacier **29** *Lake Matheson* 2795 Springfield
Gillespies Beach ● ▲ Mt Arrowsmith Sheffield

Fox Glacier Aoraki
28 Mt Cook Mount Hutt **18** Darfield
27 National 3498 Park **24**
Westland National Park ▲ Mt Tasman Methven ● Dunsande
3754
Lake **Hooker Glacier** Mt Cook ● Mount Somers
Moeraki *Lake Paringa* **23** Mt Cook 1951 Rakai
Knights Point ▲ Mt Cook Ben McLeod ● Mayfield ● Chertsey

Haast Beach ● Haast *Two Thumb Range* Tinwald **77**
Haast *Rangitata* Ashburton
Jackson Bay *Ben Ohau Range* **21**
26 *Lake Tekapo* Geraldine
Mount Aspiring **25** **Mt John** **Church of** **19**
National Haast Pass **Observatory** **Good Stepherd** Fairlie **79** ● Orari
Park Glentanner Park *Lake Tekapo* ● Temuka
22 *Lake Pukaki* **20** Albury
● Makaroa Lake Burke ● Pleasant Point
Southern Alps Twizel Pass
Lake Ohau *Canterbur Bight*
3030 ● Timaru
▲ Mt Aspiring *Lake* *Lake* *Kirkliston Range* *Hunters Hills*
Benmore
Lake Wanaka Omarama ● Pareora
971
Queenstown Lindis Pass *Lake Hawea* Dunedin

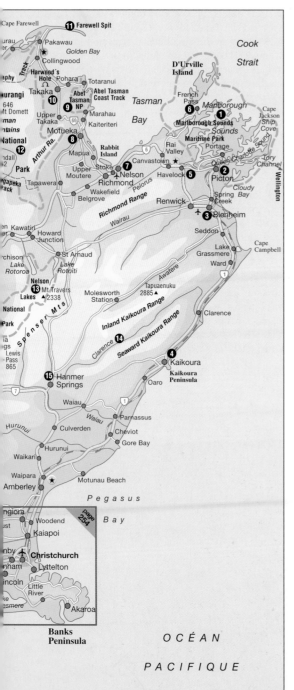

terminus) de la section South Island de la State Highway (SH)1 et de la voie ferrée principale. C'est aussi le terminal des ferries de Wellington et le départ des canots, vedettes-taxis et autres bateaux de location sans lesquels riverains et touristes ne pourraient se déplacer.

Un vieux chaland, l'*Echo* – à présent un café-bar (tél. 03-573 7498) –, est généralement échoué sur la plage devant Picton ; c'est l'un des derniers du pays encore en service. Dans les Sounds, ces bateaux à fond plat et à faible tirant d'eau facilitent le transbordement des marchandises sur les plages les plus reculées. Un vestige maritime bien plus ancien repose désormais au Edwin Fox Maritime Centre (ouv. tlj. de 8h45 à 17, jusqu'à 18h en été ; entrée payante ; tél. 03-575 6868) dans Durban Walk. à couvert dans une cale sèche spécialement aménagée entre le terminal des ferries et la ville. L'*Edwin Fox*, avec sa coque en teck, est l'ultime navire encore de ce monde de la compagnie britannique des Indes orientales.

Picton compte plusieurs musées, dont la plupart se consacrent à son patrimoine maritime. Mais c'est surtout à des croisières dans les Sounds, des excursions en kayak et des expéditions d'observation des dauphins dans le dédale des baies environnantes que la ville vous invite.

Blenheim

À 30 km au sud de Picton, **Blenheim ❸** est le chef-lieu de la province très peu peuplée du Marlborough. Implantée sur la Wairau Plain, cette bourgade sans prétention a repris des couleurs depuis la création des vignobles **Montana** en 1973. Aujourd'hui, Montana est distribué par Allied Domecq Wines (www.adwnz.com), filiale de Pernod Ricard depuis 2005. Un autre de leurs vignobles, Brandcott Winery (tél. 03-578 2099), se trouve juste au sud de Blenheim.

Une centaine d'autres domaines, dont le réputé **Cloudy Bay** (www.cloudybay.co.nz), ont transformé la région en une production majeure de vins, sauvignons blancs et rieslings notamment. De nombreux chais ont ouvert boutiques de vente et restaurants, entraînant dans leur sillage l'ouverture de nombreux B&B de luxe. Le Marlborough Wine and Food Festival annuel, qui débute le second samedi de février, célèbre l'alliance de la bonne cuisine et des vins fins. Les autres produits régionaux – raisin, pommes, cerises et moutons –, bénéficient tous de la douceur du climat pour gagner en saveur et en rondeur. Quant aux longues journées chaudes et sèches de l'été du Marlborough, elles profitent aux salines du **lac Grassmere**, à 30 km au sud-est de Blenheim : l'eau de mer s'y déverse en lagunes et s'évapore jusqu'à ne plus laisser que d'éblouissants cristaux de sel.

Baleines et dauphins de Kaikoura

Jusqu'à Canterbury, sur la côte est, le littoral rocheux de la partie sud de la province est très exposé aux vents et aux vagues du large. La province de Marlborough s'étire jusqu'à **Kaikoura ❹** (3 200 hab.), à 130 km au sud de Blenheim. Ce bourg niché au pied d'une petite péninsule offre son abri aux bateaux de pêche. La langouste et le homard de roche qui fréquentent son littoral se retrouvent fraîchement cuits sur de nombreux étals installés au bord des routes.

Mais l'économie de Kaikoura a surtout profité aux touristes qui viennent observer les cachalots de passage, à quelques kilomètres au large. Il peut sembler paradoxal qu'une petite ville côtière fondée sur le massacre des baleines voici un siècle retrouve la prospérité grâce aux mêmes baleines. Un hydrophone capte les ultrasons émis par les mammifères plongés à des profondeurs de 1 000 m en quête de calmars géants ; le bateau peut donc se positionner approximativement là où le cachalot devrait refaire surface pendant 10 min environ, avant de déployer ses immenses nageoires caudales pour replonger. Organisées par **Whale Watch Kaikoura** (tél. 03-319 6767 ; www. whalewatch.co.nz), ces

Les baleines se repèrent à leurs nageoires caudales qu'elles dressent pour frapper les flots. Ce superbe mouvement se reproduit régulièrement dans les eaux de Kaikoura.

CI-DESSOUS :
un vignoble près de Blenheim.

Carte
p. 234

excursions de 2h30 ont lieu toute l'année. Vous pouvez aussi prendre un avion de tourisme ou un hélicoptère (tél. 03-319 6609 ; www.worldofwhales.co.nz) pour observer les baleines, et même, avec un peu de chance, en apercevoir de la côte. Gérée par les Maoris, cette activité a littéralement dopé l'économie de la ville, désormais une étape incontournable de tout voyage dans la région.

Mais les eaux de Kaikoura ménagent encore d'autres surprises. Les excursions d'observation des dauphins organisées par **Dolphin Encounter** (tél. 03-319 6777 ; www.dolphin.co.nz) permettent aux nageurs de partager leurs jeux. Cette expérience connaissant un grand succès – justifié – réservez bien à l'avance en été.

Dans l'arrière-pays, deux chaînes de montagnes parallèles découpent l'azur, dont le plus haut sommet, le **Tapuaenuku**, culmine à 2 885 m. Au-delà s'étendent l'**Awatere Valley** et les 182 000 ha de **Molesworth Station**, le plus vaste ranch d'ovins et de bovins du pays.

Des moules et de l'or

La SH6 Blenheim-Nelson vous conduit en direction du nord-est sur 39 km, longeant la ravissante Kaituna Valley jusqu'à **Havelock ❺**. Lové au fond du Pelorus Sound, ce centre de pêche et de vacances fonctionne un peu comme un Picton miniature, sans le va-et-vient des ferries, mais avec la même impression que tout ce qui compte en ville est lié à la mer. Les détroits de Pelorus et de Kenepuru jouent un rôle clé dans l'expansion de l'aquaculture néo-zélandaise : leurs eaux abritées et bien préservées permettent l'élevage du saumon et la culture de moules – dont la saveur a fait la réputation de Havelock – le long de lignes sur flotteurs. On y récolte aussi de délicieux pétoncles et des huîtres du Pacifique.

Juste après Havelock apparaît **Canvastown** ("ville de toile"), ancien campement surgi de terre avec la découverte d'or dans la **Wakamarina River** vers 1860. Ce fut une ruée éphémère, la plupart des prospecteurs émigrant ensuite vers l'Otago. Canvastown commémore ces quelques jours de gloire par un monument, ensemble de vieux outils de mine incrustés dans le ciment. On peut aussi louer une batée et récolter quelques menues paillettes dans la Wakamarina River.

Plus au nord, les cars qui parcourent les 115 km de route entre Blenheim et Nelson font étape à **Rai Valley**. Là, un embranchement mène jusqu'à la **French Pass ❻**, à l'extrême ouest des "sounds". Large de 800 km à son point le plus étroit, ce bras de mer semé de récifs sépare South Island de **D'Urville Island**, cinquième plus grande île de Nouvelle-Zélande. Violemment brassé par les courants, il prend des allures de fleuve en crue lorsqu'il tente d'étaler les eaux d'Admiralty et de Tasman Bays. Dumont d'Urville franchit la passe en 1827, échappant de peu au naufrage lorsque sa corvette l'*Astrolabe* se retrouva drossée par-dessus les récifs.

Nelson et les environs

Les provinces de Marlborough et de **Nelson ❼** se confondaient jadis, mais les fermiers conservateurs du Marlborough abandonnèrent Nelson, colonisée par des artisans européens en qui ils voyaient de dangereux agitateurs. Acquis en 1858, son statut de ville

Très présent dans les eaux de Kaikoura, le dauphin lagénorhynque de Gray (Lagenorhynchus obscurus) appartient à la famille des cétacés, qui comprend également les baleines.

CI-DESSOUS :
Kaikoura vous offre l'occasion unique de nager avec des dauphins.

Quelques centaines de mètres au nord par Trafalgar Street, les Nelson Markets de Montgomery Square (ouv. le sam. de 8h à 13h ; tél. 03-546 6454) vous permettent de voir et d'acheter d'excellents produits régionaux, ainsi que des articles d'artisanat local.

CI-DESSOUS :
bizarre, vous avez dit bizarre ? World of Wearable Art Awards, Nelson.

permit à Nelson de se démarquer de cités plus importantes. Elle n'a jamais été desservie par le réseau ferroviaire national, mais les liaisons aériennes avec Wellington atténuent quelque peu son isolement.

La ville doit plus que son statut municipal à Andrew Suter, évêque de Nelson de 1867 à 1891. Suter lui légua la plus belle collection d'aquarelles du début de l'ère coloniale. La **Suter Gallery** (ouv. tlj. de 10h30 à 16h30 ; entrée payante ; tél. 03-548 4699 ; www.thesuter.org.nz) qui l'héberge, dans Bridge Street, est l'un des phares culturels de la ville, tout comme la **School of Music** (tél. 03-548 9477), deux rues au sud dans Nile Street, et le plus ancien théâtre du pays, le **Theatre Royal** (tél. 03-548 3840), situé plus à l'ouest dans Rutherford Street. Une rue à l'est de Rutherford Street, la **Christ Church Cathedral** se dresse fièrement sur les marches qui couronnent l'extrémité sud de Trafalgar Street.

Au nord de la ville, sur Atawhai Drive, le **Founder's Historic Park** (ouv. tlj. de 10h à 16h30 ; entrée payante) présente un ensemble de bâtiments historiques, dont un moulin à vent, ainsi qu'un labyrinthe en 3-D et des expositions nautiques organisées dans ses jardins. Plus au nord, les **Miyazu Gardens** (ouv. tlj. de 8h au coucher du soleil), jardin-promenade traditionnel japonais, séduiront sans doute plus les amateurs que la **Botanic Hill**, s'élevant à la lisière est de la ville dans Milton Street.

L'art prêt à porter

Nelson ne manque pas non plus de mettre en avant ses plages de sable et ses vastes vergers de pommiers, sans parler de sa communauté artistique et culturelle des plus dynamiques. En 1987, une galerie de Nelson crée, à l'occasion d'une simple manifestation promotionnelle, les World of Wearable Art Awards. Cet évé-

nement est devenu une telle *success-story* que depuis 2005 les WOW se déroulent à Wellington, au Event Centre de Queens Wharf. Véritable spectacle, il se prolonge sur plusieurs soirées où se bousculent public et participants venus des quatre coins de la planète. Savoir si les modèles présentés relèvent de la mode, de la sculpture ou de l'architecture est parfois impossible : les stylistes s'en donnent à cœur joie et rivalisent d'imagination – mentionnons en passant qu'il existe un prix spécial pour la plus importable de leurs créations. Si vous n'êtes pas dans la région en septembre pour voir ces extravagances, allez sur Quarantine Road, à 8 km au sud-ouest du centre-ville, au **World of Wearable Art and Collectable Cars** (ouv. tlj. de 10h à 17h, jusqu'à 18h30 en été ; entrée payante ; tél. 03-548 9299 ; www.worldofwearableart.com), où les Awards ont à présent leur résidence permanente. Ce musée expose nombre d'œuvres et de modèles qui déchaînèrent acclamations ou huées lors de précédents concours.

Vignes et vergers ponctuent les paysages de Nelson.

Quelques ravissantes églises parsèment les bourgs de la Waimea Plain : à **Richmond**, à 12 km au sud-ouest de Nelson, et à Wakefield, à 15 km au sud-ouest de Richmond, où l'église paroissiale **St John** est la plus ancienne de South Island. À Stoke, à mi-chemin entre Nelson et Richmond, **Broadgreen Historic House** (276 Nayland Road ; ouv. tlj. de 10h30 à 16h30 ; entrée payante ; tél. 03-546 0283) fut construite au milieu du XIXᵉ siècle. Véritable manoir, cette belle demeure vous offre un aperçu de la vie de la haute société néo-zélandaise à cette époque.

Abel Tasman National Park

Nelson contribue largement à la production nationale de poires nashi, de kiwis, de fraises, de framboises… Les vignobles gagnent du terrain, en particulier dans la Waimea Plain et les Moutere Hills. Le houblon pousse près de **Motueka ❽**,

Carte p. 234

CI-DESSOUS : tranche de vie du milieu du XIXᵉ siècle à Broadgreen House.

*Le coût relativement
bas des petites
entreprises et les
emplois saisonniers
de la province de
Nelson attirent ceux
qui recherchent
un mode de vie
alternatif. Les* mobile
homes *abondent, et
beaucoup s'installent
dans les vallées de
la Motueka ou de
Golden Bay.*

35 km au nord de Richmond sur la SH60, là où de vastes champs de tabac se déployaient jadis. Le bois, la pêche et les chantiers nautiques comptent parmi les principales industries locales. Dans les années 1960, la renaissance de l'artisanat a permis à la province de devenir un important centre de poterie, essentiellement en raison de la qualité de son argile. Motueka accueille une communauté artistique en plein essor (tout comme celle des pêcheurs à la truite). Le tissage, les bijoux en argent, le verre soufflé remportent également un beau succès.

À 20 km au nord de Motueka, l'**Abel Tasman National Park ❾** borde un littoral où des baies émeraude et orange alternent avec des côtes d'un granite scintillant. Le spectacle est particulièrement enchanteur depuis la **Coastal Track** (*voir p. 243*) qui relie **Marahau**, au sud, à **Totaranui**, au nord. La randonnée complète demande 3 ou 4 jours, mais vous pouvez prendre une vedette au départ de Kaiteriteri ou de Tarakohe et vous faire débarquer dans une baie le long du parcours. Avec ou sans guide, les excursions en kayak sur la baie font de plus en plus d'adeptes. À Tarakohe, sur la route du parc qui porte son nom, un monument honore la mémoire d'Abel Tasman, navigateur hollandais du XVIIe siècle et premier Européen à découvrir la Nouvelle-Zélande.

Golden Bay

En direction de **Golden Bay**, vers l'ouest, par la SH60, les 795 m d'altitude de la **Takaka Hill Road** n'en font pas le plus haut col du pays, mais ses 25 km et quelque 365 virages lui valent à coup sûr d'être le plus long que vous aurez jamais à négocier en Nouvelle-Zélande. Les eaux pluviales ont façonné cette montagne de marbre en un étrange paysage de failles, de couloirs et de flûtes. Au bout d'une petite route, si vous remontez à pied la Riwaka Valley sur 400 m,

CI-DESSOUS :
un fabuleux ruban
de plages frange
l'Abel Tasman
National Park.

Carte
p. 234

côté Nelson de Takaka Hill, vous accéderez à la première partie visible de la Riwaka River, qui jaillit de sa source enterrée sous la colline.

En contrebas de la petite route de Canaan, **Harwood's Hole** s'enfonce de quelque 183 m, offrant aux amateurs de rappel une excellente occasion de tester leur sang-froid. La première descente date de 1957 : un membre de l'expédition fut tué par une chute de pierres en remontant. Au sommet de la colline, un bel-védère vous laisse découvrir toute la splendeur de Golden Bay.

À 5 km à l'ouest de **Takaka ❿**, les **Pupu Springs** (ou Waikoropupu Springs) donnent accès à Golden Bay. En 1993, des chercheurs annoncèrent que de leurs énormes sources jaillissait l'eau la plus pure au monde, autorisant une visibilité sous-marine quasi parfaite jusqu'à l'incroyable profondeur de 62 m. Le résultat est spectaculaire. Dans cet aquarium grandeur nature, les plantes aquatiques poussent à profusion, comme sur un récif corallien, mais en eau douce. Un peu plus loin, au fond d'une vallée nappée de brume, un parking marque le début de la **Pupu Walk-way**. Cette section de 2 km de canaux et d'aqueducs épouse les courbes des falaises, témoignant du courage des 8 hommes qui les façonnèrent à la pelle et à la pioche en 1901 pour amener l'eau nécessaire aux "laveurs" en contrebas.

Il fut un temps où la Wholemeal Trading Company de Takaka était le seul endroit où se restaurer. Une douzaine de cafés et restaurants lui font aujourd'hui concurrence autour de la baie. Sur la route Takaka-**Collingwood** (à 30 km, der-nière ville sur la nationale), la **Mussel Inn** (tél. 03-525 9241 ; www.mussel inn.co.nz) est devenue en quelques années une institution ; Jane et Andrew Dixon y brassent la plus petite quantité de bière du pays.

Golden Bay tient son nom du métal précieux qui déclencha en 1857 la ruée vers l'or d'Aorere. Aujourd'hui, on l'associe plutôt à la langue sablonneu-

NOTEZ-LE

Plutôt que de copier ce qui existait déjà, la mini-brasserie de Mussel Inn, près de Takaka, a innové. Démarrez par une *goose* et terminez par un *strong ox*. Entre les deux, dégustez un *black sheep* ou un *dark horse* parmi bien d'autres.

CI-DESSOUS :
les eaux cristallines des Pupu Springs.

Carte p. 234

La langue de sable de Farewell Spit fait également de Golden Bay un piège mortel pour les baleines. Celles qui migrent au large en été s'échouent sur les hauts-fonds, souvent par centaines. Résidants et vacanciers unissent leurs forces pour les remettre à flot.

CI-DESSOUS :
Farewell Spit,
vue aérienne.

se de 35 km de long qui s'incurve au nord-ouest vers **Farewell Spit ⓫**. Avec plus de 106 espèces d'oiseaux répertoriées, cette réserve naturelle depuis 1938 fait le bonheur des naturalistes. Le Spit, couvert d'immenses dunes et d'une forêt de broussailles, épouse la baie comme un cimeterre. Il gagne 100 m chaque année, les courants qui balayent la West Coast venant y déposer leurs millions de mètres cubes de sable lorsqu'ils butent contre les flots impétueux du détroit de Cook. Le Department of Conservation (DOC) limite sévèrement l'accès au Spit, classé parmi les zones humides d'intérêt planétaire. Vous pouvez y marcher à partir de **Puponga**, à 26 km de Collingwood. Des excursions en 4x4 quittent régulièrement Collingwood pour rejoindre le phare et sa colonie de fous de Bassan, rassemblée au bout du Spit.

Face aux déferlantes de la mer de Tasman, la côte ouest de Golden Bay ne manque pas de grandeur, à défaut de douceur. Partant de Puponga, la promenade de 30 min qui mène à **Wharariki** déroule un fabuleux spectacle de falaises, d'arches, de grottes et de dunes immenses. La route qui franchit la selle de **Pakawau** mène au **Westhaven Inlet**. Apprenant son classement en réserve marine, ses habitants mécontents dressèrent une pancarte : "Réserve humaine de Westhaven. Ni oiseaux, ni DOC, ni cervelles d'oiseau".

L'étroite et poussiéreuse route qui contourne l'anse en offre un excellent aperçu – et vous aurez tout en double à marée haute si le vent ne brouille pas les reflets. Profitez d'**Echo Point** pour y lancer le cri de Tarzan : il sera réverbéré 8 fois. Les vestiges de **Mangarakau** ne laissent pas soupçonner un passé prospère, alimenté par le charbon, le bois, l'or et le lin. Après l'ancienne école, s'ouvre à droite l'entrée de la mine. Une explosion de grisou y causa la mort de 4 mineurs le 17 juin 1958. Le cinquième mineur de la ville, accouru à leur secours, fut gravement gazé.

Truites et randonneurs

Au sud de Golden Bay, même les 4x4 ne servent plus à rien. Cette zone de 452 000 ha est le domaine réservé du **Kahurangi National Park ⓬**, le deuxième parc du pays. On y a répertorié plus de la moitié des 2 400 espèces végétales de Nouvelle-zélande, dont 67 endémiques. De nombreux randonneurs viennent parcourir ses 550 km de sentiers, notamment les 85 km de la **Heaphy Track** (*voir p. 243*). Cette grande randonnée de 4 ou 5 jours débute à 30 km au sud de Collingwood pour grimper dans les montagnes, puis redescendre le long de la West Coast jusqu'à Karamea. Vous trouverez où dormir en chemin dans les cabanes du DOC, pour une participation modique.

Mais il existe d'autres paradis pour les pieds et les jarrets plus tendres. Dans le **Nelson Lakes National Park ⓭**, à 90 km au sud de Nelson, un pavillon de pêche restauré de 1920, le **Lake Rotoroa** Lodge est bâti sur le lac du même nom. Le pêcheur y découvrira des eaux d'un bleu inégalé à quelques pas de sa porte, et 26 rivières à truites de haut niveau à moins d'une heure de route. Sur la berge du **lac Rotoiti** voisin, le village de **St Arnaud** propose un hébergement confortable, et 2 pistes de ski à proximité en hiver.

Une route longe la Wairau Valley ; elle vous ramènera à Blenheim si vous ne souhaitez pas continuer vers Christchurch ou la West Coast. ❏

Trek sur South Island

Le Department of Conservation (www.doc.govt.nz) gère les sentiers de tous les parcs nationaux du pays, y compris les "Great Walks", ou pistes de grande randonnée.

La plus célèbre est sans doute la **Milford Track**, dans le Fiordland. Partant du lac Te Anau, elle emprunte le cours encaissé de la Clinton River jusqu'à Mintaro Hut. Elle franchit la MacKinnon Pass, puis redescend jusqu'à Quintin Hut. On peut y laisser son sac pour pousser jusqu'aux Sutherland Falls, les plus hautes chutes de Nouvelle-Zélande. De Quintin Hut, la piste quitte la forêt humide pour rejoindre le fjord du Milford Sound, 4 jours plus tard. En raison de sa popularité, il faut réserver à l'avance pour se lancer sur la Milford Track. Vous obtiendrez un permis d'accès au siège du parc national, à Te Anau. Vous pouvez parcourir la piste seul ou bien participer à une randonnée guidée. Vous rencontrerez des marcheurs de tous âges, mais une bonne condition physique est souhaitable, et des vêtements pour tous les temps sont indispensables.

La **Routeburn Track** relie en 3 jours le Fiordland National Park au Mount Aspiring National Park. Elle emprunte l'ancienne piste des Maoris en quête du précieux jade. Partant de la ligne de partage des eaux sur la nationale Te Anau-Milford, elle passe de Key Summit au lac Howden avant de basculer dans le Mackenzie Basin. Là, elle franchit Harris Saddle pour rejoindre la Routeburn Valley. La vue offerte par Key Summit est fabuleuse.

La **Coastal Track** de l'Abel Tasman National Park propose une expérience bien différente. Cet itinéraire de 3 ou 4 jours traverse prairies et broussailles, plongeant ici ou là jusqu'à des plages au sable d'or. Son exceptionnelle beauté l'a rendu un peu trop fréquenté ces dernières années, et vous aurez peut-être du mal à dormir en lodge

– mieux vaut prévoir une tente. Lorsque la marée est haute, un détour par le fond des baies s'avère souvent nécessaire : consultez la table des marées, publiée dans le journal local ou affichée dans les lodges. Prenez de la lotion contre les simulies (sorte de moustiques).

Pour la **Heaphy Track**, qui relie Collingwood et Karamea, comptez de 4 à 6 jours. L'essentiel de l'itinéraire tient dans les limites du Kahurangi National Park. Partant de Brown Hut, la piste s'élève à travers une forêt de hêtres jusqu'à Perry Saddle. À 2 heures de marche aller-retour de Perry Saddle Hut, le mont Perry dégage un panorama saisissant. La piste serpente ensuite à travers les vastes étendues des Gouland Downs jusqu'à Mackay Hut. Les palmiers Nikau caractérisent la Heaphy Track dans sa superbe portion littorale. Là encore, prémunissez-vous contre les simulies.

Vous obtiendrez des informations détaillées sur ces randonnées auprès des bureaux du DOC – utilisation des pistes gratuite et coût de l'hébergement modique. ❏

À DROITE : un randonneur contemple le Kahurangi National Park du haut d'un promontoire rocheux, Heaphy Track.

CHRISTCHURCH

Christchurch est fière de son caractère "british" – et, comme le veut la tradition, parmi ses jardins parfaitement entretenus et ses édifices élégants, vous rencontrerez sûrement quelque personnage excentrique.

Carte
p. 248

Christchurch aime mettre l'accent sur ses loisirs traditionnels – faire de l'aviron sur l'Avon River, se promener en tramway dans les rues du centre, prendre un café en terrasse dans le vieux quartier universitaire. Ce genre de passe-temps en dit long sur la manière dont Christchurch se considère : britannique d'abord.

Pourtant, de toutes les grandes villes du pays, Christchurch fut la première à parier sur le tourisme. Ainsi pouvez-vous aujourd'hui emprunter le téléphérique pour Port Hills, l'arrière-plan volcanique de la ville ; ou faire votre shopping dans l'une des nombreuses boutiques de souvenirs multilingues qui émaillent le centre ; ou bien jouer au casino ; ou encore survoler la ville et les plaines alentour à l'aube dans une montgolfière ; ou enfin prendre l'hélicoptère pour retrouver un petit air de France à Akaroa, sur la Banks Peninsula.

Mais commençons par la ville même. Partez de Cathedral Square, écrasée par une copie néogothique de cathédrale anglaise qui dut longtemps à sa flèche d'être le plus haut édifice de Christchurch. À son pied, un échiquier de rues quadrille cette ville sans relief. Les artères centrales adoptent le nom d'archevêchés anglais – les moins connus, car lorsque la ville fut planifiée vers 1850, les autres avaient été pris par les plus anciennes agglomérations de la province.

Quatre larges avenues circonscrivent le centre-ville – soit un mile carré, comme la City de Londres. Dans ces limites se cantonnent des parcs tracés au cordeau, tels que le Cranmer ou le Latimer, et honni soit l'urbaniste qui oserait imaginer une route rognant sur ces précieux parcs, comme certains l'ont jadis appris à leurs dépens.

L'Avon coule à travers la ville. Pour les riverains, ce cours d'eau a été évidemment baptisé d'après la rivière du Stratford de Shakespeare. Erreur, il s'agit en réalité du ruisseau qui gazouillait devant la maison de l'une des premières familles installées sur sa berge.

PAGES PRÉCÉDENTES : échec et mat ! sur Cathedral Square.
CI-CONTRE : aboyeur municipal, Victoria Square.
CI-DESSOUS : Botanic Gardens.

Et vive l'Angleterre !

À l'ouest s'étend le vaste Hagley Park, jadis barrière dressée entre ville et campagne, mais aujourd'hui complètement encerclé par l'urbanisation. Terrains de jeux et jardins botaniques y côtoient de vastes jardins traditionnels à l'anglaise.

Christchurch n'est pas le fruit du hasard. Une ville ne devient pas plus anglaise que nature sans y travailler d'arrache-pied. Cette colonie anglicane doit largement sa fondation à un jeune conservateur anglais répondant au nom très british de John Robert Godley. Rejetant l'égalitarisme et l'industrialisation galopante du XIXe siècle, Godley rêvait d'une société médiévale mariant harmonieusement l'Église et l'État, présidée par une aristocratie bienveillante. Il fonda

la Canterbury Association, qui compta bientôt pour soutien 2 archevêques, 7 évêques, 14 lords, 4 baronnets et 16 membres du Parlement. L'idée consistait à récolter de l'argent et à trouver des colons pour ce parfait petit coin de paradis du Pacifique sud. Seuls des immigrants triés sur le volet seraient agréés. Pour se qualifier, le demandeur devait obtenir de sa paroisse un certificat attestant qu'il était "sobre, industrieux et honnête" et que lui et toute sa famille comptaient parmi "les plus respectables".

C'est ainsi qu'arrivèrent les pèlerins du Canterbury, dont 800 débarquèrent de 4 navires au port de Lyttelton en 1850. En 1855, 3 549 immigrants avaient fait la traversée. Mais tout alla de travers. Les rêves d'une utopie ecclésiastique s'effondrèrent devant les rudes réalités de la vie coloniale. Ici, pas plus qu'ailleurs, il n'était facile de reproduire l'anglicanisme. À partir de 1855, la croissance de Christchurch prit une tournure nettement moins idéale. Mais les rêves ont la vie dure. Descendre des colons des "First Four Ships" a presque valeur de titre de noblesse, encore aujourd'hui. Et vous verrez les noms de ces premiers immigrants officiels gravés sur des plaques dans un angle de Cathedral Square.

La ville-jardin

Christchurch s'accroche d'autant plus fermement à ses traditions qu'elle sait en tirer des avantages bien réels : les jeunes mariés japonais viennent se faire bénir sous les voûtes gothiques d'églises comme **St Barnabas**, dans Tui Street, dans le faubourg verdoyant de Fendalton, à l'ouest de Hagley Park. Et la ville a su protéger ses parcs et jardins, des hectares et des hectares de jardins, publics et privés. Officiellement nommée la "ville-jardin" du monde en 1997, Christchurch n'épargne aucun effort pour rester à la hauteur de sa réputation. Le jardinage

NOTEZ-LE

Le Christchurch and Canterbury Visitor Centre occupe l'ancienne poste (ouv. tlj. de 8h30 à 17h, 18h en été ; tél. 03-379 9629 ; www.christchurchnz. net).

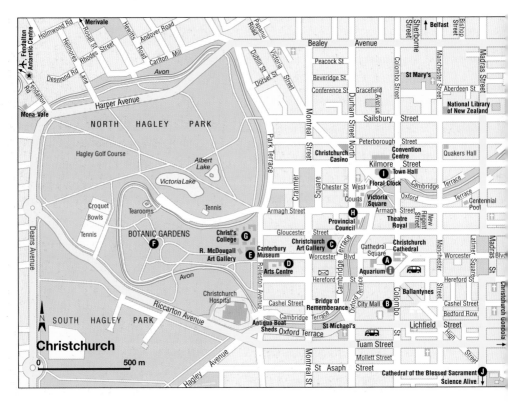

occupe le premier rang des loisirs de ses citadins, et ce n'est pas le promeneur qui s'en plaindra, qu'il flâne en ville ou dans ses faubourgs. Et si d'aventure vous y passez à la fin de l'été, vous découvrirez véritablement ce qu'à Christchurch jardiner veut dire.

Carte
p. 248

Cathedral Square et ses environs

Débutez votre flânerie par **Cathedral Square Ⓐ**. Ce secteur piétonnier gagna ses pavés à l'occasion des jeux du Commonwealth de 1974, qui poussèrent la ville à lancer un programme d'embellissement. Un projet de réaménagement est actuellement en suspens, toute idée de modification suscitant aussitôt une levée de boucliers. Un peu à la manière du Speakers Corner de Hyde Park, la place est officiellement ouverte à tout orateur. À l'heure du déjeuner, et par beau temps, vous aurez peut-être la chance d'y entendre une star locale, The Wizard (www.wizard.gen.nz). Arrivé d'Australie au début des années 1970, le "sorcier" Ian Brackenbury Channell se montre régulièrement dans le Square, en été de préférence, pour haranguer des passants médusés. Habillé d'une robe noire ou de toile à sac, il débite des discours passionnés sur tout et n'importe quoi, de la reine (pour) au féminisme (contre), en passant par le réchauffement de la planète. Personne ne sait trop s'il faut le prendre au sérieux ou non, mais il a fini par bénéficier du statut officiel de mascotte de la ville.

Le sorcier de Christchurch, toujours actif à Cathedral Square.

En été, le Square s'anime de festivals à thème humoristique ou culinaire. Des étals en tout genre y vendent art, artisanat ou aliments exotiques. Les concerts du déjeuner ont lieu en décembre et en janvier. "The Square" prend hélas une allure beaucoup moins débonnaire à la tombée de la nuit, et il est déconseillé de s'y promener seul.

CI-DESSOUS :
Christchurch
Cathedral.

Notez-le

Citadins et touristes
apprécient les
promenades en barque
sur l'Avon. Vous
pouvez vous offrir les
services d'un rameur,
louer un pédalo ou un
kayak. Renseignements
auprès de l'Antigua
Boatshed
(2 Cambridge Terrace,
au bout de Rolleston
Avenue ; tél. 03-366
5885 or 379 9629 ;
www.boatshells.co.nz)

Ci-dessous :
ces vagues de verre
et d'acier habillent
la Christchurch Art
Gallery.

Christchurch Cathedral (ouv. tlj. de 9h à 17h ; entrée libre ; tél. 03-366 0046) s'élève côté est de la place. Le chantier de construction démarra en 1864, mais dut rapidement s'arrêter faute de fonds. Certains insinuèrent que l'Église avait mieux à faire avec son argent – et les travaux ne reprirent que lorsque l'évêque promit d'y contribuer de sa propre poche. La cathédrale fut finalement achevée en 1904. Un centre d'information lui a été ajouté en 1994. Un billet de prix modique vous permettra d'escalader les 134 marches de la tour et d'embrasser toute la ville du regard.

Les bureaux de *The Press*, journal du Canterbury, se trouvent derrière la cathédrale. De l'autre côté du Square, le **Southern Encounter Aquarium** (ouv. tlj. de 9h à 19h ; entrée payante ; tél. 03-377 3474) permet d'observer de près les poissons et les kiwis de South Island. En descendant Colombo Street vers le sud jusqu'au coin du City Mall, zone piétonne, vous trouverez Ballantynes – grand magasin de luxe où les vendeurs vous servent vêtus de noir mais avec le sourire.

Si vous traversez **City Mall** ❸, – où sont concentrées une grande partie des plus belles vitrines de Christchurch –, vous arriverez au **Bridge of Remembrance**, sous lequel beaucoup d'eau a coulé depuis son inauguration le 11 novembre 1924. Du pont, suivez l'Avon River vers le sud jusqu'à **St Michael and All Angels Church**. Achevée en 1872, elle figure parmi les plus grandes églises de style néogothique anglais en bois. La cloche a été amenée d'Angleterre sur les "First Four Ships" par les tout premiers colons.

Au cœur de Christchurch

De l'autre côté du Bridge of Remembrance, le long de **Cambridge Terrace**, apparaît un petit bijou d'architecture, l'ancienne bibliothèque de la ville.

Comme tant d'autres, ce bâtiment a été soigneusement restauré pour accueillir des bureaux. Un peu plus loin, prenez Worcester Boulevard, itinéraire des tramways restaurés qui sillonnent la ville intérieure. À l'angle de Montreal Street, la **Christchurch Art Gallery ⊙** (ouv. tlj. de 10h à 17h, jusqu'à 21h le mer. ; entrée libre ; tél. 03-941 7300 ; www.christchurchartgallery.org.nz) déploie ses audacieuses parois de verre et d'acier, œuvre du Buchan Group. Ses importantes collections d'art néo-zélandais se concentrent sur la région du Canterbury.

Poursuivez sur Worcester Boulevard et vous arriverez devant le **Christchurch Arts Centre ⊙** (ouv. tlj. de 9h30 à 17h ; entrée libre ; tél. 03-366 0989 ; www.artscentre. org.nz). Cet amoncellement de tourelles, de clochetons et de cloîtres accueillait jadis l'université du Canterbury. Lorsque l'université déménagea ses locaux vers des espaces moins confinés, des ateliers d'art et d'artisanat, des théâtres, des restaurants et des appartements investirent les lieux. Le centre héberge le **Court Theatre** (tél. 03-963 0870 ; www.courttheatre. org.nz), compagnie passant depuis longtemps comme l'une des meilleures du pays.

Jongleur en tutu devant le Christchurch Arts Centre.

Vous êtes là au cœur du vieux Christchurch. De l'autre côté de Rolleston Avenue, s'élève un autre bâtiment néogothique, le **Canterbury Museum ⊙** (ouv. tlj. de 9h à 17h30 ; entrée libre ; tél. 03-366 5000 ; www.cantmus.govt.nz). Conçu par le grand architecte néo-zélandais Benjami W. Mountfort (1825-1898), ce musée se consacre à l'histoire préeuropéenne et coloniale de la province, à la découverte et à l'exploration de l'Antarctique, et conserve une belle collection d'arts décoratifs et de costumes européens. Les enfants se rendront sans difficulté au centre d'histoire naturelle, **Discovery** (entrée payante).

CI-DESSOUS : danses polynésiennes, Christchurch Arts Centre.

Au-delà, si vous pénétrez plus avant dans **Hagley Park**, les **Botanic Gardens ⊙** (ouv. tlj. de 7h au coucher du soleil ; entrée libre) vous invitent à une

NOTEZ-LE

Le Christchurch
Tramway part de
Cathedral Square
pour décrire une boucle
autour du centre-ville.
Neuf arrêts vous
permettent de monter
et descendre pour
explorer la ville à votre
guise. Les billets sont
en vente à bord et
valides pendant 2 jours
(ouv. tlj. de 9h à 21h
de nov. à mars et de
9h à 17h d'avr. à oct. ;
tél. 03-366 7830 ;
www.tram.co.nz).

CI-DESSOUS :
le Christchurch
Tramway.

véritable célébration des arts du jardin – *mixed borders* à l'anglaise, sections de plantes locales et spécimens subtropicaux ou désertiques en serres. Les jardins occupent un méandre de l'Avon, qui serpente tout au long du vaste parc. À l'heure du déjeuner comme en soirée, des centaines d'employés de bureau viennent y pratiquer leur jogging.

Au nord, les superbes bâtiments, neufs ou anciens, de la très anglicane et très british école pour garçons de **Christ's College ⓖ** bordent Rolleston Avenue. En revenant vers la ville par Armagh Street, vous déboucherez sur **Cranmer Square**. En face se tient l'ancienne **Christchurch Normal School**. Comme beaucoup des bâtiments les plus vieux de la ville, elle affiche un style néogothique. Abandonnée par l'enseignement, cette vieille dame a subi un lifting de première classe et abrite dorénavant des appartements de grand standing. Désormais appelés **Cranmer Courts**, ils hébergent l'un des meilleurs restaurants de la ville.

Un peu plus bas dans Armagh Street, les anciens **Canterbury Provincial Council Buildings ⓗ** (ouv. du lun. au sam. de 22h à 15h ; participation requise) datent de 1858-1865. Autrefois résidence du gouvernement provincial accueillant aujourd'hui des bureaux, ces bâtiments de style Gothic Revival sont l'œuvre de Benjamin W. Mountfort.

Repères architecturaux

À l'est d'Armagh Street, l'ancienne place du marché, **Victoria Square**, est aujourd'hui couverte par un lac de verdure où vient s'ancrer le **Town Hall ⓘ**. Ouvert en 1972 – la ville différait le projet depuis 122 ans ! –, c'est l'une des grandes fiertés du Christchurch moderne et une remarquable réussite architecturale, dont les lignes ont souvent été imitées. Les architectes Warren et Mahoney

ont conçu cet ensemble sobre mais élégant, comprenant auditorium, salon de musique, salles de conférences, salle de banquets et restaurant ouvrant sur l'Avon.

Le Town Hall est désormais relié à l'une des constructions les plus récentes de la ville, le **Crowne Plaza Hotel**, et par une passerelle aérienne à un nouveau palais des congrès municipal. Une rue plus loin dans Victoria Street, une roulette stylisée sur une façade annonce le **Christchurch Casino**, premier établissement de ce type en Nouvelle-Zélande. En poursuivant dans Armagh Street, vous trouverez **New Regent Street** sur la droite, avec ses charmantes façades hispanisantes peintes de bleus et de jaunes pastel. Cafés, restaurants et boutiques bordent cette rue fermée à la circulation, à l'exception du vieux tramway.

Carte
p. 248

L'autre cathédrale

Pour les amateurs d'architecture religieuse, la deuxième cathédrale de la ville ne manque pas d'intérêt. À 2 km au sud de Cathedral Square, dans Barbadoes Street, la **Cathedral of the Blessed Sacrament** ❶ (ouv. tlj. de 9h à 16h ; tél. 03-377 5610) affiche le style néo-Renaissance en vogue au début du XXᵉ siècle. Le dramaturge George Bernard Shaw, qui visita la ville peu après son inauguration, loua la "splendide cathédrale de Christchurch". Les anglicans en tirèrent une fierté légitime, quelque peu ternie lorsqu'ils comprirent que Shaw ne parlait pas de "la" Christchurch Cathedral mais de la nouvelle basilique, catholique, et située de surcroît dans un quartier déshérité. Son architecte, Francis W. Petre, était né en Nouvelle-Zélande mais descendait de l'une des plus grandes familles catholiques d'Angleterre.

Quittant Barbadoes Street, tournez à droite dans Moorhouse Avenue, où l'ancienne gare a été convertie en un temple dédié à la technologie, **Science Alive**

Cathedral of the Blessed Sacrament, Barbadoes Street.

CI-DESSOUS : fontaine de Victoria Square avec l'Avon River en arrière-plan.

(ouv. tlj. de 10h à 17h ; entrée payante ; tél. 03-365 5199 ; www.sciencealive.co. nz). Vous aurez le choix entre subir l'entraînement d'un astronaute sur un gyroscope ou regarder à l'intérieur d'un trou noir.

Port Hills et la Banks Peninsula

En vous éloignant du centre, vous pourrez flâner le long d'innombrables belles demeures. Le patrimoine immobilier de Christchurch reflète des barrières sociales infranchissables, mais curieusement réparties. Au nord-ouest de la ville, **Fendalton** et **Merivale**, leurs grands arbres et leurs jardins, affichent sans complexe des ambitions aristocratiques (les magasins et restaurants de Merivale rivalisent avec ceux du centre). Mais traversez une seule rue, et tout bascule.

Au sud, **Port Hills** bénéficie d'un avantage géographique assez net sur le reste de la ville. L'altitude élève ses résidants au-dessus du *smog* hivernal, parfois très dense. Longeant l'arête des collines, **Summit Road** ❶ dégage d'amples perspectives sur la cité, les plaines et les Southern Alps d'un côté, sur le port de Lyttelton et les collines de la Banks Peninsula de l'autre. Des sentiers de randonnée parcourent Port Hills et la péninsule – promenades de 1 à 2 heures ou grandes randonnées jalonnées de refuges. Vous obtiendrez tous les détails auprès des centres d'information. L'une des grandes attractions de la ville, la **Christchurch Gondola** (téléphérique ; ouv. tlj. de 10h à 22h ; tél. 03-384 0700 ; www.gondo la.co.nz), vous hissera en haut des collines. Restaurant, bar et boutiques de souvenirs vous attendent à l'arrivée. Les plus sportifs peuvent louer un VTT au sommet pour redescendre les pentes, ou explorer les environs.

Quantité de jardins émaillent les collines, notamment les **Gethsemane Gardens** (ouv. tlj. de 9h à 17h ; entré payante ; tél. 03-326 5848 ; www.gethsemane

Survolez la campagne de Christchurch en montgolfière. Contactez Up Up and Away (tél. 03-381 4600 ; www.ballooning.co.nz).

CI-DESSOUS :
Port Hills.

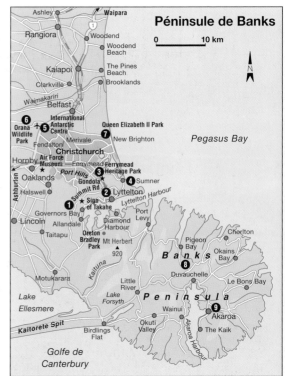

Péninsule de Banks

gardens.co.nz) sur Revelation Drive ; ce jardin privé recèle de nombreux spécimens rares, ainsi qu'une minuscule chapelle en treillage et une arche de Noé, le
tout agencé au gré de courtes avenues.

Bus ou voiture vous mèneront jusqu'à **Lyttelton ❷**, à 12 km au sud-est, de
l'autre côté des collines. Ce port semble sommeiller au pied des pentes où s'accroche une ribambelle de charmantes villas. Vous pouvez rentrer à Christchurch
par le Lyttleton Road Tunnel ou bien enjamber la colline pour rejoindre les faubourgs et les plages de Ferrymead, de Redcliffs et de Sumner. Le **Ferrymead
Heritage Park ❸** (ouv. tlj. de 10h à 16h30 ; entrée payante ; tél. 03-384 1970 ;
www.ferrymead. org.nz) reconstitue un village de pionniers. Les membres bénévoles de quelque 18 associations entretiennent la vie du village, où vous pouvez
circuler en tramway et en train. Il flotte à **Sumner ❹** une atmosphère plutôt
artistique et bohème, sauf lorsque les familles prennent possession le week-end
de sa plage de sable doré.

De l'autre côté de la ville, à l'aéroport, l'**International Antarctic Centre ❺**
(ouv. tlj. de 9h à 17h30, jusqu'à 20h30 en été ; entrée payante ; tél. 03-353 7798 ;
www.iceberg.co.nz) célèbre l'histoire de Christchurch, point de départ de nombreuses expéditions polaires (*voir p. 258*). La "Snow and Ice Expérience" vous
plongera en des températures très antarctiques à tout moment de l'année, et vous
fera pénétrer dans une grotte de glace. À moins d'aller jusqu'en Antarctique
– voyage à ne pas prendre à la légère –, vous n'en aurez jamais été si proche.

À proximité, le safari-parc **Orana Wildlife Park ❻** (ouv. tlj. de 10h à 17h ;
entrée payante ; tél. 03-359 7109 ; www.oranawildlifepark.co.nz) abrite une
faune en augmentation régulière qui arpente des "savanes africaines" – les voitures peuvent pénétrer l'enclos des lions – et des îles spécialement aménagées.

Carte
p. 254

NOTEZ-LE

Contre un supplément
de 12 dollars, montez
à bord du Hagglund
à l'International
Antarctic Centre.
En 15 min, ce
véhicule tout-terrain
de 16 places vous
embarque en un
parcours cahoteux
qui vous fait plonger
au cœur d'une mare.

CI-DESSOUS : loutres
curieuses, Orana
Wildlife Park.

La très conservatrice Christchurch a tout de même connu quelques menus scandales, dont le "meurtre Parker-Hulme" des années 1950, qui dévoila comment deux jeunes filles de bonne famille avaient assassiné la mère de l'une d'elles. Une pièce de théâtre fut tirée de cette histoire, puis un film, tourné par Peter Jackson, Créatures célestes (1994).

CI-DESSOUS :
Langlois-Eteveneaux House, Akaroa.

Les visiteurs peuvent approcher les animaux domestiques d'une ferme, mais rhinocéros, guépards et autres tiennent bien sûr la vedette. Le parc présente un excellent panorama de la vie sauvage locale, dont le rare tuatara et des espèces menacées comme le kiwi, le kereru et le kaka.

Pour ceux que les expéditions antarctiques et les animaux sauvages laissent de marbre, il est des occupations plus paisibles, comme la visite des nombreux vignobles qui parsèment les environs de Christchurch.

Au nord-est, sur Travis Road, le **Queen Elizabeth II Park** ❼ (ouv. du lun. au ven. de 6h à 21h, le sam. et le dim. de 7h à 20h ; entrée payante ; tél. 03-941 8999 ; www.qeiipark.org.nz) fut construit pour les jeux du Commonwealth de 1974. Comme les contribuables ne voulaient pas se retrouver avec une structure ingérable par la suite, ce complexe sportif a été converti en un parc aquatique avec vagues artificielles, fontaines et bateau pirate, entre autres amusements.

Les Français d'Akaroa

S'il vous reste un peu de temps avant de mettre le cap sur les montagnes, la **Banks Peninsula** ❽, de l'autre côté de Port Hills à l'est, vous offre une excellente occasion d'excursion. Le capitaine Cook y commit une erreur monumentale lorsqu'il cartographia la Nouvelle-Zélande : il prit la péninsule pour une île. Il aurait d'ailleurs eu raison s'il s'était rendu là quelques millénaires plus tôt : les volcans éteints qui formaient la péninsule étaient alors séparés de la côte (Cook fit une autre erreur avec Stewart Island, à l'extrémité sud de South Island, en les reliant l'une à l'autre).

Les collines de la Banks Peninsula ont depuis longtemps été déboisées, mais y subsistent encore quelques parcelles de nature sauvage, ainsi que quantité de vallées et de baies ravissantes. Certaines bénéficient d'un microclimat qui favorise la production de légumes, de noix exotiques, d'herbes médicinales et de fruits, tel le kiwi, ailleurs inconnus si bas en latitude.

Pour vous imprégner du charme profond de la province de Canterbury, dirigez-vous vers Diamond Harbour, Okains Bay, Okuti Valley et Port Levy. Ces lieux ont miraculeusement conservé leur authenticité.

Mais c'est à 80 km de Christchurch que réside le véritable joyau de la péninsule, **Akaroa** ❾. Cette petite colonie naquit en 1838 lorsqu'un baleinier français vint mouiller devant son rivage. La colonie demeura française pendant quelque temps, et 63 immigrants embarquèrent à bord du *Comte de Paris* pour aller renforcer ce poste avancé des mers du Sud. À leur arrivée en 1840, ils trouvèrent l'Union Jack britannique fièrement déployé. Qu'à cela ne tienne : ne s'avouant pas vaincus pour autant, ils plantèrent des peupliers de Normandie, baptisèrent leurs rues de noms de leurs provinces et firent pousser du raisin français.

Les Britanniques redevinrent vite majoritaires. Mais les rêves ont la vie dure… La rue Lavaud ou la rue Jolie partent de la baie pour escalader la colline en musardant, et le style colonial domine, protégé par la municipalité. Ne manquez pas la **Langlois-Eteveneaux House**, aujourd'hui intégrée à l'**Akaroa Museum** (ouv. tlj. de 10h30 à 16h30 ; entrée payante ; tél. 03-304 7614), à l'angle des rues Lavaud et Balguerie.

Les églises d'Akaroa se montrent tout aussi originales. La catholique **St Patrick's Church** de la rue Lavaud est la plus ancienne du genre. Construite en 1864, elle fut en fait la troisième à servir les communautés catholiques française et irlandaise – d'où son nom. Ce petit édifice plein de charme est éclairé par un intéressant vitrail bavarois côté est.

À proximité, l'anglicane **St Peter's Church** de la rue Balguerie date de 1863, mais fut agrandie 15 ans plus tard. Comparé à St Patrick, son style affiche un visage austère. Mais la plus singulière demeure la minuscule **Kaik**, église maorie élevée en bord de mer, à 6 km au sud de la ville, dans un cadre exceptionnel. Elle rappelle combien les Maoris furent présents le long d'Akaroa Harbour.

En ville, coiffant les pentes du parc appelé **Garden of Tane**, un cimetière occupe un site extraordinaire. Ses tombes bénéficient sans doute de la plus belle vue de tout le pays, et elles vous content bien des pages d'histoire de la région. En revanche, vous risquez d'être déçu par l'**Old French Cemetery**, de l'autre côté de la ville, où reposent les premiers colons européens. Après une ascension plutôt raide, vous découvrirez néanmoins une assez belle vue sur la baie. Mais des responsables zélés nettoyèrent l'endroit en 1925, détruisant dans la foulée presque toutes les pierres tombales pour les remplacer par un banal mémorial.

Sur la côte sud de la Banks Peninsula, **Akaroa Harbour** se trouve au seuil de l'habitat du rare dauphin d'Hector (*Cephalorhynchus hectorii*). Des excursions en mer permettent (parfois) de l'apercevoir.

De nombreux habitants de Christchurch possèdent une maison de vacances à Akaroa ou aux alentours, et la ville déborde en janvier-février, tout comme ses nombreux bars, cafés et restaurants – plutôt chers, en raison de l'isolement. Vous pourrez en revanche acheter du poisson frais directement sur les quais. ❏

Carte
p. 254

NOTEZ-LE

Si vous prenez la route d'Akaroa en venant de Christchurch, quittez la SH75 à Barry's Bay en direction du sud jusqu'à la French Farm Winery and Restaurant (tél. 03-304 5784) qui produit ses propres vins, dont un excellent chardonnay, et a ouvert un restaurant très réputé.

CI-DESSOUS :
St Patrick's Church, Akaroa.

Antarctique : le miroir aux héros

L e plus inhospitalier des continents et toutes ses histoires d'explorateurs héroïques ne cessent de hanter notre imaginaire. Ceux qui l'ont découvert en reviennent à jamais marqués par la violence des conditions météo, mais aussi par une beauté lumineuse, ineffable.

Christchurch sert depuis longtemps de base aux expéditions pour l'Antarctique. En 1901, l'explorateur Robert Falcon Scott y séjourne 3 semaines pour préparer son voyage. Aujourd'hui, plusieurs tour operators (*voir Carnet pratique, p. 322*) proposent des croisières en Antarctique et aux îles sub-antarctiques de Nouvelle-Zélande.

Ultime étendue vierge

L'Antarctique constitue la dernière grande étendue sauvage, avec 90 % des glaces de la planète recouvrant une surface plus

vaste que celle des États-Unis. Si ces glaces fondaient, le continent perdrait les trois quarts de sa superficie et le niveau des mers monterait de façon dramatique.

L'histoire de la Nouvelle-Zélande est très liée à celle de l'exploration de l'Antarctique. Lorsque Abel Tasman arrive en vue de la côte ouest du pays en 1642, il pense qu'il s'agit de la rive occidentale d'un continent rejoignant l'Amérique du Sud. Il la baptise donc Staten Landt, nom porté alors par l'Amérique du Sud. Un an plus tard, quand il devient évident qu'aucun continent ne barre le Pacifique sud, Staten Landt devient Zeelandia Nova.

Second navigateur européen à découvrir la Nouvelle-Zélande, James Cook envisage à son tour l'existence d'un grand continent austral. Effectuant un périple d'une audace inouïe, il longe le 60e parallèle puis s'enfonce jusqu'à 71° de latitude sud sans apercevoir le continent recherché. Il prolonge si longtemps ses recherches dans le Sud que son équipage manque de se mutiner ; 50 ans plus tard, le navigateur russe Fabian Gottlieb von Bellinghausen fait le tour du monde entre les 60e et 65e parallèles, s'aventurant jusqu'à 69° de latitude sud en deux occasions : il est le premier à découvrir une terre à l'intérieur du cercle antarctique.

Le jeune Néo-Zélandais de 17 ans Alexander von Tunzelmann aurait été la première personne à mettre pied sur l'Antarctique, au cap Adare, en janvier 1895. Les Néo-Zélandais participent aux explorations menées par Scott et Shackleton entre 1900 et 1917, ainsi que par l'Australien sir Douglas Mawson avant la Première Guerre mondiale. Scott et son groupe rallient le pôle, mais ils meurent de froid au retour, après avoir constaté que les Norvégiens conduits par Roald Amundsen les avaient devancés.

En 1923, les Britanniques prennent possession d'un territoire compris entre les méridiens 160° est et 150° ouest, au sud du 60e parallèle, qu'ils placent sous l'administration du gouverneur général de Nouvelle-Zélande. La New Zealand Antarctic Society voit le jour en 1933, mais la première base néo-zélandaise ne s'installe sur le continent que 15 ans plus tard.

En 1957, le conquérant de l'Everest, Sir Edmund Hillary, emmène un groupe de

À GAUCHE : l'Antarctique se mérite.

5 hommes vers le pôle à bord d'une auto-chenille. Ils ne doivent servir que de soutien à l'expédition transpolaire britannique de Sir Vivian Fuchs. Mais Hillary et ses hommes progressent si rapidement qu'ils décident de gagner le pôle : ils sont les premiers à le fouler depuis la tragique aventure de Scott 45 ans plus tôt.

Depuis 1958, des expéditions néo-zélandaises hivernent sur les glaces, explorant et cartographiant d'immenses régions, et menant des études poussées sur sa géologie. En 1964, la Nouvelle-Zélande édifie sa propre base au McMurdo Sound, et la baptise Scott Base.

Protection des ressources

Cinq ans plus tôt, le traité de l'Antarctique visant à "garantir l'usage de l'Antarctique à des fins uniquement pacifiques et le maintien de l'harmonie internationale" est signé par 12 nations, dont la Nouvelle-Zélande. Ratifiée en 1988 à Wellington, la Convention on the Regulation of Antarctic Mineral Resource Activities (CRAMRA) vient complé-

ter ce traité. En 1991, les signataires de la CRAMRA adoptent un protocole interdisant la prospection de minerais sur le continent jusqu'en 2041. Il est possible que les filons présents en Australie et en Afrique du Sud se retrouvent sous le continent antarctique. On a également pris connaissance d'immenses nappes de charbon sub-bitumeux et de vastes dépôts de minerai de fer de qualité médiocre. La CRAMA a tenté de prémunir le continent contre toute exploitation possible.

L'industrie du tourisme s'intéresse de près à l'Antarctique, mais son accès demeure très difficile, et il le demeurera encore de nombreuses années. Si la situation venait à changer, la protection de cet environnement si particulier imposerait un strict contrôle de l'afflux touristique. Pour l'instant, ceux qui ne peuvent se permettre le voyage pourront avoir un avant-goût des glaces polaires au Christchurch's International Antarctic Centre (*voir p. 255*) et à l'Auckland's Kelly Tarlton's Antarctic Encounter and Underwater World (*voir p. 143*). ❑

CI-DESSOUS : cathédrale polaire.

CANTERBURY

Des montagnes exceptionnelles bordent les plaines littorales et intérieures de cette province à laquelle certains trouvent un goût de Terre promise – quand le vent souffle du bon côté.

Carte
p. 234

Auckland
North Island

Wellington

Christchurch
South Island

L e Canterbury bénéficie des montagnes et de la mer, reliées entre elles par des fleuves et des rivières dont les neiges alimentent le cours à travers plaines. Les Southern Alps, l'océan Pacifique et deux fleuves (le Conway au nord et le Waitaki au sud) délimitent les frontières de cette province orientale qui entoure Christchurch. L'image d'Épinal qui dépeint le Canterbury comme un patchwork de prés où les agneaux folâtrent sous un vent de noroît n'est pas tout à fait fausse. Cette plaine de 180km de long et de 40km de large est la plus vaste de Nouvelle-Zélande. L'agneau du Canterbury, élevé pour sa viande et sa laine, est considéré comme le meilleur du pays. Proche du föhn alpin, le vent de nord-ouest ("nor'wester"), avec ses tièdes et capricieuses bourrasques qui balayent la poussière des rivières asséchées et la terre des sillons, serait, dit-on, responsable de l'humeur instable des Cantabriens.

La province abrite les plus hautes montagnes et les plus larges fleuves du pays, outre des alpages et des forêts, de belles plages, des volcans éteints et les baies abritées de la Banks Peninsula. Pour l'explorer, nous vous suggérons de commencer par le nord de Christchurch, puis de reprendre la direction du sud.

À GAUCHE :
escalade de falaise,
Aoraki Mount Cook
National Park.
CI-DESSOUS :
l'agneau du
Canterbury, le
meilleur du pays.

North Canterbury

Les paysages solitaires de la **Clarence Valley** ⑭ frappent par la beauté de leurs rudes herbages de *tussock*, notamment en amont. La route y fut ouverte à l'origine pour installer et entretenir les lignes à haute tension qui relient les centrales hydroélectriques de l'Otago à Blenheim, Nelson et au-delà ; cette piste non goudronnée souvent abrupte, praticable uniquement par beau temps, s'achève devant les grilles fermées du pont de l'Acheron River (en aval de Jack's Pass) et à la Rainbow Station, de l'autre côté de la ligne de crête. Hanmer (*voir p. 262*) est donc une véritable ville "impasse", et il vous faudra rebrousser chemin sur 13km pour rejoindre la route Waipara-Reefton, la SH7.

En direction de l'ouest, cette route remonte la Waiau Valley jusqu'à **Lewis Pass**. Ouverte en 1939, elle permet de gagner par tous les temps la West Coast sans trop de mal par un col de 865m, parmi les montagnes couvertes de hêtres. La nationale descend sur Maruia Springs, puis continue sur Rahu Saddle, Reefton et Greymouth.

En direction du sud à partir de l'embranchement de Hanmer, la SH7 traverse les collines du North Canterbury pour rejoindre la SH1 à **Waipara**. En chemin, faites une pause-dégustation à l'un des vignobles qui se sont bâti une solide réputation, comme **Pegasus Bay** (www.pegasusbay.com) et **Canterbury House** (www.canterburyhouse.com) La route passe ensuite par les petits bourgs de Culverden, Hurunui et Waika-

Non loin de Hanmer,
le village d'aventures
de Thrillseeker's
Canyon (tél. 03-315
7046) propose
rafting, jet-boat
ou saut à l'élastique.

CI-DESSOUS :
féerie automnale
sur la piste de
Mount Isobel.

ri avant de pénétrer dans les paysages de calcaire érodé de Waikari ; avec un peu d'imagination, vous y distinguerez peut-être des formes animales comme le Frog Rock ("rocher de la grenouille"), et le Seal Rock ("rocher du phoque").

À l'écart des itinéraires touristiques traditionnels, **Hanmer Springs ⓮** (ouv. tlj. de 10h à 21h ; entrée payante ; tél. 03-315 7511 ; www.hotfun.co.nz) repose dans une paix quelque peu irréelle. Un trajet sans histoire de 136km mène de Christchurch à Hanmer, village niché dans une vallée boisée et abritée. Un arboretum de conifères géants encadre ses sources minérales, sur Amuri Road. Il faut avoir fait l'expérience de ces bains en plein air par un soir d'hiver, quand les flocons se dissolvent silencieusement au contact de la vapeur.

Un colon européen découvrit ces sources par hasard en 1859, et l'État les canalisa en 1883. Depuis lors, on n'a cessé d'exploiter leurs vertus curatives. Dans des jardins de rocaille se répartissent plusieurs bassins de températures diverses, une piscine d'eau douce, une autre pour enfants et un torrent d'eau chaude. Plusieurs sentiers faciles et bien balisés serpentent parmi une variété exceptionnelle d'arbres exotiques. Ce fut la première forêt de ce genre plantée par l'État sur South Island. Des randonnées plus exigeantes vous récompenseront par les magnifiques perspectives déployées aux sommets de **Conical Hill** et de **Mount Isobel**. La **piste de Mount Isobel** permet d'observer 200 espèces différentes de plantes à fleurs et de fougères subalpines.

Le golf 18 trous de Hanmer est l'un des plus hauts de Nouvelle-Zélande, et, dans les environs, vous pourrez également pêcher, chasser, skier, pratiquer le jet-boat, le saut à l'élastique, le rafting ou la randonnée à cheval. Hanmer ne manque pas de petits hôtels ni de maisons d'hôtes, quoique sa grand-rue ait préservé l'atmosphère d'une authentique bourgade de campagne.

South Canterbury : un petit air Suisse

Les plus beaux paysages du Canterbury occupent les contreforts et les hautes vallées des **Southern Alps**. Trois routes principales grimpent aux cols de montagne qui mènent au Westland : tout au nord, c'est Lewis Pass, déjà mentionné ; au centre, le grandiose **Arthur's Pass** et le parc national du même nom ; au sud Burke's Pass, qui conduit au Mackenzie Country, avec de splendides panoramas sur les lacs glaciaires et les Alpes de la région du mont Cook. L'itinéraire le plus rapide pour aller de Christchurch au Westland emprunte la West Coast Road (SH73), *via* Arthur's Pass. Situé en plein cœur de South Island et des Southern Alps, à 154km à l'ouest de Christchurch, ce col propose la version néozélandaise d'un village suisse. Il lui manque certes les verts pâturages et les cloches des troupeaux de vaches, mais son restaurant occupe bel et bien un chalet, et, comme tout village suisse qui se respecte, il a sa gare : le TranzAlpine s'arrête ici deux fois par jour sur son trajet entre Greymouth (*voir p. 277*) et Christchurch. Le Department of Conservation a ouvert un centre d'information (tél. 03-318 9211 ; www.apinfo.co.nz) dont le personnel vous conseillera sur les conditions météo, les nombreux sentiers de randonnée et les différentes voies d'escalade de la région.

Arthur's Pass se trouve à l'entrée ouest de l'**Otira Tunnel**, seul passage qui permette de franchir les montagnes de South Island en train. Achevé en 1923 après 15 ans de travaux, ce tunnel de 8km était alors le premier tronçon de ligne électrifié de l'Empire britannique. Aujourd'hui encore, la liaison ferroviaire entre la West Coast et le Canterbury demeure vitale. Et, pour ne rien gâcher, c'est sans aucun doute la ligne la plus spectaculaire de Nouvelle-Zélande.

Arthur's Pass vous ouvre les portes de l'**Arthur's Pass National Park**, très apprécié des skieurs, montagnards et randonneurs en raison de sa proximité avec Christchurch et de ses nombreux sentiers de difficulté variable traversant des paysages superbes. Ses 114 500 ha comptent 16 sommets de plus de 2000m, dont le mont Murchison, qui culmine à 2 400m, et le mont Rolleston, plus accessible avec ses 2 271m.

Le col doit son nom à Arthur Dudley Dobson, qui redécouvrit l'ancienne route des Maoris en 1864. Du haut de ses 924 m, il sépare le Canterbury et le Westland, frontière souvent renforcée par des climats bien distincts. Par vent de nord-ouest, vous quitterez un temps chaud et sec côté Canterbury pour redescendre sous une pluie battante dans l'Otira Gorge qui conduit vers la West Coast. Inversement, un vent d'est ou de sud vous fera quitter Canterbury sous la pluie pour retrouver la West Coast dorée sous un soleil éclatant.

Les orages sont aussi violents qu'imprévisibles, déversant jusqu'à 250 mm de pluie en 24 heures. Les précipitations annuelles moyennes atteignent 3 000 mm. En hiver, le mauvais temps provoque souvent la fermeture de la route nationale, dont les virages en épingle à cheveux de l'Otira Gorge exigent toute votre attention quand la route est glissante. Elle est fortement déconseillée aux caravanes en toutes saisons. Quant aux camping-cars, il vaut mieux en cas de mauvais temps passer par Lewis Pass : le trajet est plus long, mais plus facile et plus sûr.

Carte
p. 234

Spectaculaire, le Tranz-Alpine parcourt la voie ferrée Christchurch-Greymouth, traversant pâturages, montagnes et vallées. Ce trajet de 233 km prend 4h30. Contactez Tranz Scenic (tél. 04-498 3303 ; www.tranzscenic.co.nz)
.

CI-DESSOUS :
les neiges majestueuses du mont Rolleston.

NOTEZ-LE

Embrassez tout
le Canterbury et
les Southern Alps
d'un seul coup d'œil
en sirotant une coupe
de champagne à bord
d'une montgolfière.
Aoraki Balloon Safaris,
Methven
(tél. 03-302 8172 ;
www.nzballooning.
co.nz).

CI-DESSOUS : skieur
et snowboarder
sur le mont Hutt.

Porter's Pass et Mount Hutt

Arthur's Pass n'est pas le point culminant de la route de la West Coast. Ce titre revient en fait à **Porter's Pass** ⑰, qui franchit les contreforts à 945m d'altitude, à 88km à l'ouest de Christchurch. En hiver, les citadins aiment venir passer la journée à Porter's Pass, pour y faire du patin à glace sur le lac Lyndon ou skier sur les nombreux domaines répartis dans le voisinage, comme Porter Heights, Craigieburn, Broken River ou Mount Cheesman.

À 100km à l'ouest de Christchurch, **Mount Hutt** ⑱ offre le domaine skiable le plus développé de la province, la petite ville de **Methven**, à 11km, proposant un hébergement adapté à tous les budgets. Très apprécié des amateurs, Mount Hutt se signale par un dénivelé vertical de 650m, et ses pistes avoisinent parfois les 2km. La saison, de juin à octobre, y est également l'une des plus longues du pays, avec des conditions d'enneigement aussi bien adaptées au ski qu'au snowboard.

Vers le Aoraki Mount Cook *via* Burke Pass

Point culminant du pays, le Aoraki Mount Cook a beau se dresser plein ouest par rapport à Christchurch, le trajet pour s'y rendre décrit un circuit de 330km, pointant d'abord au sud, puis à l'ouest, puis au nord. Mais la beauté des paysages parcourus vous fera aisément oublier ces détours.

Le principal itinéraire depuis Christchurch emprunte la SH1, direction sud, pendant 121km, filant sans obstacle à travers plaines et fleuves – de quoi oublier les énormes difficultés d'un tel périple pour les Maoris et les pionniers. La largeur des fleuves posa des problèmes majeurs aux déplacements et à la colonisation des années 1850, le franchissement des rivières provoquant de nombreuses noyades dans le Canterbury. À travers toute la Nouvelle–Zélande, 1 115 per-

sonnes perdirent la vie dans des accidents de ce genre entre 1840 et 1870, à tel point que des membres du Parlement néo-zélandais suggérèrent très sérieusement de ranger la noyade au rang des morts naturelles. Les automobilistes traversent aujourd'hui les rivières Rakaia, Ashburton et Rangitata sans imaginer quels dangers elles représentaient jadis.

Passé la Rangitata River, la route du Mackenzie Country (SH79) quitte l'axe principal pour bifurquer vers l'ouest. Elle conduit au piémont et à la bourgade de **Geraldine ⓳**, blottie dans les collines à 138km au sud-ouest de Christchurch. C'est l'occasion de détours vers la demeure de pionniers de l'Orari Gorge, ou aux excellents sites de pique-nique et de pêche des gorges de Waihi et de Te Moana.

La route passe une ferme équestre Clydesdale, puis Barkers, seul producteur de vin de sureau du pays. À partir de **Fairlie**, bourgade dotée d'un musée d'histoire, à 42km à l'ouest de Geraldine, la campagne s'évanouit tandis que la route (maintenant la SH8) s'élève jusqu'à Lake **Burke Pass ⓴**. Une ouverture à travers les collines dévoile alors un tout autre univers – le vaste bassin de prairies baptisé **Mackenzie Country**, du nom d'un berger écossais qui tenta en 1855 de dissimuler des moutons volés dans ces hautes terres oubliées du monde.

De longues lignes droites vous conduisent ensuite sur environ 100km vers le sud-ouest jusqu'à **Twizel**, bourgade créée pour loger les ouvriers employés à la construction des grands barrages de la région – et à laquelle on ne voyait pas beaucoup d'avenir une fois les chantiers achevés. Elle a pourtant fort bien survécu et offre une bonne base pour qui veut explorer la région.

La route serpente d'abord au fil d'un austère paysage bruni pour atteindre le lac glaciaire **Tekapo ㉑**, à 58km de Twizel. Au bord d'eaux turquoise où se reflètent les montagnes, le très simple édifice en pierre de la **Church of the Good**

Carte p. 234

Perroquet de Nouvelle-Zélande, le kéa fréquente les montagnes du Canterbury.

CI-DESSOUS : une marée de moutons.

Shepherd s'harmonise parfaitement avec le décor. À proximité, des éleveurs du Mackenzie Country ont érigé une statue en bronze à la gloire du chien de berger, élément essentiel de la prospérité du pays.

Quittant le Tekapo, la route continue à travers les herbages de *tussock* du Mackenzie Basin. L'hiver, on aime venir pratiquer le ski à Round Hill, et le patin à glace sur le lac. En été, pêcheurs et promeneurs en barque prennent la relève. Vous franchissez ensuite **Irishman Creek**, ranch à moutons où Sir William Hamilton mit au point le jet-boat sans hélice pour sillonner en tous sens les rivières peu profondes d'un arrière-pays complètement isolé. Pendant un bon moment, la route épouse le parcours du canal artificiel qui dirige les eaux turquoise du lac Tekapo vers le premier des barrages hydroélectriques du Waitaki, sur la berge nord du **lac Pukaki** ㉒.

Le Pukaki est aujourd'hui deux fois plus important qu'en 1979, lorsque ses eaux s'écoulaient librement dans celles du lac Benmore. Des barrages le contrôlent désormais, élevant son niveau. Ils ont submergé à jamais le dédale des bras du fleuve qui l'alimente, nourri par les glaciers Tasman et Hooker. À environ 2km au nord de l'embranchement vers le Aoraki Mount Cook, un belvédère ménage un panorama spectaculaire sur les environs.

Aoraki Mount Cook National Park

De la nationale qui contourne les pentes sud de la vallée du Pukaki pour s'achever à **Aoraki Mount Cook Village** ㉓, à 99km à l'ouest du Tekapo, vous distinguerez peut-être des fragments de l'ancienne route qui émerge puis disparaît sous la surface du lac en contrebas. La nouvelle route, asphaltée et de faible pourcentage, a réduit de moitié le temps du trajet jusqu'à **The Hermitage** (tél.

Le lac Tekapo, 710m d'altitude, tient son nom de mots maoris signifiant "natte de couchage" et "nuit". La superbe couleur turquoise de ses eaux provient de fines particules de roche suspendues dans l'eau de fonte glaciaire.

CI-DESSOUS :
Church of the
Good Shepherd,
lac Tekapo.

Carte
p. 234

03-435 1809 ; www.mount-cook.com), palace des neiges doté de chambres avec vue à 100 dollars la minute – ou presque.

Le village vous donne accès au joyau des parcs nationaux néo-zélandais, l'**Aoraki Mount Cook National Park** ㉔, dont les plus hauts sommets jaillissent par-dessus les crêtes des Southern Alps. Jusqu'en 1991, le mont Cook lui-même s'élevait à 3 764 m. Mais, cette année-là, le roi des Alpes australes perdit une partie de sa couronne lors d'un énorme glissement de terrain. Depuis, quoique diminué de 10 m selon les experts, il n'en conserve pas moins le titre incontesté de plus haute montagne de Nouvelle-Zélande, avec 3 754m.

Premier homme à gravir l'Everest (avec Tenzing Norgay), Sir Edmund Hillary a fait ses premières armes dans la région. Car si ce parc étroit ne couvre que 80 km de l'arête alpine, il compte 140 sommets de plus de 2 134m ainsi que 72 glaciers, dont les 5 plus grands de Nouvelle-Zélande – les glaciers Godley, Murchison, Tasman, Hooker et Mueller. Le **Tasman** est le plus vaste avec ses 29 km de long et ses 3 km de large par endroits. La glace peut y atteindre une épaisseur de 600 m.

Inscrit dans le plus sacro-saint des parcs nationaux, Aoraki Mount Cook Village n'est évidemment autorisé à fournir qu'un hébergement assez limité. Il comprend tout de même, outre le luxueux hôtel The Hermitage, des chalets indépendants, un terrain de camping et une auberge de jeunesse bien équipée. Des pistes balisées conduisent du village aux vallées environnantes, qui peuvent se muer en voies d'escalade – déconseillées aux débutants, et à ne tenter qu'avec le matériel approprié, après avis des gardes du parc. Des avions équipés de skis se posent sur les plus hauts névés, facilitant ainsi l'ascension de certains sommets.

Vous pouvez skier dans le parc entre juillet et septembre, la piste la plus fabuleuse descendant le glacier Tasman – une expérience plutôt coûteuse, car seul un avion à skis peut accéder aux pentes amont du glacier. Mais, si vous en avez les moyens – physiques et financiers – n'hésitez pas une seconde. Basé à Aoraki Mount Cook, **Alpine Guides Heliskiing** (tél. 03-435 1834 ; www.heliskiing.co.nz) transporte les skieurs au sommet du Tasman en saison. La même compagnie organise également des ascensions guidées du mont Cook en été (www.alpine-guides.co. nz).

Sur la SH80, près de Aoraki Mount Cook Village, un petit aérodrome accueille **Aoraki Mount Cook Skiplanes** (tél. 03-435 1026 ; www.mtcookskiplanes. co.nz). La compagnie propose des survols et des approches splendides des glaciers, où vous pourrez même vous y faire poser selon l'itinéraire choisi. La Grand Circle Option dure près d'une heure, se dirigeant d'abord vers le versant ouest de la ligne de crête pour se poser soit sur le Franz Josef, soit sur le Fox (*voir p. 274*) avant de revenir sur le Tasman.

Le Aoraki Mount Cook constitue le clou d'un voyage dans le Canterbury – en particulier quand les rayons du soleil estival viennent rosir son sommet en fin de crépuscule. Baptisée Aorangi ("perceuse de nuages") par les Maoris, la montagne se drape souvent d'un manteau de nuages. Mais, qu'il vente ou qu'il pleuve, les Alpes néo-zélandaises conservent leur grandeur théâtrale et magique. ❏

Classé parc national en 1953, l'Aoraki Mount Cook National Park recouvre environ 700km². Comme le Westland National Park, il a été inscrit au patrimoine mondial par l'Unesco.

CI-DESSOUS :
l'irrésistible glacier Tasman.

WEST COAST

Le caractère inhospitalier, voire sauvage, du terrain ne facilite pas l'accès aux merveilles d'une nature sans concession, mais qui vous récompensera largement de vos efforts.

Carte p. 234

Pour la plupart des Kiwis, le flanc ouest de leur South Island est tout simplement "the Coast", un territoire vierge qui dévale de la ligne de crête de l'île, passant d'une forêt humide luxuriante aux splendeurs de son littoral. On peut rester des jours et des jours à explorer cette région que Rudyard Kipling évoquait comme "l'ultime, la plus solitaire, la plus ravissante et délicieuse exception". Aucune autre partie du pays ne présente un caractère aussi marqué. La West Coast de Nouvelle-Zélande est au moins aussi sauvage que le Far West immortalisé par Hollywood. Dans les années 1860, à l'époque de la ruée vers l'or, les hommes y allumaient leur cigare avec un billet de 5 livres et des dizaines de villes peuplées de milliers de gens surgirent comme des champignons.

Cette population de batailleurs durs à l'ouvrage n'a guère laissé derrière elle qu'une légende. La démographie de cette côte de 500 km est retombée plus bas qu'à son niveau de 1867 (40 000 personnes, soit 13 % de la population d'alors) : les "West Coasters" sont aujourd'hui 38 000, à peine 1 % de la population du pays. De vieilles bâtisses s'écroulent dans les brumes et la forêt pluviale gagne impitoyablement des sites où jadis une ville comme Charleston comptait 80 tripots pour 12 000 âmes.

Le pays demeure l'apanage des cœurs solides. On y rencontre plus de "bleds" perdus que de villes. Entre brouillards et montagne, l'esprit des pionniers a survécu. Les "Coasters" accrochés à leur terre se sont forgé une identité forte, faite de pragmatisme, d'indépendance et d'hospitalité. Pendant des années, ils ont pris l'habitude de bafouer les lois sur l'alcool – notamment celle qui en interdit la vente après 18h, règlement ici considéré comme une plaisanterie des bureaucrates de Wellington. Les "Coasters" n'aiment pas beaucoup non plus les "Greenies", ces écologistes qui veulent préserver les forêts et les oiseaux de la région. Ils ont déjà assez à faire pour gratter quelques dollars au fond des mines ou dans les scieries.

Premiers explorateurs

Ce n'est donc pas la perspective d'une vie facile qui a pu peupler la région. Les Maoris y sont arrivés tard, vers 1400, surtout intéressés par le jade d'Arahura, cette pierre dure et translucide dont ils faisaient commerce dans tout le pays et dont on tirait des outils et des armes de grande qualité. En raison des dangers que présente la mer le long de cette côte, la pierre devait être péniblement transportée à dos d'homme, d'abord au nord vers Nelson, puis par les cols alpins jusqu'au Canterbury.

Abel Tasman en 1642, puis James Cook en 1769 cinglent devant la West Coast, mais aucun des deux grands navigateurs européens ne sera vraiment séduit

PAGES PRÉCÉDENTES : au piolet sur le glacier Fox. **CI-CONTRE ET CI-DESSOUS :** visages du Westland National Park.

Les pluies qui arrosent la West Coast – jusqu'à 5 000 mm par an – expliquent sa végétation luxuriante et ses couleurs éclatantes. Les Kiwis évoquent parfois la "Wet Coast" (côte humide).

CI-DESSOUS :
la marée brasse violemment les écueils déchiquetés qui jalonnent la West Coast.

par ce qu'il en découvre. Cook décrit "une côte inhospitalière". Cinquante ans plus tard, un officier d'une expédition française parle d'"un long désert avec un ciel menaçant et une forêt impénétrable". Peu motivés, les Européens n'entreprennent sérieusement l'exploration de la West Coast qu'en 1846. L'un de ces pionniers, Thomas Brunner, évoque l'une des pires régions qu'il ait jamais vues en Nouvelle-Zélande – une opinion qui ne fait que décourager un peu plus les autres. Brunner endure les pires difficultés durant son périple cauchemardesque de 550 jours, et doit manger son propre chien tant il souffre de la faim. La région est d'ailleurs restée longtemps marquée par ce genre de pratiques : des actes de cannibalisme s'y produisent jusqu'à la fin du XIXᵉ siècle.

Ce n'est qu'en 1860, après avoir entendu parler d'immenses glaciers de basse altitude dans le Sud et de franchissements possibles des Alpes vers le Canterbury, que le gouvernement central achète la West Coast aux Maoris pour 300 souverains or. En 1864, la Greenstone Creek, un affluent de la Taramakau, livre ses premières paillettes. Des hordes de prospecteurs venus de tous les coins du monde se ruent sur la région. De nouveaux filons sont signalés tout au long de la côte, dans les gorges et les lits des rivières, et même dans le sable noir des plages. Les orpailleurs apportent avec eux un joyeux esprit de solidarité qui modifie l'ambiance de la nouvelle province. Le boom ne dure guère, mais les quelques vestiges de villes et de mines laissent imaginer la folie de ces temps dorés.

Une sauvagerie sans fard imprègne la West Coast d'aujourd'hui. Fermes rafistolées en contreplaqué, clôtures rongées de mousses témoignent de l'amertume et de la difficulté de vivre ici. Partout souffle un vent de déclin, d'abandon et de tristesse.

En remontant la West Coast

La West Coast est accessible en voiture *via* 3 cols de montagne, ou par la pittoresque Buller Gorge, qui serpente vers Nelson, au nord. L'ouverture de la State Highway (SH6), qui traverse les Southern Lakes et les herbages de *tussock* desséchés du Central Otago *via* **Haast Pass ㉕**, à 563 m d'altitude, constitua le dernier grand chantier routier du pays. Achevée en 1963, cette route permet au voyageur effectuant le tour de South Island de suivre la West Coast sur presque toute sa longueur. Le **Haast Visitor Centre DOC** (ouv. tlj. de 9h à 18h de mars à nov., de 9h à 16h30 d'avr. à oct. ; tél. 03-750 0809 ; www.haastnz.com) délivre des informations utiles sur les environs. Demandez à voir le film documentaire *Edge of Wilderness* : vous aurez un excellent aperçu de la région.

Bifurquant vers le sud au bourg de Haast, vous traverserez un paysage désertique, une route de 36 km vous conduisant au petit port de pêche de **Jackson Bay ㉖**, où elle s'arrête. Ce village regorge de monde au printemps : les pêcheurs à la ligne se pressent alors aux abords de l'embouchure de la rivière, un phénomène qui se répète pour toutes les rivières rapides se déversant sur la côte. La pêche joue un rôle important dans cette partie sud du Westland. À Haast en particulier, mais aussi, 45 km au nord, dans la paisible station de vacances de **Lake Paringa** où les pêcheurs sont attirés par la perspective de truites de lac et de saumon *quinnat* (chinook). Jackson Bay offre de belles possibilités de randonnées : la **Wharekai Te Kau Walk** (40 min), la **Smoothwater Track** (3h) et la **Stafford Bay Walk** (de 8 à 18h).

L'écotourisme apporte un nouveau souffle à des communautés rurales jadis entièrement dépendantes de l'exploitation de leurs propres ressources. À 25 km au nord de Haast, **Lake Moeraki Wilderness Lodge** (tél. 03-750 0881 ; www.

Pêcheur et sa prise, lac Paringa.

Carte p. 234

CI-DESSOUS : Jackson Bay est réputée pour ses truites fario.

NOTEZ-LE

Lorsque la pluie
s'apaise et que les
sommets déchirent
les nuages, l'air
s'emplit de chants
d'oiseaux et – seul
point noir dans cet
éden – de simulies
avides de sang
humain. Enduisez-
vous généreusement
de lotion.

Ci-dessous :
le glacier Fox.
À droite :
sirène des glaces
sortant tout droit du
glacier Franz Josef.

wildernesslodge.co.nz) propose à ses clients de découvrir la nature sauvage dans un écrin de luxe – contempler la croix du Sud, lire un livre à la lumière des vers luisants, écouter le cri du kiwi dans la nuit. Et, à la lumière du jour, vous pourrez admirer la colonie de gorfous (manchots) du Fiorland près de **Knights Point**, ou les dauphins jouant dans les rouleaux au large de **Ship Creek**.

Glaciers Fox et Franz Josef

Le secteur géographique de la West Coast concentre l'essentiel des plus belles montagnes du pays, dont la chaîne de sommets appelée **Southern Alps** – les Alpes du Sud. Son point culminant, le mont Cook, présente un défi sérieux aux alpinistes. Des dizaines d'autres sommets de plus de 3 000 m ont été baptisés d'après de grands navigateurs comme Tasman, Magellan, La Pérouse, Dampier ou Malaspina.

À environ 120 km au nord de Haast, d'énormes précipitations de neige de 15 m par an en altitude ont donné naissance à quelque 140 glaciers. Seuls le **Fox** et, un peu plus loin, le **Franz Josef** pénètrent jusque dans les forêts. Il est peu de spectacles aussi impressionnants que celui de ces langues de glace géantes dévalant et broyant des forêts tempérées jusqu'à seulement 300 m d'altitude. C'est à l'explorateur et géologue Julius von Haast que l'on doit la première découverte documentée des glaciers en 1865. Son enthousiasme les fit rapidement connaître jusqu'en Europe. Vingt ans plus tard, les excursions guidées sur glacier étaient devenues du dernier chic. Une photo de l'époque montre un groupe de 90 pique-niqueurs perchés sur un chaos de glaces. Mais s'y aventurer seul n'a jamais été conseillé, et des générations successives de guides ont fait un métier de leur passion et de leur expérience.

Plusieurs années de précipitations records ont tassé d'énormes épaisseurs de neige en haute altitude, poussant les glaciers à amorcer leur avance en 1982. Une progression si spectaculaire que l'éblouissante glace blanche du glacier Franz Josef fut aperçue pour la première fois en 40 ans du vitrail d'autel de l'église St James, près du centre-ville de Franz Josef Glacier. Le glacier a freiné son avance, mais il a tout de même parcouru 1,6 km de vallée cette dernière décennie.

Situés à 25 km de distance l'un de l'autre, les deux glaciers appartiennent au **Westland National Park** ㉗, qui recouvre 88 000 ha de sommets, de névés, de forêts, de lacs et de rivières. Outre les excursions guidées sur les glaciers (*voir ci-dessous*), les routes donnent facilement accès à de superbes panoramas si vous voulez une vue photographique relativement proche du glacier Fox ou, plus au nord – et plus impressionnant encore – du glacier Franz Josef. Cependant, ne vous écartez pas des passages balisés car les séracs, fragilisés, s'écrasent fréquemment. Des vols en hélicoptère ou en avion à skis vous permettront d'observer de près leurs nuances bleu-vert et leurs crevasses apparemment sans fond.

Deux bourgades très animées, **Fox Glacier** ㉘ et **Franz Josef Glacier** ㉙, pourvoient aux besoins des visiteurs, offrant un choix correct d'hébergements et de restaurants. Les bureaux du Department of Conservation de Fox Glacier (ouv. tlj. de 8h30 à 16h en été, jusqu'à 16h30 en hiver ; tél. 03-751 0807) et de Franz Josef Glacier (ouv. tlj. de 8h30 à 19h en été, jusqu'à 17h en hiver ; tél. 03-752 0796) vous informeront sur les nombreuses promenades et activités des alentours. Quelque 110 km de sentiers de randonnée sillonnent ce sanctuaire sauvage, que dominent les majestueux sommets des monts Cook, Tasman et La Pérouse. Ce trio de géants se reflète dans les eaux miroitantes du **Matheson**, l'un des trois lacs du parc formés par un épisode glaciaire vieux de 10 000 ans.

Carte
p. 234

Le premier Européen à explorer le glacier Franz Josef, en 1865, fut l'Autrichien Julius von Haast, qui le baptisa du nom de son empereur.

CI-DESSOUS :
randonnée sur le glacier Franz Josef.

SUR LA GLACE

Vous ne pouvez pas avoir fait tout ce chemin sans marcher sur un glacier. Les excursions guidées vous prendront d'une demi-journée à une journée : plus chère, la randonnée en hélicoptère vous offre le spectacle de 3 cascades de glace avant de se poser sur le glacier pour une randonnée accompagnée. Les plus expérimentés peuvent s'essayer à l'escalade de glace. Vous serez équipé d'un casque et d'un harnais, de crampons, d'un piolet et d'une corde – excellente forme physique requise.

Les moins téméraires se satisferont d'une demi-journée d'excursion, expérience déjà très exigeante si vous n'avez jamais marché sur la glace. Habillez-vous chaudement et par couches successives, même si l'on vous fournira chaussures, chaussettes, gants, blouson Gore-Tex, crampons et bâton de marche.

Pour une randonnée sur le Fox, contactez **Alpine Guides** (tél. 03-751 0825 ; www.foxguides.co.nz). Pour le Franz Josef, contactez **Franz Josef Glacier Guides** (tél. 03-752 0763 ; www.explorefranzjosef.co.nz).

Si l'idée de marcher sur la glace vous laisse de marbre, montez plutôt à bord d'un hélicoptère ou d'un avion de tourisme : les excursions les plus coûteuses incluent un bref arrêt sur l'un des glaciers.

Trésors du littoral

Un détour de 19 km à l'ouest de Fox Glacier vous conduira à **Gillespie's Beach**, connue pour son cimetière de mineurs et sa colonie de phoques. À 60 km plus au nord par la route principale, un nouveau détour mène à **Okarito Lagoon ③**, L'unique zone de marais du pays, vaste de 3 240 ha, est le site de nidification de la grande aigrette blanche. Selon un recensement opéré 12 ans après leur découverte, en 1865, 6 couples seulement avaient échappé aux chasseurs de plumes ; aujourd'hui, 20 min en jet-boat vous propulsent jusqu'à une cachette en bord de rivière pour observer les 250 oiseaux de la colonie. Les Maoris appelaient l'aigrette kotuku, ou "oiseau d'un seul vol", car ils ne la voyaient souvent qu'une seule fois dans leur vie. Okarito compta jadis jusqu'à 31 hôtels ; il n'y subsiste plus désormais que quelques villas de vacances. **Okarito Nature Tours** (tél. 03-573 4014 ; www.okarito.co.nz) organise des excursions guidées en kayak, une excellente façon d'explorer les marais et d'approcher la colonie d'aigrettes.

Vers le nord, les 95 km de la grand-route de **Ross** s'illuminent au passage du **lac d'Ianthe**. Jadis florissantes, les mines d'or de Ross produisirent une pépite de 2,97 kg baptisée "Honourable Roddy" – record absolu pour la West Coast. Au 4 Aylmer Street, le **Ross Goldfields Information and Heritage Centre** (ouv. tlj. de 9h à 15h en hiver, jusqu'à 17h en été ; tél. 03-755 4077 ; www.ross. org.nz) expose des vestiges de ce passé glorieux ainsi qu'une réplique de la fameuse pépite.

À 30 km environ au nord de Ross, **Hokitika ③** portait le surnom de "Wonder City of the Southern Hemisphere", ses rues étaient "pavées d'or", son port ne désemplissait pas. La ville a retrouvé son calme, mais pas entièrement perdu son dynamisme. Desservie par le principal aérodrome de la West Coast, elle vous propose un musée d'histoire, des manufactures de jade, une mine d'or, un site d'orpaillage et une ravine de vers luisants. Au 64 Tancred Street, le **Jacquie Grant's Eco World** (ouv. tlj. de 9h à 17h ; entrée payante ; tél. 03-755 5251) vous fera découvrir et comprendre l'écosystème du West Coast en vous faisant parcourir de divers habitats où sont reproduits tous les aspects de la biodiversité de la région.

Chaque année à la mi-mars, le **Hokitika's Wild Foods Festival** célèbre les recettes typiques du broussard de la côte. Cette manifestation touristique d'une journée vous offre l'occasion inespérée de goûter à d'énormes larves rôties (*huhu grubs*) ainsi qu'aux *westcargots*, sans parler des galettes au menu fretin, du sanglier sauvage et autre gibier. Dans un registre bien différent, le **Café de Paris** (tél. 03-755 8933), dans Tancred Street, a remporté une médaille d'or nationale pour l'excellence de sa cuisine française.

Si possible, n'hésitez pas à faire le détour au **lac Kaniere** et à la **Hokitika Gorge**, respectivement à 18 et 35 km de Hokitika. Sinon, à Kumara Junction, à 23 km au nord de la ville, la nationale coupe l'**Arthur's Pass Highway**, l'un des 3 cols qui relient la West Coast au Canterbury. Quelques kilomètres à l'est de ce croisement, vous entrez dans l'ancienne ville minière de **Kumara**, d'où vous pourrez gagner le **lac Brunner**, le plus vaste de la West Coast, à travers une épaisse et superbe forêt.

Le roman Bone People *de Keri Hulme, lauréat du Booker Prize, a pour cadre la bourgade d'Okarito. Ce récit explore la vie de 3 individus perturbés qui oscillent entre traditions maorie et européenne.*

CI-DESSOUS :
huhu grubs servis bien chauds au Hokitika's Wild Food Festival.

De Shantytown à Greymouth

En direction de Greymouth, à 10 km au nord de Kumara Junction, **Shantytown** (ouv. tlj. de 8h30 à 17h ; entrée payante ; tél. 03-762 6634 ; www.shantytown.co. nz) est la reconstitution d'une ville minière aurifère du XIXe siècle, avec ses orpailleurs et sa locomotive à vapeur de brousse qui vous emmènera jusqu'au site aurifère. Ses 30 bâtiments comprennent un saloon, une banque, une prison, un hôpital, une école, un magasin de curiosités et une église. Vous êtes cordialement invité à vous essayer à l'orpaillage, mais cela nevous tente d'aucune mesure, offrez-vous une bière Monteith's au Golden Nugget Hotel.

Non loin de là, à **Wood's Creek**, un sentier de 1 km fait le tour des mines de la New River, qui datent de 1865. Les mineurs enduisaient leur peau de graisse de mouton pour éloigner les simulies – peau qu'ils risquaient littéralement dans la rivière et ses affluents, dont le niveau pouvait s'enfler en quelques minutes à peine après une pluie (prenez une lampe-torche pour explorer les galeries).

Greymouth ㉜ se trouve à 41 km au nord de Hokitika par la SH6 ou, si vous venez de Christchurch, au bout de la ligne du TranzAlpine qui relie une côte à l'autre par les Southern Alps et compte parmi les plus belles voies ferrées du monde (*voir Notez-le, p. 263*). Plus grande ville de la West Coast avec ses 12 900 habitants, Greymouth doit cette hégémonie à son port et à la proximité de scieries et de mines de charbon. Mais elle se tourne de plus en plus vers le tourisme d'aventure. L'esprit pionnier y anime encore certains circuits proposant l'expérience des mines d'or, des excursions en quad, du rafting en spéléo ou l'observation des dauphins. Greymouth constitue une bonne base pour un bref séjour. Pour plus de renseignements, contactez le **Greymouth's I-SITE Visitor Centre** (112 Mackay Street, tél. 03-768 5101 ; www.west-coast.co.nz).

Carte
p. 234

Le billet d'entrée à Shantytown comprend une promenade à bord de l'un de ses 3 trains à vapeur – le L-*Class 1877*, le F-*Class* amélioré *Kaitangata 1896* ou le *Climax 1913*. Vous longerez la piste du tramway de la scierie au XIXe siècle.

CI-DESSOUS :
le train à vapeur
Climax 1913.

Pendentif en jade sculpté, également appelé poumanu *en maori.*

Dans Guinness Street, la **Jade Boulder Gallery** (ouv. tlj. de 8h30 à 21h en été, jusqu'à 17h en hiver ; entrée libre ; tél. 03-768 0700) met ses pièces de jade en valeur à travers des expositions inventives, tandis que la **History House** (ouv. tlj. de 10h à 16h, fermé le w.-e. en hiver ; entrée payante ; tél. 03-768 4149 ; www.history-house.co.nz) présente une collection de photos et de souvenirs remontant aux années 1850.

À l'angle de Turumaha et Herbert streets, la **Monteith's Brewery Company** (sur réservation, visites guidées du lun. au jeu. à 10h, 11h30 et 14h, le sam. et le dim. à 11h30 et 14h ; entrée payante ; tél. 03-768 4149 ; www.monteiths.co.nz) vous permet d'assister à la fermentation de la bière dans des cuves ouvertes chauffées par des chaudières au charbon, d'en savoir plus sur l'origine et le goût de chaque Monteith's, et d'en savourer une ou deux à la fin du parcours.

À 20 min en voiture vers l'intérieur, **Blackball** (400 hab.) joue la carte de la nostalgie. Au **Formerly Blackball Hilton Hotel** (tél. 03-732 4705 ; www.black-ballhilton.co.nz), on vous proposera une chambre avec chandelle et bouillotte à l'ancienne. Cet hôtel vieillot et charmant s'appelait jadis simplement "Blackball Hilton", mais la chaîne Hilton menaça d'intenter un procès… d'où le "changement" de nom. Passez la journée à flâner parmi les anciennes mines ou parcourez les premiers kilomètres de la **Croesus Track** qui mène à Barrytown, puis la soirée au coin du feu, à siroter lentement une bière – une Monteith's évidemment.

CI-DESSOUS :
les millefeuilles de "Pancake" Rocks à Punakaiki.

Pancakes de Punakaiki

À **Punakaiki**, à 43 km au nord de Greymouth par la Coast Road, le littoral revêt l'extraordinaire apparence d'une série de millefeuilles pétrifiés. Des couches successives de calcaire érodé ont fini par former ces **"Pancake" Rocks ❸❸**. Quit-

Carte
p. 234

tant la route, un court sentier mène aux roches, plus spectaculaires encore à marée montante, lorsque le vent d'ouest propulse les vagues au fond des gouffres, dont elles remontent les cheminées pour jaillir tout autour de vous sous forme d'embruns.

Les sentiers côtiers des alentours permettent d'observer le kereru, sorte de pigeon, et le *tui*, attirés par les abondants arbres *kowhai*. **Paparoa Nature Tours** (tél. 03-322 7898) organise des excursions d'observation des pétrels de Westland qui nichent le long de cette côte sculpturale. Punakaiki se trouve d'ailleurs en lisière du **Paparoa National Park**, où le paysage calcaire se poursuit vers l'intérieur. Ici, les eaux de pluie ont façonné des gorges encaissées, des roches évidées et des réseaux de galeries souvent inexplorées.

À 32 km au nord, **Charleston**, ancienne et riche capitale aurifère du district de Buller, a conservé quelques vieilles mines. À 21 km plus au nord, un croisement marque la fin de la route côtière, qui devient la SH67 et rejoint **Westport ❸**. La ville manque d'intérêt mais s'avère pratique pour explorer la région.

Au sud de Westport, au **Cape Foulwind**, un sentier longe la côte sur 4 km : vous pourrez y admirer une colonie d'otaries à fourrure. À 14 km environ au nord de Westport par la Karamea Highway, la ville fantôme de **Denniston** a été le plus grand producteur de charbon de Nouvelle-Zélande. La **Denniston Walkway** gravit le plateau jusqu'à l'ancienne ville minière, ménageant une vue sur la rampe utilisée jadis par le tramway, le vertigineux **Denniston Incline**.

Ville la plus septentrionale de la West Coast, à 97 km au nord de Westport, **Karamea ❸** est la porte d'entrée des 452 000 ha du **Kahurangi National Park** (*voir p. 242*) et de sa célèbre piste de grande randonnée, la Heaphy Track. Si vous passez à Karamea, ne manquez pas l'**Oparara Basin**, grandiose ensemble d'arches et de grottes calcaires se déployant un peu au nord de la ville. Un commerçant de Westport, Phil Wood, et 3 camarades spéléologues découvrirent en 1980 l'entrée de **Honeycomb Cave**, à 1 km de l'**Oparara Arch**. À l'heure actuelle, ses 17 km de galeries ont livré les ossements de 27 espèces éteintes d'oiseaux – des moas, des aigles et même des oies dont personne n'avait jamais entendu parler. Des excursions guidées mènent à ces trésors souterrains – de délicates stalactites en paillettes, des piédestaux en "pieds d'éléphant" et des cascades de sédiments.

À 5 km au sud de Westport, la SH6 bifurque vers l'intérieur pour devenir la Buller Gorge Highway. Elle suit alors le cours de l'une des plus belles rivières de South Island, la Buller, franchissant ses gorges supérieures et inférieures jusqu'à Murchison, à 84 km en aval. La route quitte ensuite la West Coast pour continuer jusqu'à Nelson et Blenheim. Auparavant, 2 embranchements s'orientent au sud : la SH69 et la SH65 vont rejoindre la Lewis Pass Highway, la plus au nord des routes transversales de South Island.

Partant d'Inangahua Junction, la SH69 traverse l'un des plus importants districts miniers du pays. Environ 34 km plus au sud, elle parvient à **Reefton ❸**, célèbre pour ses filons de quartz. La région a longtemps regorgé d'or et de charbon. L'autre route, la SH65, rejoint la Lewis Pass Highway à Springs Junction, à 72 km au sud. ❏

NOTEZ-LE

Si vous aimez les produits de la mer, et si vous êtes de passage au printemps, ne manquez pas de goûter les *whitebait fritters*, spécialité kiwi de galettes au menu fretin. Irrésistible – et très nourrissant.

CI-DESSOUS : otaries à fourrure sur les rochers de Cape Foulwind.

QUEENSTOWN ET L'OTAGO

Bénéficiant d'un cadre exceptionnel entre lac et montagnes, Queenstown se livre sans remords au tourisme et propose toute une panoplie d'activités, des plus traditionnelles aux plus folles.

La perle du tourisme néo-zélandais se niche au cœur de la province de Central Otago. Son éclat remporte un tel succès auprès des visiteurs d'outre-mer que les Kiwis se plaignent de ne même plus pouvoir y jeter un coup d'œil. En moins de 30 ans, la Cendrillon endormie sur son lac s'est métamorphosée en une véritable Saint-Moritz des antipodes. Le tourisme a dopé **Queenstown ❶**, et, pendant que d'autres villes luttaient pour survivre en des temps difficiles, elle prospérait. Dans un rayon de quelques kilomètres, le pragmatisme et l'imagination des Kiwis ont exploité un cadre fabuleux pour déployer une panoplie sans pareille d'activités d'aventure.

La personnalité du Central Otago tient à des qualités assez particulières. Quelques-uns des plus importants sommets des Southern Alps dominent son flanc ouest, surplombant des lacs profondément incisés par les glaciers. Les étranges paysages sculptés dans son plateau rocheux de micaschiste sont vraiment exceptionnels. Dans le climat continental sec de ces hautes terres, la pureté de l'atmosphère favorise le jeu des lumières, créant des nuances absentes d'autres régions. L'impression qui l'emporte est celle d'un paysage austère, poli à l'or rouge ou blanc, poudré de terre de Sienne et d'ocre brûlé. Un paysage qui a su inspirer les peintres depuis des générations.

Mais le cadre seul ne suffit pas à attirer les visiteurs sur ce bout de terre qui, longtemps, ne fut qu'une étendue aride et inhospitalière. En 9 siècles d'une occupation humaine parcellaire, les sirènes du Central Otago ont pris successivement l'apparence du moa, du jade, des pâturages, de l'or, de l'hydroélectricité et enfin du tourisme.

Chasseurs de moa et de jade

Premiers êtres humains à mettre le pied dans la région, les Maoris vinrent y chasser le moa vers le XIIᵉ siècle. Le Central Otago n'allait pas offrir un refuge bien durable à ce splendide volatile. Et, tandis que le feu ravageait son habitat de brousse et de forêts, il disparut en compagnie d'autres oiseaux. On a retrouvé quelques-uns des plus beaux restes de moa sur les berges de la Clutha River qui serpente à travers le plateau sur 320 km vers le Pacifique.

Vers la fin du XVᵉ siècle, la tribu des Ngati-Mamoe arriva du nord et soumit les chasseurs de moa. Une autre tribu maorie, deux siècles plus tard, repoussa ce deuxième groupe, qui se réfugia dans les forêts du Fiordland et s'évanouit dans les brumes de la légende.

Les vainqueurs, des Ngati-Tahu, prirent alors possession du trésor le plus précieux des Maoris – le jade de Nouvelle-Zélande, également appelé *pounamu*, néphrite ou pierre verte (*greenstone*). Dur et tranchant, le jade servait à fabriquer des herminettes, des ciseaux et des armes. La demande était telle que les Maoris lancèrent

Carte p. 284

PAGES PRÉCÉDENTES : ombres et lumières, Central Otago.

CI-CONTRE : en jet-boat sur la Shotover River.

CI-DESSOUS : le lac Wakatipu.

des expéditions à travers le Central Otago et les Alpes pour le ramener de la West Coast *via* l'entrée du lac Wakatipu jusqu'à la côte est. La pierre était alors travaillée, puis exportée vers les tribus du Nord. Aujourd'hui, le jade figure toujours en bonne place dans les vitrines des bijoutiers et des boutiques de souvenirs.

En dépit de ce débouché commercial lucratif, la population maorie du Central Otago n'a jamais été importante. Ses températures extrêmes (les plus rudes de Nouvelle-Zélande) étaient insupportables pour les descendants des navigateurs polynésiens. En 1836, les derniers vestiges de colonies maories disparurent après une razzia menée par un groupe de North Island.

De l'or à la pelle

Pendant environ 10 ans, l'homme abandonna le Central Otago à la nature, comme s'il prenait des forces avant la grande ruée qui allait bientôt faire voler cette paix en éclats. Tout débuta en 1847 lorsqu'un arpenteur traça une piste pour les pionniers en quête de terres pour leurs moutons. En 1861, les nouveaux colons occupaient presque toutes les terres utilisables, luttant contre les neiges hivernales, les inondations printanières, les sécheresses estivales, les feux, les chiens sauvages, les lapins et le *kéa*.

Le plus souvent d'origine écossaise, ils s'étaient à peine installés lorsque Gabriel Read, prospecteur ayant connu la ruée de Californie en 1849, découvrit en 1861 de l'or "brillant comme les étoiles d'Orion par une sombre nuit de givre" au bord de la Tuapeka River. La ruée vers l'or du Central Otago avait commencé. En 4 mois, 3 000 hommes envahissaient les 5 km de la vallée, dont ils sondèrent et tamisèrent chaque centimètre en quête de l'étincelant métal alluvial. Un an plus tard, la population de Tuapeka comptait 11 500 âmes, le double

Les Maoris devaient franchir la ligne de crête du Central Otago pour accéder aux filons de pounamou (jade) des montagnes de la West Coast. Dans la précieuse pierre verte ils taillaient le tiki, amulette polynésienne à forme humaine censée apporter la mana (puissance).

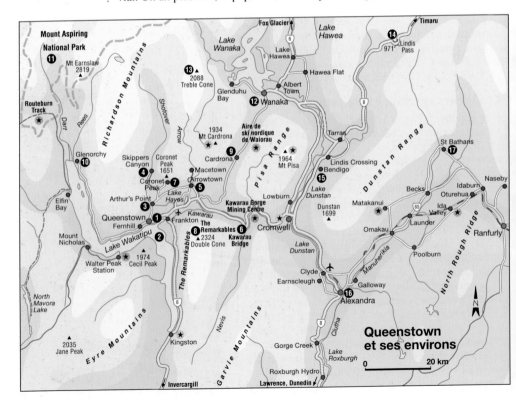

Queenstown et ses environs

0   20 km

Carte p. 284

de Dunedin, qui se vidait en proportion. Les revenus de l'Otago triplèrent en 12 mois, tandis que les arrivées de bateaux quadruplaient, nombre de ces 200 navires débarquant des mineurs accourus d'Australie.

Alors que les prospecteurs se déplaçaient vers les hautes terres inhospitalières du Central Otago, de nouvelles vallées dévoilaient l'une après l'autre leurs filons – la Clutha au pied de la Dunstan Range, la Cardrona, la Shotover, l'Arrow et la Kawarau. En 1862, la Shotover livrait 155 g d'or par pelletée, devenant ainsi la rivière la plus riche au monde. En un après-midi, deux Maoris lancés à la rescousse de leur chien à demi noyé récupérèrent – en plus de l'animal – 11 kg d'or.

Une ville de toutes les aventures

Pour pouvoir embrasser un large panorama autour de Queenstown, montez au **Bob's Peak** par le téléphérique de **Skyline Gondolas (Brecon Street** ; ouv. tlj. de 9h à tard ; entrée payante ; tél. 03-441 0101 ; www.skyline.co.nz). Après une ascension de 790 m, prenez le télésiège pour gagner le sommet et redescendez en luge – mais prévoyez le coiffeur après, pas avant.

En haut de Brecon Street, les sentiers nature du **Kiwi and Birdlife Park** (ouv. tlj. de 9h à 18h ; entrée payante ; tél. 03-442 8059 ; www.kiwibird.co.nz) vous conduisent à des volières où cohabitent non seulement le *tui*, l'araponga tricaronculé, la rhipidure et le timide kiwi, mais aussi des oiseaux menacés comme l'échasse noire ou le râle tiklin.

Queenstown dispose d'un grand choix de logements, de restaurants, de distractions et de boutiques de produits artisanaux comme les articles en daim et en cuir, en peau ou en laine de mouton, la céramique, les objets en bois sculpté et les bijoux en jade. Mais la ville demeure d'abord tournée vers les activités de

On ne s'ennuie guère à dévaler le Bob's Peak en luge. Un conseil : commencez par le circuit "panoramique" pour débutants avant de vous lancer sur la piste la plus tortueuse.

CI-DESSOUS : panorama sur le lac Wakatipu depuis Bob's Peak.

NOTEZ-LE

De nombreuses
scènes de la trilogie
du *Seigneur des
anneaux* ont été
tournées dans la région
de Queenstown, mais
la plupart ne sont
accessibles que par
hélicoptère ou *via*
les opérateurs, qui
proposent maintenant
des circuit "Anneaux".

Ci-dessous :
parapente
et chaîne des
Remarkables
en arrière-plan.

plein air, dont la liste détaillée vous sera fournie par le **Visitor Centre** (angle de Shotover et Camp Streets ; ouv. tlj. de 7h à 18h ; jusqu'à 19h en été ; tél. 03-442 4100 ; www.queenstown-vacation.com).

Sans vraiment vous éloigner, vous pouvez déjà découvrir les lacs et rivières de Queenstown à travers la voile, le kayak, la planche à voile, le catamaran de sport, le ski nautique, le parapente, le canyoning ou le rafting. Et vous n'avez même pas besoin de sortir de la ville pour faire votre premier saut à l'élastique : pas très haut mais spectaculaire, **The Ledge** vous attend au sommet du téléphérique (tél. 03-442 4007 ; www.ajhackett.com).

Les Kiwis se donnent beaucoup de mal pour assouvir des tendances masochistes des plus farfelues. Si le saut à l'élastique sous sa forme originelle vous semble maintenant désuet, faites confiance aux cerveaux de Queenstown pour lui inventer des variantes. Basé au Main Town Pier, **Parabungy New Zealand** (ouv. tlj. de 10h à 16h ; tél. 03-442 8507 ; www.parabungy.co.nz) vous tractera en parachute ascensionnel derrière un jet-boat sur le lac Wakatipu, jusqu'à ce que vous sortiez de l'eau pour grimper à une altitude de 50 à 180 m avec votre *jumpmaster*. À ce moment précis, on vous délestera de votre parachute – mais pas de votre élastique, il y a une limite à tout.

Hélicoptères ou avions légers décollent de Queenstown, offrant des vols panoramiques sublimes au-dessus des lacs, des montagnes et des fjords, et permettant souvent de découvrir des paysages et des sites autrement guère accessibles. Pour ceux que le bruit des moteurs indispose, il reste encore le parapente, le deltaplane et le *sky-dive* (chute libre), harnaché à un moniteur, bien sûr (renseignez-vous au Visitor Centre). Autre activité aérienne inhabituelle, **Fly By Wire** (tél. 03-442 2116 ; www.flybywire.co.nz) vous embarque dans un avion miniature propulsé le long d'un filin tendu entre deux collines.

Loisirs plus paisibles

Des activités moins agitées vous sont heureusement proposées, comme la pêche à la truite dans les rivières, ou une excursion sur le vénérable *TSS Earnslaw* (ouv. tlj. de 12h à 16h ; tél. 03-249 7416 ; www.realjourneys.co.nz), superbe vapeur à charbon qui sillonne les flots du **lac Wakatipu ❷** depuis 1912 – il servait alors à approvisionner les villages les plus reculés. L'intérieur vaut presque le panorama : ne manquez surtout pas la salle des machines ni les collections historiques du navire. Si vous en avez le temps, n'hésitez pas à effectuer la visite (optionnelle) de la **Walter Peak High Country Farm**, exploitation agricole située dans un cadre d'exception, où vous pourrez déjeuner, prendre un thé et observer de près l'activité économique fondatrice du pays.

Des vedettes vous embarqueront également sur le lac Wakatipu pour une partie de pêche à la truite. Durant la saison (1er oct.-31 juil.), jet-boats, hélicoptères ou quads conduisent les pêcheurs vers des paradis vierges et cristallins. Le lac Wakatipu lui-même envoûte l'imagination par son étrange forme serpentine, son mouvement "respiratoire" régulier, et sa température résolument froide. Selon une légende maorie, le lac serait le "creux du géant" (Whakatipua) formé lorsqu'un jeune homme courageux incendia un géant

Carte
p. 284

endormi, faisant fondre la neige et la glace des montagnes environnantes, qui comblèrent ce long zigzag.

En fait, les grands lacs Wakatipu, Wanaka et Hawea ont tous été creusés par les glaciers, et la fluctuation spectaculaire du niveau du Wakatipu, toutes les 5 min, ne trahit pas les battements de cœur du géant légendaire mais une oscillation naturelle causée par les variations de pression atmosphérique. Ce qui n'enlève rien à la beauté des 3 lacs.

En face de l'embarcadère du *TSS Earnslaw*, sur l'autre rive, les **Queenstown Gardens** déroulent leurs vastes pelouses et leurs paisibles roseraies encadrées de sapins, d'où la vue s'étend vers le Walter Peak, le Ben Lomond et les Remarkables. Si vous souhaitez devenir plus savant, les **Queenstown Garden Tours** (tél. 03-442 3799 ; www.queenstowngardentours.co.nz) qui partent du Visitor Centre vous feront découvrir au moins 3 splendides jardins résidentiels au printemps et en été, thé à l'anglaise compris.

À la sortie de Queenstown

Pour pratiquer les activités qui ont fait la réputation de Queenstown, il faudra vous éloigner encore un peu plus de la ville. Et si vous voulez combiner un soupçon d'aventure avec un zeste d'histoire, faites un tour à **Arrowtown**, à 21 km au nord-est. Quittant la ville par le nord par la **Gorge Road**, vous arriverez d'abord à **The Rungway**, installé dans l'ancien Johnston Coach Line Building (tél. 03-409 2508 ; www.rungway.co.nz). Une première du genre dans l'hémisphère sud. Les alpinistes connaissent bien ce système de mains courantes, d'échelons et de filins en acier fixés aux flancs d'une montagne qui permettent aux débutants de défier le vertige sans danger, ou presque, et de traverser des passages difficiles.

Pour visiter des chais, passez par l'opérateur Queenstown Wine Trail, il vous embarquera pour un tour des meilleurs vignobles du Central Otago (tél. 03-442 3799 ; www.queenstownwine trail.co.nz) – Gibbston Valley, Peregrine, Waitiri Creek ou Chard Farm par exemple.

CI-DESSOUS : le *TSS Earnslaw* (à gauche) sur le lac Wakatipu.

Éclaboussures et frissons

Les rivières rapides des environs offrent un décor de rêve au rafting en eaux vives et autres virées en jet-boat – dernière trouvaille garantie *made in New Zealand* pour descendre ou remonter les rivières à une vitesse inavouable. Ces embarcations très maniables sont propulsées par leur propre sillage, l'eau étant inspirée par une bouche sous la coque puis évacuée à haute pression par un échappement à l'arrière. Le jet-boat peut survoler des fonds d'à peine 10 cm, et exécuter des virages à 180° sur sa seule largeur. Il existe une bonne dizaine d'opérateurs, dont le plus réputé, **Shotover Jet** (ouv. tlj. du lever au coucher du soleil ; tél. 03-442 8570 ; www.shotoverjet.com ; navette gratuite de Queenstown), prend ses passagers à **Arthur's Point ❸**, à 5 km au nord de Queenstown, et les embarque pour une équipée sauvage, sur les eaux de la **Shotover** en passant au ras de rochers fort menaçants. C'est sans doute l'un des frissons les plus euphorisants et les plus accessibles offerts par Queenstown.

Si vous souhaitez vous engager plus à fond, la Shotover présente un parcours de rafting de 14 km plutôt exigeant avec des rapides de niveau III à V, selon la saison ; à l'est, les 7 km de la **Kawarau River** sont nettement plus adaptés aux débutants. Plusieurs opérateurs, dont **Queenstown Rafting** (tél. 03-442 9792 ; www.rafting.co.nz), proposent des parcours avec transfert en bus au point de départ, combinaisons et briefing.

Au nord d'Arthur's Point et au bout d'une spectaculaire remontée de **Skippers Canyon ❹** en 4x4 se déploie le **Skippers Canyon Bridge**. C'est ici que le **Pipeline Bungy** de A. J. Hackett (tél. 03-442 4007 ; www.ajhackett.com) balance les têtes brûlées au bout d'un élastique à 102 m au-dessus des rapides de la Shotover.

NOTEZ-LE

Vous ne pouvez décemment quitter Queenstown sans avoir essayé le Shotover Jet. Habillez-vous chaudement, et agrippez-vous fermement quand le pilote annonce qu'il va partir en toupie !

CI-DESSOUS : dans les rapides à bord du Shotover Jet.

Illusions perdues

Juste après Arthur's Point, la route bifurque à l'ouest vers Coronet Peak, puis à droite jusqu'à **Arrowtown ❺** – la plus pittoresque et la mieux préservée des bourgades minières du Central Otago, et peut-être même la plus jolie petite ville de Nouvelle-Zélande, surtout en automne. Son charme et son atmosphère ont survécu alors qu'il ne reste plus guère de traces des quelque 80 mines d'or qui surgirent dans la province, puis s'évanouirent au terme de 10 années de folie.

Arrowtown accueille le cinéma le plus original du pays – le **Dorothy Brown's Cinema, Bar and Bookshop** de Buckingham Street, où vous pourrez voir des films d'art et d'essai calé dans des sièges étonnamment confortables, et boire un verre au coin du feu. Au bout de Buckingham Street, vers la rivière, se concentrent les vestiges de **Chinatown** : le quartier hébergea jusqu'à 60 mineurs d'or chinois dans les années 1880. Ses petites maisons en pierre indiquent que si l'or promettait une existence de luxe, leurs conditions de vie demeuraient malgré tout très spartiates.

Également dans Buckingham Street, le **Lakes District Museum** (ouv. tlj. de 9h à 15h ; entrée payante) renferme une authentique et durable mine d'informations sur la ruée vers l'or, avec des spécimens d'or et d'autres minéraux, des outils de mineurs, des vestiges de la colonie chinoise, des souvenirs de l'époque coloniale et une collection de véhicules hippomobiles.

Les villes fantômes parsèment toute cette région, ombres des baraquements en toile, en turf et en tôle ondulée que le romancier anglais Anthony Trollope trouva si "laids" lors de son voyage en 1871. L'un de ces endroits, Macetown, hante les collines ondulant à 15 km au nord-ouest d'Arrowtown. Si la ville se réduit aujourd'hui à une poignée de bâtiments dans un état de ruine plus ou moins

Saut à l'élastique au-dessus de la Shotover River, Pipeline Bungy.

À GAUCHE : couleurs d'automne à Arrowtown.
CI-DESSOUS : la vieille poste d'Arrowtown.

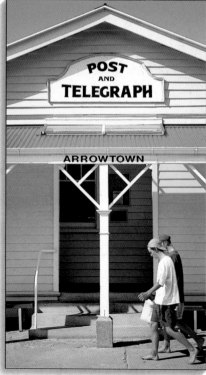

avancé, elle prend presque des allures de parc avec tous ces vestiges de jardins livrés à eux-mêmes. **Macetown** naquit au XIXᵉ siècle, d'abord simple campement de tentes pour les mineurs venus chercher de l'or puis du quartz. Une fois les filons épuisés, la ville déclina. La dernière mine ferma en 1914, et, après la Seconde Guerre mondiale, il n'y demeurait plus que deux vieillards.

À la sortie d'Arrowtown, prenez la Lake Hayes Road pour retourner sur Queenstown. Durant une grande partie du trajet, vous longerez le très photogénique miroir du **lac Hayes** et la luxueuse station de **Milbrook**, dont le terrain de golf a été conçu par Bob Charles. Artisans, artistes et retraités mènent une vie fort paisible dans ces fermettes habilement aménagées dans l'esprit architectural de la région.

Au carrefour avec la SH6, tournez à gauche et vous rejoindrez rapidement le vieux **Kawarau Bridge ❻**, à 6 km au sud d'Arrowtown. Ce pont fut le premier site de saut à l'élastique commercialisé, ouvert en 1988 par A. J. Hackett (tél. 03-442 1177 ; www.ajhackett.com). Il semble depuis que l'on ne puisse plus franchir un pont sur South Island sans voir quelqu'un s'élancer dans le vide. Vous pouvez y tester votre sang-froid – ou simplement observer les âmes téméraires dont l'expression varie du silence stoïque au hurlement à percer les tympans –, puis rentrer à Queenstown par la SH6.

Ski et randonnée

Coronet Peak, les Remarkables, Treble Cone et Cardrona constituent les plus vastes domaines skiables de South Island. Avec **Coronet Peak ❼**, situé à seulement 18 km au nord par une route goudronnée, Queenstown a son parc des neiges, réputé pour la variété de ses pistes et doté d'innovations comme l'éclai-

La société A. J. Hackett a mis sur pied l'un des plus hauts sauts à l'élastique du monde, le Nevis Highwire Bungy, à 134 m au-dessus de la Nevis River. À 32 km à l'ouest de Queenstown, ce site n'est accessible qu'en 4x4.

CI-DESSOUS : grands moments de ski à Coronet Peak.

rage de nuit. La saison va de juillet à septembre (parfois jusqu'en octobre). L'été, un télésiège vous emmène admirer le panorama au sommet (1 645 m), d'où un toboggan Cresta Run vous redescendra en quatrième vitesse – si vous êtes vraiment pressé.

Le deuxième grand domaine skiable de South Island se déploie dans la chaîne des **Remarkables** ❽, montagnes abruptes qui prêtent leur décor spectaculaire à Queenstown, à 20 km à l'est de la ville. Les skieurs débutants et de niveau moyen y trouveront des pentes adaptées, tout comme les casse-cous confirmés. **Cardrona** ❾ se trouve à 57 km de Queenstown par la Crown Range Road, direction Wanaka. C'est la route la plus haute de Nouvelle-Zélande, et la vue, une fois encore, y est amplement à la hauteur.

À 42 km au nord-ouest de la ville, le secteur de **Glenorchy** ❿ vous réserve une nouvelle succession de panoramas éblouissants, dans une région prodigue en la matière. Sur une grande partie du trajet, la route suit les rives du bras ouest du lac Wakatipu. À 25 km de la ville, vous arriverez au faîte d'une colline qui dégage une perspective ensorcelante sur le Wakatipu et ses 3 îles – Tree Island, Pig Island et Pigeon Island.

En dépit de son cadre immaculé, Glenorchy ne lésine pas sur les activités. Kayak, jet-boat, randonnée à cheval, pêche, canoë et canyoning y ont leurs fervents adeptes. En ville, dans Mull Street, **Dart River Safaris** (tél. 03-442 9992 ; www.dartriver.co.nz) organise des excursions de toutes sortes, dont un safari de 80 km en jet-boat sur la Dart River entre montagnes et glaciers – le décor naturel de la *Terre-du-Milieu* de Tolkien – avant de faire demi-tour à Sandy Bluff, à la lisière du **Mount Aspiring National Park** ⓫. Ce site classé au patrimoine mondial protège une réserve alpine de 160 km de long couronnée par le Cervin

Carte p. 284

NOTEZ-LE

Le Queenstown Winter Carnival (troisième semaine de juillet) marque le temps fort de la saison de ski de Queeenstown. Pour en savoir plus sur le ski dans la région, consultez www.nzski.com. ; voyez également www.cardrona.com et www.treblecone.co.nz

NOTEZ-LE

À 46 km au sud
de Queenstown par
la SH6, un vieux train
à vapeur, le *Kingston
Flyer*, emprunte la
ligne Kingston-
Fairlight de septembre
à mai. Billet aller-
retour 30 NZ$.
Informations sur :
www.kingstonflyer.co.nz

CI-DESSOUS : les
eaux miroitantes
du lac Wanaka.

de Nouvelle-Zélande, le **Mount Aspiring** (3 030 m). Le parc et les vallées solitaires qui descendent au lac Wanaka (*voir ci-dessous*) offrent des opportunités uniques de randonnées et de pêche dans un environnement totalement vierge.

La plus belle de toutes les pistes du Wakatipu Basin, la **Routeburn Track**, part de Glenorchy. Sillonnant une région magnifiquement isolée de l'entrée du lac Wakatipu à l'Upper Hollyford Valley, ce trek de 4 jours est l'un des plus beaux du pays, mais demande un plus haut niveau de forme physique et d'expérience que la célèbre Milford Track, dans le Fiordland voisin. Vous y découvrirez une flore d'une grande variété, quelques animaux, des cascades et des paysages constamment renouvelés.

Wanaka et ses environs

À 34 km de Cardrona, la station de **Wanaka** ⓬ a tout d'une mini-Queenstown (même si cette définition ne lui plaît guère). Relativement épargnée par la foule et la commercialisation parfois outrancière de sa grande sœur, elle n'en possède pas moins un lac, des domaines skiables et propose bien d'autres loisirs, ainsi qu'un bon choix d'hôtels et de restaurants. Le I-SITE **Visitor Centre** (tél. 03-443 1233 ; www.lakewanaka.co.nz) vous communiquera volontiers tous les détails pour organiser au mieux votre séjour sur place.

À 19 km au nord-ouest de Wanaka, la station de **Treble Cone** ⓭ est fière de sa poudreuse et des nombreux prix internationaux qui lui ont été attribués. Elle se définit comme le domaine skiable des habitants des environs et des connaisseurs, dont beaucoup sont attirés par la plus haute verticale de la région.

Suivez la SH6 à l'est de Wanaka et prenez la SH8 en direction du nord pour découvrir le **Lindis Pass** ⓮. Ce col relie le Central Otago au mont Cook et au

Mackenzie Country, serpentant dans un paysage de collines non dénué de romantisme.

À 2 km au sud de Wanaka, le **Puzzling World** de Stuart Landsborough (ouv. tlj. de 8 h à 17 h en été, jusqu'à 17 h 30 en hiver ; entrée payante ; tél. 03-443 7489 ; www.puzzlingworld.co.nz) vous garantit quelques surprises. Ses bâtiments tout de guingois décrivent un véritable dédale long de 1,5 km, tandis qu'à l'intérieur vous attendent illusions optiques, hologrammes et le très hallucinant Hall of Following Faces, dans lequel les yeux et les visages de gens célèbres semblent flotter et vous suivre partout.

Perdez vos repères et retrouvez votre enfance au Puzzling World de Wanaka, d'un charme surréaliste.

Après la ruée

Près de la Clutha River, à 40 km au sud-est de Wanaka (par la SH8), la ville fantôme de **Bendigo** ⑮ semble sortir d'un rêve, surtout quand le vent siffle à travers ses maisons en pierre écroulées aux carrefours. Le prolongement sud de la SH8 conduit au cœur du Central Otago. Il suit la Clutha River, passant Roxburgh, Alexandra, Clyde et Cromwell. Ces anciennes villes minières, aujourd'hui prospères, irriguent toute la province grâce à une même artère – la puissante Clutha River. Importante source d'électricité, celle qui avait enrichi les hommes de son or a transformé depuis une région aride en une terre fertile (réputée pour ses fruits) grâce à l'irrigation.

Après Bendigo, la route conduit à **Cromwell**, 15 km plus au sud. Le secteur produit des vins et des fruits, mais il bénéficie surtout de la présence du **lac Dunstan**, que borde la ville. Hébergeant de nombreux oiseaux, le lac permet également de pratiquer quantité d'activités nautiques. En 1993, un barrage a été construit à proximité du lieu où la Clutha River quitte la Cromwell Gorge, près de **Clyde**, à 20 km au sud-est de Cromwell. L'eau retenue a envahi la gorge, submergeant l'ancienne ville de Cromwell et presque toute la Clutha Valley inférieure.

CI-DESSOUS : digitales en fleur.

À 31 km au sud-est de Clyde, **Alexandra** ⑯ salue chaque printemps par sa magnifique floraison. En hiver, les patineurs et amateurs de *curling* décrivent leurs figures sur la glace du Manorburn Dam.

Au sud d'Alexandra, plusieurs bourgades de la ruée vers l'or ont refusé de mourir, conservant leur authentique atmosphère originelle ; on y respire un air de nostalgie victorienne, comme à **Lawrence**, ancienne Tuapeka. Ces vestiges encore bien vivants s'éparpillent un peu partout dans le Central Otago, nichés entre les montagnes, au fond des gorges et des vallées.

La SH85 quitte Alexandra en direction du nord-est vers la côte, traversant la Manuherikia Valley. N'hésitez pas à faire le détour à **St Bathans** ⑰, ancienne ville aurifère où trône le célèbre **Vulcan Hotel**, tout comme le charmant hameau de **Naseby**, avec ses maisons d'époque, ses artisans et son Cottage Garden Café, perdu à 600 m au flanc des collines.

Quelle que soit la période de l'année, le Central Otago vous réserve des moments forts. Les saisons s'y montrent plus marquées que dans bien d'autres régions de Nouvelle-Zélande. En automne, les peupliers plantés par les colons s'illuminent d'or et de cuivre. En hiver, les lignes électriques déroulent leurs fils de dentelle glacée à travers une féerie de givre. ❑

DUNEDIN

Carte p. 296

Derrière sa façade solide et austère bâtie par les Écossais, puis dorée sur tranche lors de la ruée vers l'or, cette ville universitaire idéalement située permet d'explorer une région riche en trésors naturels.

Dunedin repose au fond de sa baie, ceinturant de verdure ses toits d'ardoises et de zinc, ses églises et leurs clochers. Et ses 120 000 citoyens, dont 20 000 sont étudiants, en apprécient le rythme paisible. Pour bien aborder Dunedin, il faudrait arriver par sa baie, Otago Harbour – profond fjord de 20 km de long où les pirogues de guerre maories, les baleiniers et les trois-mâts ont abandonné leurs sillages aux porte-conteneurs et aux caboteurs. Autour se dressent de vertes collines, dont le volcan éteint de Harbour Cone (300 m), planté sur l'étroite Otago Peninsula, ainsi que le bonnet perpétuellement brumeux du mont Cargill (680 m).

Une belle histoire

Cité orgueilleuse, Dunedin fut jadis la plus riche et la plus peuplée de Nouvelle-Zélande. Dans les années 1860, avec la découverte de l'or de l'Otago, elle devient rapidement le centre financier du pays. Les immigrants y débarquent du monde entier, les compagnies nationales y installent leur siège, l'industrie et les chantiers prospèrent. On vit naître ici la première université du pays, sa première école de médecine, ses premiers tramways électriques, son premier quotidien national, enfin le premier téléphérique après les États-Unis.

Depuis des siècles, la côte de l'Otago avait été plus densément peuplée que toute autre région de North Island. Des tribus maories y pêchaient et chassaient les oiseaux aquatiques et le moa, l'oiseau coureur géant. Lorsque le capitaine Cook cingla devant l'Otago en 1770, il manqua l'entrée de la baie, mais en remarqua les longues plages aujourd'hui appelées St Kilda et St Clair, décrivant dans son journal de bord : "Une terre verte et boisée mais sans le moindre signe d'habitants." Il ne pouvait soupçonner la présence des Maoris, dispersés en petites communautés nomades. Moins de 30 ans plus tard, baleiniers et phoquiers faisaient régulièrement escale dans les parages. Les Maoris s'y étaient habitués, mais modérément : en 1813, ils tuèrent et mangèrent 4 marins ; en 1817, sur la bien nommée Murdering Beach, comme on appelle depuis la plage, au nord de l'entrée du port, 3 phoquiers payèrent de leur vie de les avoir offensés.

Un schisme dans l'Église presbytérienne d'Écosse est à l'origine de l'idée de la fondation d'une colonie en Nouvelle-Zélande où "la piété, la rectitude et l'industrie" pourraient s'épanouir. Fervents avocats de la "Free Kirk" (Église libre), le capitaine William Cargill et le révérend Thomas Burns, neveu du poète Robert Burns, prennent la tête du mouvement. Les navires *John Wickliffe* et *Philip Laing* débarquent 300 Écossais en mars et avril 1848 sur un site déjà choisi par le siège londonien de la New Zealand Company et ache-

CI-CONTRE : les Moeraki Boulders, au nord de Dunedin. **CI-DESSOUS :** des traditions encore bien vivantes.

*Très inspiré par sa
ville, le poète Thomas
Bracken écrivit:
"Va, voyageur, vers
ces fleurons de
Venise et de Rome,
L'arcade majestueuse
de saint Marc et
l'orgueilleux dôme
de Pierre,
Les guirlandes et
les treilles de Naples,
les terres si
lointaines du Rhin –
Grandioses peut-
être, mais donne-moi
plutôt Dunedin
et sa baie."*

CI-DESSOUS:
statue du poète
Robert Burns,
à l'Octagon.

té 2 400 livres aux Maoris. Son premier nom de New Edinburgh est bientôt abandonné au profit de Dunedin ("Odin sur la colline" en gaélique).

Une fois l'or découvert dans l'arrière-pays, rien ne peut plus freiner Dunedin. En deux ans, la population de l'Otago s'envole de 12 000 à 60 000 habitants, dont 35 000 prospecteurs d'or. Le débarquement des mineurs, l'approvisionnement des campements, les banques, tout se concentre à Dunedin. Avec la prospérité naissent les saloons, les tripots et les maisons closes. Les brasseurs font fortune. Et les pubs de Dunedin ont conservé jusqu'à ce jour une excellente réputation.

Pendant un quart de siècle, la ville continuera sur sa lancée. Puis les filons d'or s'épuisent, l'attrait commercial et climatique du Nord sonne le déclin des villes et des provinces du Sud. Ces dernières décennies, Dunedin a lutté contre cet exode vers le nord. Attirés par l'extension de son université, son College of Education pour enseignants et l'Otago Polytechnic, plus de 20 000 jeunes sont venus égayer la communauté locale.

Ville écossaise

Dunedin, c'est une Nouvelle-Zélande à la fois écossaise et victorienne. Une statue colossale du poète écossais Robert Burns trône au centre-ville, tournant le dos à la cathédrale St Paul pour lorgner l'ancien pub. À Dunedin cohabitent le seul confectionneur de kilts du pays, des joueurs de cornemuses des Highlands et les très fêtées Burns' Nights. Mais ses habitants sont un peu las de ces continuelles références à l'"Édimbourg du Sud" ou à la "cité victorienne"; maints édifices postvictoriens font de leur ville la plus intéressante et la plus variée du pays sur le plan architectural.

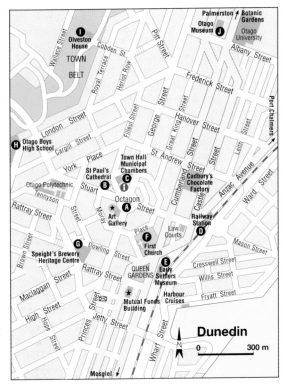

Autour de l'Octagon

Pour explorer Dunedin, commencez par l'**Octagon** , qui relie Princes Street et George Street dans le centre. Ses grands arbres ombragés et ses parterres de pelouses en font un lieu de pique-nique apprécié. Côté ouest, la vénérable **Dunedin Public Art Gallery** (ouv. tlj. de 10h à 17h ; tél. 03-477 4000) recèle une vaste et intéressante collection de peinture des XVIIIe et XIXe siècles – Hodgkins, Constable, Gainsborough, Monet, Pissaro, Reynolds… –, réparties dans plusieurs bâtiments rénovés de style victorien.

Au nord du musée s'élève la **St Paul's Cathedral** (tél. 03-477 4931), dont les piliers néogothiques de 40 m de haut soutiennent la nef voûtée. Cette cathédrale anglicane de 1919 utilise une pierre extraite des carrières d'Oamaru.

À côté de la cathédrale, les **Municipal Chambers** furent également bâties en pierre d'Oamaru voici un siècle par un éminent architecte, Robert Lawson ; à l'arrière, le **Town Hall** fut longtemps le plus vaste du pays avec ses 2 280 sièges. Les bureaux de l'administration provinciale ont quitté les Chambers pour occuper le **Civic Centre** adjacent, dont les lignes raides et modernistes tranchent un peu trop, au goût de certains, avec l'architecture victorienne de l'ancien bâtiment. Les Municipal Chambers accueillent aujourd'hui un centre de congrès ainsi que le **Visitor Centre** (tél. 03-474 3300 ; www.cityofdunedin.com). L'imposant clocher et sa flèche ont été reconstruits lors du grand nettoyage de printemps de la ville effectué en 1989. En descendant Lower Stuart Street vers l'est, vous remarquerez plusieurs bâtiments anciens comme les bureaux du journal *Allied Press*, le tribunal et le commissariat.

Près du carrefour de Castle Street et d'Anzac Avenue, la **Dunedin Railway Station** valut à son auteur George Troup le titre de "Sir" et le surnom de "Gin-

Les chaudes nuances de la pierre d'Oamaru, Municipal Chambers et St Paul.

CI-DESSOUS : les Municipal Chambers et la St Paul's Cathedral à gauche.

Vitrail, Dunedin Railway Station.

gerbread George" (George le "tarabiscoté"). De style néo-Renaissance flamande, cette colossale gare de 1906 arbore une tour carrée de 37 m de haut, 3 immenses cadrans d'horloge et un porche couvert projeté en avant de la colonnade voûtée. Dans le grand hall, un sol en mosaïque encadre 9 panneaux centraux où apparaît une petite locomotive anglaise. Quelque 725 760 fragments de mosaïque en porcelaine Royal Doulton composaient le sol d'origine. Le reste du décor a conservé sa porcelaine, éclairée par des vitraux d'église. C'est d'ici que partent tous les jours les trains conduisant à la magnifique Taieri River Gorge (*voir p. 303*).

Le premier étage de la gare accueille le **New Zealand Sports Hall of Fame** (ouv. tlj. de 10h à 16h ; entrée payante ; tél. 03-477 7775 ; www.nzhalloffame. co.nz), musée des sports consacré à cette obsession authentiquement néo-zélandaise, avec une panoplie invraisemblable de souvenirs – tel ce protège-bras utilisé par Colin Meads, membre de l'équipe des All Blacks, lorsqu'il joua un test match avec un bras cassé.

L'extraordinaire gare de Dunedin reflète sans doute la fascination de la ville pour les trains. *Josephine*, l'une des premières locomotives à vapeur du pays – une Fairlie à double chaudière, marche inversable –, trône dans sa vitrine en verre à côté de l'**Otago Settlers Museum** ❸ (ouv. tlj. de 10h à 17h ; entrée payante ; tél. 03-477 5052) dans les Queen's Gardens. Également à l'honneur, *JA1274* fut la dernière locomotive à vapeur fabriquée à Dunedin.

Autres lieux de visite

Ci-DESSOUS : Dunedin Railway Station.

Premier gratte-ciel du pays, le **Mutual Funds Building** (1910) se dresse près de la gare, non loin du centre historique de Dunedin, le quartier du Stock Exchange (Bourse). La ville a depuis gagné du terrain sur sa baie, donnant naissance à de

beaux immeubles de bureaux, mais le déplacement du centre-ville vers le nord en a condamné beaucoup à la démolition ou à un triste destin d'entrepôt. Une "pièce montée" flanquée de gargouilles y rend hommage au capitaine Cargill. Des toilettes pour hommes s'y ouvraient jadis en sous-sol, mais l'opprobre public provoqua la fermeture du "site".

En 1867, les fondateurs de la ville remercièrent Dieu en lui élevant **First Church** , sur la place Moray. En réalité la troisième du nom, œuvre de Robert Lawson, elle élance sa flèche de 55 m vers les cieux. L'intérieur présente un plafond de bois à gâble et une rosace qui méritent un coup d'œil.

Deux rues plus à l'ouest, au 200 de Rattray Street, le **Speight's Brewery Heritage Centre** (visites guidées du lun. au sam. à 10h, 11h45 et 14h, avec visite additionnelle en soirée du lun. au jeu. à 19h ; entrée payante ; tél. 03-477 7697 ; www.speights.co.nz) réunit des pièces uniques et des scènes commentées qui en disent long sur la passion des "Southerners" pour leur bière (chaque visite se conclut bien entendu par une dégustation).

Certaines banques et autres églises ne manquent pas d'intérêt, tout comme l'**Otago Boys High School** conçue par Lawson ; sa tour domine le centre-ville, à la lisière de la Town Belt, ceinture verte de 200 ha et de 8 km de long qui sépare la ville de ses faubourgs.

Au fil d'une promenade le long de la Town Belt, vous découvrirez les plus belles vues sur la ville et la baie, de nombreux bois et terrains de sport, des parcours de golf, des *bowling greens* aux pelouses impeccables, d'immenses piscines chauffées, des plages parfaites pour se baigner ou faire du surf – et vous entendrez le chant du tui et du *bellbird* (araponga).

C'est dans la Town Belt également que se dresse l'**Olveston** (visites gui-

Carte p. 296

NOTEZ-LE

Nul besoin d'être enfant pour apprécier la visite du Cadbury World de Cumberland Street, son univers un peu irréel d'œufs et de lapins géants – et tout ce chocolat à déguster à volonté ! Réservation indispensable : tél. 03-467 7967 ; www.cadburyworld.co.nz

CI-DESSOUS : Speight's Brewery.

Baldwin Street, au nord du centre-ville, serait la rue la plus en pente du monde. Ses 38 % de déclivité en tout cas ne manquent pas d'allure, ni d'intérêt pour les casse-cous qui ne cessent d'inventer de nouvelles façons de la dévaler plus vite.

dées sur rés. à 9h30 et 10h45, 12h et 13h30, 14h45 et 16h; entrée payante; tél. 03-477 3320; www.olveston.co.nz). Ce manoir aux 35 chambres d'inspiration post-Tudor en brique et en chêne fut construit en 1906 selon les plans du célèbre architecte Ernest George pour un homme d'affaires de la région, David Theomin. Légué à la ville en 1966, il est considéré comme le fleuron de l'architecture édouardienne en Nouvelle-Zélande.

Au nord de l'Octagon

Les campus de la University of Otago, de l'Otago Polytechnic et du Dunedin College of Education se confondent pratiquement au nord de la ville. Dressée sur les berges et pelouses de la Leith, la grande tour d'horloge domine les flèches gothiques de l'université. À l'ouest dans Great King Street, le passionnant **Otago Museum** ❶ (ouv. tlj. de 10h à 17h; entrée libre; tél. 03-474 7474; www.otago museum.govt.nz) présente des objets maoris, des reliques maritimes et des collections de l'ère coloniale. Au premier étage, un musée des sciences interactif baptisé **Discovery World** intéressera les enfants (billet d'entrée en sus).

Également au nord de la ville, sur les pentes de Signal Hill, les charmants **Botanic Gardens** (ouv. tlj.; entrée libre) vous enchanteront avec leurs parterres de rhododendrons, d'arbustes et de fleurs locales.

La péninsule

Pour pleinement apprécier la péninsule d'Otago et la vue qu'elle offre sur Dunedin, empruntez la route "basse" et revenez par la "haute". L'aller-retour peut vous prendre, au choix, de 1h30 à une journée entière. Ses routes étroites et sinueuses exigent une grande prudence; certains tronçons, construits par les for-

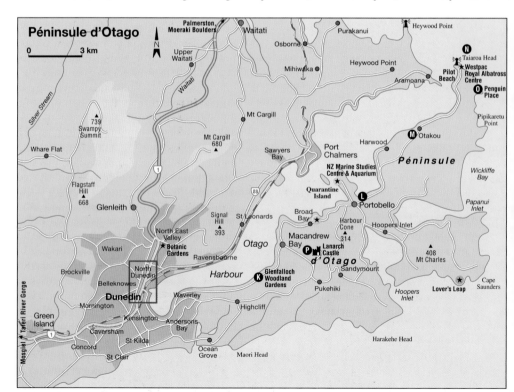

çats, ont été conçus pour les chevaux et les carrioles (les prisonniers dormaient dans une coque de navire lentement halée le long du littoral). Vous apercevrez d'abord sur la côte le **Glenfalloch Woodland Gardens**  (ouv. tlj.; entrée libre; tél. 03-476 1006), 1 ha de jardins déployés autour d'une demeure de 1871.

Sur la sinueuse Portobello Road qui longe les rives de Broad Bay, le forgeron Garey Guy (tél. 03-478 1133) travaille le fer selon les méthodes ancestrales à la **Chestnut Tree Forge** (ouv. du dim. au jeu. de 13h30 à 16h30; entrée libre; tél. 025-488 478; www.chestnuttreeforge.co.nz). À **Portobello** (à 8 km de Glenfalloch), vous visiterez l'**Otago Peninsula Museum** – sur rendez-vous ou le dimanche uniquement (de 13h30 à 16h30; entrée libre; tél. 03-478 0255).

Continuez jusqu'au **New Zealand Marine Studies Centre and Aquarium** (ouv. visites guidées tlj. à partir de 10h30; entrée payante; tél. 03-479 5826; www.otago.ac.nz/marinestudies) de Hatchery Road, laboratoire géré par l'université d'Otago. Dans 3 aquariums s'ébattent toutes sortes d'espèces marines, du requin de 2 m de long aux hippocampes et aux poulpes. Un bassin spécialement aménagé permet aux enfants de faire connaissance avec les créatures marines les plus petites.

À environ 4 km plus au nord, l'église et la maison de réunions maories d'**Otakou** semblent sculptées, mais elles ont été coulées dans le béton. Dans le cimetière à l'arrière reposent 3 grands chefs maoris du xixᵉ siècle – Taiaroa, Ngatata (chef du Nord qui aurait accueilli les Pakehas dans le détroit de Cook) et Karetai, convaincu par les missionnaires de renoncer au cannibalisme et d'adopter la Bible. Ce *marae* est sacré pour les Maoris et demeure le site maori le plus vénéré en Otago (le nom même d'Otago étant une déformation européenne d'Otakou). Vous trouverez un **musée** maori sur place (renseignez-vous auparavant sur ses horaires d'ouverture; tél. 03-478 0352).

Cartes:
Ville 296
Otago 302

L'Otago Peninsula Museum détient une collection de kakapos empaillés datant de l'époque coloniale. Les notices vous expliquent comment ils ont été empaillés et le pourquoi de leur quasi-extinction actuelle.

CI-DESSOUS:
église et maison de réunions maories, Otakou.

Au nord se concentrent les vestiges de l'industrie baleinière née dans Otago Harbour en 1831, 17 ans avant la colonisation européenne. Vous distinguerez aisément la vieille usine, signalée par une plaque. De l'autre côté de la route, une deuxième plaque commémore la première messe célébrée en Otago par l'évêque Pompalier en 1840.

Vie sauvage et vie de château

NOTEZ-LE

Observez les albatros de Taiaroa Head, leur emploi du temps est le suivant. Septembre : les adultes arrivent ; octobre : parades et amours ; novembre : ponte des œufs ; février : éclosion ; septembre : envol des petits.

CI-DESSOUS : otarie à fourrure, Pilot Beach.

Au-delà d'Otakou, arrivé au sommet de la colline, regardez vers **Taiaora Head** , pointe de la péninsule, puis levez les yeux : les immenses oiseaux qui planent paresseusement dans les airs sont les plus grands voiliers de la planète, les très rares albatros royaux. Infiniment gracieux, ils plongent, virent et s'élèvent en bougeant à peine le bout de leurs ailes (3 m d'envergure). Quelque 30 couples associés pour la vie nichent ici et font le tour du monde à une vitesse de 110 km/h, pour revenir au même endroit pondre leurs œufs tous les deux ans.

Le **Westpac Royal Albatross Centre** (ouv. tlj. de 9h à 16h ; entrée payante ; tél. 03-478 0499 ; www.albatross.org.nz) propose des galeries d'observation et des espaces d'exposition. En groupe guidé, vous assisterez au cycle de reproduction printemps-été et au va-et-vient des petits avant leur pérégrination. Sur la plage voisine de **Pilot Beach**, vous pourrez aussi observer (gratuitement) les ébats d'une colonie d'otaries à fourrure.

Taiaroa Head abrite également **Fort Taiaroa**, où fut transporté l'**Armstrong Disappearing Gun** en 1886, à la suite de la psychose d'une invasion russe. Ce canon de 150 mm surgit d'un souterrain pour tirer, avant de disparaître pour le rechargement.

Cartes :
Ville 296
Otago 302

Une petite route mène à **Penguin Place**  (ouv. tlj. de 10h15 à 1h30 avant le coucher du soleil, de 15h15 à 16h30 en hiver ; entrée payante ; tél. 03-478 0286 ; www.penguin-place.co.nz), 2 km à l'est. Des manchots antipodes surfent dans les rouleaux – vous pourrez les observer de près grâce à un réseau de cachettes et de galeries.

Le *MV Monarch* fait régulièrement la traversée de Dunedin à Taiaroa Head, mais, pour connaître vraiment la péninsule, contactez **Wild Earth Adventures** (tél. 03-473 6535 ; www.wildearth.co.nz). Ils organisent des excursions en kayak d'une demi-journée à plusieurs jours vous permettant d'aborder idéalement, par la mer, la colonie d'albatros royaux et d'otaries à fourrure et de découvrir la vie sauvage du littoral.

Revenez sur la route de Portobello pour rejoindre la route "haute" qui retourne en ville. Elle passe devant **Larnach Castle** (ouv. tlj. de 9h à 17h ; entrée payante ; tél. 03-476 1616 ; www.larnachcastle.co.nz), le seul et unique château de Nouvelle-Zélande. Il fallut 14 ans pour achever la construction, commencée en 1871, de cette demeure commandée par l'honorable William J. M. Larnach, trésorier puis ministre de la Couronne. Un artisan anglais et ses deux associés italiens mirent 12 ans à en sculpter les plafonds. Le château faillit pourtant tomber en ruine avant d'être totalement restauré, la plupart de ses 43 chambres étant ouvertes au public, voire à la clientèle pour certaines. La route qui vous ramène aux faubourgs offre de vastes perspectives sur la baie.

*Manchots antipodes,
Penguin Place.*

En prenant du champ

Plusieurs sites superbes ou passionnants s'égrènent au-delà des environs immédiats de Dunedin. À 80 km au nord, les **Moeraki Boulders** ❶ (*voir carte p. 308*) jalonnent le rivage telles "les billes du Diable". La légende maorie en fait les paniers à provisions d'une pirogue naufragée, mais ces rochers noirs proviennent en réalité des falaises d'argilite qui bordent la plage. Pendant 60 millions d'années, des sels sédimentaires se sont accumulés autour de leurs fragments érodés, formant les boulets que l'on observe aujourd'hui, dont certains mesurent 4 m de circonférence et pèsent plusieurs tonnes.

Au nord et au sud de Dunedin s'étendent des lieux d'une beauté exceptionnelle, relativement peu peuplés, et pour l'heure ignorés du flux touristique. Dans la **Taieri River Gorge** ❷, au nord-ouest de Dunedin, des parcours de rafting et de jet-boat vous précipiteront entre les falaises frangées d'une végétation vierge, tandis que les truites vous attendent en des eaux plus paisibles.

Au départ de la gare de Dunedin (*voir p. 298*), des trains d'excursion remontent et parfois descendent la ligne de chemin de fer principale. Le **Taieri Gorge Railway** (tél. 03-477 4449 ; www.taieri.co.nz) et ses wagons des années 1920 rénovés (couplés à des voitures récentes en acier avec air conditionné) pénètre dans l'arrière-pays par les gorges sauvages de la Taieri River Gorge. Vous pouvez faire l'aller-retour en une journée à **Pukerangi**, à 58 km, ou poursuivre sur 19 km jusqu'à **Middlemarch**, où une correspondance par car vous emmène à Queenstown. ❑

CI-DESSOUS :
Larnach Castle.

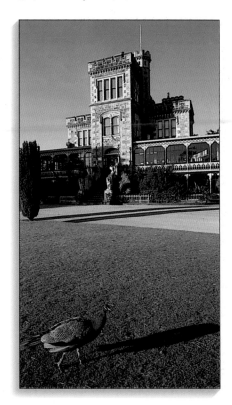

LE SOUTHLAND

En pénétrant dans ces sublimes paysages d'un autre monde, vous aurez toutes les raisons de penser que vous êtes arrivé à l'autre bout de la terre.

Carte
p. 308

C'est l'immensité des lieux qui vous saisit d'abord – espaces infiniment dégagés, balayés par une lumière violente et irréelle qui impressionna tant les paysagistes européens. Cette terre fut colonisée par un groupe déterminé d'immigrants écossais qui réclamèrent leur statut de province en 1861. Neuf ans de développement effréné suivirent, gagnant villes, campagnes, routes et voies ferrées, à un rythme tel que le gouvernement local fit faillite, obligeant la province à se rattacher à sa voisine l'Otago en 1870.

Les 100 000 personnes qui revendiquent aujourd'hui leur identité fièrement de "Southlanders" ne s'embarrassent guère de légitimité historique. Ils vivent dans le territoire le plus au sud de la Nouvelle-Zélande – ou Muhiriku, le "dernier anneau de la queue", comme l'appelaient les Maoris. Cette "province" couvre quelque 28 000 km² d'un territoire dont la frontière commence sur la West Coast, juste au nord des collines et des vallées du fabuleux Milford Sound ; elle contourne ensuite les rives sud du lac Wakatipu, à la lisière du Central Otago, serpente à travers une région de pâturages verdoyante avant de rejoindre la côte sud par la forêt primaire des Catlins.

Les traces avérées d'occupation maorie sur la côte sud remontent au XIIᵉ siècle, et, passé la fièvre de développement des années 1860, les Southlanders se sont tournés vers l'exploitation avisée d'un territoire au potentiel agricole exceptionnel. Le caractère southlander ne va pas cependant sans un certain goût de l'innovation, qui se manifeste dans des performances agraires (les produits de la région entrent pour un quart des exportations néo-zélandaises) que n'expliquent pas les seules vertus du conservatisme.

Le Southland apparaît riche en contrastes. Sur la West Coast, des fjords profonds creusent d'abruptes montagnes dont les sommets enneigés s'envolent vers le ciel, dominant les multiples vallées du Fiordland. À l'intérieur, deux immenses plaines qui ont fondé la prospérité de la province autour d'Invercargill, son grand carrefour commercial, s'étendent jusqu'aux côtes sud et sud-est.

Invercargill, l'Écossaise

Les 47 000 habitants d'**Invercargill** ❸ (à 217 km au sud-ouest de Dunedin et 283 km au sud de Queenstown) résident près d'un estuaire jadis emprunté par les vapeurs et les grands voiliers. L'héritage écossais de la ville se retrouve dans ses noms de rues, ses nombreuses demeures élégantes, ses jardins et ses parcs ombragés bien entretenus. Les urbanistes d'Invercargill consacrèrent beaucoup d'espace aux artères et aux places publiques. Poumon central de la ville, **Queen's Park** déploie son terrain de golf, sa piscine et ses parterres de roses parmi les statues de sir Charles Wheeler.

PAGES PRÉCÉDENTES : reflet de Mitre Peak dans Milford Sound.
CI-CONTRE : coucher de soleil sur le Milford Sound.
CI-DESSOUS : forêt primaire, Fiordland.

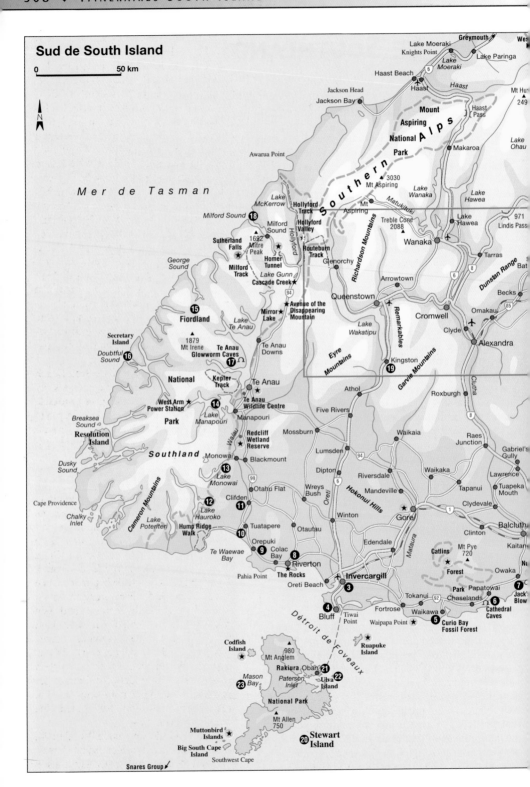

Sud de South Island

0   50 km

Mer de Tasman

Greymouth   West
Lake Moeraki
Knights Point   Lake Paringa
Lake Moeraki
Haast Beach   6
Haast   *Haast*
Jackson Head
Jackson Bay   Mt Hu   249
Mount   Haast Pass
Aspiring
National   Makaroa   Lake Ohau
Park
Southern Alps
3030
Mt Aspiring
Lake Wanaka
Awarua Point
Mt   Lake Hawea
Aspiring   *Matukituki*
Lake McKerrow
Hollyford Track   Treble Cone 2088   Lake Hawea   971   Lindis Pass
Milford Sound   18
Milford Sound
Hollyford Valley
Wanaka
George Sound
Sutherland Falls   1692 Mitre Peak   Routeburn Track
Homer Tunnel   Glenorchy   Tarras
Milford Track   *Richardson Mountains*   6   8   *Dunstan Range*   Bat
Cascade Creek   Arrowtown
Lake Gunn   Becks
94
Avenue of the Disappearing Mountain   **Queenstown**   85
15   Mirror Lake   Omakau
Fiordland   Lake Te Anau   Cromwell
Secretary Island   1879 Mt Irene   Te Anau Glowworm Caves   Clyde
Doubtful Sound   16   17   Lake Wakatipu   **Alexandra**
Te Anau Downs   *Remarkables*
National   Kepler Track   *Eyre Mountains*   Kingston   19   *Garvie Mountains*   *Clutha*
Te Anau
West Arm Power Station   14   Te Anau Wildlife Centre
Park   Lake Manapouri   Manapouri   Athol   Roxburgh
Breaksea Sound   *Wiaau*   Redcliff Wetland Reserve   Five Rivers   8
Resolution Island   Mossburn   Waikaia   Raes Junction
Southland   Monowai   13   Blackmount   Lumsden   Gabriel's Gully
Dusky Sound   Lake Monowai   Dipton   Riversdale   Waikaka   Lawrence
Cape Providence   99   Otahu Flat   Wreys Bush   Mandeville   Tapanui   Tuapeka Mouth
Chalky Inlet   12   Clifden   *Oreti*   *Hokonui Hills*   Clydevale
Cameron Mountains   11   Winton   **Gore**   Balclutha
Lake Poteriteri   Hump Ridge Walk   10   Tuatapere   Otautau   Edendale   Clinton
Te Waewae Bay   9   Orepuki   Colac Bay   Mt Pye 720   Kaitan
Pahia Point   8   **Riverton**   **Catlins**   Owaka   N
The Rocks   Oreti Beach   **Forest**   7   Jack' Blow
3   **Invercargill**   Tokanui   92   Chaselands   **Park**   Papatowai   6   Cathedral Caves
4   Fortrose   Waikawa
Bluff   Tiwai Point   Waipapa Point   5   **Curio Bay Fossil Forest**
Détroit de Foveaux
Codfish Island   980 Mt Anglem   Ruapuke Island
Mason Bay   23   Rakiura Oban   21   22   Ulva Island
Paterson Inlet
National Park
Mt Allen 750
Muttonbird Islands   20   **Stewart Island**
Big South Cape Island   Southwest Cape
Snares Group

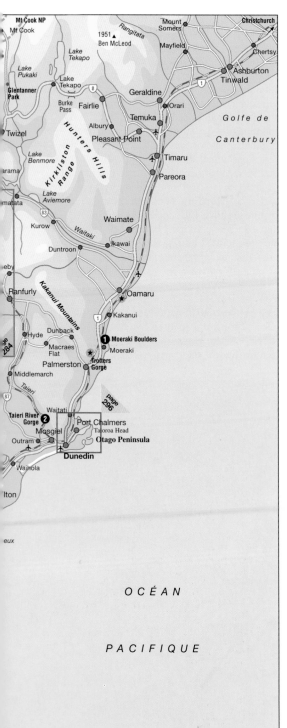

Situé à l'entrée de Queen's Park dans Gala Street, le **Southland Museum and Art Gallery** (ouv. du lun. au ven. de 9h à 17h, le sam. et le dim. de 10h à 17h ; participation souhaitée ; tél. 03-218 9753 ; www.southlandmuseum.co.nz) dédie plusieurs de ses salles à l'histoire et à l'art maoris ; mais les expositions consacrées à la région sub-antarctique – la poignée d'îles semées entre la Nouvelle-Zélande et l'Antarctique – font la grande originalité de ce musée en forme de pyramide. Un film y est projeté, *Beyond the Roaring Forties* (au-delà des Quarantièmes Rugissants), qui décrit admirablement ces contrées solitaires battues par le vent. Autre clou de la visite, le "tuatarium" permet de voir des reptiles rescapés de l'ère des dinosaures, les tuataras, arpenter à leur guise un vaste sanctuaire naturel.

Au rez-de-chaussée, le i-SITE **Visitor Centre** (tél. 03-214 6243 ; www.invercargill.org.nz) vous livrera plus d'informations sur Invercargill.

À 10 km au sud de la ville, **Oreti Beach** déroule ses plages de sable appréciées des citadins qui viennent s'y baigner, faire de la voile et du ski nautique. La plage est également réputée pour son délicieux *toheroa* (*Pahies ventricosa Gray*), rare coquillage mesurant jusqu'à 15 cm de long.

Bluff

À environ 27 km au sud d'Invercargill, le grand port de **Bluff ❹** occupe l'extrême pointe de South Island. Il ne reste plus ensuite que Stewart Island (*voir p. 316*) avant les eaux sub-antarctiques. Si la route qui conduit au port atteste le caractère fortement agricole de la province, une énorme usine de fertilisants employant du phosphate importé du Pacifique et d'Asie trahit le fait que les sols du Southland demandent à être constamment nourris. Des élevages de daims, des deux côtés de la route, témoignent d'un secteur en plein essor ; les Southlanders les élèvent par milliers, notamment pour leur velours, très recherché et utilisé par la médecine traditionnelle chinoise.

À Bluff, les dockers travaillent 24h/24, les navires de fort tonnage venant s'amarrer à une île artificielle aménagée dans la

Des coquilles d'abalone (paua en maori) ramassées sur les plages environnantes couvrent le mur de Paua Shell House, Bluff.

baie. D'immenses convoyeurs extraient des milliers de carcasses d'agneaux et de moutons congelés d'un grand bâtiment pour les déverser dans les cales des cargos à destination du monde entier. En face du port, vous apercevrez 3 bâtiments de 600 m de long chacun, entourés d'autres énormes constructions et dominés par une vertigineuse cheminée de 137 m de haut. C'est la fonderie de **Tiwai Point**, qui produit 334 000 t d'aluminium par an. Trônant à l'écart sur la péninsule déserte de Tiwai où des vents presque continuels balayent ses fumées, elle constitue le plus gros employeur industriel du Sud. Pour la visiter, appelez le 03-218 5494.

Bluff est également renommé pour les huîtres du **Foveaux Strait** – détroit de 35 km de large qui sépare South Island de Stewart Island. Ces dernières années, les naissains ont été décimés par la maladie, mais des mesures rigoureuses ont été prises pour les aider à se reconstituer. Grâce à une gestion attentive, les exploitants espèrent que les récoltes retrouveront vite leurs niveaux précédents.

N'hésitez pas à vous arrêter au **Maritime Museum** (ouv. du lun. au ven. de 10h à 16h30, le sam. et le dim. de 13h à 17h ; entrée payante ; tél. 03-212 7534), au 227 Foreshore Road ainsi qu'à la très kitsch **Paua Shell House** (ouv. tlj. de 9h à 17h ; entrée payante ; tél. 03-212 8262), sur Marine Parade, emplie de coquillages du monde entier, dont un mur incrusté d'étincelants *paua* (abalones, plus connu sous le nom d'ormeau) ramassés sur les plages des environs.

Vers la Catlins Coast

CI-DESSOUS :
palanquée d'huîtres, détroit de Foveaux.

Quittant Invercargill, roulez en direction du sud-est sur 80 km jusqu'au petit port de pêche de **Waikawa**, accessible par une route en bon état qui traverse un pays de collines encore sauvages il y a peu. Waikawa se trouve sur la Southern Scenic Route : cet itinéraire touristique majeur part de Balclutha dans le South

Otago pour descendre sur Waikawa et rejoindre Te Anau en longeant la côte sud. Au nord-est de Waikawa, la route permet de découvrir une grande partie des **Catlins**, région aux beautés naturelles très variées, où vous pourrez également observer des otaries à fourrure, des éléphants de mer (occasionnellement), et des manchots antipodes.

Au bout de la route d'Invercargill, 5 km avant Waikawa, les vestiges d'une forêt pétrifiée voici des millions d'années jonchent **Curio Bay** ❺. Ces souches et troncs fossilisés montrent toutes les veines de leur bois, tandis que des rochers éventrés par une force inconnue présentent de délicates empreintes de feuilles et de brindilles. La plage voisine de **Porpoise Bay** s'avère excellente pour la baignade – si vous êtes prêt à partager ses vagues avec les petits dauphins d'Hector qui la fréquentent volontiers.

À quelque 34 km au nord de Porpoise Bay, un sentier aménagé mène de **Waipati Beach** aux impressionnantes **Cathedral Caves** ❻, accessibles 2 heures avant et 2 heures après la marée basse. Un conseil : n'oubliez pas de vous munir d'une lampe-torche pour explorer les grottes, ou vous risquez de marcher sur un phoque ou une otarie endormie. **Papatowai**, à 10 km plus au nord, propose divers magasins d'approvisionnement – mais surtout se trouve au point de départ de nombreuses et splendides randonnées sur la côte ou en forêt.

Suivez la Southern Scenic Route pendant 25 km au nord jusqu'à **Owaka**, ville prospère quoique particulièrement isolée. En chemin, arrêtez-vous sans faute aux **Purakaunui Falls** : ces chutes étagées sur 3 niveaux se jetant un peu à l'écart de la grand-route valent le détour. Restaurants et hébergement vous attendent à Owaka, où vous pouvez séjourner pour profiter des sentiers et des cascades des environs, ou observer les oiseaux. Le **Catlins Visitor Centre** (tél. 03-415 8371)

Carte
p. 308

NOTEZ-LE

À elles trois, la Mataura, l'Oreti et l'Aparima totalisent 500 km de rivières à poisson. La pêche à la truite fario y attire des amateurs du monde entier.

CI-DESSOUS :
souches d'arbres pétrifiées, Curio Bay.

vous fournira tous les renseignements nécessaires. À 6 km au nord d'Owaka, le souffle de la mer s'échappe de **Jack's Blowhole** ❼, gouffre de 55 m de profondeur situé à 200 m en arrière de la plage.

Vous pouvez ensuite poursuivre la Southern Scenic Route sur 30 km au nord jusqu'à **Balclutha**, puis bifurquer vers Dunedin, ou rebrousser chemin vers Invercargill et prendre la direction du Fiordland.

À l'ouest d'Invercargill

Cyprès de Lambert (macrocarpa) sur le littoral d'Orepuki, courbés par des siècles de vents violents.

Levant les yeux de leur plaine, les habitants d'Invercargill ne peuvent s'empêcher de contempler les sommets lointains qui bordent le Fiordland. Si vous êtes pressé, sachez que cette vaste région naturelle est accessible en moins de 2 heures en prenant la direction du nord-ouest par les plaines centrales du Southland, *via* Winton, Dipton, Josephville Hill et Lumsden. De vastes étendues de *tussock* vous indiquent alors clairement que vous avez quitté un pays producteur de millions de têtes de bétail, base économique du Southland, pour pénétrer dans un territoire d'une tout autre nature.

Continuez vers l'ouest jusqu'à **Riverton** ❽, ville nichée en bord de mer à 38 km d'Invercargill. Phoquiers et baleiniers s'y implantèrent en 1836, et cette première colonie européenne du Southland a fortement marqué la ville de son empreinte. La conservation du patrimoine constitue d'ailleurs ici un mode de vie : en 2002, le New Zealand Historic Places Trust mit en vente une maison de baleinier pour 1 NZ$ symbolique à condition que le propriétaire s'engage à l'entretenir selon ses préceptes. À 10 km vers l'ouest, l'ancienne colonie maorie de **Colac Bay** compta jusqu'à 6 000 habitants durant la ruée vers l'or des années 1890 ; elle accueille désormais les vacanciers du Southland. Plus à l'ouest, le passé et le présent se confondent à **Orepuki** ❾, dont l'ancien tribunal a été reconverti en centre de tonte des moutons. Le long du rivage, les cyprès macrocarpa se recroquevillent sous les rafales du vent du sud.

CI-DESSOUS :
Purakaunui Falls, près d'Owaka.

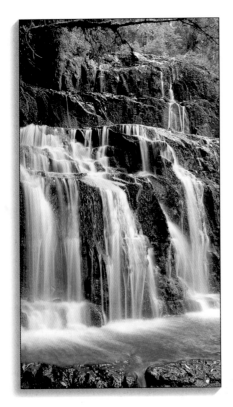

À 20 km de là, les rouleaux donnent de la voix entre Orepuki et **Tuatapere** ❿. Dauphins d'Hector et baleines franches australes fréquentent parfois **Te Waewae Bay** ; en face, des montagnes tapissées de végétation se dressent, premier signe des paysages à venir. Le nouvel itinéraire de 47 km, le **Tuatapere Hump Ridge Track**, commence et termine à la pointe occidentale de la baie. Quittant la ville de Tuatapere, où les histoires de pêche et de chasse au cerf sont aussi nombreuses que les billes de bois de ses scieries, la route s'oriente au nord sur 12 km jusqu'à **Clifden** ⓫, réputée pour deux sites impressionnants – le **Clifden Suspension Bridge** (1899) et les **Clifden Caves**. Vous pouvez explorer les cavernes sans guide, mais emportez au moins 2 lampes-torches et suivez les panneaux à la lettre. De Clifden, une route non goudronnée de 30 km mène au lac **Hauroko** ⓬, le plus profond de Nouvelle-Zélande. Son nom signifie "vent sonore", car les vents du sud comme du nord s'engouffrent entre ses berges encaissées et luxuriantes.

Poursuivant au nord de Clifden, vous traverserez Blackmount pour rejoindre la **Redcliff Wetland Reserve**, où les ornithologues chanceux apercevront peut-être un faucon de Nouvelle-Zélande en vol. À

6 km au nord-ouest de Blackmount, la ville de **Monowai ⑬** dessert le lac du même nom, riche en activités de loisirs et réputé pour sa pêche et sa chasse.

Fiordland National Park

Le **lac Manapouri ⑭** s'étend au-delà des zones humides, à 28 km au nord de Monowai. Des îles boisées s'éparpillent entre ses rives où flots et végétation s'entremêlent au premier plan, tandis que les **Kepler Mountains** ceinturent l'horizon – un cadre magnifique, digne porte d'accès aux montagnes et aux lacs du Fiordland. Avec ses 1,2 million d'hectares, le **Fiordland National Park ⑮** est le plus vaste du pays et fait partie du South West New Zealand, classé au patrimoine de l'humanité. Ce premier coup d'œil sur le lac et ses environs vous fera sans doute déjà comprendre pourquoi les anciennes légendes maories – comme celle de la tribu mythique des Te Anau – n'ont jamais perdu leur emprise romantique sur cette région montagneuse et sauvage.

Deux occasions formidables vous sont offertes d'expérimenter à la fois les montagnes, la mer et le bush. La première consiste à traverser le lac Manapouri en vedette jusqu'à **West Arm**. Il fut un instant question d'élever le niveau de ses eaux de 27 m pour en tirer de l'électricité. Les écologistes l'ont finalement emporté, mais l'énorme centrale **Manapouri Underground Power Station** de West Arm a été construite jusqu'à 200 m sous les montagnes pour alimenter en énergie la fonderie d'aluminium de Tiwai Point (*voir p. 310*), et le niveau du lac peut désormais être contrôlé. Pour visiter sa salle des machines, inscrivez-vous auprès de **Real Journey** (tél. 03-249 7416 ; www.realjourney. co.nz). Le barrage nécessita la construction d'une route partant de West Arm pour franchir le col de Wilmot Pass et rejoindre Deep Cove, du point le plus occidental du Manapouri au

Carte p. 308

Prenez un blouson imperméable et des bottes si vous explorez le Milford Sound ou empruntez la Milford Track – dans cette région, les précipitations se mesurent en mètres. Et n'oubliez pas votre lotion anti-insectes contre les simulies.

CI-DESSOUS :
randonneurs, Milford Track, Fiordland National Park.

*La talève takahé,
l'un des plus
rares volatiles
de Nouvelle-Zélande
– ici au Te Anau
Wildlife Centre –, fut
redécouverte en 1948
dans les Murchison
Mountains.*

CI-DESSOUS :
splendeur et
majesté du
Milford Sound.

point le plus méridional de **Doutful Sound** ⑯, le plus profond des fjords du Fiordland. Au large de ses rives sauvages, le grand dauphin et le lagénorhynque de Gray batifolent dans des eaux bleu saphir. Les plongeurs observeront le corail noir qui prospère ici à une profondeur anormalement faible, protégé par les eaux douces et plus sombres déversées par la centrale et les collines environnantes.

Au cœur de cette vaste étendue sauvage, la ville de **Te Anau**, à 22 km au nord de Manapouri, compte de nombreux hôtels, motels et lodges. Les vallées situées derrière la ville font l'objet de programmes agraires ambitieux, s'accompagnant de la mise sur pied de nombreuses exploitations. Dans la région, ne manquez pas les **Te Anau Glowworm Caves** ⑰, sur les rives occidentales du **lac Te Anau**. Probablement connues des premiers explorateurs maoris, ces grottes ne furent redécouvertes qu'en 1948. **Real Journeys** propose une excursion de 2 à 3 heures (à 14h et 18h45 ; tél. 03-249 7416 ; www.realjourneys.co.nz) : un chemin aménagé et 2 brèves traversées en canot vous introduiront au cœur d'un réseau de galeries où vous attendent tourbillons, cascades et grotte illuminée de vers luisants. Le Department of Conservation gère le **Te Anau Wildlife Centre**, (ouv. tlj. 24/24 ; tél. 03-249 7921) situé à la sortie de ville sur la route du Manapouri. Vous pourrez y observer, entre autres volatiles, la très rare talève takahé.

Le Milford Sound

Un second itinéraire, plus spectaculaire encore, permet d'accéder à la mer par le Fiordland : la route de 120 km qui mène de Te Anau au **Milford Sound** ⑱, décrit par Rudyard Kipling comme "la huitième merveille du monde". Écrivains et artistes se sont vainement échinés à tenter de traduire la beauté des paysages qui se déploient sous vos yeux lorsque la route, après avoir suivi les rives du lac

Te Anau sur 30 km, pénètre d'épaisses forêts puis longe le **Mirror Lake** (à 58 km de Te Anau), puis l'**Avenue of the Disappearing Mountain**, montagne qui semble rétrécir à mesure que vous en approchez. Forêts, bras de rivières et petits lacs s'égrènent jusqu'à ce que la route bascule vers les forêts de la **Hollyford Valley**, à Marian Camp.

La route part ensuite dans deux directions. Un embranchement s'aventure dans l'impasse de la Hollyford Valley, dont le **Gunn's Rest**, terrain de caravaning réputé, est géré par l'un des personnages les plus étonnants du Fiordland. Au bout de cette route commence la **Hollyford Track**. L'autre branche se dirige vers l'ouest, gravissant les pentes abruptes des montagnes jusqu'à l'entrée est du **Homer Tunnel** – lequel Homer découvrit Homer Saddle en 1899, entre les vallées de Hollyford et de Cleddau. Les travaux de ce tunnel de 1 240 m démarrèrent en 1935 dans le cadre d'une campagne pour promouvoir l'emploi. Cinq hommes vécurent là sous la tente, avec des pioches, des pelles et des brouettes pour seuls outils. Le chantier s'acheva en 1954, mais les avalanches avaient coûté la vie à 3 hommes. Le Fiordland peut se montrer particulièrement impitoyable dans les environs.

Du côté du Milford, la route plonge de 690 m en 10 km entre des pentes de montagnes à pic pour émerger dans la **Cleddau Valley**. Une très impressionnante **Chasm Walk** vous conduira à une série de chutes formées par les dénivelées de la Cleddau River. De retour sur la route, 10 km vous séparent encore du fond du Milford Sound (vous trouverez quelques hôtels sur place).

Partant de l'extrémité sud du Milford Sound, des bateaux embarquent régulièrement leurs passagers pour des croisières au large très demandées (pensez à réserver bien à l'avance). **Red Boat Cruises** (tél. 03-441 1137 ; www.redboats. co.nz) propose de courtes excursions explorant la plupart des sites, tandis que le *Milford Wanderer* et le *Milford Mariner* de **Real Journeys** (*voir p. 314*) lèvent également l'ancre pour des croisières de 2 jours. Plusieurs sites exceptionnels marquent les paysages du Milford Sound, comme **Mitre Peak**, pyramide rocheuse de 1 692 m, ou les **Lady Bowen Falls** (162 m).

Si vous disposez d'un peu de temps – et de beaucoup d'énergie –, pensez au kayak de mer. Les excursionnistes sont légion en milieu de journée, mais le Sound se vide pratiquement en fin d'après-midi et le matin. Les simulies sont alors plus tenaces, n'oubliez pas de vous munir de lotion.

Vous pouvez également accéder au Sound à pied. Une vedette emmène les marcheurs de Te Anau à Glade House, à l'entrée du lac. Comptez environ 3 jours pour rejoindre le Sound par la fameuse **Milford Track** (*voir p. 243*), probablement l'une des plus belles pistes de randonnée au monde. Le Fiordland recèle d'autres sentiers très réputés, comme la **Routeburn Track** et la spectaculaire **Kepler Track** qui serpente au fil des crêtes de montagne et des vallées étagées face à Te Anau, de l'autre côté du lac.

Pour quitter le Southland, vous pouvez prendre la direction de Queenstown *via* **Kingston** ⑲, où un vieux train à vapeur, le *Kingtson Flyer* (www.kingstonflyer. co.nz), fait l'aller-retour entre Fairlight et Kingston. En voiture, la Mataura Valley, au nord-est, vous mènera vers Dunedin. ❑

Carte
p. 308

NOTEZ-LE

Le trajet en voiture de Queenstown au Milford Sound prend 4 à 5 pénibles heures dans chaque sens : préférez le car et le bateau avec Great Sights (tél. 03-442 5252 ; www.thestation.co.nz). Prenez l'avion au retour.

CI-DESSOUS :
comme son nom l'indique, le Mirror Lake réfléchit à la perfection.

Carte
p. 308

Auckland
North Island

Wellington

Christchurch

South Island

STEWART ISLAND

*Peu connue, même des Néo-Zélandais, la "troisième île"
du pays ne s'en plaint guère, réservant son paradis sauvage
aux adeptes d'un écotourisme pur et dur.*

L es Maoris l'appelaient "Te Punga o te Waka a Maui", "la pierre de mouillage de la pirogue de Maui" – celle qui ancrait les deux autres îles de la
Nouvelle-Zélande. Un certain William Stewart, second d'une expédition
de chasse au phoque en 1809, cartographia les côtes de l'île et lui laissa son nom.
De nos jours, **Stewart Island** [20] fait encore office de mouillage, et aussi de
refuge pour quantité d'espèces sauvages qui survivraient difficilement ailleurs.
Et ce ne sont pas ses 20 km de routes pour 390 habitants qui vont les stresser.

Vous pouvez rallier Stewart Island par avion en à peine plus de 20 min de l'aéroport d'Invercargill, ou prendre le ferry à Bluff. Si vous choisissez cette solution,
vous traverserez le Foveaux Strait jusqu'à Oban en 1 heure environ : attendez-
vous à une navigation houleuse, surtout en hiver, le détroit est alors l'un des
endroits les plus inconfortables de Nouvelle-Zélande – on ne parle pas de "Quarantièmes Rugissants" pour rien. En compensation, les grands voiliers comme
l'albatros royal ou le *mollymawk* (goéland dominicain) ont besoin de vents forts
pour planer – pire sera la météo, plus vous aurez de chances d'en apercevoir.

Vue d'avion, Stewart Island paraît étonnamment petite : par ciel dégagé vous
pourrez l'embrasser d'un seul coup d'œil. Elle présente une forme triangulaire,
la côte ouest s'allongeant sur 60 km de Black Rock Point au nord à Southwest

CI-DESSOUS :
coucher de soleil
sur Paterson Inlet.

Cape au sud. En dépit de ses deux grandes baies, Doughboy et Mason, cette côte ne possède aucun port totalement abrité, et les surfs de la mer de Tasman déferlent continuellement sur son rivage. La côte sud est également exposée, mais les mouillages y sont plus sûrs : à Port Pegasus, Port Adventure, Lord's River et dans Paterson Inlet, qui coupe pratiquement l'île en deux.

Carte p. 308

Oban et Ulva Island

Concentrées autour de Half Moon Bay et de Horseshoe Bay, les charmantes maisons d'**Oban ㉑** semblent se cacher parmi les arbres. Certaines datent de l'époque où les Norvégiens avaient implanté une station de baleiniers sur **Paterson Inlet**, d'autres furent construites par les descendants de baleiniers et de phoquiers. Non loin d'Oban, sur la route d'Acker's Point à l'est, vous découvrirez la plus ancienne habitation de Nouvelle-Zélande, **Acker's Cottage**. Bâtie en 1835 par un baleinier américain, Lewis Acker, et sa femme Mary Pi, elle a été restaurée de manière plutôt radicale il y a quelques années, mais elle mérite encore un petit hommage.

NOTEZ-LE

Au South Seas Hotel, vous ferez la connaissance des habitants de l'île, pêcheurs ou employés de la ferme d'élevage de saumons – que vous pouvez d'ailleurs visiter (tél. 03-219 1282) –, ainsi que l'élevage d'abalones (orneaux).

Oban propose désormais un excellent choix de logements, des auberges les plus simples aux demeures les plus luxueuses. Les prix ont tendance à grimper par rapport aux grandes îles, car à peu près tout – hormis le poisson – doit être importé. À l'extrémité de Main Road face à la mer, le **South Seas Hotel** (tél. 03-219 1059), outre ses chambres, dispose également d'un bar ; il s'enorgueillit d'être l'hôtel le plus au sud de la planète, ce qui est faux – ou alors il n'y a pas d'hôtels en Patagonie !

Dans Ayr Street, le **Rakiura Museum** (ouv. du lun. au sam. de 10h à 12h, le dim. de 12h à 14h ; entrée payante) présente de nombreux objets relatifs au passé maritime de l'île et à la période pré-européenne – un bon endroit également pour s'instruire sur la faune avant de la découvrir *in situ*.

CI-DESSOUS :
îlien de Stewart Island.

De nombreuses et superbes balades côtières partent d'Oban. D'étonnants bosquets d'arbres sculptent le paysage, et le fuschia se montre prolifique. Quant aux oiseaux, ici rarement perturbés, ils se laissent approcher d'assez près. Le kakariki (perruche à tête d'or), l'araponga tricaronculé, la rhipidure, le *tui* et les mésanges comptent parmi les espèces les plus répandues, comme le kereru, sorte de pigeon. Vous entendrez fréquemment le cri rauque du kaka (nestor superbe) en vol ; il ne lui reste malheureusement plus beaucoup d'autres habitats en Nouvelle-Zélande.

Ne manquez pas de visiter **Ulva Island ㉒**, à 3 km au large du littoral dans le Paterson Inlet. Vous pouvez vous y rendre en bateau-taxi, ou même en kayak. Les prédateurs ont été éradiqués de l'île ces dernières années afin d'y réintroduire nombre d'espèces d'oiseaux. Le plus visible d'entre eux est le créadion caruncule de South Island, mais vous apercevrez aussi le gracieux rouge-gorge de Stewart Island, le xénique grimpeur et la *mohoua ochrocephala*. Les râles wékas, dont la population est florissante, semblent également apprécier Ulva. Des panneaux vous enjoignent de ne pas les nourrir, mais les wékas sont d'incurables optimistes, et ne résisteront guère à la tentation d'un pique-nique laissé sans surveillance…

Les bois d'Ulva n'ont jamais été exploités et conservent de belles futaies d'arbres adultes. Le rimu, le totara, le miro et le kamahi y font bonne figure, ombrageant orchidées et fougères. Des kiwis nichent également sur Ulva, et comme ils sortent parfois de jour, étant donné la brièveté des nuits d'été à cette latitude, vous en apercevrez plus facilement ici qu'en d'autres endroits de Nouvelle-Zélande. Ils ont littéralement colonisé **Mason Bay** ㉓, sur la côte ouest, où ils se montrent souvent en fin d'après-midi, fouinant parmi les herbages de lin et de *tussock*, voire sur la plage en quête de puces de mer.

Très discret en d'autres régions de Nouvelle-Zélande, le kaka (nestor superbe) se montre plus volontiers sur Stewart Island.

Au paradis des ornithologues

Autre bon poste d'observation des oiseaux, quoique assez exposé, **Acker's Point** s'avance à 3 km à l'est d'Oban. Les grands voiliers comme les albatros et les goélands dominicains évitent plutôt les baies abritées, car les vents n'y soufflent généralement pas assez fort pour les maintenir en altitude. Si vous marchez jusqu'à Acker's Point en soirée, vous entendrez les petits manchots s'interpeller tandis qu'ils se laissent flotter en lisière du rivage, attendant qu'il fasse assez sombre pour s'aventurer à terre et retrouver leurs abris. En été, durant la saison de nidification, vous entendrez aussi crier le puffin à bec grêle (le "titi") lorsqu'il retourne à sa nichée dans des galeries creusées aux abords du fanal.

Le puffin à bec grêle est parfois surnommé ici *muttonbird*, et si vous êtes las de l'observer de loin, vous le verrez peut-être affiché au menu du South Seas Hotel d'Oban. Son goût rappelle effectivement le mouton, avec un arrière-goût de poisson – ou l'inverse. Les gastronomes n'y trouveront certes pas leur compte, et ces *muttonbirds* sont bien plus à leur avantage dans les airs que dans une assiette.

CI-DESSOUS :
fougères,
Ulva Island.

VOILIERS GÉANTS

L'un des meilleurs sites d'observation des oiseaux de mer se situe au sud de Stewart Island, aux abords du Snares Group. Le public n'est pas autorisé à débarquer sur Snares, mais vous pouvez croiser au large, où la cacophonie des manchots et des puffins salue l'arrivée du soir.

On estime à 8 millions la population de puffins à bec grêle qui niche sur l'île chaque été. Et pour ceux qui rêvent de voir une fois dans leur vie un albatros ou un goéland dominicain, il n'est guère de meilleur site. Mieux vaut d'ailleurs en profiter rapidement, car leur population est en chute libre : le gouvernement néo-zélandais brille par sa timidité en matière de réglementation sur la grande pêche dans les mers du Sud, et des milliers d'oiseaux se noient chaque année, pris aux hameçons des longues lignes traînées par les bateaux russes et asiatiques.

Pour des raisons de sécurité, la seule façon d'accéder au Snares Group passe soit par **Thorfinn Charters** (tél. 03-219 1210 ; www.thorfinn.co.nz) soit par **Talisker Charters** (tél. 03-219 1151 ; www.taliskercharter.co.nz). Ces deux skippers expérimentés connaissent bien les oiseaux – contrairement à ceux qui vous indiquent un volatile, puis marmonnent quelque chose en comptant sur votre mal de mer pour abréger la discussion.

Stewart Island offre des conditions exceptionnelles pour l'observation d'oiseaux de mer en vol. Plus de la moitié de la population mondiale d'albatros et de goélands dominicains fréquente les parages de l'île, en compagnie de nombreux oiseaux marins comme les pétrels, les puffins, les stercoraires, les prions et les manchots. Également répandus, les damiers du Cap, parfois surnommés *"Jesus Christ birds"* pour leur aptitude à marcher sur les flots. Les passionnés ne devraient pas manquer d'aller observer les colonies des abords du **Snares Group**, situé à 125 km de la pointe sud de Stewart Island (*voir encadré*).

Carte
p. 308

Rakiura National Park

Ceux qui préfèrent garder les pieds au sec n'auront guère le temps de s'ennuyer non plus, l'île déployant quelque 245 km de sentiers de randonnée. La très belle **Rakiura Track** commence et se termine à Oban ; comptez 3 jours, avec haltes en refuge. Les pistes du Nord serpentent à travers des futaies de totaras, de rimus et de ratas, tandis que celles du Sud quittent de belles anses boisées pour pénétrer dans la végétation subalpine des pentes supérieures. Il y a peu de temps encore, ces régions sud, autour de Tin Range, hébergeaient des représentants de l'oiseau le plus rare de Nouvelle-Zélande, le kakapo (perruche hibou). En 1970, on les a mises en sécurité sur des îles comme **Codfish**, au large de la côte ouest.

Le **Rakiura National Park** recouvre et protège 85 % de l'île, vous offrant une multitude de sites vierges à explorer. Sans être un adepte du trekking, les coins où s'asseoir et simplement contempler la nature ne manquent pas. Les massifs de fougères se montrent ici luxuriants, notamment vers **Dynamite Point**, surtout depuis que la population de cerfs de Virginie est contrôlée. Sur la route de Horseshoe Bay, ne ratez pas les jardins botaniques de la **Motarau Moana Reserve**. ❏

Le nom maori de Stewart Island, Rakiura, ou "cieux illuminés", a été dicté par les éblouissants couchers de soleil qui caractérisent ces latitudes.

CI-DESSOUS : plus grand que nature, l'albatros royal de Stewart Island.

SOMMAIRE

Connaître la Nouvelle-Zélande

Le pays

Situation Dans l'hémisphère sud, au milieu de l'océan Pacifique, à 2 250 km à l'est de l'Australie.
Superficie 268 680 km².
Capitale Wellington (541 600 hab), centre politique, culturel et financier de la Nouvelle-Zélande.
Population 4 millions d'hab.
Langues Anglais, maori.
Religion Chrétienne à 81 %.
Monnaie Dollar néo-zélandais ($NZ).
Poids et mesures Système métrique.
Indicatif du pays 64.
Électricité 230-240 volts, 50 Hz comme en Australie. La plupart des hôtels ont des prises 110 volts pour les rasoirs électriques. Prises murales à 2 ou 3 fiches plates.
Fuseaux horaires Un seul fuseau horaire pour tout le pays : GMT +12. Lorsqu'il est 13h le lundi à Auckland, il est 4h du même jour à Paris et 22h de la veille à Montréal. D'octobre à fin mars, l'heure d'été est appliquée (1h de plus). Aux Chatham Islands, à 800 km à l'est de Christchurch, l'heure est avancée de 45 min par rapport au reste du pays.

Géographie

La Nouvelle-Zélande comprend 3 grandes îles – North Island, South Island et Stewart Island – orientées dans un axe plus au moins nord-sud, sur une longueur de plus de 1 600 km, entre le 34e et le 47e parallèle sud. Les 2 îles principales, North et South Islands, sont séparées par un détroit large de 22 km, le fameux Cook's Strait.

Les paysages, spectaculaires, comprennent de vastes chaînes de montagnes, des volcans actifs, d'immenses plages, des fjords encaissés et des forêts humides luxuriantes.

Sur **South Island**, les Southern Alps courent du nord au sud, rejoignant au sud-ouest la côte déchiquetée du Fiordland. Point culminant du pays, le mont Cook s'élève à 3 754 m. Les Canterbury Plains s'étendent à l'est des montagnes.

North Island est ponctuée de montagnes et de volcans isolés – dont 3 sont actifs. Les basses terres de North Island se cantonnent essentiellement aux régions côtières et à la Waikato Valley.

Principaux fleuves Le Waikato, le Clutha, le Waihou, le Rangitikei, le Mokau, le Whanganui et le Manawatu.

Question de taille

La Nouvelle-Zélande couvre une superficie totale de 268 680 km², soit 36 fois moins que les États-Unis, la moitié de la France, un peu plus que la Grande-Bretagne et un peu moins que l'Italie ou la Norvège.

Climat

Les saisons sont inversées par rapport à celles de l'hémisphère nord. Ainsi, les Néo-Zélandais fêtent Noël au soleil, pour enfiler gants et bonnets en juin et en juillet.

Le nord du pays bénéficie d'un climat essentiellement subtropical. Le climat du Sud demeure tempéré : les précipitations se répartissent régulièrement à travers toute l'année, mais la météo est assez imprévisible.

L'automne et l'été, de décembre à mai, offrent un temps plus stable, le plus approprié à un séjour. Mais les Néo-Zélandais, traditionnellement, prennent leurs principaux congés à Noël et en janvier : vous serez bien avisé de réserver hébergements et transports à l'avance durant cette période, extrêmement chargée dans tous les domaines.

Températures

Moyennes d'hiver (juin-août) et d'été (déc.-mars) :
Auckland 8-15°C en hiver ; 14-23°C en été.
Wellington 6-13°C en hiver ; 12-20°C en été.
Christchurch 2-11°C en hiver ; 10-22°C en été.
Queenstown -1-10°C en hiver ; 19-22°C en été.
Dunedin 4-12°C en hiver ; 9-19°C en été.

Le vent peut souffler fort en toute saison sur le détroit de Cook qui sépare les 2 grandes îles, mais les journées d'été réservent généralement une chaleur agréable dans la plupart des régions. L'hiver se fait parfois rigoureux au centre et au sud de North Island et dans les régions littorales de South Island. Des conditions qui s'aggravent à mesure que vous vous élevez dans le centre de South Island. Pour tout enseignement sur la météo de tout le pays, consultez le service météo néo-zélandais sur le site www.metservice.co.nz

Économie

L'économie néo-zélandaise tire l'essentiel de ses devises du tourisme et de l'agriculture – en particulier la viande, la laine, les produits laitiers, le bois et l'industrie alimentaire – ainsi que de sa production de fer et d'acier.

En plein essor, le secteur du bois fait vivre aujourd'hui une importante industrie de la pâte à papier. Hormis le charbon, le lignite, le gaz naturel et l'or, le pays possède peu de ressources naturelles. Mais son potentiel hydroélectrique considérable lui a permis de produire de l'électricité bon marché et en abondance – un fondement important pour l'industrie manufacturière. Extrait de Kapuni Field, sur North Island, et de Maui Field, au large de la côte de Taranaki, le gaz naturel est converti en combustible liquide pour le marché intérieur et l'exportation.

Sites Internet

www.purenz.com
Tout ce que vous avez toujours
voulu savoir sur la Nouvelle-
Zélande et plus encore. Le site
du Tourism New Zealand.
www.holiday.co.nz
Ce guide de voyage et de vacances
propose un éventail complet de
formules,
des itinéraires en moto
à l'hébergement.
www.aotearoa.co.nz
Site consacré à la promotion
des arts et artisanats de
Nouvelle-Zélande et du Pacifique.
Vous pouvez commander en
ligne sculptures en os, en bois
ou en verre et bijoux.
www.nzedge.com
Ce site complet et éclectique
couvre la vie et les réalisations des
expatriés néo-zélandais. Également
sur le site, guide shopping, news
"*people*", section consacrée aux
"héros" kiwis, archives images,
discours, liens Internet et
répertoire général.
www.stuff.co.nz
Informations internationales et
néo-zélandaises. Une forte couleur
régionale, qui puise dans divers
journaux à travers tout le pays.
www.nzmusic.com
Toute la diversité du son du
Pacifique se trouve réunie sur
ce site passionnant. Catalogue
d'artistes kiwis, biographies,
musiques, news, grand calendrier
de concerts et section consacrée
aux forums.
www.allblacks.com
Site officiel de la New Zealand
Rugby Football Union et des
All Blacks. Vous ne pouvez arriver
en Nouvelle-Zélande sans en savoir
un minimum sur le sport idolâtré
par toute une nation.
www.nzaa.co.nz
Site de la première association
automobile de Nouvelle-Zélande.
Vous y trouverez tout, des conseils
au conducteur à l'hébergement
et aux guides de voyage.
www.museums.co.nz
Tous les musées de
Nouvelle-Zélande.

La Nouvelle-Zélande se montre
désormais extrêmement compétitive
en matière de conditionnement
alimentaire, de télécommunications,
plastiques, de textiles, de produits
forestiers, d'électronique et de
matériel d'alpinisme. Les chantiers
navals de plaisance se développent
depuis quelques années. Principaux
partenaires commerciaux du pays :
le Japon, l'Australie et les États-Unis.

Malgré l'étroitesse de leur
marché intérieur et leur isolement
géographique, loin des grandes
puissances industrielles,
les Néo-Zélandais bénéficient
d'un niveau de vie élevé.

Gouvernement

La Nouvelle-Zélande pratique
une démocratie centralisée et
une économie à l'occidentale.
Les 121 membres du Parlement
sont élus par un système de
proportionnelle mixte (Mixed
Member Proportional – MMP)
pour un mandat de 3 ans ;
4 circonscriptions spécifiques
recueillent les bulletins des Maoris
qui préfèrent voter indépendamment.
Une moitié du Parlement est
composée en proportion des votes
recueillis par chaque parti lors
d'une session spéciale le jour
des élections. L'autre moitié figure
les circonscriptions.

Représentant de la reine
d'Angleterre, qui est également
reine de la Nouvelle-Zélande,
le gouverneur général nomme
un Premier ministre, qui nomme
à son tour un cabinet, responsable
devant le Parlement.

Pour les affaires locales,
le pays se divise en villes et
en districts. District à part,
les Chatham Islands ne sont
incluses dans aucune région.
Le territoire autonome de l'île
de Tokelau fait partie du dominion
de Nouvelle-Zélande.

Les principaux partis politiques
du pays sont le Labour Party,
le National Party (conservateur),
l'ACT (Association of Consumers
and Taxpayers), le Green Party
(Verts), l'United Future Party
et le New Zealand First Party.

Préparatifs

Offices de tourisme

Il n'existe aucun office de tourisme
de Nouvelle-Zélande en Belgique,
en France ou en Suisse. Vous pouvez
vous adresser à l'office du tourisme
néo-zélandais à Londres :
New Zealand House
80 Haymarket
London SW1Y 4TQ
Tél. 44 (0)207-930 1662
Au Canada, faites votre demande
auprès des bureaux américains :
New York
222 East 41 Street
Suite 2510
New York, NY 10017
Tél. 1 (212) 661 7088
Los Angeles
5001 Santa Monica Boulevard
Suite 300
Santa Monica, CA 90401
Tél. 1 (310) 395 7480

Sites officiels

Vous trouverez tous les
renseignements utiles
à la préparation de votre voyage
sur les sites officiels de
Tourism New Zealand
www.purenz.com
www.tourisminfo.govt.nz
Édité en plusieurs langues, sauf en
français, il comporte des informations
détaillées, des liens, et vous pourrez
y admirer de superbes photos.

Ambassades et consulats

Belgique

Ambassade
Square de Meeus
1-1000 Bruxelles
Tél. 32 (0)22 512 10 40
Fax 32 (0)22 513 48 56

Jours fériés

Janvier 1er et jour ouvré suivant ; fêtes anniversaires en province : Wellington (22), Northland et Auckland (29).
Février Waitangi Day (6) ; fêtes anniversaires en province : Nelson Day (1er).
Mars Fêtes anniversaires : Otago (23), Taranaki (31).
Vendredi saint et lundi de Pâques
Avril ANZAC Day (25).
Juin Anniversaire de la reine (généralement le premier lundi).
Octobre Fête du travail (généralement le dernier lundi).
Novembre Fêtes anniversaires : Marlborough et Hawke's Bay (1er).
Décembre Fêtes anniversaires : Westland (1er), Canterbury (16) ; South Canterbury (16, mais célébré fin septembre) ; Noël (25, 26 et jour ouvré suivant).
Notez-le Les fêtes anniversaires sont généralement célébrées le lundi le plus proche de leur date effective.

Consulat honoraire
Grote Markt, 9
2000 Antwerpen
Tél. 32 (0)3 233 16 08
Fax 32 (0)3 226 29 69

Canada
Ambassade (Haut Commissariat)
99 Bank Street
Suite 727
Ottawa, Ontario K1P 6G3
Tél. 1 (613) 238 59 91
Fax 1 (613) 238 57 07
info@nzhcottawa.org

France
Ambassade
7 ter, rue Léonard-de-Vinci
75116 Paris
Tél. 33 (0)1 45 01 43 43
Fax 33 (0)1 45 01 43 44
nzembassy.paris@fr.oleane.com
Consulat général
4, bd Vauban, BP2219
97700 Nouméa
Nouvelle-Calédonie
Tél. 687 27 25 43
Fax 687 27 17 40
nzcgnou@offratel.nc

Suisse
Consulat
Chemin des Fins, 2
1218 Grand-Saconnex
Case Postale 334
1211 Genève 19
Tél. 41 (0)22 929 03 50
Fax 41 (0)22 929 03 77
mission.nz@itu.ch

Formalités

Tout ressortissant étranger doit posséder un passeport valide au moins 3 mois après la date de retour.
  Les formalités de visas diffèrent selon votre nationalité, le but de votre séjour et sa longueur. Vous devrez présenter un billet d'avion de retour (ou de prolongement de voyage) et des fonds suffisants pour votre séjour. Consultez l'ambassade ou le consulat de votre pays de résidence ou www.immigration.govt.nz
  Les ressortissants belges, canadiens, français et suisses peuvent se rendre en Nouvelle-Zélande pour un séjour touristique de moins de 3 mois s'ils sont en possession d'un **passeport** valide au moins 3 mois après leur retour.

Visas

Au 1er juillet 2005 :
Visiteur (*Visitor's visa*) : 65 €
Vacances (*Working holiday visa*) : 65 €
Travail (*Work visa*) : 110 et 160 €
Étudiant (*Student visa*) : 110 €
Transit (*Transit visa*) : 90 €
Remplacement (*Transfer of label*) : 55 €

Ils devront aussi présenter un billet aller et retour valide, une carte de crédit internationale ou, à défaut, des chèques de voyage ou des espèces équivalant à un minimum de 1 000 $NZ (554 €) par mois de séjour et par personne ou 500 $NZ (277 €) s'ils logent chez l'habitant.
  Un **visa touristique** est nécessaire si les ressortissants ne remplissent pas les conditions précédemment énoncées. Vous rencontrerez 3 niveaux de contrôles à tous les points d'accès au territoire : l'immigration, les douanes et l'agriculture. Une carte d'arrivée vous sera remise à bord de l'avion – à remplir et présenter lors du débarquement à l'agent de l'immigration avec votre passeport et, si nécessaire, votre visa.

Douanes

Si vous avez plus de 17 ans, vous pouvez importer 200 cigarettes, 50 cigares ou un total de 250 g de tabac ; 4,5 l de vin ou de bière ou une bouteille de spiritueux. Des taxes douanières seront prélevées sur les excédents, le cas échéant.

Législation agricole

La Nouvelle-Zélande dépend largement de son commerce agricole et horticole avec le reste du monde, et elle applique des règlements très stricts sur les importations d'animaux et de produits agricoles. Pour toute importation, renseignez-vous auprès des autorités néo-zélandaises à l'étranger. Les animaux doivent subir une période de quarantaine.

Argent

Devise
La monnaie nationale est le dollar néo-zélandais ($NZ), qui se divise en 100 cents.

Change
Vous pourrez changer de l'argent aux aéroports internationaux d'Auckland, de Wellington et de Christchurch, ainsi que dans la plupart des banques des grandes villes et centres touristiques.
  Aucune limite n'est imposée sur le montant de devises étrangères ou néo-zélandaises (ou en Traveller's cheques en $NZ) que vous souhaitez faire entrer ou sortir de Nouvelle-Zélande. Sur les marchés financiers internationaux, le $NZ est souvent surnommé le "kiwi", car la pièce d'un dollar est frappée à l'effigie de l'oiseau national.
  Début 2006, 1 € valait 1,81 $NZ et 1 $US valait 1,41 $NZ. Avant le départ, consultez www.onada.com

Cartes de crédit

Les cartes de crédit comme Visa, American Express, Diner's Club et MasterCard sont largement acceptées dans tout le pays. Vous pourrez retirer de l'argent aux distributeurs automatiques de billets (ATM) situés dans les banques et centres commerciaux.

Dans votre valise

Voyagez aussi léger que possible, les bonnes affaires ne manquent pas sur place – vous pourrez acheter à peu près tout ce dont vous aurez besoin, des lunettes de soleil aux médicaments, en passant par les vêtements et les chaussures.

Vêtements

Les Kiwis s'habillent de façon plutôt décontractée, mais il vous faudra prévoir quelque chose d'un peu plus recherché si vous souhaitez assister à une manifestation artistique, dîner dans un restaurant chic ou passer la soirée dans un night-club. Certains bars et boîtes de nuit refusent les shorts et les survêtements.

Si vous venez en été, n'oubliez pas de vous munir de pulls ou coupe-vent pour les soirées fraîches ou les jours de grand vent, surtout si vous prévoyez de voyager sur South Island. Des habits chauds et une parka imperméable suffisent pour la plupart des régions, mais, en plein hiver, dans les contrées du Rotorua, du Taupo et de Queenstown, tenues et chaussures chaudes deviennent indispensables. Il fait beaucoup plus froid encore sur South Island.

Un soleil très matinal

Si vous arrivez d'Europe, dans le sens est-ouest, vous perdrez une journée entière en franchissant la ligne internationale de changement de date, et vous en regagnez une en repartant. En raison de sa proximité avec cette ligne, la Nouvelle-Zélande est l'un des tout premiers pays à saluer le soleil, seulement précédée par les Fiji, Kiribati et quelques petites îles du Pacifique.

Emblèmes nationaux

La plante nationale de la Nouvelle-Zélande est le **pohutukawa** (*Metrosideros excelsa*), et son oiseau national, bien sûr, le **kiwi**.

Protection solaire

Le ciel de Nouvelle-Zélande est réputé pour ses UV et de sa forte luminosité. Aussi, ne vous fiez pas à la température : vous risquez d'attraper de très sérieux coups de soleil si vous ne vous enduisez pas de crème solaire, sans oublier chapeau, lunettes de soleil et vêtements couvrants.

Santé

Assurance

En cas d'accident corporel, vous serez couvert par le programme d'État, l'Accident Compensation Scheme (ACC). Il est néanmoins recommandé de contracter une assurance de rapatriement sanitaire et de souscrire une assurance santé, car la plupart des frais médicaux sont à la charge des touristes. Afin de bénéficier du système de santé néo-zélandais, vous devez avoir séjourné, ou prévoir de séjourner, 2 ans minimum. Mêmes conditions pour les étudiants. Hôpital public ou privé, le prix du traitement vous incombe dans les deux cas.

Conseils sanitaires

L'eau du robinet est généralement potable, mais si possible buvez plutôt de l'eau bouillie ou en bouteilles – et en aucun cas de l'eau d'un lac ou d'un ruisseau.

Serpents et animaux dangereux sont inconnus en Nouvelle-Zélande, mais une piqûre de l'araignée à dos rouge (*katipo*) ou de l'araignée "à queue blanche" nécessite un traitement médical. Simulies et moustiques abondent dans certains secteurs – prévoyez de la lotion.

Tabac

Depuis décembre 2004, il est formellement interdit de fumer dans les lieux publics, les restaurants, les bars, cafés, etc.

Se rendre en Nouvelle-Zélande

99 % des 1,9 million de touristes qui visitent la Nouvelle-Zélande chaque année s'y rendent par avion. La liaison entre la Nouvelle-Zélande et l'Europe s'effectue par l'Asie du Sud-Est ou l'Amérique du Nord. Durée moyenne des vols : 26h. En raison de la longueur du trajet, il peut être judicieux d'envisager un vol avec une escale de 2 ou 3 jours, qui vous épargnera beaucoup de fatigue.

En avion

AÉROPORTS INTERNA-TIONAUX

Principal point d'entrée, l'**Auckland International Airport** se situe à Mangere, à 24 km au sud-ouest du centre d'Auckland. Bus, navettes et taxis desservent la ville. L'aéroport international de **Hamilton** accueille des vols intérieurs et australiens.

L'aéroport de la capitale **Wellington** n'est pas adapté à la plupart des gros-porteurs. De nombreuses lignes internationales utilisent pour leurs vols réguliers l'aéroport international de **Harewood**, près de Christchurch, principale ville de South Island. Les vols directs en provenance et à destination de l'Australie se posent et décollent de **Queenstown**.

COMPAGNIES AÉRIENNES

En Belgique

Avec une escale à Londres : SN Brussels Airlines de Bruxelles à Londres et Air New Zealand de Londres jusqu'en Nouvelle-Zélande.

Mal de l'avion

Pour éviter les risques de phlébite sur les vols long-courriers, prenez quelques précautions :
• Installez-vous confortablement dans votre siège.
• Pliez et dépliez vos jambes, vos pieds et vos orteils toutes les demi-heures durant le vol.
• Appuyez fortement la plante de vos pieds contre le sol ou le repose-pied pour accélérer la circulation sanguine.
• Pratiquez des exercices de respiration.
• Faites quelques pas dans les allées chaque fois que possible.
• Buvez beaucoup d'eau. Évitez l'alcool, facteur de déshydratation, et les somnifères, facteurs d'immobilisme.

SN Brussels Airlines
32 (0)8 26 10 18 18
www.flysn.com
Air New Zealand
Tél. 32 (0)2 202 13 55

Au Canada

Avec une escale à Los Angeles :
Air Canada jusqu'à Los Angeles et Qantas jusqu'en Nouvelle-Zélande.
Air Canada
Canada et États-Unis :
1 (888) 247-2262
www.aircanada.ca
Qantas
Canada et États-Unis :
Tél. 1 (800) 227-4500

En France

Avec une escale à Hong Kong :
Cathay Pacific jusqu'à Singapour, puis Air France.
Cathay Pacific
8, rue de l'Hôtel-de-Ville,
92522 Neuilly-sur-Seine
Tél. 33 (0)1 41 43 75 75
ou 33 (0)1 41 43 75 77
Fax 33 (0)1 41 43 75 72
www.cathaypacific.com/fr
Air France
Tél. 33 (0)820 820 80
www.airfrance.com
Air New Zealand
9, rue Daru
75008 Paris
Tél. 33 (0)1 40 53 82 23

En Suisse

Avec une escale à Londres : Swiss Air jusqu'à Londres et Air New Zealand jusqu'en Nouvelle-Zélande.
Swiss
Tél. 0 848 85 2000
www.swiss.com
Air New Zealand
Tél. 0 800 55 77 78
Cathay Pacific
PO Box 91, 8058 Zurich
Tél. 0 848 747 000

En bateau

Les paquebots de croisière dans le Pacifique Sud partent de Sydney en Australie et font escale en Nouvelle-Zélande, mais aucune ligne régulière ne dessert plus le pays. Depuis l'Europe ou les États-unis, seuls les cargos embarquent des passagers. Se renseigner auprès des compagnies maritimes.

Tour operators

GÉNÉRALISTES

Ebookers.com/fr
28, rue Pierre-Lescot
75001 Paris
Tél. 33 (0)820 0000 11
Fax 33 (0)1 45 08 03 69
www.ebookers.com/fr

Belgique

Nouvelles Frontières
Boulevard M. Lemonnier, 2
1000 Bruxelles
Tél. 32 (0)2 547 44 44

Canada

Allo Pacific
3410 Peel
Montreal
Qc H3A 1W8
Tél. 1 (514) 287 7597
Fax 1 (514) 849 2069
info@allopacific.com
Australian Pacific Touring
Suite 630, West Tower
3300 Bloor St West
Toronto
Ont M8X 2X2
Tél. 1 (416) 234 9676
Fax 1 (416) 234 8385
www.aptours.com

Goway Travel Ltd.
3284 Yonge Street
Suite 300
Toronto
ON M4N 3M7
Tél. 1 (416) 322 1034
Fax 1 (416) 322 1109
www.goway.com

Taxe de départ

Vous devrez payer une taxe de 25 $NZ en quittant le territoire. Cette taxe n'est pas comprise dans le prix de votre billet.

France

Adeo, Les confins du monde
11, rue Pache
75011 Paris
Tél. 33 (0)1 43 72 80 20
Fax 33 (0)1 43 72 79 09
www.adeo-voyages.com
Circuit découverte-aventure en minibus et en transports locaux de 24 nuits-25 jours, de Auckland à Christchurch en passant par le Cap Reinga, le lac Taupo, Hokitika…
Amplitudes
20, rue du Rempart-Saint-Étienne
31000 Toulouse
Tél. 33 (0)5 67 31 70 14
Fax 33 (0)5 62 30 17 78
www.amplitudes.com
Autotour de 18 nuits-19 jours, de Auckland à Christchurch en passant par la région de Coromandel, Rotorua, Wellington, Bleinheim…
Arts et vie
251, rue de Vaugirard
75015 Paris
Tél. 33 (0)1 40 43 20 21
Fax 33 (0)1 40 43 20 29
www.artsvie.asso.fr
Découverte des 2 îles par l'intermédiaire d'un circuit de 18 jours.
Club Aventure
18, rue Séguier
75006 Paris
Tél. 33 (0)825 306 032
Fax 33 (0)4 91 09 22 51
www.clubaventure.fr
Au cœur du pays maori : 23 jours de randonnée de niveau facile d'octobre à mars. Découverte des paysages volcaniques du Tongariro National Park aux glaces et neiges éternelles du mont Cook.

Kuoni
Nombreuses agences en France.
Tél. 33 (0) 820 05 15 15
www.kuoni.fr
Kuoni propose d'aborder la Nouvelle-Zélande à travers un circuit alliant la découverte de l'Australie à celle des îles voisines.
Nouvelles Frontières
Nombreuses agences en France.
Tél. 33 (0) 825 00 07 47
www.nouvelles-frontieres.fr
Circuits guidés d'une quinzaine de jours pour visiter et découvrir les 2 îles.
Terrien, l'Orfèvre du voyage
1, quai Turenne
BP 20324
44003 Nantes Cedex 1
Tél. 33 (0)2 40 47 93 25
www.voyages-terrien.com
Un circuit de 18 jours présente la splendeur de la nature et la richesse de la culture maorie.
Voyageurs du monde
55, rue Sainte-Anne
75002 Paris
Tél. 33 (0)892 23 56 56
Fax : 33 (0)1 42 86 17 88
www.vdm.com

Suisse

Nouvelles Frontières
Rue Chante-Poulet, 10
1201 Genève
Tél. 41 (0)22 906 80 80
geneve@nouvelles-frontieres.ch
Bd de Grancy, 19
1006 Lausanne
Tél. 41 (0)21 616 88 91
lausanne@nouvelles-frontieres.ch

Billets en ligne

www.anyway.com
www.easyjet.com
www.ebookers.fr
www.kelkoo.fr
www.lastminute.com
www.okbravo.com/billets-avion
www.opodo.fr
www.partirdiscount.com
www.promovacances.com
www.travelprice.fr
www.visitezlemonde.com
www.voldiscount.com
www.voyagermoinscher.com
www.ebookers.com

SPÉCIALISTES

Belgique

Allibert
Rue Royale, 15
1000 Bruxelles
Tél. 32 (0)2 526 92 90
Fax 32 (0)2 522 57 44
Spécialiste de la randonnée, du trekking et de l'alpinisme.
Terres d'aventure
Rue Van Artevelde, 48
1000 Bruxelles
Tél. 32 (0)2 512 74 64
Fax 32 (0)2 512 69 60
terdav@vitamintravel.be

Canada

Advantage Travelworld 1
702 Main Street
Canmore
Alberta T1W2B6
Tél. 1 (403) 678 93 35
Fax 1 (403) 609 35 03
belinda@advantagetravelworld.com
Agence spécialisée de Nouvelle-Zélande et du Pacifique sud.
Algonquin Travel
D208
10200 102 Avenue
Edmonton
Alberta T5J 4B7
Tél. 1 (780) 429 22 33
Fax 1 (780) 424 26 49
donna@algonquintravel.com
Select Holidays
Box 6040 5054
50 Street
Innisfail
Alberta T4G 1S7
Tél. 1 (403) 227 35 45
Fax 1 (403) 227 17 17
www.selectholidys.com
Cette agence propose un circuit annuel de 30 jours dans des fermes et ranchs néo-zélandais.

France

Australie Tours/
Nouvelle-Zélande Tours
129, rue Lauriston
75116 Paris
Tél. 33 (0)1 53 70 23 45
Fax 33 (0)1 53 70 23 58
www.australietours.com
Spécialiste de la Nouvelle Zélande, propose un grand choix de séjours : circuits à la carte, autotours…

Nomade aventure
40, rue de la Montagne-Sainte-Geneviève
75005 Paris
Tél. 33 (0)1 46 33 71 71
Fax 33 (0)1 43 54 76 12
www.nomade-aventure.com
Tour opérateur spécialisé dans les voyages d'aventure et randonnées à pied, en 4x4, à dos de chameau et à cheval dans les déserts et les montagnes du monde entier.
Nouvelle-Zélande Voyages
14, rue Servandoni
75006 Paris
Tél. 33 (0)1 40 46 99 15
Fax 33 (0)1 56 24 91 13
www.nzvoyages.com
Spécialiste de la Nouvelle-Zélande, ce tour operator propose des séjours à la carte pour voyageurs indépendants et groupes. Excursions et activités sportives. Circuits organisés en minibus en français et voyages à thème (ornithologie, rail…).
Terres d'aventure
6, rue St Victor
75005 Paris
Tél. 33 (0)825 847 800
Tél. 33 (0)01 43 25 69 37
Fax 33 (0)01 43 29 96 31
www.terdav.com
terdav@terdav.com
Spécialiste du trekking en Nouvelle-Zélande.
Tirawa
2, rue Claude-Martin
73026 Chambéry Cedex
Tél. 33 (0)4 79 33 76 33
Fax 33 (0)4 79 33 78 78
www.tirawa.com
Spécialiste de la randonnée à pied. Antipodes du Pacifique, Nouvelle-Zélande. Trekking et découverte. Voyage accompagné en hiver (janv.-fév.).

Suisse

Terres d'aventure/Néos Voyages
50, rue des Bains
1205 Genève
Tél. 41 (0)22 320 66 35
Fax 41 (0)22 320 66 36
geneve@neos.ch
Kuoni Voyages SA
Rue de la Confédération, 8
1204 Genève
Tél. 44 (0)22 318 30 90
Fax 44 (0)22 318 30 99

Sur place

La Nouvelle-Zélande fait d'importants efforts en matière d'informations touristiques. À Auckland, une équipe d'"ambassadeurs" patrouille les rues, prête à répondre à toutes les questions. Dans le reste du pays, vous trouverez des offices du tourisme dans la plupart des aéroports et plus de 60 villes.

Auckland

I-SITE Auckland
Atrium
Skycity
(angle de Victoria et Federal Streets)
www.aucklandnz.com
resevation@aucklandnz.com
Ouv. tlj. 8h-17h.
New Zealand Visitor Centre
Amex Viaduct Harbour
(angle de Quay et de Hobson Streets)
Tél. 09-979 2333
www.aucklandnz.com
Ouv. lun.-ven. 8h30-18h, sam.-dim. 9h-17h.

Waitakere City & West Coast

Destination Waitakere
Tél. 09-837 1855
www.waitakerenz.co.nz
Arataki Visitor Centre
Tél. 09-817 4941
Ouv. tlj. : en été 9h-17h, en hiver 10h-16h.
Conseillé pour organiser vos explorations de la chaîne Waitakere, connaître les différentes randonnées possibles et découvrir les plages de la West Coast.

South Auckland

Franklin Information Centre
SH1, Mill Road, Bombay
Tél. 09-236 0670
www.franklindistrict.co.nz/tourism

Information Centre
Auckland International Airport
International Terminal
Mangere
Tél. 09-275 6467
intlavc@aucklandnz.com.
Devonport I-SITE Visitor Centre
3 Victoria Street
Devonport
Tél. 09-446 0677
Ouv. lun.-ven. 8h-17h, sam.-dim. et j. fér. 8h30-17h.
The Hibiscus Coast Visitor Information Centre
214a Hibiscus Coast Highway
Orewa
Tél. 09-426 0076
Warkworth Information Centre
1 Baxter Street
Warkworth
Tél. 09-425 9081
www.warkworth-information.co.nz
Waiheke Island Visitor Information Centre
2 Korora Road, Artworks
Oneroa
Tél. 09-372 1234
www.waiheke.co.nz
Great Barrier Island Visitor Information Centre
Claris Postal Centre
Great Barrier Island
Tél. 09-429 0033
www.greatbarrier.co.nz

Northland

Bay of Islands I-SITE Visitor Centre
The Wharf, Marsden Road
Paihia
Tél. 09-402 7345
www.paihia.co.nz
Russell Information Centre & Wahoo Fishing Charters
Au bout du quai
Russell
Tél. 09-403 8020
www.russell-information.co.nz
www.sportsfishing.co.nz
Information Far North
Jaycee Park
South Road
Kaitaia
Tél. 09-408 0879
Fax 09-408 2546
www.northland.org.nz
Doubtless Bay Information Centre
The Waterfront Beach Road
Tél./Fax 09-406 2046
www.doubtlessbay. co.nz

Whangarei I-SITE Visitor Centre
Tarewa Park
Tél. 09-438 1079
Fax 09-438 2943
www.whangareinz.org.nz

Waikato

Hamilton I-SITE Visitor Centre
Transport Centre
Anglesea Street
Hamilton
Tél. 07-839 3580
Fax 07-839 3127
hamiltoninfo@wave.co.nz
Cambridge Information Centre
Angle de Victoria et Queen Streets
Cambridge
Tél. 07-823 3456
www.cambridge.net.nz
Information Centre
102 Whitaker Street
Te Aroha
Tél. 07-884 8052
www.tearoha-info.co.nz
Waitomo Visitors Information Centre
21 Caves Road
Waitomo Caves
Tél. 07-878 7640
waitomomuseum@xtra.co.nz

Coromandel & Bay of Plenty

Tourism Coromandel
516 Pollen Street
Thames
Tél. 07-868 5985
www.thecoromandel.com
Whitianga's Visitor Centre
Angle d'Albert St et Blacksmith Lane
Whitianga
Tél. 07-866 5555
whitvin@ihug.co.nz.
Whangamata's Visitor Centre
616 Port Road (rue principale)
Whangamata
Tél. 07 865 8340
www.whangamatainfo.co.nz
Tauranga Visitor Centre
95 Willow Street
Tauranga
Tél. 07-578 8103
www.tauranga.govt.nz
www.bayofplentynz.com

Rotorua & plateau volcanique

Tourism Rotorua Travel Office
1167 Fenton Street
Rotorua
Tél. 07-348 5179
www.rotoruanz.com

Taupo Visitor's Centre
30 Tongariro Street
Taupo
Tél. 07-376 0027
Fax 07-378 9003
www.laketaupo nz.com
Whakapapa Visitors Centre
Whakapapa Village
Tél. 07-892 3729
whakapapa@doc.govt.nz
Ruapehu Information Centre
Clyde Street
Ohakune
Tél. 06-385 8427
www.ruapehu.tourism.co.nz

Poverty Bay & Hawke's Bay
Tourism Eastland
209 Grey Street
Gisborne
Tél. 06-868 6139
Fax 06-886 6138
www.gisbornenz.com
Aniwaniwa Visitor Centre
SH38, Aniwaniwa
Wairoa
Tél. 06-837 3900
Napier Visitor Information Centre
100 Marine Parade
Napier
Tél. 06-834 1911
Fax 06-835 7219
www.napiervic.co.nz
Hastings Visitor Information Centre
Angle de Russell et Heretaunga Sts
Hastings
Tél. 06-873 5526
www.hastings.co.nz

Taranaki, Wanganui & Manawatu
Puke Ariki
1 Ariki Street
New Plymouth
Tél. 06-759 6060
www. pukeariki.com
Ouv. lun.-mar., jeu.-ven. 9h-18h,
mer. 9h-21h, sam.-dim; 9h-17h.
Ce centre accueille à la fois
un musée, une bibliothèque
et un centre d'informations.
Wanganui Visitor Information Centre
101 Guyton Street
Wanganui
Tél. 06-348 0418
www.wanganuinz.com
**Palmerston North Visitor
Information Centre**
52 The Square
Palmerston North

Tél. 06-354 6593
Fax 06-356 9841
www.manawatunz.co.nz

Wellington
Wellington Centre
Angle de Wakefield Street et
Civic Square
Tél. 04-802 4860
www.wellingtonnz.com

Nelson & Marlborough
Picton Visitor Information Centre
Foreshore
Picton
Tél. 03-520 3113
www.destination marlborough.com
**Marlborough Information and
Travel Centre**
Railway Station
SH1
Blenheim
Tél. 03-577 8080
www.destinationmarlborough.com
Kaikoura Visitor Centre
West End
Kaikoura
Tél. 03-319 5641
Fax 03-319 6819
www.kaikoura.co.nz
Latitude Nelson
Angle de HaliFax et Trafalgar Streets
Nelson
Tél. 03-548 2304
www.nelsonnz.com

Christchurch
**Christchurch & Canterbury
Visitor Centre**
Cathedral Square
Tél. 03-379 9629
www.christchurchnz.net
Akaroa Information Centre
80 rue Lavaud
Akaora
Tél./Fax 03-304 8600
www.akaroa.com

Canterbury
Hurunui Visitor Centre
42 Amuri Avenue
Hanmer Springs
Tél. 03-315 7128
www.hurunui.com
Methven Travel and Information
Main Street, Methven
Tél. 0800-764 444
Fax 03-302 9367
www.methven.net.nz

Lake Tekapo Information Centre
Main High Street
(près du lac Tekapo)
Scenic Resort
Tél. 03-680 6686
www.laketekapountouched.co.nz

West Coast
Haast Visitor Centre
Department of Conservation (DOC)
Haast Junction
Haast
Tél. 03-750 0809
haastvc@doc.govt.nz
Fox Glacier Visitor Centre
Department of Conservation (DOC)
SH6
Fox Glacier
Tél. 03-751 0807
Fax 03-751 0858
www.west-coast.co.nz
www.glaciercountry.co.nz
Franz Josef Glacier Visitor Centre
Department of Conservation (DOC)
SH6
Franz Josef Glacier
Tél. 03-752 0796
Fax 03-752 0797
www.glaciercountry.co.nz
Arthur's Pass Visitor Centre
Tél. 03-318 9211
www.apinfo.co.nz
Information Centre Westland
Carnegie Building
Hamilton Street
Hokitika
Tél. 03-755 6166
www. west-coast.co.nz
Greymouth Travel Centre
Railway Station
164 MacKay Street
Greymouth
Tél. 03-768 7080
www.west-coast.co.nz

Queenstown & Otago
**Queenstown Travel and
Visitor Centre**
Clock Tower Building
(angle de Shotover et Camp Streets)
Tél. 03-442 4100
www.queenstown-nz.co.nz
**Lake Wanaka Visitor's
Information Centre**
Waterfront Log Cabin
100 Ardmore Street
Wanaka
Tél. 03-443 1233
www.lakewanaka.co.nz

Dunedin

Dunedin Visitor Centre
48 The Octagon
Dunedin
Tél. 03-474 3300
Fax 03-474 3311
www.dunedinnz.com

Southland

Invercargill I-SITE Centre
108 Gala Street
Tél. 03-214 6243
www.invercargil.org.nz
Venture Southland Tourism
143 Spey Street
Invercargill
Tél. 03-211 1429
www.visitsouthlandnz.com
**Catlins Community
Information Centre**
Main Road
Owaka
Tél. 03-415 8371
www.catlins.org.nz
Destination Fiordland
Milford Road
Te Anau
Tél. 03-249 7959
www.fiordland.org.nz
Visitor Information Centre
Main Road
PO Box 3
Stewart Island
Tél. 03-219 0009
Fax 03-219 0003
www.stewartisland.co.nz

Stewart Island

Visitor Information Centre
Main Road
PO Box 3
Tél. 03-219 0009
Fax 03-219 0003
www.stewartisland.co.nz
Department of Conservation (DOC)
Main Road
Tél. 03-219 0002
www.doc. govt.nz
Une visite dans leur bureau de
Stewart Island vous permettra de
tout savoir sur ce paradis terrestre.

Ambassades et consulats

En consultant www.nzembassy.com
vous aurez la liste de tous les
consulats et ambassades de
Nouvelle-Zélande dans le monde.

Belgique

La Belgique n'ayant pas
de représentation diplomatique
en Nouvelle-Zélande, adressez-vous
à celle d'Australie.
Ambassade
Arkana Street
Yarralumla
ACT 2600
Canberra
Tél. 612-273 25 01
Fax 612-273 33 92
Canberra@diplobel.org
www.diplomatie.be/canberrafr

Canada

Ambassade
PO Box 12-049
61 Molesworth Street
3rd Floor
Thorndon
Tél. 644-473 9577
Fax 644-471 2082
wlgtn@international.gc.ca
Consulat
48 Emily Place
Level 9
Auckland
Tél. 649-309 3690
Fax 649-307 3111
www.infoexport.gc.ca/nz
aklnd@international.gc.ca

France

Ambassade
Rural Bank Building
13th Floor
34-42 Manners Street
PO Box 11-343
Wellington
Consulat
32-42 Manners Street
Wellington
Tél. 644-384 2555
Fax 644-384 2577
www.ambafrance-nz.org

Suisse

Ambassade
22 Panama Street
Wellington
Tél. 04-472 1593
Fax 04-499 6302
vertretung@wel.rep.admin.ch
Consulat
30 Parkway Drive
Mairangi Bay
Auckland
Tél. 09-366 0403

Heures d'ouverture

Boutiques Ouv. lun.-ven. 8h30-
17h30, sam. 10h-15h, avec nocturne
(jusqu'à 21h) un soir par semaine.
Les grandes villes et les centres
touristiques ont élargi leurs horaires :
de nombreuses boutiques ouvrent à
présent 7 j./7.
Banques Ouv. lun.-ven. 9h30-16h30.
Bars Ouv. lun.-sam. 11h-tard le soir.
Night-clubs Ouv. 20h-3h.
Les banques, bureaux de poste,
entreprises publiques et privées ainsi
que la majorité des magasins
ferment les jours fériés. La plupart
des night-clubs et des bars ferment à
minuit la veille de chaque jour férié.

Travailler en Nouvelle-Zélande

Si vous obtenez un emploi ou un
stage en Nouvelle-Zélande, votre
futur employeur doit vous fournir
un contrat et un descriptif de l'offre
précisant les qualifications requises,
la durée du contrat, la rémunération
offerte, la prise en charge d'une
prévoyance sociale, les modalités
de rapatriement en fin de contrat. Il
doit également contacter un bureau
du NZIS en Nouvelle-Zélande afin
d'obtenir un "accord de principe"
(*approval in principle*) pour
embaucher un travailleur étranger.
L'octroi du visa de travail temporaire
n'est jamais garanti, il dépend en
dernier ressort du NZIS. Vous devrez
déposer votre demande de visa de
travail temporaire (formulaire NZIS
1015, avec toutes les pièces
mentionnées dans le NZIS 1016) et
le règlement par chèque des frais de
visa au moins 2 semaines avant la
date de réponse souhaitée.

Sécurité

Drogue

La consommation de stupéfiants
est formellement interdite.

Alcool

La législation contre l'alcoolémie au
volant est plus sévère qu'en Europe
et au Canada et elle est appliquée
avec rigueur.

Agressions

Le taux de criminalité de droit commun reste faible, mais les précautions d'usage doivent être observées, la délinquance prenant de l'ampleur dans les grandes villes.

Considérée comme l'un des pays les plus sûrs au monde, la Nouvelle-Zélande ne connaît que quelques cas isolés de grande criminalité. En revanche, protégez-vous contre le vol, mettez à l'abri ou dissimulez vos objets de valeur en toutes circonstances, et ne les laissez jamais dans une voiture.

Pour faire toute déclaration, adressez-vous au commissariat le plus proche. Les policiers ne portent en général pas d'armes et sont plutôt ouverts et serviables.

Risques naturels

Séismes

Certaines régions de Nouvelle-Zélande sont situées dans une zone de forte activité sismique. Il est recommandé d'avoir toujours en stock eau, piles, allumettes, lampes électriques, trousse médicale de première urgence, radio, bougies, vivres, quelques médicaments…

En cas de tremblement de terre, suivez attentivement ces quelques recommandations et, dans tous les cas, conservez votre calme, et attendez les secours, si nécessaire. Sachez que tout séisme important est suivi d'une série de répliques.

À l'intérieur
• Éloignez-vous des fenêtres, des murs extérieurs, de tout meuble, tableau ou luminaire susceptible de tomber ou de se renverser.
• Abritez-vous sous une table ou restez debout dans l'encadrement d'une porte.

À l'extérieur
• Efforcez-vous d'atteindre un espace libre, loin des arbres, poteaux électriques, ou bâtiments.
• En voiture, arrêtez-vous au bord de la route et attendez à l'intérieur la fin des secousses.

Il est recommandé aux touristes de prendre immédiatement contact avec leurs proches afin de les rassurer sur leur sort ou, en cas de problème

de communication avec l'extérieur, de se mettre en relation avec leur ambassade.

Cyclone

Le printemps (oct.-déc.) correspond à la période des cyclones, tenez-vous informé des conditions météos.

Médias

Presse

L'anglais est la langue la plus pratiquée dans le pays, suivie par le maori. La plupart des agglomérations ont une bonne librairie et les ventes de livres, magazines et journaux par habitant comptent parmi les plus élevées au monde. Un habitant d'Auckland sur 4 achète le *New Zealand Herald*, quotidien du matin. La majorité des grandes villes éditent leur propre journal, sans compter les publications communautaires. Vous trouverez la presse internationale dans les grandes librairies et les kiosques des aéroports.

Le magazine *Cuisine* offre une excellente introduction à l'art culinaire et vinicole du terroir, ainsi que des critiques gastronomiques sur les nouveaux restaurants.

Radio et télévision

Il existe 7 chaînes de télévision. Deux sont gérées par l'État, TV One et TV2 ; 2 autres appartiennent à une compagnie canadienne, TV3 et Prime Television ; et les trois dernières sont

Indicatifs régionaux

Northland	09
Auckland	09
Waikato	07
Bay of Plenty	07
Gisborne	06
Hawke's Bay	06
Taranaki	06
Wairarapa	06
Wellington	04
Nelson	03
West Coast et Buller	03
Christchurch	03
Timaru/Oamaru	03
Otago	03
Southland	03

Numéros d'urgence

Police 111
Urgences médicales 74-432 410

indépendantes, SKY, C4 Music et MTS (Maori Television). TV3 et TV One diffusent les nouvelles nationales et internationales. Beaucoup de Néo-Zélandais, et la plupart des hôtels, sont abonnés aux chaînes satellites, qui les alimentent en retransmissions sportives et cinéma, musique et nouvelles internationales…

Parmi les nombreuses stations de radio AM ou FM, vous ne manquerez pas d'en trouver une à votre oreille.

Télécommunications

Téléphone

Pour appeler la Nouvelle-Zélande de l'étranger, composez l'indicatif du pays, le 64, suivi du numéro de l'abonné sans le 0. Ne composez le 0 que si vous appelez de Nouvelle-Zélande.

Notez-le Certains numéros d'appel gratuit (0800) ne peuvent être composés qu'en Nouvelle-Zélande. Les numéros 0900 sont facturés à la minute – et au prix fort.

Les numéros de téléphone sont répertoriés dans les Pages blanches (alphabétiques) et les Pages jaunes (par type d'activités).

Téléphones publics La plupart des téléphones publics prennent les cartes vendues en kiosques et maisons de la presse (au prix minimum de 5 $NZ). Certains appareils acceptent les cartes bancaires, et quelques-uns les pièces. Les appels locaux (*free call zone*) coûtent 50 cts.

Téléphones mobiles Consultez votre opérateur avant votre départ sur les possibilités de transfert international en Nouvelle-Zélande. Vous pouvez également louer un portable à votre arrivée – dans les aéroports internationaux. Pour faire des économies, préférez la solution des cartes prépayées. Consultez les boutiques NZ Telecom (www.telecom.co.nz) et Vodafone (www.vodafone.com).

E-mail et Internet

De nombreux cybercafés donnent accès à Internet. Beaucoup d'hôtels et motels disposent également de connexions modem. Il vous faudra une prise de type RJ45 pour raccorder votre ordinateur portable et un adaptateur à 2 ou 3 fiches plates pour vous brancher sur le courant.

Poste

NZ Post Les bureaux de poste gèrent un service express à travers le pays. Ils vendent aussi magazines et articles de papeterie.
Ouv. lun.-ven. 9h-17h, et sam. 9h-12h dans certaines villes
Outre la poste, de nombreuses boutiques proposent la vente de timbres et de services postaux.

Pourboires

Longtemps considérés comme une coutume étrangère, les pourboires se répandent pourtant. Dans les grandes villes, vous laisserez 5 à 10 % en sus de l'addition si vous êtes satisfait du service – lequel n'est pas inclus dans les notes de restaurants ou d'hôtels.

Taxes

Ici appelée **GST**, une taxe de 12,5 % est appliquée et incluse à tous les produits et services. Les achats en *duty free* ne sont pas assujettis à la GST, ni ceux que vous faites envoyer directement par le détaillant à votre adresse à l'étranger. Les billets d'avion internationaux achetés sur le territoire ne sont pas assujettis.

Handicapés

Toute nouvelle construction ou rénovation doit obligatoirement fournir un accès "praticable et adéquat" aux handicapés. La plupart des édifices sont à présent équipés pour les fauteuils roulants, mais mieux vaut vérifier à l'avance. Le précieux guide *Accessible New Zealand* (tél. 04-499 0725 ; www.travelaxess.co.nz) vous donne des informations sur chaque ville.

Certaines agences de voyages proposent des forfaits vacances, en individuel ou en groupe. La plupart des agents transporteurs peuvent pourvoir aux besoins des handicapés, à l'exception des transports en commun. Si vous louez une voiture, il vous sera fourni un macaron pour la durée du séjour afin de bénéficier des places de parking réservées. Pour plus d'informations, contactez :
Accessible Kiwi Tours
PO Box 550
Opotiki
Tél. 07-315 6988
www.tours-nz.com
info@tours-nz.com

Homosexuels

Les Néo-Zélandais se montrent plutôt ouverts, et Auckland, Wellington, Christchurch ou Queenstown n'ont rien à envier aux scènes gay des grandes villes européennes.
Gay Tourism New Zealand
PO Box 11-462
Wellington 6015
Tél. 04-917 9176
www.gaytourismnewzealand.com
New Zealand Gay & Lesbian Tourism Association
Private Bag MBE P255
Auckland
Tél. 09-374 2161
www.nzglta.org.nz.
Autres sites utiles
www.gaytravel.co.nz
www.gaynz.net.nz

Enfants

Riche en loisirs et en activités en tout genre, la Nouvelle-Zélande séduira parents et enfants. De nombreux hôtels disposent d'un service de baby-sitting, de clubs et d'activités pour enfants. Consultez :
Familystophere
PO Box 12087
Wellington 6038
Tél. 04-971 0646
www.familystophere.com
info@familystophere.com

Santé

Les premières pages des annuaires téléphoniques indiquent toutes les informations nécessaires en cas d'urgence. Le concierge de votre hôtel peut vous conseiller un médecin ou un dentiste.

Les médecins et hôpitaux néo-zélandais, publics ou privés, délivrent des soins de grande qualité. Notez bien qu'ils sont payants pour les touristes, sauf en cas de blessures survenues dans un accident (*voir aussi p. 325*).

Nous vous conseillons vivement de souscrire une assurance santé, mais, auparavant, assurez-vous que vous n'êtes pas déjà couvert par l'un de vos contrats d'assurance ou l'une de vos cartes de crédit internationale. Relisez leurs clauses attentivement et vérifiez que toutes les activités que vous avez prévues de faire sont prises en charge – sports à haut risque notamment. Adressez-vous à votre assureur ou à l'un des organismes spécialisés :
Europ Assistance
Tél. 33 (0)1 41 85 85 41 ou 33 (0)1 41 85 85 85
www.europ-assistance.fr
Mondial Assistance
Tél. 33 (0)1 40 25 52 04
www.mondial-assistance.fr

Pharmacies

Les pharmacies sont généralement ouvertes de 9h à 17h30 en semaine. Certaines travaillent également le samedi matin et une nuit par semaine. En cas d'urgence, les grandes villes possèdent un dispensaire, qui reste accessible la nuit et le week-end.

Photographie

Les Kiwis n'ont rien contre le fait d'être pris en photo, mais demandez-leur quand même leur autorisation, par simple politesse. Vous trouverez des laboratoires professionnels et des magasins spécialisés dans tout le pays. Vous pouvez aussi déposer vos pellicules dans les pharmacies : elles ont accès aux toutes dernières technologies de développement et de tirage, ainsi que de photo vidéo de pointe, et certaines boutiques louent même du matériel. Les réparations ne posent pas de problèmes non plus, où que vous soyez. Consultez les Pages jaunes pour trouver l'adresse du magasin le plus proche.

Se déplacer

Plus grande ville du pays, Auckland est bien desservie par un important réseau de vols intérieurs et de bus interurbains ainsi que par le rail.

Comment s'y rendre

Toutes les indications pour se rendre dans les villes suivantes ont pour point de départ Auckland.

Auckland
Plus de 99 % des 1,9 million de touristes qui viennent en Nouvelle-Zélande chaque année atterrissent à l'**Auckland International Airport** (www.auckland-airport.co.nz), situé à 24 km au sud-ouest d'Auckland. Stationnés devant le terminal principal, bus, navettes et taxis vous conduiront en ville. Les navettes Airbus et les bus coûtent entre 13 et 18 $NZ et mettent environ 1h pour rallier le centre-ville. En taxi, comptez 30 min et à peu près à 45-50 $NZ.

Northland
Bay of Islands se situe à environ 250 km au nord d'Auckland.
En avion Des vols quotidiens de 45 min Air New Zealand relient Auckland à l'aéroport de Kerikeri, principale ville du Northland. Une navette dessert l'aéroport.
En car Les cars de luxe Northliner relient quotidiennement Auckland à Bay of Islands ainsi que Kaitaia, à l'extrême Nord. Aller simple 44-67 $NZ environ.
Northliner Travel Centre
172 Quay Street
Auckland
Tél. 09-307 5873
Fax 09-307 5882
Le Northland est bien desservi par les cars interurbains (*voir En car, p. 335*), et la plupart des villes ont leur réseau de bus et de taxis.

En voiture Comptez environ 3h30 de route pour rallier Bay of Islands d'Auckland par la East Coast Highway, ou 5 heures si vous traversez l'impressionnante forêt de Waipoua, la plus vaste forêt de kauris de Nouvelle-Zélande.

Waikato
La ville de Hamilton, reliée par car à la plupart des villes, n'est qu'à 2 heures de route au sud d'Auckland.
En avion Le Hamilton International Airport (www.hamilton-airport.co.nz), implanté à 15 km au sud du centre, gère surtout les vols nationaux et ceux de la compagnie low-cost Freedom Air International qui dessert la Golden Coast en Australie, ainsi qu'Auckland, Palmerston North, Wellington, Christchurch et Dunedin.
En train Hamilton se trouve en outre sur la principale voie ferrée du pays, l'*Overlander* et le *Northerner* reliant quotidiennement Auckland à Wellington. Le voyage Auckland-Hamilton dure à peine plus de 2 heures (*voir En train, p. 335*).

Coromandel & Bay of Plenty
Coromandel
En avion Des vols Air Coromandel assurent la liaison Auckland-Whitianga, au sud-est de Coromandel. Des navettes "porte à porte" opèrent des services entre Whitianga, Tairua, Thames et Auckland ; comptez environ 55 $NZ.
Go Kiwi Shuttles and Adventures
Tél. 07-866 0336
Fax 07-866 0337
www.gokiwi.co.nz
En voiture En voiture, comptez environ 90 min d'Auckland par la Pacific Coast Highway, sinueuse mais superbe, et 2h30 de Rotorua.

Tauranga
En voiture De Coromandel ou Whitianga, vous pouvez suivre en voiture la Pacific Coast Highway en direction du sud jusqu'à l'extrémité sud de Bay of Plenty. Comptez entre 1 et 2 heures de route.
En car De presque toutes les villes de North Island, les cars InterCity Coachlines (*voir En car, p. 336*) desservent Tauranga. Essayez également :

Bayline Coaches
Tél. 07-578 3113

Rotorua & plateau volcanique
Rotorua
Combinant bus et train, entre Rotorua et Auckland, la prestation de service Geyserland vous permet de découvrir agréablement les environs. Le voyage dure à peine plus de 4 heures ; départs quotidiens de Rotorua et Auckland. Pour plus de détails, contactez :
Tranz Scenic
Tél. 04-495 0775
ou 0800-872 467
www.tranzscenic.co.nz
En avion Vous pouvez aussi emprunter les vols Air New Zealand à destination de Rotorua ; l'aéroport se trouve à 15 min environ de la ville. Ou encore prendre l'un des cars interurbains qui relient toutes les grandes destinations du pays.

Taupo
En voiture Taupo se trouve exactement à mi-chemin d'Auckland (4 heures au nord) et de Wellington (4 heures au sud), sur l'itinéraire touristique traditionnel – et incontournable –, la Thermal Explorer Highway, qui rallie Auckland, Rotorua, Taupo et Hawke's Bay.
En avion Des vols directs Air New Zealand relient Auckland et Wellington à Taupo, avec correspondances pour South Island.

Whakapapa Village/National Park
En train Au départ d'Auckland, le train *Overlander* vous transportera dans la région du Whakapapa Village/National Park, d'où vous pourrez rapidement rejoindre le domaine skiable de North Island.
En car Les cars InterCity Coachlines (*voir p. 336*) d'Auckland et de Wellington desservent régulièrement Ohakune.

Poverty Bay & Hawke's Bay
Gisborne
En voiture Gisborne se trouve à 6 heures de voiture d'Auckland par la Pacific Coast Highway.
En avion Des vols réguliers relient les grandes villes de North et South

Island à l'aéroport de Gisborne. La ville est desservie par le réseau de cars qui sillonne tout le pays.

Napier

En voiture Napier est à 3h de route de Gisborne.

En avion Des vols réguliers relient les centres de North et South Island à l'aéroport de Hawke's Bay.

En car La région est sillonnée par les grandes compagnies de cars.

Hastings

En voiture Il faut à peine 3 heures de voiture pour se rendre d'Hastings à Gisborne.

En avion Des vols réguliers relient les grands centres de North et South Island à l'aéroport de Hawke's Bay.

En car Plusieurs compagnies de cars circulent dans la région.

Taranaki, Wanganui et Manawatu

New Plymouth

En avion La ville possède son propre aéroport, desservi par Air New Zealand.

En voiture Un peu à l'écart des sentiers battus, elle se trouve à 5 heures environ d'Auckland par la SH43.

Wanganui

En avion Des vols quotidiens Air New Zealand atterrissent à l'aéroport de Wanganui.

En car Le réseau de cars InterCity sillonne également la région.

En voiture Wanganui est à 3 heures de voiture de Wellington, New Plymouth, Napier ou Taupo. Vous pourrez rallier Wanganui d'Auckland en 6 heures de route en passant par Taranaki ou en empruntant la SH4.

Palmerston North

En voiture Au cœur du Manawatu, Palmerston North n'est qu'à 1 heure de route au sud de Wanganui.

En avion Air New Zealand dessert son aéroport.

En car Les cars InterCity raccordent la région au reste du pays.

En train La ville est aussi une gare sur la ligne ferroviaire Auckland-Wellington, où circulent l'*Overlander* et le *Northerner*.

Wellington

En avion L'aéroport international de Wellington (www.wellington-airport.co.nz), la capitale du pays, dessert l'Australie et certaines îles du Pacifique sud, ainsi que les centres régionaux et nationaux.

Comptez 30 min pour atteindre le centre-ville : le taxi vous reviendra à 20-30 $NZ et la navette, qui prend un peu plus de temps, à environ 12-14 $NZ. Le bus vous conduira en ville pour 4,50 $NZ, à Lower Hutt pour 7,50 $NZ et à Upper Hut pour 9 $NZ, et ce dans un temps record de 45 min environ.

En car Wellington est bien desservi par les cars InterCity Coachlines

En train La capitale est également accessible par le train d'Auckland.

Ferry Des ferries font la traversée entre Wellington et Picton, sur South Island.

Nelson & Marlborough

Picton

Ferry *Interislander* et *Bluebridge* opèrent régulièrement entre Wellington et Picton. Comptez à peu près 3 heures de traversée.

Blenheim

Air New Zealand dessert cette ville située sur la SH1, à 36 km de Picton.

Kaikoura

Capitale mondiale de l'observation des baleines, Kaikoura se trouve à mi-chemin entre Blenheim et Christchurch. La descente de l'East Coast vers Kaikoura – également accessible en train – est magnifique.

Nelson

En avion Les vols d'Auckland, de Wellington, de Christchurch, et d'autres villes, atterrissent au Nelson Regional Airport. Un terminal est réservé aux vols Air New Zealand, l'autre à la compagnie Origin Pacific Airways (*tél. 0800-302 302*), basée à Nelson.

En car De nombreuses lignes de cars, dont Abel Tasman Coachlines (*tél. 03-548 0285*), relient Nelson à Motueka et à l'entrée sud de l'Abel Tasman Park.

En voiture Vous pouvez également louer une voiture ou un camping-car

et rallier la plupart des villes environnantes en moins de 2 heures. Contactez le centre d'informations touristiques le plus proche pour de plus amples détails.

Christchurch

Christchurch est desservie par un aéroport international très actif, un réseau routier et ferroviaire dense et un grand port en eaux profondes.

En avion Une ligne de bus relie l'aéroport (www.christchurch.co.nz) à la ville en 30-40 min (4 $NZ) ; le trajet en navette prend environ 20-30 min et coûte 12-18 $NZ par personne. Le taxi, beaucoup plus cher (25-30 $NZ), est également beaucoup plus rapide (12-20 min).

En train Si vous venez de Greymouth, sur la côte ouest, prenez le train TranzAlpine (*tél. 0800-277 482 ; www.tanzscenis.co.nz*), il vous fera traverser des paysages uniques.

En car Les cars InterCity relient également Christchurch à d'autres villes de South Island.

West Coast

En voiture En arrivant de Nelson, vous passerez par Buller Gorge ; de Christchurch, soit par Lewis Pass et Reefton, soit par Arthur's Pass ; de Queenstown par Haast Pass. Comptez 3 à 5 heures de route.

En avion Hokitika et Wesport possèdent chacun un aéroport régulièrement desservi.

En train Le TranzAlpine franchit les South Alps de Christchurch à Greymouth.

En car Bien desservie par les cars InterCity Coachlines.

Queenstown et Otago

Queenstown

En avion Des vols Air New Zealand desservent régulièrement Queenstown ; ils sont directs de Christchurch ou d'Auckland. Liaisons

Avis aux cyclistes

Dunedin, sur South Island, détient le record des rues les plus abruptes au monde. Baldwin Street affiche une pente de 38 % : même les voitures renoncent.

régulières avec Sydney et Brisbane.
En car Services aller-retour
quotidiens avec Christchurch, Mount
Cook, Dunedin, Te Anau, Wanaka,
Franz Josef et Milford Sound.

Arrowtown

Arrowtown se trouve à 21 km au
nord-est de Queenstown.

Wanaka

En voiture Wanaka est à 1h de
voiture au nord de Queenstown.
En car Vous pouvez aussi vous y
rendre en navette ou en car InterCity.
En avion Vous pouvez louer un petit
avion. Comptez 20 min environ entre
Queenstown et Wanaka.

Dunedin

En avion Les vols directs de Sydney,
Melboune et Brisbane en Australie
assurés par Freedom Air, ainsi que
d'Auckland, Wellington, Christchurch
et Rotorua, atterrissent à l'aéroport
international de Dunedin. Taxis et
navettes pour la ville (12 $NZ/pers.),
à quelque 30 min de route.
En voiture Comptez environ 5h de
Christchurch, et 4h de Queenstown.

Southland

Invercargill
En avion Desservi par Air New
Zealand, l'aéroport se trouve à 5 min
à l'ouest du centre-ville.
En car Des cars relient également
Invercargill aux autres villes du pays.

Te Anau
En voiture Te Anau se trouve à
environ 2 heures de route au sud de
Queenstown
En car Les cars InterCity et Top Line
Tours (*tél. 03-249 7959*), à Te Anau,
relient quotidiennement Te Anau à
Queenstown.
En avion Vols de Queenstown en
45 min.

Stewart Island

Ferry Le ferry *Foveaux Express*
(*tél. 03-212 7660*; www.foveauxexpress.
co.nz) relie Invercargill à Stewart
Island et dessert tous les jours Bluff.
En avion Stewart Island Flights
(*tél. 03-218 9129*; www.stewartisland
flights.com) relie l'aéroport
d'Invercargill à Stewart Island.

En avion

Vols intérieurs

Les vols intérieurs sont surtout
assurés par **Air New Zealand** et
Quantas ainsi que par quelques
compagnies régionales comme
Freedom Air, qui assure aussi des
liaisons avec l'Australie. Les vols
réguliers d'**Origin Pacific Airways**
basés à Nelson, sur South Island,
desservent tous le pays. Les vols
intérieurs sont assez chers, mais
vous pouvez obtenir des tarifs
beaucoup plus intéressants en
période creuse, par Internet ou en
réservant à l'avance ou de l'étranger.

Compagnies aériennes

Les compagnies aériennes qui
opèrent en Nouvelle-Zélande sont
fiables ; les appareils sont
régulièrement contrôlés.
Air New Zealand
Tél. 0800-737 000 ou 0800-737 767
www.airnz.co.nz
Freedom Air
Tél. 0800-600 500
www.freedomair.co.nz
Origin Pacific Airways
Tél. 0800-302 302
www.originpacific.co.nz
Qantas New Zealand
191 Queen Street, Auckland
Tél. 09-357 8700 ou 09-357 8900
www.qantas.co.nz

En bateau

Les ferries d'**Interisland** et de
Bluebridge relient North et South
Islands : trajets Wellington-Picton
(passagers, fret et véhicules), tous
les jours et dans chaque sens. Mais
il est conseillé de réserver le
passage de son véhicule durant
les vacances d'été. Le temps de
traversée est d'environ 3 heures.
À bord, vous trouverez bar, salon et
café. Les billets sont en vente dans
tous les bureaux de poste, agents
de voyages et offices de tourisme.
Interislander
Tél. 04-498 3302 ou 0800-802 802
www.interislandline.co.nz
Bluebridge
Tél. 0800-844 844
www.bluebridge.co.nz

En train

Les trains Tranz Rail circulent sur
6 grandes lignes du nord au sud du
pays. Ils sont confortables, et une
voiture-restaurant sert repas légers,
sandwichs et boissons. Certaines
de ces lignes, dénommées **Tranz
Scenic**, traversent des paysages
sublimes, commentés sur certains
trains. Billets en vente dans toutes
les agences accréditées Tranz Rail,
agences de voyages et offices
de tourisme.
L'Overlander Auckland-Wellington.
En correspondance avec le
Bluebridge et l'*Interislander*
pour traverser le détroit de Cook
jusqu'à Picton, sur South Island.
Le Northerner Auckland-Wellington
de nuit.
La Geyserland Connection
D'Auckland à Hamilton à bord
du train *Overlander*, puis en train
Tranz Scenic jusqu'à Rotorua.
La Capital Connection De
Palmerston North à Wellington,
en semaine uniquement.
Le Tranz Coastal Le long de
la côte entre Picton et Christchurch.
Correspondance avec le *Bluebridge*
et l'*Interislander* pour traverser
le détroit de Cook et rejoindre
Wellington sur North Island.
Le Tranz Alpine Relie Christchurch
à l'est et Greymouth à l'ouest
de South Island.
Le Tranz Scenic
Tél. 04-495 0775
ou 0800-872 467
www.tranzscenic.co.nz
bookings@tranzscenic.co.nz

Tranzmetro
Un réseau de trains de banlieue
raccorde les environs de Wellington
et d'Auckland au centre-ville.
Consultez : www.tranzmetro.co.nz

En car

Un excellent réseau de cars
interurbains récents et confortables
(certains avec toilettes) sillonne
le pays. Il est conseillé de réserver
à l'avance, surtout en été.
Les principales compagnies
de cars sont **InterCity Coachlines**
et **Newmans**. Agences de voyages

et offices de tourisme prennent les réservations et vendent des cartes de plusieurs jours. Les cars sont fréquents sur les grands axes, mais ils sont lents. Plusieurs compagnies de navettes interurbaines circulent également. Renseignez-vous sur place auprès des offices de tourisme.

Intercity Coachlines
www.intercitycoach.co.nz
Auckland *Tél. 09-913 6100*
Wellington *Tél. 04-472 5111*
Christchurch *Tél. 03-379 9020*
Newmans
www.newmanscoach.co.nz
Auckland *Tél. 09-913 6200*
Rotorua *Tél. 07-348 0999*
Wellington *Tél. 04-499 3261*
Christchurch *Tél. 03-374 6149*

En voiture

La voiture est idéale pour découvrir l'essentiel des beautés du pays en un minimum de temps. Les routes à plusieurs voies sont rares et souvent limitées aux abords des grandes villes.

La circulation est plus fluide qu'en Europe, mais l'étroitesse et la sinuosité de certains tronçons ne permettent pas d'aller plus vite qu'un gros camion – ne sous-estimez pas la durée des trajets. La plupart des revêtements sont convenables et sans surprises, mais attention aux routes glissantes après de fortes – et fréquentes –, pluies. La signalétique est en général bonne.

Essence

La plupart des stations vendent du sans plomb 91 et 96 et du diesel. Certaines disposent également de GPL.

Associations automobiles

L'Automobile Association propose un éventail complet de services pour les automobilistes, et vous pouvez bénéficier d'accords de réciprocité si vous êtes membre d'un club étranger.

Automobile Association
99 Albert Street
Auckland
Tél. 0800-500 444
www.nzaa.co.nz

Formalités

Vous pouvez conduire en Nouvelle-Zélande pendant une période maximale de 12 mois maximum que vous déteniez un permis national ou bien un permis international.

Location de voitures

Pour louer une voiture, vous devez avoir 21 ans ou plus et posséder un permis de conduire néo-zélandais ou international. L'assurance au tiers est obligatoire, mais la plupart des compagnies de location exigeront une assurance tous risques.

Il est plus prudent de réserver son véhicule à l'avance. Les grandes firmes internationales comme Avis, Hertz ou Budget proposent alors de meilleurs prix. Si vous n'avez pas réservé, les comptoirs d'information touristique des aéroports vous orienteront.

Actuellement, la location d'une voiture de catégorie moyenne revient à 80-110 \$NZ par jour. Tarifs négociables sur une période plus longue.

Avis
www.avis.com
Auckland *Tél. 09-379 2650*
Wellington *Tél. 04-801 8108*
Christchurch *Tél. 03-379 6133*
Queenstown *Tél. 03-442 7280*
Dunedin *Tél. 03-486 2780*
Ace Rental Cars
www.acerentalcars.co.nz
Auckland *Tél. 0800-502 277*
Wellington *Tél. 0800-535 500*
Christchurch *Tél. 0800-202 029*
Queenstown *Tél. 0800-002 203*
Budget
www.budget.co.nz
Nationwide *Tél. 0800-652227*
Auckland *Tél. 09-375 2220*
Wellington *Tél. 04-802 4548*
Christchurch *Tél. 03-366 0072*
Hertz
www.hertz.com
Auckland *Tél. 09-367 6350*

Taxis

Des taxis sillonnent toutes les villes du pays 24h/24. Des voitures de tous types, avec ou sans chauffeur, sont également disponibles en location.

Code de la route

• En Nouvelle-Zélande la conduite s'effectue à gauche et on double à droite.
• Priorité à droite.
• Si vous tournez à gauche, vous devez céder le passage aux véhicules arrivant pour tourner à droite.
• Port de la ceinture obligatoire pour le conducteur ainsi que pour tous les passagers, à l'avant comme à l'arrière du véhicule.
• Vitesses autorisées : 100 km/h sur route et de 50 km/h en agglomération. Attention aux panneaux occasionnels réduisant ces limites.
• La signalisation routière néo-zélandaise obéit en tout point à la réglementation internationale.

Wellington *Tél. 04-384 3809*
Christchurch *Tél. 03-366 0549*
Queenstown *Tél. 03-442 4106*
Dunedin *Tél. 03-477 7385*
Kiwi Car Rentals
www.carrentals.co.nz
Christchurch
Tél. 03-377 0201
ou 0800-549 4227
National Car Rentals
www.nationalcar.co.nz
Tél. 03-366 5574
ou 0800-800 115

Transports urbains

De bons réseaux de bus couvrent les grandes villes et permettent de se déplacer économiquement. Consultez les Pages jaunes de chaque ville pour les coordonnées des centres d'information : ils vous donneront tous les détails. Préparez de la monnaie, on paye habituellement à bord du véhicule. Des cartes (*pass*) sont parfois en vente dans les offices de tourisme ou les magasins locaux.

Auckland

Le réseau de bus urbains est excellent et les compagnies de taxis ne manquent pas. Pour tout renseignement sur tous les transports en commun, appelez MAXX *tél. 09-366 6400.*

Auckland Pass Pour 9 $NZ/jour vous pourrez circuler à bord des bus Stagecoach et des ferries Fuller pour North Shore ; et pour 12 $NZ/jour, utiliser les bus Link et le train. Pass en vente à bord des bus StageCoach ou Link, ou à l'embarcadère du ferry.

Bus Très pratique et peu onéreux (1,30 $NZ) pour faire le tour de la ville, le bus Link effectue un circuit en boucle dans un sens et dans l'autre, traversant Ponsonby, K Road et la City.

Train Le réseau ferré de banlieue Connex relie la ville aux quartiers périphériques.

Taxis Vous trouverez des files de taxis un peu partout dans le centre de la ville. Le tarif de prise en charge est d'environ 2,50 $NZ ; comptez ensuite 1,50 $NZ/km.

Auckland Cooperative Taxis
Tél. 09-300 3000

Christchurch

Les bus et les taxis ne manquent pas, mais, pour renouer avec les charmes du passé, essayez les vieux tramways. La ligne dessine une boucle à partir de Worcester Street, passe devant l'Arts Centre, le musée et le Christ's College ; vous pouvez monter ou descendre à tout moment en chemin. Informations au *Tél. 03-366 7511*
www.tram.co.nz
Des navettes quittent le Christchurch Information Service à 9h tous les matins pour arriver à Hanmer Springs 2 heures plus tard. Contactez l'une

Rotorua

De nombreuses navettes vous feront faire le tour des "points chauds" de Rotorua. **Carey's Sightseeing** (*tél. 07-347 1197*) propose, en une matinée, son Geothermal Wonderland Tour pour environ 70 $NZ. Le secteur est également très bien desservi en bus, et les taxis ne manquent pas.
Rotorua Taxis *Tél. 07-348 1111*
Super Shuttle Rotorua
Tél. 07-349 3444

des compagnies ci-dessous :
Hanmer Connection
Tél. 0800-377 378
Blue Star Taxis
Tél. 03-3799 799
Gold Band Taxis
Tél. 03-379 5795

Dunedin

Comme à Queenstown, on se déplace sans problème dans Dunedin, à pied ou en taxi. Pour toute réservation de billets de train, de car ou de vols intérieurs, rendez-vous à la gare.
Gare
Lower Stuart Street
Tél. 03-477 4449
Southern Taxis
Tél. 03-476 6400

Hamilton

Un excellent réseau de bus urbains et de taxis dessert Hamilton. Vous trouverez également un grand choix d'agences de location de voitures en ville.
Hamilton City Buses
Tél. 07-846 1975
Hamilton Taxis
Tél. 07-847 8699
Fax 07-847 8698
www.hamilton taxis.co.nz

Queenstown

Vous pouvez aller presque partout en ville à pied ou en quelques minutes de taxi. Mais mieux vaut louer une voiture découvrir les environs. Vous trouverez de nombreuses agences de location en ville. Un service de cars régulier relie Arrowtown à Queenstown.

Stewart Island

Les taxis circulent entre 7h et 19h30.
Oban Tours and Taxis
Tél. 03-219 1456
Autre mode de locomotion intéressant pour découvrir les sites les plus passionnants de l'île, le bateau-taxi :
Seaview Tours
Tél. 03-219 1014
Si vous êtes sujet au mal de mer, préférez la location de scooters. Renseignez-vous auprès d'Oban Tours and Taxis.

Pass partout

Si vous prévoyez d'utiliser essentiellement les transports en commun, pensez à acheter un pass qui combinera bus, train, ferry et avion, tels le "Best of New Zealand Pass" de Tranz Rail, ou le "New Zealand Travel Pass". Tous deux vous permettent de faire des économies substantielles. Meilleurs *pass* :
Tranz Rail
Tél. 04-498 2939
ou 0800-692 378 (Nouvelle-Zélande uniquement)
www.bestpass.co.nz
bestpass@tranzscenic.co.nz
New Zealand Travel Pass Ltd
Tél. 03-961 5245
ou 0800-339 966 (Nouvelle-Zélande uniquement)
www.travelpass.co.nz
res@travelpass.co.nz
Vous pouvez acheter ces *pass* directement auprès des centres d'informations et des agences locales.

Wellington

Bus De nombreuses compagnies de bus sillonnent la ville, notamment le **Stagecoach Flyer**, entre l'aéroport et la ville jusqu'à Lower Hutt, et le **City Circular**, qui fait le tour de la ville en 10 min. Informations au *Tél. 04-801 7000*
www.stagecoach.co.nz

Ferry L'*Evening Post* (*tél. 04-499 1282*) vous permet de découvrir les sites historiques de Somes Island et d'Eastbourne.

Téléphérique Vous pouvez aussi prendre le **Cable Car** (*tél. 04-472 2199*) à Cable Lane, sur Lambton Quay, jusqu'aux faubourgs de Kelburn, puis monter aux Botanic Gardens.

Train Le réseau de trains de banlieue relie la ville aux autres faubourgs.

Tranzmetro
Tél. 0800-801 700

Taxi Les stations de taxis ne manquent pas dans le centre-ville, lequel s'explore facilement à pied, du bout de Lambton Quay à Courtenay Place.

Se loger

Hébergement

Les grandes villes ainsi que toutes les stations touristiques possèdent des hôtels de niveau international. Petites villes et bourgades offrent des hôtels plus modestes.

Le tourisme néo-zélandais utilise un système de classification appelé **Qualmark**, qui va de 1 étoile (minimum) à 5 étoiles selon la qualité de l'hébergement ou des services (shopping, etc.). Mais la participation au système Qualmark n'est pas obligatoire : si un hôtel ne possède pas d'étoile, sa situation et ses tarifs devraient vous donner une idée assez précise de la qualité de ses prestations. Les gammes de prix indiquées dans ce guide sont valables pour 2 personnes en chambre double en basse saison ; attendez-vous à payer plus cher en haute saison et en cas de personne(s) supplémentaire(s).

Chez l'habitant

Les Kiwis sont chaque année de plus en plus nombreux à ouvrir leur maison, sous forme de Bed and Breakfast (B&B), de séjour à la ferme, dans une grange ou un chai. **À la ferme** Vous pouvez soit résider avec le fermier et sa famille, soit (le plus souvent) habiter un cottage séparé. Dans certains cas, vous pourrez partager la table de vos hôtes et les aider aux travaux de la ferme.

Si votre budget est limité, les séjours de "travail à la ferme" vous permettront de découvrir la vie à la campagne. Plus de 180 fermes proposent hébergement, repas et accueil chaleureux, le tout en échange de 4h de travaux par jour (jardiner, couper du bois ou nourrir

les animaux). Vous pouvez aussi négocier des horaires plus souples afin de pouvoir explorer la région.

Chez l'habitant

New Zealand Farmstays and Homestays
88 Wairarapa Terrace
Merivale
Christchurch
Tél. 03-355 6737
www.nzhomestay.co.nz
Rural Holidays New Zealand
PO Box 2155
Christchurch
Tél. 03-355 6218
Fax 03-355 6271
www.ruralholidays.co.nz
Rural Tours NZ
PO Box 228
Cambridge
North Island
Tél. 07-827 8055
Fax 07-827 7154
www.ruraltourism.co.nz
info@ruraltourism.co.nz
Bed & Breakfast Collection
PO Box 31-250
Auckland
Tél. 09-478 7149
www.bedandbreakfast.collection.co.nz

Auberges de jeunesse

Les membres de la Youth Hostel Association (YHA) ont accès à un vaste réseau d'auberges réparties dans tout le pays.
Youth Hostel Association of New Zealand
PO Box 436
Christchurch
Tél. 03-379 9970
ou *0800-278 299*
www.yha.org.nz

Camping

La plupart des terrains de camping-caravaning sont équipés de cuisine et de sanitaires communs. Le campeur doit fournir sa propre tente ou caravane, mais certains établissements, aux abords des grandes villes, proposent des bungalows. Les campings-caravanings sont assujettis aux règlements de la Camping Ground

Association et classés par la New Zealand Automobile Association – à consulter pour connaître le niveau de confort exact du site choisi. En été, prévoyez de réserver à l'avance : les Kiwis ne jurent que par le camping !

Motels

Très pratiques pour des vacances en famille et largement répandus dans tout le pays, les motels sont généralement propres et confortables. Beaucoup comprennent une cuisine aménagée et une grande table permettant de préparer et de prendre les repas. Certains motels servent un petit déjeuner complet. Le ménage est fait tous les jours.

Bien documentées, les agences de voyages vous donneront tous les détails sur les prix accordés aux enfants : en règle générale : enfants de – de 2 ans, gratuit ; de 2 à 4 ans, 25% du tarif ; de 5 à 9 ans, 50% tarif ; 10 ans et plus, plein tarif. Une GST (TVA) de 12,5% s'ajoute habituellement à l'addition.

Plusieurs chaînes hôtelières internationales sont implantées dans les grandes villes et centres touristiques, dont Flag, Ibis, Quality, Rydges et Novotel. Tarifs de 150 \$NZ à 500 \$NZ la nuit.

Liste des hôtels

AUCKLAND

The Ascott Metropolis
1 Courthouse Lane
Tél. 09-300 8800
www.the-ascott.com
Au cœur de la ville, l'hôtel évoque l'ambiance cosmopolite de Manhattan. Chambres et suites d'un luxe effréné, avec espace salle à manger séparé, cuisine design et panorama étourdissant sur la baie et l'Albert Park. **\$\$\$\$-\$\$\$\$\$**
Barrycourt Suites
10-20 Gladstone Road
Parnell
Tél. 09-303 3789
Fax 09-377 3309
www.barrycourt.co.nz
barrycourt@xtra.co.nz

À 2 km de la ville et 1 km de la plage, 107 chambres et suites, service, superbe vue sur la baie et la mer. Restaurant, bar et bains. **$-$$$$$**

Carlton Hotel
Angle Vincent Street et Mayoral Drive
Tél. 09-366 3000
Fax 09-366 0121
www.carlton-auckland.co.nz
Près du bord de mer, 286 chambres, dont quelques suites, à proximité des principaux centres commerçants et de loisirs ; *room service* 24h/24, boutiques, change. **$$$$**

Heritage Auckland
35 Hobson Street
Tél. 09-379 8553
www.heritagehotels.co.nz
Situation centrale, près de l'America's Cup Village ; réhabilitation du plus ancien grand magasin d'Auckland, un bâtiment mythique classé monument historique. Dans deux ailes ont été aménagées en 467 chambres et suites ; hébergement haut de gamme, tous services. Deux restaurants et un bar. **$$-$$$$$**

Hilton Auckland
147 Quay Street
Princes Wharf
Tél. 09-978 2000
www.hilton.com
Flambant neuf ou presque, ce 5 étoiles de 166 chambres et suites vous offre une vue absolument imprenable sur toute la baie. Le décor adopte un style résolument contemporain. À 300 m de la mer, sur Princes Wharf. **$$$$**

Hyatt Regency Auckland
Angle Waterloo Quadrant et
Princes Streets

Camping-caravaning

Automobile Association
Head Office
99 Albert Street
Auckland City
Tél. 0800-500 444
www.nzaa.co.nz

Top 10 Holiday Parks
294 Montreal Street
PO Box 959
Christchurch 8015
Tél. 03-377 9900
www.topparks.co.nz

Tél. 09-355 1234
Fax 09-303 2932
www.auckland.regency.hyatt.com
Complètement rénové en 2003, le Hyatt s'est adjoint 120 nouvelles chambres aux 274 déjà existantes. Belles vues sur la baie, la ville et les parcs. Les résidants ont libre accès au tout récent centre de remise en forme et spa. **$$$$**

Langham Hotel Auckland
83 Symonds Street
Tél. 09-379 5132
Fax 09-377 9367
www.langhamhotels.com
Un prestigieux hôtel niché au cœur de la ville : 410 luxueuses chambres, valet de chambre, *room service* 24h/24, piscine extérieure chauffée, salle de remise en forme, et salle de conférence. **$$$$-$$$$$**

New President Hotel
27-35 Victoria Street West
Tél. 09-303 1333
www.newpresidenthotel.co.nz
Idéalement situé, entre Sky City et Queen Street. Chambres confortables et suites avec kitchenette. **$$-$$$$$**

Parnell Village Motor Lodge
2 St Stephens Avenue
Parnell
Tél. 09-377 1463
www.parnellmotorlodge.co.nz
Chambres édouardiennes élégantes ou appartements récents, près des boutiques de Parnell Street. À 5 min du centre. **$-$$$**

Ranfurly Evergreen Lodge Motel
285 Manukau Road
Epsom
Tél. 09-638 9059
Fax 09-630 8374
www.ranfurlymotel.co.nz
Une douzaine de studios spacieux équipés (5 pers. max.) près des restaurants et du champ de course. Sur la route de l'aéroport en bus. **$$**

Sky City Hotel
Victoria Street
Tél. 09-363 6000 ou 0800-759 2489
Fax 09-363 6010
www.skycity.co.nz
Dans le complexe de Sky City, 344 chambres et suites luxueuses, piscine chauffée en terrasse sur le toit, salle de gym, restaurants et bars. Nombreuses animations, 2 casinos. Parking gratuit. **$$$-$$$$$**

ENVIRONS D'AUCKLAND

Waitakere City & West Coast

Hobson Motor Inn
327 Hobsonville Road
Upper Harbour
Tél. 09-416 9068
www.hobson.co.nz
Quelque 37 logements équipés, piscine, spa, sauna, minigolf. **$$-$$$**

Karekare Beach Lodge
7 Karekare Road
Karekare Beach
Tél. 09-817 9987
www.karekarebeachlodge.co.nz
Retrouvez le décor du film *La Leçon de piano* dans ce petit bout de paradis isolé, face à une plage de toute beauté. **$$$-$$$$$**

Lincoln Court Motel
58 Lincoln Road
Henderson
Tél. 09-836 0326
Idéalement situé pour découvrir les monts Waitakere et les plages de la côte ouest. **$-$$**

Piha Lodge
117 Piha Road
Piha
Tél. 09-812 8595
www.pihalodge.co.nz.
Lodge de 2 studios avec vue splendide sur la mer et la campagne. Piscine, spa et salle de jeux. **$$-$$$**

Vineyard Cottages
Old North Road
Waimauku
Tél. 0800-846 800
Cottages équipés au cœur de jardins très agréables dans un paysage de vignobles. **$$$**

Waitakere Park Lodge
573 Scenic Drive
Waiatarua
Tél. 09-814 9622
www.waitakereparklodge.co.nz
Perché à 244 m, un éden tropical en pleine forêt humide, à distance raisonnable du centre-ville. **$$-$$$$**

Helensville

Kaipara House
Angle SH16 et Parkhurst Road
Tél. 09-420 7462
Vieille ferme accueillante convertie en B&B. Une annexe indépendante dispose également de couchage et de facilités. **$$**

SUD D'AUCKLAND

Mangere

Airport Goldstar Motel
255 Kirkbride Road
Tél. 09-275 8199
www.airportgoldstar.co.nz
Proche de l'aéroport mais dans
un cadre paisible. **$-$$**

Clevedon

Clevedon Maritime Resort
261 North Road
Tél. 09-292 8572
m.e.balemi@xtra.co.nz
Ce superbe hôtel-club possède sa
propre marine, son golf et son lac.
Outre les chambres doubles, il met
également à disposition une maison
d'hôtes entièrement autonome. **$$$**

Devonport

Devonport Motel
11 Buchanan Street
Tél. 09-445 1010
Dans une demeure ancienne, près
des principaux sites, 2 studios
assurant intimité et confort à prix
imbattable. **$$**
Villa Cambria
71 Wauxhall Road
Tél. 09-445 7899
www;villacambria.co.nz
Cette belle et élégante demeure a
été élue meilleur B&B de Nouvelle-
Zélande. Seulement 4 chambres,
alors pensez à réserver. **$$$-$$$$**

Manurewa

Cedar Park Motor Lodge
250 Great South Road
Tél. 09-266 3266
www.cedarparkmotorlodge.co.nz
Bien situé pour l'aéroport et les sites
au sud d'Auckland. **$-$$**

Orewa

Anchor Lodge Motel
436 Hibiscus Coast Highway
Tél. 09-427 0690
www.anchorlodge.co.nz
À proximité de la plage – idéale pour
la baignade –, non loin des boutiques
et des restaurants. **$-$$$**
Edgewater Motel
387 Main Road
Tél. 09-426 5260
www.edgewaterorewa.co.nz

Studios ou 2 pièces familiaux,
et une luxueuse suite "lune de miel",
avec spa, sur la plage. **$-$$$**

Warkworth

Bridge House Lodge
16 Elizabeth Street
Tél. 09-425 8351
Chambres confortables, salle
de jeux, restaurant et bar. **$$**
Sanctuary Lodge
262 Smyth Road
Tél. 09-425 9022
www.sanctuarylodge.co.nz
Pour dormir tranquille, niché dans
une vallée en plein bush. **$-$$**
Walton Park Motor Lodge
2 Walton Avenue
Tél. 09-425 8149
www.waltonpark.co.nz
Studios et appartements familiaux,
pratiques pour rejoindre le centre
et le ferry de Kawau Island. **$-$$**

Waiheke Island

Beachside Lodge
48 Kiwi Street
Oneroa
Tél. 09-372 9884
www.beachsidelodge.co.nz
Appartements équipés ou B&B
près de la plage ; vue sur la mer. **$$**
Crescent Valley Ecolodge
50 Crescent Road East
Tél. 09-372 3227
www.waiheke.co.nz/ecolodge.htm
ecolodge@ihug.co.nz
En plein bush, à 5 min seulement
de Palm Beach. Repas bios. **$$**
Le Chalet Waiheke Apartments
14 Tawas Street
Little Oneroa
Tél./Fax 09-372 7510
www.waiheke.co.nz/lechalet
Appartements équipés près des
plages, avec balcons et vue mer. **$$**

Kawau Island

Beach House
Vivienne Bay
Tél. 09-422 8850
www.beachhouse.co.nz
beachhouse@paradise.co.nz
Tout le confort sur une plage idéale
pour nager, faire du kayak ou se
détendre. Chambres avec vue. **$$$**
Pah Farm Restaurant & Lodge
Bon Accord Harbour
Tél. 09-422 8765

Logements modestes et bon marché,
terrain de camping. Équipements
sommaires. **$-$$**

Great Barrier Island

Great Barrier Lodge
Whangaparapara, RD1
Tél. 09-429 0488
www.greatbarrierlodge.com
Studios et villas en bord de mer. **$-$$**

Medlands Beach Backpackers
Masons Road
Tél. 09-429 0320
www.medlandsbeach.com
Confortable et familial, vue superbe.
VTT, masques et palmes à la
disposition des clients. **$**

NORTHLAND

Paihia

Abel Tasman Lodge
Angle Marsden et Bayview Roads
Tél. 09-402 7521
Fax 09-402 7576
www.abeltasmanlodge.co.nz
En tout, 25 appartements standard
ou de luxe donnant sur la mer,
avec 2 spas privés. Restaurant,
poste et centre commercial
à proximité. **$-$$$**
Beachcomber Resort
1 Seaview Road
Tél. 09-402 7434 ou 0800-732 786
Fax 09-402 8202
www.beachcomber-resort.co.nz
Superbe complexe de 45 chambres
proche du centre-ville ; plage privée
pour baignade sans danger, piscine,
courts de tennis et sauna, bar et
restaurant. Lauréat 2000 du New
Zealand Tourism Award. **$$-$$$**
Blue Pacific Quality Apartments
166 Marsden Road
Tél. 09-402 7394
Fax 09-402 7369
www.bluepacific.co.nz
À quelques minutes de Paihia,
12 appartements de standing avec
cuisine, lave-linge et sèche-linge.
Balcon ou terrasse privée, vue
sublime sur Bay of Islands. **$$$-$$$$**
Paihia Beach Resort and Spa
116 Marsden Road
Tél. 09-402 6140
Fax 09-402 6026
www.paihiabeach.co.nz

Vue panoramique de chaque suite ou studio. Patio indépendant, cuisine, espace salle à manger. Piscine chauffée et spa. **$$-$$$$**

Russell

Commodore's Lodge Motel
Tél. 09-403 7899
Fax 09-403 7289
www.commodoreslodgemotel.co.nz
Un ensemble de 21 studios spacieux et tout équipés donnant sur un jardin subtropical en bord de mer. Piscine chauffée à l'énergie solaire, spa et barbecue. **$-$$$**

Duke of Marlborough Hotel
The Strand
Tél. 09-403 7829
www.theduke.co.nz
Depuis plus de 150 ans, "The Duke", comme on le surnomme familièrement dans le pays, offre un havre de paix aux voyageurs. Restaurant chic et de qualité, 25 chambres et mini suites bien équipées – certaines avec terrasse donnant sur le front de mer. À côté de l'embarcadère des ferries. Élégamment restauré. **$$$-$$$$$**

Tapeka on the Tide
Tapeka Point
Tél. 09-407 8706
www.tapeka.co.nz
Construite en cèdre, cette vaste maison de vacances familiale peut accueillir 10 à 12 personnes. Sur la plage, vue spectaculaire. **$-$$$**

Kerikeri

Kerikeri Homestead Motel
17 Homestead Road
Tél. 09-407 7063
Fax 407 7656
www.kerikerihomesteadmotel.co.nz
Dans un secteur tranquille avec vue sur le golf, 12 studios tout équipés et 4 spas. Immense piscine et spa en plein air. Près d'un bar-restaurant. **$-$$**

Oraora Resort
28 Landing Road
Tél. 09-407 3598
www.oraoraresort.co.nz
Complexe haut de gamme, tout confort ; cuisine bio savoureuse au Makai Restaurant. **$$$$$**

Sommerfields Lodge
405A Inlet Road
Tél. 09-407 9889

Gamme des prix

Les prix s'entendent pour une chambre double avec petits déjeuners en basse saison :

$	moins de 100 $NZ
$$	de 100 à 150 $NZ
$$$	de 150 à 200 $NZ
$$$$	de 200 à 250 $NZ
$$$$$	plus de 250 $NZ

Fax 09-407 1648
www.sommerfields.co.nz
Retraite élégante et paisible nichée entre pinèdes et prairies, avec vue imprenable sur l'anse de Kerikeri ; 3 suites avec lits *king-size* ou jumeaux, sdb et balcon. **$$$$**

Doubtless Bay

Acacia Lodge
Mill Bar Road
Mangonui
Tél. 09-406 0417
www.acacia.co.nz
Motel confortable situé sur le front de mer, n'offrant que des chambres avec vue. **$$**

Taipa Bay Resort
22 Taipa Point Road
Taipa Bay
Tél. 09-406 0656
www.taipabay.co.nz/
Complexe très renommé avec café, piscine et tennis donnant sur la plage. **$$-$$$$$**

Whangarei

Central Court Motel
54 Otaika Road
Tél./Fax 09-438 4574
www.centralcourtmotel.co.nz
Une vingtaine de studios près de Whangarei et à côté d'un restaurant. Sauna finlandais et spa. **$**

Pacific Rendez-vous
Tutukaka
Tél. 09-434 3847
Fax 09-434 3919
www.pacificendezvous.co.nz
Plus de 30 appartements haut de gamme, allant du minichalet aux suites à 3 chambres ; 2 plages privées, *putting* et piscine. **$$-$$$$**

Settlers Hotel
61-69 Hatea Drive
Tél. 09-438 2699

Fax 09-438 0794
www.settlershotel.co.nz
Au centre-ville, un hôtel de 53 chambres avec sdb donnant sur la Hatea River et le Parahaki, avec salon et jardin originaux. Restaurant, spa et piscine. **$-$$**

Autres sites

Harbourside Bed & Breakfast
SH12
Omapere
Tél. 09-405 8246
Cette maison sur la plage permet de rallier Waipoua Forest et les plages de la côte ouest. Chaque chambre offre confort et terrasse privée. **$**

Kingfish Lodge
Whangaroa Harbour
Tél. 09-405 0164 ou 0800-100 5464
www.kingfishlodge.co.nz
Centre réputé de pêche au gros, avec un excellent restaurant de la mer, ce havre familial de 12 chambres luxueuses et "*dream beds*" pieds dans l'eau est campé à la pointe de Whangaroa Harbour, dans Kingfish Cove. L'accès se fait par bateau, en remontant dans la baie – superbe. **$$$$$**

Orongo Bay Homestead
Aucks Road
Orongo Bay
Tél. 09-403 7527
Fax 09-403 7675
www.thehomestead.co.nz
Cette demeure des années 1860, qui fut le premier consulat américain en Nouvelle-Zélande, règne sur 7 ha privés de littoral. Cave authentique de vins bios, piano à queue viennois, grand parc et panorama somptueux. Chambres avec lits *king-size*, sdb privée et collection de CD. Repas gastronomiques sur demande. **$$$$$**

Waipoua Lodge
SH12
Katui
Tél./Fax 09-439 0422
www.waipoualodge.co.nz
À la lisière sud de Waipoua Forest, cette ancienne demeure privée date d'un siècle. Restaurée, elle comprend 3 logements tout équipés ; chambres avec lits *king-size*, sdb, salon et kitchenette. Restaurant et bar sur place. **$$$$**

WAIKATO

Hamilton

Anglesea Motel
36 Liverpool Street
Tél./Fax 07-834 0010
www.angleseamotel.co.nz
Un hôtel 5 étoiles proche du centre-ville et de terrains de sport. Studios et chambres tout confort. Piscine, salle de gym et tennis. **$$-$$$**

Kingsgate Hotel Hamilton
100 Garnett Avenue
Tél. 07-849 0860
Fax 07-849 0660
www.kingsgatehotels.co.nz
Au centre-ville, 147 chambres toutes équipées de salle de bains ; *room service* 24h/24. **$$**

Novotel Tainui Hamilton
7 Alma Street
Tél. 07-838 1366
Fax 07-838 1367
www.novotel.co.nz
Sur les berges de la Waikato River, un hôtel au confort haut de gamme, 177 chambres, bar et restaurant, salle de gym, spa et sauna. **$$$**

Ventura Inn and Suites Hamilton
23 Clarence Street
Tél. 07-838 0110
Fax 07-838 0120
www.venturainns.co.nz
Situation centrale, confort ; 50 chambres, certaines avec lits *king-size* et jacuzzi. **$-$$**

Cambridge

Huntington Stables
106 Maungakawa Road
Tél. 07-823 4120
www.huntington.co.nz
Ces anciennes écuries ont été converties en studios luxueux, dans un paysage de prairies verdoyantes. **$$$$$**

Gamme des prix

Les prix s'entendent pour une chambre double avec petits déjeuners en basse saison :

$	moins de 100 $NZ
$$	de 100 à 150 $NZ
$$$	de 150 à 200 $NZ
$$$$	de 200 à 250 $NZ
$$$$$	plus de 250 $NZ

Souter House Country Lodge
19 Victoria Street
Tél. 07-827 3610
www.souterhouse.co.nz
Une demeure ancienne réhabilitée pour offrir 7 élégantes et luxueuses suites, avec restaurant primé. **$$-$$$**

Te Aroha

Aroha Mountain Lodge
5 Boundary Street
Tél. 07-884 8134
www.arohamountainlodge.co.nz
Comme chez soi, dans une villa très pittoresque. **$$$**

Hunter Lodge
88 Seddon Road
Tél. 07-884 4042
L'un des rares élevages de chèvres du pays à proposer un B&B. **$$**

Waitomo

Abseil Inn
709 Waitomo Caves Road
Tél. 07-878 7815
B&B confortable, avec une belle vue sur la campagne. **$$**

Waitomo Caves Hotel
Lemon Point Road
Tél. 07-878 8204
Fax 07-878 8205
www.waitomocaveshotel.co.nz
waitomo_hotel@xtra.co.nz
Situé à 19 km de Te Kuiti et à proximité des grottes de calcaire, cet hôtel de style victorien aux 37 chambres dispose également d'un bar sympathique et d'un bon restaurant. **$$**

Autres sites

Bleskie Farmstay
Storey Road
Te Awamutu
Tél. 07-871 3301
Séjour à la ferme avec vaches laitières. Piscine et courts de tennis pour les sportifs. **$$**

Brooklands Country Estate
RD1
Ngaruawahia
Waikato
Tél. 07-825 4756
Fax 07-825 4873
www.brooklands.net.nz
Réputé comme l'un des meilleurs lodges du pays, cette demeure de campagne accueillit autrefois

une famille de pionniers. Elle a conservé son superbe décor, ses peintures et ses cheminées. Somptueuses, les portes-fenêtres des 10 chambres donnent sur le jardin. Tennis et piscine. **$$$$$**

COROMANDEL & BAY OF PLENTY

Thames

Rapaura Watergardens
56 Tapu-Coroglen Road
Tél. 07-868 4821
www.rapaurawatergardens.co.nz
Un cadre magique – jeux d'eau, promenades parmi une flore abondante, nénuphars, petits ponts, cascades et topiaire. **$$-$$$$**

Tuscany on Thames
SH25
Jellicoe Crescent
Tél. 07-868 5099
Fax 07-868 5080
www.tuscanyonthames.co.nz
Motel à l'italienne niché entre la côte, superbe, et le bush des collines ; 14 studios tout confort, dotés de vastes sdb. **$$-$$$**

Whitianga

Kuaotunu Bay Lodge
SH25
Kuaotunu
Tél. 07-866 4396
www.kuaotunubay.co.nz
À 14 km au nord du village de Whitianga, élégante villa offrant 3 chambres avec accès direct à la plage et terrasse privée donnant sur la presqu'île. Très agréable en hiver avec ses cheminées, son chauffage par le sol et ses sdb indépendantes. **$$$**

Mercury Bay Beachfront Resort
111-113 Buffalo Beach Road
Tél. 07-866 5637
www.beachfrontresort.co.nz
Sur la plage également, 8 logements de 1 à 3 chambres tout équipées, plus un spa intérieur chauffé et une aire barbecue. **$$$**

Waterfront Motel
2 Buffalo Beach Road
Tél. 07-866 4498
Fax 07-866 4494
www.waterfrontmotel.co.nz
Donnant sur Buffalo Beach, avec une

magnifique vue sur la mer,
appartements et suites, dont une
mansardée, tous équipés de balcons
privés et de jacuzzis. **$$-$$$$$**

Hahei

Cathedralcove Lodge Villas
Harsant Avenue
Tél. 07-866 3889
Fax 07-866 3098
www.cathedralcove.co.nz
Sur la plage, non loin de Cathedral
Cove. La moitié des 16 logements
ont vue sur la mer, les autres sur les
jardins. Jacuzzis, lave-vaisselle et
laverie. **$$$**

Hot Water Beach B&B
48 Pye Place
Tél. 07-866 3991
www.hotwaterbedandbreakfast.co.nz
B&B moderne et agréable avec vue
sur Hot Water Beach, à 6 km au sud
de Hahei. À quelques pas de la
plage. **$$**

Whangamata

Breakers Motel
324 Hetherington Road
Tél. 07-865 8464
www.breakersmotel.co.nz
Niché dans une réserve au bord de
l'estuaire, cet audacieux bâtiment
adopte la forme d'une vague. Dotées
d'une terrasse privée et d'un jacuzzi,
les 21 suites donnent sur une
piscine avec chute d'eau et vaste
aire de barbecue. **$$-$$$$**

Cabana Lodge Motel
101-103 Beach Road
Tél. 07-865 8772
Seul motel "pieds dans l'eau", avec
9 logements tout équipés ; idéal pour
pêcher, nager. **$-$$**

Palm Pacific Resort
413 Port Road
Tél. 07-865 9211
Fax 07-865 9237
www.palmpacificresort.co.nz
Parfait pour les familles et les
groupes ; 27 logements avec cuisine
tout équipée et patio à proximité de
boutiques et cafés ; plage accessible
à pied. **$**

Tauranga/Mount Maunganui

Bay Palm Motel
84 Girven Road
Tél. 07-574 5971
www.baypalmmotel.co.nz

En tout, 16 logements confortables
avec spa, proches boutiques et
plage. Piscine chauffée. **$-$$$**

Oceanside Twin Towers Resort
1 Maunganui Road
Tél. 07-575 5371
Fax 07-575 0486
www.oceanside.co.nz
Appartements haut de gamme
et chambres spacieuses, avec salle
de bains individuelle et kitchenette.
Piscines à vagues, gym et sauna ;
boutiques, restaurants et plage
à proximité. Les appartements
– séjour de 2 nuits min. –, tout
équipés, offre une vue superbe.
$$-$$$$$

The Terraces
346 Oceanbeach Road
Tél. 07-575 6494
www.terraces-oceanbeach.co.nz
Appartements spacieux à 3 niveaux,
avec cuisine tout équipée, laverie et
balcon. **$$**

Tauranga

Summit Motor Lodge
213 Waihi Road
Tél. 07-578 1181
Fax 07-578 1354
www.summitmotorlodge.co.nz
25 logements tout confort, accueillant
jusqu'à 6 pers., indépendants et
spacieux. Proche ville et mont
Maunganui, surf et boutiques.
Spa, salle de jeux et laverie. **$**

Te Puna Lodge Motel
4 Minden Road, RD6
Tél. 07-552 5621
www.tepunalodge.co.nz
Motel confortable avec vastes
logements, certains avec spa. **$-$$.**

Autres sites

Pacific Harbour Lodge
Tairua Beach
Tél. 07-864 8581
Fax 07-864 8858
www.pacificharbour.co.nz
Une trentaine de lodges dans le style
Pacifique sud, au milieu d'une
végétation tropicale, avec chemins
couverts de coquillages menant
aux chalets, à la plage et au
restaurant. Logements spacieux. **$$**

Pauanui Pines Motor Lodge
174 Vista Paku
Pauanui Beach
Tél. 07-864 8086

Fax 07-864 7122
www.pauanuipines.co.nz
Situé à côté d'un parcours de golf,
motel primé comprenant 9 cottages
de "pionniers", tous avec TV et
cuisine ; 18 logements en tout.
Piscine chauffée et tennis. **$-$$$**

ROTORUA
& PLATEAU VOLCANIQUE

Rotorua

Acapulco Motel
Angle Malfroy Road et Eason Street
Tél. 07-347 9569
acapulco@xtra.co.nz
Site paisible proche du centre-ville,
à quelques pas des restaurants
et des boutiques. **$**

Birchwood Spa Motel
Angle Sala Street et Trigg Avenue
Tél. 07-347 1800
Fax 07-347 1900
www.birchwoodspamotel.co.nz
Près du parc thermal, logements
de luxe avec bains ou piscine
thermale. **$$**

Gibson Court Motel
10 Gibson Street
Tél. 07-346 2822
Fax 07-348 9481
www.stavrotoua.co.nz
Non loin du champ de course et à
1 km du parc thermal, 10 chambres
spacieuses avec chauffage central,
certaines dotées de piscines privées
alimentées en eau de source. **$-$$**

Kingsgate Hotel Rotorua
Fenton Street
Tél. 07-348 0199
Fax 07-346 1973
www.kingsgaterotorua.co.nz
Très photographiée, une statue en
bronze de guerrier maori en posture
traditionnelle de défi accueille la
clientèle. Cet hôtel de 136 chambres
jouxte le champ de courses, les
terrains de sport et le golf. **$$**

Lake Plaza Rotorua Hotel
1000 Eruera Street
Tél. 07-348 1174
Fax 07-346 0238
www.lakeplazahotel.co.nz
Face aux Polynesian Pools,
250 chambres avec vue superbe
sur le lac et les sources, également
proches du centre-ville. Possibilité
de forfaits golf. **$$**

Millennium Rotorua
Angle Eruera et Hinemaru Streets
Tél. 07-347 1234
www.cdlhotels.com
Demandez une chambre donnant
sur les Polynesian Pools et le lac
Rotorua. Personnel accueillant,
salle de gym, piscine. **$$$**

Muriaroha Lodge
411 Old Taupo Road
Tél. 07-346 1220
Fax 07-346 1338
www.muriarohalodge.co.nz
Charmante *guesthouse* campée
dans un vaste parc à 3 km du
centre ; 6 chambres luxueuses, avec
piscines minérales privées. **$$$$$**

Silver Fern Motor Inn
326 Fenton Street
Tél. 07-346 3849
www.silverfernmotorinn.co.nz
Une "Motor Inn" à la californienne.
Une vingtaine de suites, dont
certaines "*executive*" avec jacuzzi,
entre autres luxes. **$$**

Solitaire Lodge
Lake Tarawera
RD5
Tél. 07-362 8208
Fax 07-362 8445
www.solitairelodge.co.nz
Hébergement de grand luxe, situation
fabuleuse au bord du lac, vue
sublime. Une dizaine de suites avec
charpente apparente, grands lits,
terrasse privée et sdb spacieuse.
Cheminée dans le grand salon.
$$$$$

Wylie Court Motor Lodge
345 Fenton Street
Tél. 07-347 7879
Fax 07-346 1494
www.wyliecourt.co.nz
Complexe de style station balnéaire ;
36 chambres avec piscines privées
chauffées inscrites dans un petit
parc. Tout le confort, dont une vaste
piscine privée. **$$-$$$**

Taupo

Baywater Motor Inn
126 Lake Terrace
Tél. 07-378 9933
Fax 07-378 9940
www.baywater.co.nz
Non loin de la ville, 12 studios tout
équipés avec jacuzzi et balcon ou
patio ; vue magnifique sur le lac et la
montagne. **$$**

Boulevard Waters Motor Lodge
215 Lake Terrace
Tél. 07-377 3395
Fax 07-377 2241
www.boulevardwaters.co.nz
Au bord du lac, lits *king-size*, jacuzzis,
chauffage par le sol, patios
ensoleillés, piscine thermale. **$$-$$$**

Gables Motor Lodge
130 Lake Terrace
Tél. 07-378 8030
Fax 07-378 8031
gables@reap.org.nz
Face à la principale piscine de Taupo,
12 studios au rez-de-chaussée,
chacun avec spa privé ; vue sur lac
et montagne. **$$**

The Cove
213 Lake Terrace
Tél. 07-378 7599
Fax 07-378 7393
www.thecove.co.nz
stay@thecove.co.nz
Le grand luxe au bord du lac, à 3 km
de la ville. Restaurant, carte des vins
très fournie. **$$$$-$$$$$**

Wairakei Resort
SH1
Tél. 07-374 8021
www.wairakei.co.nz
Au cœur du Wairakei Thermal Park,
complexe situé à 9 km de Taupo.
Plus de 180 chambres et villas
standard ou luxe, sauna, salle de
gym, tennis et squash. **$$-$$$$**

TONGARIRO
NATIONAL PARK

Whakapapa Village

Bayview Château Tongariro
Village de Whakapapa
Tél. 07-892 2809
www.chateau.co.nz
Construit en 1929, c'est l'un des
rares hôtels de Nouvelle-Zélande
situés au cœur d'un parc. Surnommé
"la vieille dame de la montagne",
il n'a rien perdu de sa prestance
et de son caractère, offrant des
chambres luxueuses ou plus
économiques. **$$$-$$$$**

Skotel Alpine Resort
Tongariro National Park
Tél. 07-892 3719
www.skotel.co.nz
Situé à la lisière du village,
ce complexe propose tous

les types d'hébergement,
des simples bungalows aux
chambres luxueuses. **$-$$$**

Adventure Lodge & Motel
Carroll Street
National Park Village
Tél. 07-892 2991
Fax 07-892 2799
www.adventurenationalpark.co.nz
Ne cherchez pas la fantaisie dans
ces studios, chambres de lodge et
lits superposés à bas prix. Salle à
manger, spa, TV satellite. Transferts
possibles vers les pistes de ski. **$-$$**

Ski Haus
Carroll Street
National Park Village
Tél. 07-892 2854
Fax 07-892 2856
www.skihaus.co.nz
Hébergement rustique pour groupes,
familles ou personnes seules en
chambres doubles, dortoirs ou sites
caravaning. Bar, buanderie et spa. **$**

Ohakune

Alpine Motel Lodge & Sassi's Bistro
7 Miro Street
Tél. 06-385 8758
Fax 06-385 8758
www.alpinemotel.co.nz
Au centre-ville, hébergement de
qualité en studios, appartements et
chalets spacieux, la plupart équipés
pour la cuisine. Dîner léger possible
au Sassis's Bistro. **$**

The Hobbit Motor Lodge
Angle Goldfinch et Wye Streets
Tél. 06-385 8248
www.the-hobbit.co.nz
Hébergement pour familles et
en studios. Restaurant et bar
avec licence ouverts tous les soirs
sauf le dimanche. **$-$$**

Powderhorn Château
Bottom of Mountain Road
Tél. 06-385 8888

Gamme des prix

Les prix s'entendent pour une
chambre double avec petits
déjeuners en basse saison :

$	moins de 100 $NZ
$$	de 100 à 150 $NZ
$$$	de 150 à 200 $NZ
$$$$	de 200 à 250 $NZ
$$$$$	plus de 250 $NZ

Fax 06-385 8925
www.powderhorn.co.nz
powderhorn@xtra.co.nz
Dans la station d'Ohakune,
un "château" qui allie style chalet
alpin et luxe d'un palace. Une
trentaine de chambres, sans oublier
le Mansion, un appartement de luxe
pouvant accueillir 8 personnes. Dînez
au restaurant ou prenez un verre
devant la cheminée du bar principal,
le Powderkeg. Boutique de ski et de
surf juste à côté. **$$$**

POVERTY BAY
& HAWKE'S BAY

Gisborne

Alfresco Motor Lodge
784 Gladstone Road
Tél. 06-863 2464
Fax 06-863 2465
alfresco@paradise.net.nz
Proche de l'aéroport et d'un golf,
14 logements confortables au rez-de-
chaussée, certains avec spa, tous
aménagés pour cuisiner. **$-$$**
Cedar House
4 Clifford Street
Tél. 06-868 1902
Fax 06-867 1932
www.cedarhouse.co.nz
B&B aménagé dans une grande
demeure victorienne à quelques pas
des musées, restaurants et galeries.
Chambres spacieuses avec grands
lits, linge de bains, fleurs fraîches et
service quotidien. **$$-$$$**
Champers Motor Lodge
811 Gladstone Road
Tél. 06-863 1515
Fax 06-863 1520
Complexe moderne, proche ville et
aéroport, proposant 14 logements et
studios luxueux, certains avec
doubles spas. Piscine extérieure
chauffée dans un parc. **$-$$**
Ocean Beach Motor Lodge and
Sandbar Restaurant
Wainui Beach
Tél. 06-868 6186
Fax 06-868 3653
www.oceanbeach.co.nz
Dans le style balnéaire méditerranéen,
sur Wainui Beach. Logements de
luxe, de 1 ou 2 chambres
spacieuses avec cours privées,
cuisines design, mobilier en cuir. **$$**

The Quarters
Te Au Farm, Nuhaka
Mahia
Tél. 06-837 5751
Fax 06-837 5721
www.quarters.co.nz
Villa de vacances récente mais
élégante, pour 6 à 8 personnes, avec
vue fabuleuse sur l'océan. Pain et
fromage maison offerts à l'arrivée,
promenades superbes, réserve
naturelle dans le bush, baignade,
chasse, surf. **$$**

Te Urewera National Park

Outre le terrain aménagé pour les
camping-cars, le DOC gère un grand
nombre de bungalows dispersés
dans le parc. Réservations :
Aniwaniwa Visitor Centre
SH38
Aniwaniwa
Wairoa
Tél. 06-837 3900

Napier

Bella Tuscany Motor Lodge
371 Kennedy Road
Tél. 06-843 9129
Fax 06-843 9227
www.tuscanymotorlodge.co.nz
Une architecture audacieuse pour cet
hébergement de style méditerranéen
avec spas, cours privées et mobilier
bien pensé. **$-$$**
The County Hotel
12 Browning Street
Tél. 06-835 7800
www.countyhotel.co.nz
Luxueuse demeure Art déco en
pleine ville. Même si vous descendez
pas au County, ne manquez pas
de déguster la cuisine raffinée
– et primée – servie au restaurant
Chambers. **$$$$**
Deco City Motor Lodge
308 Kennedy Road
Tél. 06-843 4342
Hébergement de milieu de gamme
dans de ravissants bâtiments de
style Art déco. **$$**
McHardy House
11 Bracken Street
Tél. 06-835 0605
www.mchardyhouse.com
Avec sa cuisine savoureuse, c'est
sans doute l'une des très rares
anciennes maternités à offrir un
hébergement de ce niveau ! **$$$$$**

Hastings

Aladdin Lodge Motel
120 Maddison Street
Tél. 06-876 6322
www.aladdins.co.nz
Non loin du centre-ville,
11 logements tout équipés
de plein pied. Piscine et spas. **$**
The Woolshed Apartments
106 Te Mata Road
Havelock North
Tél. 06-877 0031
www.woolshedapartments.co.nz
En tout, 18 appartements de 2 ou
3 chambres tout équipés et très
agréablement meublés. **$$$**

TARANAKI, WANGANUI
& MANAWATU

New Plymouth

93 By the Sea
93 Buller Street
Tél. 06-758 6555
www.93bythesea.co.nz
Sympathique B&B sur le sentier
côtier, entre océan et rivières. **$-$$**
Brougham Heights Motel
54 Brougham Street
Tél. 06-757 9954
Fax 06-757 5979
Hôtel de 34 appartements de luxe
avec spa, centre de conférences. **$$**
Copthorne Hotel Grand Central
42 Powderham Street
Tél. 06-758 7495
Fax 06-758 7496
www.copthonehotels.co.nz
Hôtel central, de 68 chambres
de luxe ou de grand luxe et suites,
presque toutes avec jacuzzi. Café
haut de gamme. **$$-$$$**
Issey Manor
32 Carrington Street
Tél. 06-758 2375
www.isseymanor.co.nz
Hébergement chaleureux, service
de haut niveau. **$-$$**
Nice Hotel & Bistro
71 Brougham Street
Tél. 06-758 6423
www.nicehotel.co.nz
Ancien hospice, en plein cœur
de la ville, offrant 6 chambres
personnalisées ; tableaux
contemporains, sdb design avec
doubles jacuzzis. Superbe bistrot
donnant sur la rue. **$$-$$$**

Gamme des prix

Les prix s'entendent pour une chambre double avec petits déjeuners en basse saison :

$	moins de 100 $NZ
$$	de 100 à 150 $NZ
$$$	de 150 à 200 $NZ
$$$$	de 200 à 250 $NZ
$$$$$	plus de 250 $NZ

Wanganui

Arlesford House
202 SH3
RD4, Westmere
Tél. 06-347 7751
Fax 06-347 7561
www.arlesfordhouse.co.nz
Pour séjourner chez l'habitant avec élégance : chambres spacieuses dotées de sdb individuelles, dans un parc de 2,4 ha, avec piscine et tennis éclairé. **$$$-$$$$**

Avenue Hotel & Conference Centre
379 Victoria Avenue
Tél. 06-345 9070
Fax 06-345 3250
www.theavenuewanganui.com
Plusieurs niveaux d'hébergement, cuisine internationale, centre de conférences et piscine. **$-$$**

Kings Court Motel
60 Plymouth Street
Tél. 0800-221 222
www.kingscourtmotel.co.nz
Propre et bien entretenu, au centre-ville. **$**

Rutland Arms Inn
48-52 Ridgway Street
Tél. 0800-788 5263
www.rutland-arms.co.nz
Tout le confort dans un cadre raffiné et suranné. Excellent restaurant. **$$$**

Palmerston North

Chancellor Motor Lodge
131 Fitzherbert Avenue
Tél. 06-354 5903
Fax 06-354 5083
www.chancellormotel.co.nz
Proche du centre-ville, 18 logements confortables, certains avec cuisine tout équipée et jacuzzi. **$$**

Rose City Motel
120-122 Fitzherbert Avenue
Tél. 06-356 5388
Fax 06-356 5085

www.rosecitymotel.co.nz
Bien situés, studios et logements avec mezzanine, de 1 ou 2 chambres ; sauna, spa et squash. **$**

Rydges Palmerston North
140 Fitzherbert Avenue
Tél. 06-356 5065
www.rydges.com
Hôtel de style colonial avec salle de gym et piscine, non loin des commerces et principaux sites urbains. **$$**

WELLINGTON

Wellington

Apollo Lodge Motel
49 Majoribanks Street
Tél. 04-385 1849
Fax 04-385 1849
www.apollo-lodge.co.nz
Quelque 50 studios, suites de luxe et appartements logeant jusqu'à 5 personnes, proches du centre commercial, à 5 min d'Oriental Bay. **$$**

Duxton Hotel Wellington
170 Wakefield Street
Tél. 04-473 3900
www.duxton.com
Bien situé près du Michael Fowler Centre et du front de mer, excellente vitrine pour la clientèle d'affaires. Vous apprécierez au Burbury, le restaurant logé au dernier étage, la cuisine raffinée. **$$$-$$$$$**

Hotel Inter-continental Wellington
Angle Grey et Featherston Streets
Tél. 04-472 2722
www.intercontinental.com
Idéalement situées sur le front de mer, les 232 chambres et suites conviennent tant à la clientèle d'affaires qu'aux touristes. Restaurant, bars et *room service*, bon centre de remise en forme et piscine chauffée. **$$$$-$$$$$**

James Cook Hotel Grand Chancellor
147 The Terrace
Tél. 04-499 9500
www.grandhotelsinternational.com
L'un des premiers grands hôtels de Wellington, qui s'est modernisé au fil du temps. Les fidèles apprécient son restaurant, le Joseph Banks, et son bar à vins. Situation centrale, à proximité du quartier commercial. **$$$-$$$$$**

Kingsgate Hotel Oriental Bay
73 Roxburgh Street
Mount Victoria
Tél. 04-385 0279
www.kingsgateorientalbay.co.nz
Bel hôtel récent de 117 chambres donnant sur la baie, proche du centre-ville. **$$-$$$**

Kingsgate Hotel Willis Street
355 Willis Street
Te Aro
Tél. 04-385 9819
Fax 04-385 9811
www.kingsgatewillis.co.nz
Hôtel confortable de 84 chambres avec piscine intérieure, salle de fitness, *room service* 24h/24, restaurant et bar. **$$-$$$**

Novotel Capital Wellington
133-137 The Terrace
Tél. 04-918 1900
Fax 04-918 1901
www.novotel.co.nz
Établissement récent au cœur du quartier des affaires, proche de Lambton Quay, avec piscine. **$$-$$$$$**

Tinakori Lodge Bed & Breakfast
182 Tinakori Street
Thorndon
Tél. 04-939 3478
www.tinakorilodge.com
En plein cœur du Thorndon historique, à proximité des jardins botaniques, des restaurants et de la gare. Délicieux et copieux buffet petit déjeuner. **$**

Victoria Court Motor Lodge
201 Victoria Street
Tél. 04-472 4297
www.victoriacourt.co.nz
À proximité du centre-ville, logements agréables avec parking. Proche des restaurants de Cuba Street et des commerces de Manners Mall. **$$-$$$**

NELSON & MARLBOROUGH

Picton

Bay of Many Coves Resort
Queen Charlotte Sound
Tél. 03-579 9771
www.bayofmanycovesresort.co.nz
Au cœur des Marlborough Sounds, cette séduisante résidence abrite 11 appartements. **$$$$-$$$$$**

Portage Resort
Kenepuru Sound
Tél. 03-573 4309
www.portage.co.nz
Complexe réputé, implanté dans le superbe cadre des Marlborough Sounds. Piscine, spa, activités de loisirs et restaurant de qualité. Chambres avec vue sur les collines et les jardins. Possibilité de lits superposés et bungalows. **$-$$$$**

Punga Cove Resort
Endeavour Inlet
Tél. 03-579 8561
Un ensemble de chalets nichés dans le bush, avec une vue superbe sur toute la baie. Tous les chalets ont une salle de bains ; confort moderne, solarium et barbecue sur demande. Le lodge peut accueillir 10 personnes, les studios en chalets 2 ou 3. Plage privée, bonne baignade et pêche excellente. **$$**

Raetihi Lodge
Kenepuru Sound
Tél. 03-573 4300
www.raetihi.co.nz
Lodge de luxe proposant 14 chambres à thème, bien meublées, avec salle de bains. Grand salon, bar, restaurant, salle de jeux et quantité d'activités de plein air. **$$-$$$$**

Blenheim

Criterion Hotel
2 Market Street
Tél. 03-578 3299
Pratique pour rejoindre le centre-ville ; bon restaurant et bars confortables pour se détendre. **$**

Marlborough Hotel
20 Nelson Street
Tél. 03-577 7333
www.marlboroughhotel.co.nz
Chic et contemporain, avec un restaurant de qualité. **$$-$$$**

Swansdown Cottage
Riverina Riverlands, RD4
Tél. 03-578 9824
www.swansdown.co.nz
Pour vivre à la ferme, mais dans l'indépendance et la tranquillité d'un B&B indépendant. **$$**

Kaikoura

Admiral Court Motel
16 Avoca Street
Tél. 03-319 5525
Fax 03-319 5523

www.kaikouramotel.co.nz
Site paisible avec vue sur la montagne et la mer, logements équipés de cuisine. Parking, spa, transfert gratuit à l'arrêt de bus ou à la gare. **$$**

Panorama Motel
266 Esplanade
Tél. 03-319 5053
Fax 03-319 6605
www.panoramamotel.co.nz
Sur la plage, 22 logements avec vue sur la mer et la montagne. Vaste parking pour bateaux et voitures. **$-$$**

The Old Convent B&B
Mount Fyffe Road
Tél. 03-319 6603
Fax 03-319 6690
www.theoldconvent.co.nz
Les majestueux monts Kaikoura s'élèvent à l'arrière-plan de cet ancien couvent de 1911 superbement rénové. Chambres doubles, suites familiales et excellent restaurant. Week-ends à thème Cluedo. **$-$$**

Nelson

Beachside Villas
71 Golf Road
Tél. 03-548 5041
www.beachsidevillas.co.nz
En tout, 6 appartements indépendants et luxueux où séjourna toute l'équipe du *Seigneur des anneaux* quand elle tourna dans la région. Ravissants jardins de style méditerranéen. **$$-$$$**

Bella Vista Motel
178 Tahunanui Drive
Tél. 03-548 6948
Une bonne marche à pied est nécessaire pour rejoindre le centre-ville (30 min), mais cet établissement de 18 logements, certains avec spa, est proche d'une belle plage et de l'entrée de la baie. Bons cafés et boutiques à proximité. **$-$$**

DeLorenzo's Motel and Apartments
43-55 Trafalgar Street
Tél. 03-548 9774
www.delorenzos.co.nz
Appartements de luxe proches du quartier des bureaux, avec mobilier contemporain, lits *king-size*, salle de bains, jacuzzi et TV satellite. Équipement affaires et *room service*. **$$-$$$$**

Kimi Ora Spa Resort
Kaiteriteri
Tél. 0508-546 4672
www.kimiora.com
Dans le style chalet suisse, 20 appartements avec vue sur la mer. Complexe de remise en forme offrant un vaste éventail de soins thermaux, piscine couverte et en plein air, couloir à natation, sauna, courts de tennis et restaurant avec vue panoramique sur l'océan. Forfaits possibles, prix incluant tous les repas, hébergements et cure thermale. **$$$-$$$$$**

Tuscany Gardens Motor Lodge
80 Tahunanui Drive
Tél. 03-548 5522
Une douzaine de suites de grand luxe et de studios de luxe à 1 ou 2 chambres (certaines avec jacuzzi et air conditionné) cuisine tout équipée, à 5 min à pied des restaurants et de la plage. **$$-$$$**

Mariri

Wairepo House
22 Weka Road
Tél. 03-526 6865
www.wairepohouse.co.nz
Demeure coloniale à 2 étages, aux superbes plafonds avec poutres apparentes, terrasses ensoleillées, située dans un verger de pommiers et de poiriers. **$$$$$**

CHRISTCHURCH

Christchurch

Admiral Motel
168 Bealey Avenue
Tél. 03-379 3554
Fax 03-379 3272
www.admiralmotel.co.nz
Près de Cathedral Square et de l'hôtel de ville, 9 appartements pouvant accueillir jusqu'à 6 personnes. **$**

Airport Gateway Motor Lodge
45 Roydvale Avenue
Burnside
Tél. 03-358 7093
Fax 03-358 3654
www.airportgateway.co.nz
Proches de l'aéroport, 40 appartements pouvant accueillir jusqu'à 6 personnes. Restaurant et centre de conférences. **$$-$$$**

Ashleigh Court Motel
47 Matai Street West
Lower Riccarton
Tél. 03-348 1888
Fax 03-348 2973
À quelques pas du musée, du centre commercial et des jardins, appartements équipés de cuisine et de sdb. **$-$$$**

Belmont Motor Inn
172 Bealey Avenue
Tél. 03-379 4037
Fax 03-366 9194
www.belmontmotorinn.co.nz
Bien situé, à 10 min du centre-ville ; 18 chambres au total. **$$**

Cotswold Hotel
88 Papanui Road
Tél. 03-355 3535
Fax 03-355 6695
www.scenic-circle.co.nz
Hôtel de 99 chambres et suites. Tout le confort, mais avec le charme d'un mobilier et d'un décor d'époque, le tout à 5 min de la ville. Cuisine européenne au restaurant à proximité. **$$-$$$$**

Country Glen Lodge
107 Bealey Avenue
Tél. 03-365 9980
www.glenlodge.com
Appartements haut de gamme proches du centre-ville. Prestations complètes, dont des spas de grand luxe. **$$-$$$**

Crowne Plaza Christchurch
Angle Kilmore et Durham Streets
Tél. 03-365 7799
Fax 03-365 0082
www.christchurch.crowneplaza.com
Situation superbe, au centre-ville, sur Victoria Square, proche de l'hôtel de ville et du palais des congrès ; 298 chambres immaculées, couloirs spacieux et prestations haut de gamme. **$$$$**

Gothic Heights Motel
430 Hagley Avenue
Tél. 03-366 0838
Fax 03-366 0188
Une quinzaine de chambres face à Hagley Park, à proximité du musée, de l'Arts Centre, des restaurants et des jardins botaniques. **$$**

Holiday Inn City Centre
Angle Cashel et High Streets
Tél. 03-365 8888
Fax 03-364 5143
www.holidayinn.co.nz

À deux pas du centre d'affaires et du quartier commerçant, cet hôtel de 146 chambres et 3 appartements dispose également d'un bar et d'un restaurant. **$$-$$$$$**

Hotel Grand Chancellor
161 Cashel Street
Tél. 03-379 2999
www.grandc.co.nz
Idéalement situé au centre-ville, à quelques pas de Cathedral Square. Chambres confortables et service diligent. **$$$**

The Latimer Hotel
30 Latimer Square
Tél. 03-379 6760
Fax 03-366 0133
www.latimerhotel.co.nz
Près du centre-ville, bon rapport qualité-prix pour ces 90 chambres avec parking. **$$-$$$**

Millennium Hotel Christchurch
14 Cathedral Square
Tél. 03-365 1111
Fax 03-365 7676
www.milleniumchristchurch.co.nz
Hôtel récent du centre-ville, avec 179 chambres, restaurant, bar, salle de gym, sauna, et centre de conférences. **$$$-$$$$$**

The Charlotte Jane
110 Papanui Road
Tél. 03-355 1028
Fax 03-355 8882
www.charlotte-jane.co.nz
Situé près de Merivale, ce charmant domaine n'est qu'à 20 min à pied de la ville. Cette ancienne école victorienne pour jeunes filles tire son nom de l'un des premiers navires qui débarquèrent les fondateurs de Christchurch. Les 12 grandes chambres sont toutes munies de sdb et meublées avec goût. Petit déjeuner gastronomique et, chaque soir, verre de porto ou de vin gracieusement offert. **$$$$$**

The George Hotel
50 Park Terrace
Tél. 03-379 4560
Fax 03-366 6747
www.thegeorge.com
Hôtel haut de gamme superbement situé sur la route de l'Avon River et du Hagley Park proposant 54 belles chambres avec balcon ombragées par des saules. À 10 min à pied du centre-ville. Restaurant réputé. **$$$$**

Windsor Hotel
52 Armagh Street
Tél. 03-366 1503
www.windsorhotel.co.nz
B&B traditionnel et familial mais correct de 7 chambres, dans une villa victorienne du centre-ville. **$$**

Akaroa

Kahikatea Country Retreat
Wainui Valley Road
RD2
Tél. 03-304 7400
www.kahikatea.com
Cet ancien manoir de campagne des années 1860 converti en hôtel de luxe donne sur Akaroa Harbour. **$$$$$**

Maison des Fleurs
6 Church Street
Tél. 03-304 7804
www.maisondesfleurs.co.nz
Villa de luxe au balcon ensoleillé donnant sur une cour paisible. **$$$$**

Wai-Iti Motel
64 Rue Jolie
Tél. 03-304 7292
www.driftwood.co.nz
À quelques pas des boutiques et restaurants, 12 logements de taille familiale sur le front de mer. **$-$$$**

CANTERBURY

Hanmer Springs

Alpine Lodge
Angle Amuri Drive et Harrogate Street
Tél. 03-315 7311
Fax 03-315 7312
www.alpinelodgemotel.co.nz
Proches des boutiques et d'un complexe aquatique, ensemble de 24 chambres allant du style *cosy* chalet traditionnel à la suite luxueuse. Prestations variables selon formule. **$$-$$$$**

Gamme des prix

Les prix s'entendent pour une chambre double avec petits déjeuners en basse saison :

$	moins de 100 $NZ
$$	de 100 à 150 $NZ
$$$	de 150 à 200 $NZ
$$$$	de 200 à 250 $NZ
$$$$$	plus de 250 $NZ

**Greenacres Chalets &
Townhouse Motels**
84 Conical Hill Road
Tél. 03-315 7125
www.greenacresmotel.co.nz
Vous aurez le choix entre des chalets
et des appartements de luxe, tous
nichés au cœur du parc donnant
sur le Hanmer Basin, avec terrasses,
balcons et cuisines équipées.
Proche de la ville et des thermes.
$-$$
Hanmer Resort Motel
7 Cheltenham Street
Tél. 03-315 7362
Fax 03-315 7581
www.hanmerresortmotel.co.nz
À proximité des piscines thermales,
15 chambres pouvant accueillir
jusqu'à 6 personnes. **$-$$$**
Hanmer Springs Larchwood Motels
12 Bath Street
Tél./Fax 03-315 7281
Un motel de 16 chambres
spacieuses – jusqu'à 6 personnes –
près des courts de squash,
des thermes et des sentiers
de randonnées forestiers.
$-$$$

Methven

Canterbury Hotel
Mount Hutt Village
Tél. 03-302 8045
Fax 03-302 8085
www.nzpub.com
Le Canterbury accueille sa clientèle
depuis plus de 50 ans. Prestations
sommaires, mais confortable. Bon
restaurant familial. **$**
Mount Hutt Motel
205 Main Street
Tél./Fax 03-302 8382
www.mounthuttmotels.com
L'établissement le plus proche
de Mount Hutt ; 10 appartements
au confort rustique mais spacieux,
certains avec cuisine séparée.
Spa et tennis sur gazon. **$**
Powderhouse Country Lodge
3 Cameron Street
Mount Hutt
Tél. 03-302 9105
www.powderhouse.co.nz
stay@powderhouse.co.nz
Cette villa édouardienne
superbement restaurée, avec
mobilier ancien et collection de vieux
skis, cannes à pêche et matériel

d'alpinisme, offre 5 chambres
luxueuses avec sdb individuelle.
Atmosphère chaleureuse.
Spa pour 8 personnes. **$$$$**

Lake Tekapo

Lake Tekapo Grandview
32 Hamilton Drive
Tél. 03-680 6910
www.laketekapograndview.co.nz
Comme son nom l'indique, vue
vraiment grandiose sur les Alpes et
le lac de toutes les chambres. **$$$-
$$$$**
Lake Tekapo Scenic Resort
Main Highway
Tél. 03-680 6808
www.laketekapo.com
Hébergement en studio ou en
appartements ; situation centrale et
belle vue. **$$-$$$$**

**Aoraki Mount Cook
National Park**

Aoraki Mount Cook Alpine Lodge
Mount Cook Village
Tél. 03-435 1860
www.aorakialpinelodge.co.nz
Logée au cœur du parc national,
une adresse parfaite pour les
backpackers et les petits budgets.
Superbes vues sur le Mount Cook
et les Southern Alps. **$-$$$**
Mount Cook Youth Hostel
Angle Kitchener et Bowen Drives
Tél. 03-435-1820
Fax 03-435 1821
www.yha.co.nz
Complexe récent offrant un vaste
éventail de prestations. Dortoirs,
chambres à grands lits ou lits
jumeaux. Boutique, salon TV,
douches, toilettes, sauna (gratuit),
laverie. Arrêt quotidien des cars
Newman et Great Sights devant
l'auberge. **$**
The Hermitage Hotel
Terrace Road
Mount Cook
Tél. 03-435 1809
www.mount-cook.com
À 50 km de Twizel, 250 chambres
luxueuses et cadre grandiose
au pied du plus haut sommet du
pays, dans l'Aoraki Mount Cook
National Park. Sauna, boutique de
souvenirs, magasin de vêtements,
cafétéria, bar et deux restaurants.
$$$$-$$$$$

WEST COAST

Haast

Lake Moeraki Wilderness Lodge
SH6
Tél. 03-750 0881
www.wildernesslodge.co.nz
Un cadre exceptionnel pour explorer
le bush et la côte et observer la vie
sauvage. **$$$$$**

Fox Glacier

A1 Fox Glacier Motel
Lake Matheson Road
Tél. 03-751 0804
Fax 03-751 0706
Proches poste, restaurant et plages ;
10 chambres accueillant jusqu'à
8 personnes. **$**
Fox Glacier Hotel
Angle Cook Flat Road et SH6
Tél. 03-751 0839
Fax 03-751 0868
www.resort.co.nz
Hôtel de 80 chambres construit
en 1928, rénové depuis mais sans
rien perdre de son charme ni de
son atmosphère. Restaurant, bar,
salon, accès internet. **$-$$**
Scenic Circle Glacier Country Hotel
Tél. 03-751 0847
Fax 03-751 0822
www.scenic-circle.co.nz
Dans la station de Fox Glacier,
avec 51 chambres, *room service*,
blanchissage, restaurant. **$$**

Franz Josef Glacier

Franz Josef Glacier Hotel
SH6
Tél. 03-752 0729
Fax 03-752 0709
www.scenic-circle.co.nz
Un kilomètre sépare les 2 bâtiments
cachés par une végétation luxuriante.
Les 177 chambres confortables
jouissent d'une superbe vue. **$$$**
Glacier Gateway Motor Lodge
Main Road
Tél. 03-752 0776
Fax 03-752 0732
www.franzjosefhotels.co.nz
Difficile d'être plus proche du glacier,
avec accès direct par la route.
Prestations basiques dans ces
23 logements, mais 2 chambres
avec bains. Spa et sauna. Proche
boutiques et restaurants. **$-$$**

Karamea Bridge Farm Motels
1RD, Westport
Tél. 03-782 6955
Fax 03-782 6748
www.karameamotels.co.nz
En tout, 6 logements de 1 et 2
chambres dans une ferme. Vue sur
les paysages du Kahurangi National
Park. Chaque appartement est
équipé d'un grand salon. À 400 m du
centre de Karamea. **$**

Arthur's Pass

The Chalet Transalpine Hotel
Main Road
Tél. 03-318 9236
Fax 03-318 9200
www.arthurspass.co.nz
Paysages de montagne superbes
et hébergement de style chalet ;
10 chambres meublées avec goût,
sdb attenantes ; agneau, saumon,
gibier et bœuf à la carte du
restaurant. **$-$$**

Hokitika

Best Western Shining Star
Beachfront Chalets
11 Richards Drive
Tél. 03-755 8921
Fax 03-755 8653
Situation centrale, à un jet de pierre
de la plage. Chalets tout équipés en
bois avec terrasse et accès individuel
à la plage. **$-$$**

Fitzherbert Court Motel
191 Fitzherbert Street
Tél. 03-755 5342
Fax 03-755 5343
www.fitzherbertcourt.co.nz
Appartements luxueux avec cuisine
équipée, certains avec jacuzzi.
Proche ville, aéroport et plage. **$-$$**

Kapitea Ridge & Cottage
Chesterfield Road
SH6 Kapitea Creek
RD2
Tél. 03-755 6805
www.kapitea.co.nz
Hébergement de catégorie luxe, en
lodge, avec vue sur la mer. **$$$**

Greymouth

Aachen Place Motel
50 High Street
Tél. 03-768 6901
www.aachenmotel.co.nz
Studios et appartements primés,
tout équipés avec vue superbe sur la

mer et les montagnes. Situation
centrale. Supermarché à proximité.
$-$$

Gables Motor Lodge
84 High Street
Tél. 03-768 9991
Fax 03-768 9992
gables@xtra.co.nz
Appartements luxueux, avec cuisines
tout équipées. Certains avec jacuzzi,
d'autres avec douches. Proche
supermarché et boutiques. **$-$$$**

QUEENSTOWN & OTAGO

Queenstown

Alpine Sun Motel
18 Hallenstein Street
Tél. 03-442 8482
Fax 03-442 6432
www.alpinesun.co.nz
Dans le centre, 10 logements avec
laverie, informations activités et spa.
Prestations basiques. **$$**

Copthorne Lakefront Resort
Angle Adelaide St et Frankton Rd
Tél. 03-442 8123
www.copthornelakefront.co.nz
Ce 4-étoiles compte 241 chambres
tout confort, beaucoup avec vue sur
le lac et les montagnes. Pas au
centre-ville mais à quelques pas du
principal secteur commerçant. **$$$**

Kingsgate Terraces
88 Frankton Road
Tél. 03-442 7950
Fax 023-442 8066
www.kingsgatehotels.co.nz
À 10 min à pied du centre-ville,
les 85 chambres jouissent toutes
d'une superbe vue sur le lac et
les montagnes. Certaines chambres
disposent d'un coin cuisine. Spa. **$$$**

Mercure Resort
Sainsbury Road
Tél. 03-442 6600
www.accorhotels.co.nz
Donne sur la chaîne des
Remarkables ; vue panoramique
sur le lac, à 5 min de la ville.
Room-service 24h/24, spa, salle
de gym, courts de tennis et terrasse
d'observation. **$$**

Millennium Queenstown
Angle Frankton Road
et Stanley Street
Tél. 03-441 8888
Fax 03-441 8889

www.mckhotels.co.nz
Le luxe total : 220 chambres avec
restaurant, bar, parking, salle de gym
et spa. **$$$-$$$$$**

Novotel Gardens
Angle Marine Parade et Earl Street
Tél. 03-442 7750
www.accorhotels.co.nz
Récent, au bord du lac. Hall spacieux
et accueillant, chambres de qualité.
La direction et le personnel assurent
un service irréprochable et discret.
$$-$$$$

Nugget Point Resort
Arthur's Point
Tél. 03-442 7273
Fax 03-442 7308
www.nuggetpoint.co.nz
Hôtel primé et bon restaurant,
à 10 min de Queenstown. Suites
impeccablement meublées, les plus
chères donnant sur la Shotover River
et le Coronet Peak – panorama
fabuleux. Personnel compétent,
service haut de gamme.
$$$$-$$$$$

The Heritage Queenstown
91 Fernhill Road
Tél. 03-442 4988
www.heritagehotels.co.nz
Un lodge avec chambres sur la forêt
et la cascade, suites donnant sur le
lac, le tout construit en schiste et en
bois de cèdre. Spa, sauna, salle de
gym et piscine. **$$$**

Arrowtown

Arrowtown Old Nick
70 Buckingham Street
Tél. 03-442 0066
www.oldnick.co.nz
Chênes et sycomores encadrent
cette ancienne résidence datant de
1902, convertie en un confortable
B&B en 1995. **$$$**

Millbrook Resort
Malaghans Road
Tél. 03-441 7000
Fax 03-441 7007
www.millbrook.co.nz
Complexe de très grand luxe, avec
chambres et pavillons de style
rustique et villas de 2 pièces.
Superbe golf, restaurant, centre de
remise en forme et spa. **$$$$$**

Settlers Cottage Motel
22 Hertford Street
Tél. 0800-803 301
www.settlerscottage.co.nz

Chambres charmantes, intimes et paisibles dans une maison rénovée, à quelques pas de la rue principale d'Arrowtown. **$$**

Wanaka

Alpine Motel Apartments
7 Ardmore Street
Tél. 03-443 7950
Fax 03-443 9031
www.alpinemotels.co.nz
alpinemotel@lakewanaka.co.nz
Situation centrale, non loin du centre, du lac et d'un golf. Logements familiaux ou studios basiques mais tout équipés et confortables. **$-$$**

Brook Vale Motels
35 Brownston Street
Tél. 0800-438 333
Fax 03-443 9040
www.brookvale.co.nz
Tout près du centre-ville, avec vue sur les Southern Alps. Tous les logements sont équipés de cuisines. Piscine spa de plein air, cale à bateaux, coin barbecue et laverie. **$-$$**

Edgewater Resort
Sargood Drive
Tél. 03-443 8311
Fax 03-443 8323
www.edgewater.co.nz
Appartements et chambres de grand luxe avec sdb spacieuses, suites familiales. Au bord du lac Wanaka; superbe vue sur les montagnes. cerise sur le gâteau : le restaurant primé, le Sargoods. **$$$$-$$$$$**

Mount Aspiring Hotel
109 Mount Aspiring Road
Tél. 03-443 8216
Fax 03-443 9108
www.wanakanz.com
D'une construction traditionnelle en pierre et bois, ce charmant hôtel familial offre 32 chambres et suites de luxe. Toutes les chambres ont

Gamme des prix

Les prix s'entendent pour une chambre double avec petits déjeuners en basse saison :
$	moins de 100 $NZ
$$	de 100 à 150 $NZ
$$$	de 150 à 200 $NZ
$$$$	de 200 à 250 $NZ
$$$$$	plus de 250 $NZ

une sdb privée, les suites un jacuzzi. Carte de saison au Tilikum Restaurant. **$$$**

Oakridge Pool and Spa Resort
Angle Studholme et Cardrona Roads
Tél. 03-443 7707
www.oakridge.co.nz
À quelques mètres du centre-ville. **$**

DUNEDIN

Dunedin

Abbey Lodge
900 Cumberland Street
Tél. 03-477 5380
Fax 03-477 8715
www.abbeylodge.co.nz
Situation centrale. De la simple chambre de motel aux suites de grand luxe. Piscine couverte chauffée, sauna et spa. **$-$$$$$**

Cargill's Hotel
678 George Street
Tél. 03-477 7983 ou 0800-737 738
Fax 03-477 8098
www.cargills.co.nz
Central, avec restaurant ; idéal pour la clientèle d'affaires. Prestations sommaires, mais chambres confortables. **$$**

Fletcher Lodge
276 High Street
Tél. 03-477 5552
Fax 03-474 5551
www.fletcherlodge.co.nz
Chic et grand luxe dans une ancienne résidence privée. Seulement 6 chambres, à quelques minutes à pied du centre-ville. **$$$$$**

Hulmes Court Bed and Breakfast
52 Tennyson Street
Tél. 0800-448 563
Fax 03-447 5310
www.hulmes.co.nz
Belle demeure victorienne des années 1860 au cœur de Dunedin. Grande cheminée en marbre, salon à l'ambiance paisible avec son mobilier d'époque. Vaste parking. **$-$$$**

Larnach Lodge
145 Camp Road
Otago Peninsula
Tél. 03-476 1616
www.larnachcastle.co.nz
Proche du Royal Albatross Sanctuary. Une douzaine de chambres avec sdb privée, au décor personnalisé dans le style de l'époque, toutes avec vue

imprenable sur l'océan, à 300 m en contrebas. Les clients peuvent dîner dans le somptueux salon Larnach Castle. **$$$$** Les écuries ont été converties en B&B avec 6 chambres et salle de bains commune. **$**

Leisure Lodge
Duke Street
Dunedin North
Tél. 03-477 5360 ou 0800-334 123
www.leisurelodge.net.nz
Proche du centre commercial et contigu aux jardins botaniques, ce lodge occupe le site de l'ancienne McGavin's Brewery, dont il a conservé la structure en pierre. **$$$**

Scenic Circle Southern Cross Hotel
118 High Street
Tél. 03-477 0752
www.scenic-circle.co.nz
Cet hôtel vous propose un vaste choix de chambres haut de gamme, mais celles qui donnent sur la rue peuvent être bruyantes. Situation centrale, hall spacieux et accueillant. Grand café, service irréprochable. **$$$-$$$$$**

SOUTHLAND

Invercargill

Ascot Park Hotel/Motel
Angle Racecourse Road
et Tay Street
Tél. 03-217 6195
Fax 03-217 7002
www.ilt.co.nz
Grand complexe situé dans un environnement paisible, avec piscine couverte, spa, sauna, salle de gym et restaurant. **$-$$**

Birchwood Manor
189 Tay Street
Tél. 03-218 8881
Fax 03-218 8880
www.birchwoodmanor.co.nz
Ce motel primé aux logements spacieux offre un bon rapport qualité-prix. Pour une clientèle familiale ou d'affaires. **$-$$**

Victoria Railway Hotel
3 Leven Street
Tél. 03-218 1281 ou 0800-777 557
www.vrhotel.info
Hôtel familial et discret dans un vénérable édifice. Restaurant et bar-lounge. **$-$$**

Catlins Coast

Catlins Farmstay B&B
174 Progress Valley Road
Catlins
Tél. 03-246 8843
www.catlinsfarmstay.co.nz
Hébergement spacieux dans une
ferme en activité, à mi-chemin entre
Cathedral Caves and Curio Bay. Petit
déjeuner et dîner sur demande, et
toute la chaleur de l'hospitalité kiwi.
$$$-$$$$

Nadir Outpost
Slope Point
Catlins
Tél. 03-246 8544
En pleine forêt, de l'emplacement
de camping au B&B. Vue magnifique.
Petit commerce de souvenirs et
épicerie. **$**

Nugget View and Kaka Point Motel
11 Rata Street
Kaka Point
Tél. 03-412 8602
www.catlins.co.nz
De plus simple au plus luxueux
avec jacuzzi, avec vue sur la mer.
Écocircuits et croisières pêche sur
demande. **$-$$$$$**

Te Anau

Aden Motel
55-59 Quintin Drive
Tél. 03-249 7748
Fax 03-249 7434
www.adenmotel.co.nz
Proches lac et boutiques,
12 logements tout équipés
avec cuisine. **$-$$**

Explorer Motel
6 Cleddau Street
Tél. 03-249 7156 ou 0800-447 877
Fax 03-249 7149
www.explorerlodge.co.nz
Motel de 11 chambres à proximité du
centre-ville. **$$**

Kingsgate Hotel Te Anau
20 Lake Front Drive
Tél. 03-249 7421
Fax 03-249 8037
www.kingsgatehotel.co.nz
Le joli jardin de cet hôtel de 94
chambres descend jusqu'au lac. **$$**

Lakeside Motel
Lake Front Drive
Tél. 03-249 7435
Fax 03-249 7529
www.lakesideteanau.com
Central, dans un jardin, proche

restaurant. 13 appartements avec
vue sur le lac et les montagnes.
$-$$

Luxmore Hotel
Main Street
Tél. 03-249 7526
Fax 03-249 7272
www.luxemorehotel.co.nz
Hôtel de 106 chambres, proche
boutiques et attractions,
à seulement 100 m du lac.
$$$-$$$$$

Te Anau Downs Hotel
SH94 Milford Highway
Tél. 03-249 7811
Fax 03-249 7753
www.teanau-milfordsound.co.nz
Sur la route de Milford Sound,
25 chambres dans un site paisible.
Restaurant avec licence. Fermé
20 mai-10 sept. **$**

STEWART ISLAND

South Sea Hotel
Elgin Terrace
Halfmoon Bay
Tél. 03-219 1059
www.stewart-island.co.nz
Hôtel accueillant de style
campagnard, à seulement 25 min
à pied de la ville ; restaurant avec
licence, servant des produits de
la mer. Vue superbe, tout près
de Mill Creek. **$-$$**

Stewart Island Lodge
Halfmoon Bay
Tél. 03-219 1085
www.stewartislandlodge.co.nz
Niché en plein bush, dans un cadre
somptueux et avec une vue
fabuleuse sur Halmoon Bay. Chaque
logement est équipé d'un grand lit,
avec chauffage central et salle
de bains attenante. Repas
gastronomiques de première
fraîcheur où les produits de la mer
règnent sur le menu. **$$$**

The Retreat
Horseshoe Bay
Tél. 03-219 1071
Résidence de plage récente offrant
de grandes chambres et une vue
exceptionnelle. Vous en profiterez
pour vous repaître de produits
de la mer ; les végétariens ne
sont pas laissés pour compte :
le menu propose de nombreux
plats végétariens. **$$**

Se restaurer

Cuisine

La profusion et la variété des viandes,
poissons et produits de la terre
approvisionnent généreusement la
cuisine et la gastronomie néo-
zélandaises. Les marchés aux fruits et
légumes de Nouvelle-Zélande
rivalisent avec ceux d'Europe
méridionale. Des **légumes** tels que
l'asperge, l'artichaut ou la bette
poussent ici en abondance, tout
comme la citrouille ou la *kamara*,
patate douce d'une saveur
incomparable. Kiwis, pommes,
tomates cerises, fraises, fruits de la
passion, poires ou *boysenberries* sont
exportés dans le monde entier. Ne
manquez pas de goûter des **fruits**
moins connus comme les *pepinos*
(sortes de concombres), les *babacos*
et autres melons Prince.

Les eaux qui baignent la Nouvelle-
Zélande recèlent plus de 50 espèces
de **poissons** et **fruits de mer**
commercialisées – dont la langouste,
les moules, la *paua* (abalone) et la
petite friture.

L'**agneau** néo-zélandais mérite
pleinement sa réputation. La viande
de **bœuf** est également savoureuse,
et le **gibier** abonde.

Si vous voulez goûter un vrai plat
national, n'hésitez pas, acceptez une
belle part de *pavlova* – meringue
généreuse couronnée de fruits et de
crème fouettée.

Boissons

Vins Les vins néo-zélandais
remportent des médailles dans le
monde entier : goûtez-les
absolument. Climat océanique et
pluies estivales produisent des vins
blancs fruités, légers, élégants – et
depuis quelques années d'excellents
rouges.

Bière Les Kiwis figurent parmi les plus gros buveurs de bière au monde. Certaines marques néo-zélandaises – Steinlager, Speights, Tui, DB Draught, Monteiths – rivalisent avec les danoises ou les allemandes.

La plupart des bars, restaurants et cafés servent de l'alcool en nocturne 7/7, et vous pouvez en acheter dans les boutiques spécialisées ou au supermarché (bière et vin) toute la semaine.

Liste des restaurants

Dans les grandes stations touristiques, beaucoup d'établissements se spécialisent en **cuisines du monde** : japonaise, vietnamienne, indonésienne, chinoise, indienne, italienne ou thaï. Il existe aussi des restaurants plus traditionnels, mais les Néo-Zélandais aiment bien sortir de façon décontractée et dîner en terrasse durant l'été.

Le sigle BYO ("Bring Your Own") signifie que vous devez apporter votre bouteille, le restaurant ayant une licence pour la consommation d'alcool mais pas la vente. On se bornera à vous facturer un supplément "*corkage*" ("tire-bouchon"), qui comprend la fourniture de verres.

AUCKLAND

Antoine's
333 Parnell Road
Tél. 09-379 8756
Restaurant élégant et gastronomique, dans une rue commerçante animée, où le choix ne manque pas. Cuisine néo-zélandaise inventive, qui trahit une tendance discrètement française. **$$$**

Bistro Bambina
268 Ponsonby Road
Tél. 09-378 7766
Bons petits déjeuners et excellente cuisine "fusion" à toute heure de la journée. Ambiance décontractée, service impeccable. **$**

De Post Belgian Beer Café
466 Mount Eden Road
Mount Eden
Tél. 09-630 9330
Très fréquenté, ce bar belge offre une grande variété de bières. Les moules sont divines. **$$**

Essence
72 Jervois Road
Herne Bay
Tél. 09-376 2049
Dans un décor du xixe siècle, l'une des meilleures tables de la ville, et une cuisine du Pacifique originale. Des salons pour les groupes. **$$$**

Euro
Princess Wharf
Tél. 09 309 9866
Le restaurant à la mode et l'endroit où il fallait être vu durant la Coupe de l'America. La qualité du service et de la cuisine est à la hauteur. **$$$**

Harbourside
Ferry Building (1st floor)
Tél. 09-307 0556
Comme chez CinCin, au rez-de-chaussée, une cuisine de la mer inventive. La vue est superbe. **$$$**

Iguacu
269 Parnell Road
Tél. 09-358 4804
Bar et restaurant concoctent cuisines italienne et cajun. On s'y bouscule. **$$**

Kermadec
Viaduct Quay
(face au Maritime Museum)
Tél. 09-309 0412
Pour ses poissons, excellents. **$$**

Point 5 Nine
5-9 Point Chevalier Road
Point Chevalier
Tél. 09-815 9595
Décor sympathique, bonne carte des vins, cuisine de qualité. **$$-$$$**

Rice
10-12 Federal Street
Tél. 09-359 9113
www.rice.co.nz
Cuisine internationale, dont 20 recettes savoureuses à base de riz. Essayez le plateau de hors-d'œuvre, dont les brochettes de porc et les vermicelles croustillants. Chic et "tendance", avec bar. **$$**

Rocco
23 Ponsonby Road
Ponsonby
Tél. 09-360 6262
Cuisine diététique dans une ambiance douillette et intime. Belle carte des vins. **$$$**

SPQR
150 Ponsonby Road
Ponsonby
Tél. 09-360 1170
Restaurant célèbre et justement apprécié. Cuisine d'excellente tenue, ne manquez pas les linguinis et les palourdes. L'animation redouble une fois les dernières assiettes évanouies. Sombre à l'intérieur, tables en terrasse. **$$$**

Wildfire
Princes Wharf
Quay Street
Tél. 09-353 7595
Solides grillades à la brésilienne. Menu à prix fixe. **$$$**

ENVIRONS D'AUCKLAND

Waitakere City & West Coast

Bees Online
791 SH16
Waimauku
Tél. 09-411 7953
La cuisine est de qualité. Optez pour son appétissant plateau de fruits de mer façon West Coast. **$$**

Devines
1012 Scenic Drive
Swanson
Tél. 09-832 4178
Très apprécié par la clientèle locale ; dîner en terrasse l'été. **$**

The Hunting Lodge
Waikoukou Valley Road
Waimauku
Tél. 09-411 8259
www.thehuntinglodge.co.nz
Spécialités de gibier. **$$$**

Helensville

Macnuts Farm Café and Shop
914 South Head Road
Parakai
Tél. 09-420 2051
Visitez le verger de macadamias, et retrouvez-en partout au déjeuner proposé par le café de la ferme. **$**

Regent Cinema Café
14 Garfield Road
Tél. 09-420 9148
Plats conventionnels mais cadre original pour cette salle de cinéma reconvertie. **$$**

SOUTH AUCKLAND

Broncos Steak House
712 Great South Road
Manukau
Tél. 09-262 2850
Steak house traditionnelle. **$-$$**

Volare
91 Charles Prevost Drive
Manurewa
Tél. 09-267 6688
Réputé pour son atmosphère
conviviale et sa cuisine
internationale. **$**

Devonport

Porterhouse Blue
58 Calliope Road
Tél. 09-445 0309
Un peu à l'écart. Pour ses poissons
et une spécialité, le "Moreton Bay
Bug", sorte de crustacé local. **$$**
Da Ciccio
99 Victoria Road
Tél. 09-445 8133
Cuisine savoureuse, à dominante
italienne. La réputation des pizzas
est justifiée. **$$**
Manuka Restaurant
49 Victoria Road
Tél. 09-445 7732
Pour un très bon dîner dans une
ambiance accueillante et
décontractée. **$$$**
Monsoon Café Restaurant
71 Victoria Road
Tél. 09-445 4263
www.monsoon.co.nz
Cuisines thaï et malaise, à déguster
sur place ou à emporter. **$**

Orewa

Kippers Café
292 Hibiscus Coast Highway
Tél. 09-426 3969
Idéal pour un *fish and chips* après
une journée de plage. **$**
L'Escargot
Tamariki Plaza
Tamariki Avenue
Tél. 09-426 8335
www.tokio.co.nz/lescargot.htm
Cuisine française de qualité – une
surprise dans cet environnement
culinaire plutôt aride. **$$**

Warkworth

Millstream Bar and Grill Theatre
15-17 Elizabeth Street
Tél. 09-422 2292
On se bouscule pour savourer la
cuisine de ce bar-restaurant. **$$$**
**Seafood 'n' Eat It Takeaways
and Café**
7 Neville Street
Tél. 09-425 7005

Pour les mordus du *fish and chips*,
prêts à parcourir plus de 1h de
voiture d'Auckland. **$**

Kawakawa

Fallowfield Historic Homestead Café
11 Paihia Road
Taumarere
Tél. 09-404 1555
ffield@xtra.co.nz
Dégustez les produits du terroir kiwi
dans cette villa victorienne dressée
au cœur de son parc. **$$**

Waiheke Island

Nourish Café
3 Belgium Street
Oneroa
Tél. 09-372 3557
Excellents produits frais et de saison,
sur place ou à emporter. **$**
Vino Vino Restaurant
3/153 Ocean View Road
Oneroa
Tél. 09-372 9888
www.vinovino.co.nz
Cuisine méditerranéenne servie dans
de grandes assiettes ou dîner à la
carte, avec vue magnifique de la
baie. **$**

Kawau Island

Mansion House Café
Mansion House
Tél. 09-422 8903
Pour les petites faims et le café. **$**

Great Barrier Island

Claris Texas Café
Hector Sanderson Road
Tél. 09-429 0811
Cuisine correcte pour déjeuner ou
dîner, bon choix de fruits de mer. **$$**
Currach Irish Pub
Stonewall
Tryphena
Tél. 09-429 0211
Ambiance irlandaise, tout
comme la cuisine de pub servie
ici et la Guinness ou la Kilkenny
à la pression. **$$**

NORTHLAND

Paihia

Bistro 40 and Only Seafood
40 Marsden Road
Tél. 09-402 7444

Fax 09-402 7908
Sur le front de mer de Paihia,
Bistro 40 se met en 4 pour servir
plats et vins de qualité. Only
Seafood, à l'étage, se veut plus
décontracté. Fruits de mer et vue sur
la baie. **$-$$**
Tides Restaurant
Williams Road
Tél. 09-402 7557
Fax 09-402 7061
tides_restaurant@yahoo.com
Spécialités de gastronomie
néo-zélandaise, tout près
des quais de Paihia. **$**
Twin Pines Restaurant and Bar
Puketona Road
Tél. 09-402 7195
Fax 09-402 7193
enquiries@twinpines.co.nz
Près des Haruru Falls, ce grand
restaurant met l'accent sur les
produits du terroir et de la mer. Dans
un ancien manoir bâti en bois de
kauri des forêts du Northland. **$$**

Waitangi

Waikokopu Café
Treaty Grounds
Tél. 09-402 6275
Fax 09-402 6276
waikokopucafe@xtra.co.nz
Un café réputé, dans un jardin
ombragé à l'entrée du Waitangi
Treaty Grounds. Petits déjeuners,
en-cas ou solides tranches de
gigot, de bœuf et fruits de mer.
Réservation conseillée. **$**

Russell

Duke of Marlborough Hotel
The Strand
Tél. 09-403 7829
"The Duke" (*voir Se loger*) possède
un excellent restaurant, fort bien
pourvu en produits de la mer, d'une
fraîcheur exemplaire. **$$**
Gannets Brasserie
Town Square
Tél. 09-403 7990
Spécialités de produits de la mer,
sans oublier les végétariens. **$$**
The Gables
The Strand
Tél. 09-403 7618
De l'une des plus anciennes
demeures du pays, bâtie en 1847,
The Gables a préservé nombre de
caractéristiques, comme les

Gamme des prix

Les prix s'entendent pour un repas complet par personne, boissons non comprises :

$	de 10 à 15 $NZ
$$	de 15 à 25 $NZ
$$$	25 $NZ et plus

boiseries en kauri, les cheminées, les cartes anciennes et les vieilles photos. Menu plus contemporain en revanche, avec steaks d'autruche ou risotto de riz sauvage aux champignons et foies de volaille sautés au cognac. **$$$**

Kerikeri

Fishbone Restaurant Café
88 Kerikeri Road
Tél. 09-407 6065
La cuisine est délicieuse et l'ambiance sympathique. **$-$$**
Redwoods Café
À l'embranchement de SH1
(nord de la ville)
Tél. 09-407 6681
Pour manger sain, dans le potager d'une petite ferme. **$**
Rocket Café
Kerikeri Road
Tél. 09-407 3100
www.rocketcafe.net
Idéal pour les familles, à l'intérieur comme en terrasse ; menu enfants. Vente de produits traiteur maison. Déjeuner uniquement. **$**

Doubtless Bay

Mangonui Fish Shop
Beach Road
Tél. 09-406 0478
Ses *fish and chips* ont même été primés. Situation en bord de mer imprenable. **$**
Waterfront Café and Bar
Waterfront Road
Tél. 09-406 0850
Petit déjeuner, déjeuner ou dîner sans mauvaise surprise, sur le front de mer. **$$**

Whangarei

Caffeine Espresso Café
4 Water Street
Tél. 09-438 6925
www.caffeinecafe.co.nz
Réputé pour servir le meilleur café du pays, prépare également des plats savoureux dans une ambiance cosy : pancakes aux mûres et ricotta, saumon frais cajun et salade d'avocats ou sandwichs aux légumes grillés et salade d'agneau. Le Caffeine To Go circule également sur la grand-rue. Ouvert pour le petit déjeuner et le déjeuner. **$**
Killer Prawn
26-28 Bank Street
Tél. 0800-661 555
Fax 09-430 3131
www.killerprawn.co.nz
Le meilleur de la cuisine néo-zélandaise et du Pacifique. Goûtez ses crevettes subtilement épicées et autres fruits de mer bien frais. On peut prendre un cocktail au bar principal ou se dorer au soleil dans celui des jardins. **$$$**
Reva's on the Waterfront
31 Quay Side
Town Basin Marina
Tél. 09-438 8969
www.revas.co.nz
La carte est fournie, du traditionnel au plus contemporain en passant par les fameux "*original Mexican*" de Reva's. **$$**

WAIKATO

Hamilton

Montana Restaurant
131 Victoria Street
Tél. 07-839 3459
L'un des plus anciens restaurants de la ville ; belle carte, service de livraison à domicile. **$$**
Sahara Tent Café and Bar
254 Victoria Street
Tél. 07-834 0409
Fax 07-834 2504
saharatent@xtra.co.nz
Tous les plats et saveurs du Moyen-Orient, à découvrir dans une salle exotique ou occidentale, au choix ; danse du ventre sans supplément. **$**
Thai Village Café
The Market Place
Hood Street
Tél. 07-834 9960
Excellente cuisine thaïe servie dans un cadre superbe, avec vaste choix de curries, de riz et de pâtes. Plats généreux à prix doux. **$**
The Narrows Landing
431 Airport Road
Tél. 07-858 4001
Cuisine gastronomique – locale et européenne. Cadre "néogothique" : lourdes portes en bois, fer forgé, dîner aux chandelles. **$$$**

Cambridge

Alphaz
72 Alpha Street
Tél. 07-827 6699
Une clientèle de connaisseurs vient ici s'attabler devant un bon feu de bois en hiver. **$-$$**
Country Lane Café
Pukerimu Lane
Tél. 07-827 7256
Cuisine sans prétention, mais servie dans un cadre de verdure agréable. **$**

Te Aroha

Banco
174 Whitaker Street
Tél. 07-884 7574
Le cadre, une ancienne banque reconvertie, est plus original que la cuisine, honnête sans plus. **$$**
Mokena Restaurant
6 Church Street
Tél. 07-884 8038
Restaurant avec licence, pour une cuisine familiale. Buffet en soirée. **$$**

Waitomo

Roselands
Fullerton Road
Waitomo Caves
Tél. 07-878 7611
Fax 07-878 7610
Restaurant primé, en pleine nature. La carte ne propose que les ingrédients du terroir les plus frais. Essayez les brochettes. Ouvert pour le déjeuner seulement. **$$**

Te Awamutu

Out in the Styx
2117 Arapuni Road
Tél. 0800-461 559
Bed & breakfast paisible, avec un restaurant offrant une excellente cuisine néo-zélandaise. Menu uniquement, copieux, café inclus. **$**
Zest Café
201 Alexandra Street
Tél. 07-870 4055
Rien d'extraordinaire, mais cadre agréable : de quoi reprendre des forces sans se ruiner. **$**

COROMANDEL & BAY OF PLENTY

Thames

Punters
719 Pollen Street
Tél. 07-868 9178
Plats variés et snacks, ambiance
chaleureuse, DJ ou musique *live*
(ven. et sam. soir). **$$**

Sealey Café
109 Sealey Street
Tél. 07-868 8641
Charmante villa de 1907, tables en
terrasse et sous la véranda. Le menu
au tableau noir change tous les
jours ; cuisine mexicaine, italienne,
néo-zélandaise ou libanaise. **$$**

Whitianga

Captain Cook Restaurant
Mercury Bay Club
69 Cook Drive
Tél. 07-866 4750
Belles assiettes et produits frais. **$$**

On The Rocks
20 The Esplanade
Tél. 07-866 4833
Fax 07-866 4888
www.ontherocks.co.nz
Restaurant primé avec vue sur le
front de mer ; spécialités de poisson,
bœuf et gibier. Classé par Heineken
comme l'un des meilleurs "bars
Heineken" de la planète. **$$**

Hahei

The Grange Road Café
7 Grange Road
Tél. 07-866 3502
Assiettes aux saveurs
méditerranéennes : légumes et fines
herbes, tapenade, aubergines dorées
au parmesan et pain pita, tout est
délicieux et bon marché, servi dans
la cour ou en terrasse. **$-$$**

Whangamata

Coast Restaurant and Bar
501 Port Road
Tél. 07-865 6999
Cuisine fraîcheur du Pacifique,
préparée avec soin. **$$**

Nero's
Port Road
Tél. 07-865 6300
Pizzas à tendance gastronomico-
exotique. **$$**

Tauranga/Mount Maunganui

Harbourside Brasserie and Bar
The Strand (extrémité sud)
Tél. 0800-721 714
dining@harbourside-tga.co.nz
Pour voir les bateaux rentrer au port
en savourant une cuisine inventive à
base de produits frais. Le choix est
vaste, du jarret d'agneau
à la provençale au rôti de porc
aux pommes. en passant par une
cuisine de la mer exceptionnelle. **$$**

Picola Italia
107 Grey Street
Tél. 07-578 8363
Les saveurs de l'Italie du Nord : pâtes,
raviolis ou hors-d'œuvre de fruits de
mer, tout est bon. **$$**

Spinnakers Restaurant
Harbourside
Tél. 07-574 4147
Pieds dans l'eau de la Harbour
Bridge Marina. Bonne table et choix
étendu, du repas léger aux assiettes
les plus copieuses. Poissons et fruits
de mer très variés. **$$**

Kaiaua

Kaiaua Seafood Restaurant
Coast Road
Seabird Coast
Tél. 07-232 2763
Fax 07-867 3396
Réputé et couronné pour ses *fish
and chips*. Restaurant avec licence,
ou vente à emporter. **$-$$**

Tairua

Shells Restaurant & Bar
227 Main Road
Tél. 07-864 8811
Fax 07-864 9298
Situé à côté de la Pacific Harbour
Lodge, l'établissement ne désemplit
pas. **$-$$**

ROTORUA & PLATEAU VOLCANIQUE

Rotorua

Bistro 1284
1284 Eruera Street
Tél. 07-346 1284
Bistro1284@paradise.net.nz
En ville. Restaurant primé dans un
bâtiment des années 1930. **$$-$$$**

Fat Dog Café Bar
1161 Arawa Street

Gamme des prix

Les prix s'entendent pour un repas
complet par personne, boissons
non comprises :

$	de 10 à 15 $NZ
$$	de 15 à 25 $NZ
$$$	25 $NZ et plus

Tél. 07-347 7586
Petit déjeuner, café ou déjeuner
parfaits pour le prix : idéal pour
démarrer la journée. **$**

Japanese Sushi Bar
1139 Tutanekai Street
Tél. 07-346 0792
jpsushiroto@clear.net.nz
Plus japonais que nature : sushi,
teriyaki, tempura, poulet miso et
plats végétariens. **$$**

Poppy's Villa
4 Marguerita Street
Tél. 07-347 1700
Vous y savourerez une cuisine et
des vins néo-zélandais de qualité
dans une villa victorienne. Primé pour
ses viandes, bœuf et agneau. **$$**

The Landing Café
Lake Tarawera
Tél. 07-362 8595
Fax 07-362 8883
www.purerotorua.com
Niché sur les rives du lac Tarawera,
ce café réputé joue sur le thème des
Pink and White Terraces, de l'éruption
du Tarawera et de la pêche à la truite.
Une carte appétissante avec gibier,
tarte au bacon et champignons en
hiver, ou escalopes sauce
boysenberry en été. Énorme
cheminée dans un décor aux teintes
chaleureuses. **$$$**

Zanelli's
23 Amohia Street
Tél. 07-348 4908
Un restaurant italien justement
réputé pour ses moules gratinées à
l'ail, entre autres spécialités. **$$$**

Taupo

Finch's
64 Tuwharetoa Street
Tél. 07-377 2425
Nouvelle cuisine tendance asiatique.
$$$

Restaurant Villino
45 Horomatangi Street
Tél. 07-377 4478
www.villino.co.nz

Cuisine européenne dans le quartier des affaires de Taupo. Chef bavarois, Alex utilise des produits frais pour ses audacieuses combinaisons de cuisines allemande et italienne. Très réputé également pour la variété de ses recettes aux huîtres et ses délicieux risottos. **$$$**

Santorini's Greek-Mediterranean Kitchen and Bar
133 Tongariro Street
Tél. 07-377 2205
Atmosphère chaleureuse, cuisine ensoleillée. **$$**

The Bach
2 Pataka Road
Tél. 07-378 7856
www.thebach.co.nz
daniel@thebach.co.nz
Établissement primé. Aux fourneaux, une impressionnante cohorte de chefs de toutes nationalités. Remarquable carte des vins. L'un des restaurants les plus courus du pays, pour sa culotte d'agneau et son magret au sirop d'érable. **$$-$$$**

Walnut Keep
77 Spa Road
Tél. 07-378 0777
De savoureuses recettes néo-zélandaises, accompagnées par un vaste choix de vins. **$$**

POVERTY BAY & HAWKE'S BAY

Gisborne

C-View Restaurant
Salisbury Street
Waikanae Beach
Tél. 06-867 5861
Escalopes, bacon, salades de feta ou savoureuses côtes d'agneau grillées. **$$**

The Colosseum
4 River Point Road
Matawhero
Tél. 06-867 4733
Cuisine campagnarde en plein vignoble. **$$**

The Fettucine Brothers
12 Peel Street
Tél. 06-868 5700
Très réputé pour ses pâtes, au cœur de la ville. **$$**

Trudy's Restaurant
Gisborne Hotel
Angle Huxley et Tyndall Roads

Tél. 06-868 4109
Spécialités d'agneau, de bœuf et cuisine de la mer élaborée à partir de bons produits locaux. **$**

Wharf Café Bar
Sur le Waterfront
Tél. 06-868 4876
Poissons et spécialités de gibier font ici bon ménage. **$**

Napier

Pacifica Kai Moana Restaurant
209 Marine Parade
Tél. 06-833 6335
Cuisine nouvelle, produits de la mer et toute l'atmosphère des îles du Pacifique. **$$**

Pierre sur le Quai
62 West Quay
Ahuriri
Tél. 06-834 0189
D'excellents poissons cuisinés à la française servis dans un ancien entrepôt du port de pêche. **$$-$$$**

Ujazi
28 Tennyson Street
Tél. 06-835 1490
Un café chaleureux, qui expose les œuvres d'artistes locaux. **$**

Westshore Fish Café
112A Charles Street
Westshore
Tél. 06-834 0227
Un peu excentré, mais vaut le déplacement pour son poisson remarquable et bon marché. **$$**

Hastings

Rush Munro's Ice Cream Garden
704 Heretaunga Street
Tél. 06-878 9634
Vous n'êtes pas près d'oublier cette merveille de glace battue à la main. **$**

Teroir
253 Waimarama Road
Havelock North
Tél. 06-873-0143
Propriété de Craggy Bay Winery, un restaurant de haute volée, sophistiqué, original, jusques et y compris dans ses desserts. **$$$**

Thorps Coffee House
40 Hastings Street
Tél. 06-835 6699
Décor Art déco. Idéal pour un déjeuner sur le pouce sans se ruiner. **$**

TARANAKI, WANGANUI & MANAWATU

New Plymouth

Hiccup Juice and Salad Bar
11C Brougham Street
Tél. 06-769 9030
Impeccable pour reprendre des forces avec un bon déjeuner léger. **$**

L'Escargot Restaurant and Bar
37-43 Brougham Street
Tél. 06-758 4812
Dirigé par André Teissonière, L'Escargot ne saurait renier ses origines, avec ses spécialités d'escargot bien sûr, et la musique d'ambiance du bar. **$$**

Nice Hotel & Bistro
71 Brougham Street
Tél. 06-758 6423
www.nicehotel.co.nz
info@nicehotel.co.nz
Bistrot primé, situé à l'intérieur du superbe Nice Hotel. Très large choix de plats, salle à manger lumineuse et spacieuse, carte des vins généreuse et service irréprochable. **$$**

Portofino
14 Gill Street
Tél. 06-757 8686
Le seul restaurant italien en ville – très apprécié de la clientèle locale pour sa cuisine et son ambiance chaleureuse. **$$**

Wanganui

Legends Café and Restaurant
25 Somme Parade
Tél. 06-348 7450
Fax 06-348 7451
www.legendscafe.co.nz
Sur les berges occidentales de la Wanganui River. Carte bien fournie, café et salon fumeurs. **$-$$$**

Redeye Café
96 Guyton Street
Tél. 06-345 5646
Dans la tendance actuelle des produits bios. La clientèle apprécie. **$**

Victoria's Restaurant
13 Victoria Avenue
Tél. 06-347 7007
Ce restaurant primé propose une carte à base de produits kiwis, et une carte "brasserie" plus européenne avec *fettucine*, spaghettis et sandwichs. **$$**

Palmerston North

Aqaba
186 Broadway Avenue
Tél. 06-357 8922
Choix de plats légers, côtelettes
d'agneau notamment. **$-$$**

Roma Italian Ristorante and Uno
Basement Bar
51 The Square
Tél. 06-356 1853
bathhouse@xtra.co.nz
Bonne cuisine italienne traditionnelle
et moderne. En soirée, le bar se
métamorphose en night-club avec DJ
locaux et invités. **$$**

The Bathhouse Restaurant and Bar
161 Broadway Avenue
Tél. 06-355 0051
Marbres aux murs et cheminée en
terre cuite pour une atmosphère
délibérément méditerranéenne. On
y dîne toute l'année dans la cour, à
l'abri d'une terrasse couverte. **$$**

WELLINGTON

Wellington

Brava
2 Courtenay Place
Tél. 04-384 1159
Restaurant apprécié, en contrebas
du Downstage Theatre. Excellente
carte pour le petit déjeuner et cuisine
créative. Hommes politiques, stars du
cinéma et autres célébrités se
fondent dans la clientèle. **$$**

Brooklyn Café and Grill
1 Todman Street
Tél. 04-385 9592
Propriété d'un critique gastronomique
d'un grand magazine spécialisé, ce
café et ce grill ne souffrent aucune...
critique. **$$**

Café L'Affare
27 College Street
Tél. 04-385 9748
Le café est torréfié sur place, le petit
déjeuner excellent, et cela se sait :
soyez donc matinal, sous peine
d'une cruelle déception. **$**

Logan Brown Restaurant
192 Cuba Street
Tél. 04-801 5114
Si vous n'avez pas réservé, inutile de
tenter votre chance : c'est le
restaurant le plus couru de la ville. **$$**

One Red Dog
9-11 Blair Street

Tél. 04-384 9777
La pizzeria la plus gastronomique de
Wellington – et les langues les plus
déliées, grâce aux 50 crus proposés
au verre et aux bières pression à
fermentation naturelle. **$**

Paradiso
20 Courtenay Place
Tél. 04-384 2675
Les restaurants de Courtenay Place
rivalisent d'invention pour séduire
leur clientèle, notamment le Paradiso,
son bar et sa cuisine créative. **$$**

Shed 5
Queens Wharf
Tél. 04-499 9069
Restaurant dans un ancien entrepôt
face au Maritime Museum. **$$**

Siows
41 Vivian Street
Tél. 04-801 7771
Réputé pour ses délicieux curries
malais et ses grillades. **$$**

Taste
2 Ganges Road
Khandallah
Tél. 04-479 8449
Un excellent test pour savourer
des plats reflétant les multiples
influences culturelles qui façonnent
la Nouvelle-Zélande. **$$**

The Grain of Salt
232 Oriental Parade
Tél. 04-384 8642
Les gastronomes connaissent depuis
longtemps le chemin de ce
restaurant réputé. **$$$**

Zibibbo
25-29 Taranaki Street
Tél. 04-385 6650
Fax 04-385 9660
dine@zibibbo.co.nz
Saveurs nouvelles des cuisines
italienne et espagnole pour ce bar-
restaurant stylé. DJ en résidence les
vendredi et samedi. Les repas se
prennent à l'étage. **$$**

NELSON & MARLBO-
ROUGH

Picton

Le Café
14-16 London Quay
Tél. 03-573 5588
Pour consommer steaks, hamburgers,
sandwichs et fruits de mer sur le quai
et à prix raisonnable. **$$**

Gamme des prix

Les prix s'entendent pour un repas
complet par personne, boissons
non comprises :
$ de 10 à 15 $NZ
$$ de 15 à 25 $NZ
$$$ 25 $NZ et plus

The Barn Café
High Street
Tél. 03-573 7440
Steack, poulet et fruits de mer : rien
de spécial mais bonne ambiance. **$$**

Blenheim

Bellafico Café and Wine Bar
17 Maxwell Road
Tél. 03-577 6072
Cuisine nouvelle à la sauce kiwi,
produits de la mer préparés avec
imagination, bons vins régionaux. **$$**

Hotel d'Urville Restaurant
52 Queen Street
Tél. 03-577 9945
Fax 03-577 9946
www.durville.com
Installé dans une demeure ancienne,
ce restaurant très
réputé intègre également une
école internationale de cuisine. Carte
proposant moules, agneau, gibier,
poisson, langouste
et spécialités bios. Également
11 chambres de caractère. **$$$$**

Rocco's Italian Restaurant
5 Dodson Street
Tél./Fax 03-578 6940
Originaires d'Italie du Nord, les frères
Rocco excellent aussi bien dans les
pâtes fraîches maison et le prosciutto,
l'agneau et le poulet à l'italienne, que
dans les produits de la mer à la néo-
zélandaise. Carte des vins bien
fournie. **$$**

Kaikoura

The Craypot Café and Bar
70 West End Road
Tél 03-319 6027
Fax 03-319 6041
Au centre-ville. Pour se restaurer au
coin du feu, tester la langouste
fraîche, les plats végétariens et le vin
chaud. **$$$**

Finz of South Bay
South Bay Parade
Tél. 03-319 6688
Fax 03-319 6687

Les pieds dans l'eau, avec vue magnifique sur l'océan et la montagne. Vous n'échapperez pas aux fruits de mer, bien sûr, dont la langouste de Kaikoura, mais viandes et légumes sont également au programme. **$$$**

Nelson

Boat Shed Café
350 Wakefield Quay
Tél. 03-546 9783
the.Boatshed@xtra.co.nz
Ce restaurant très agréable connaît un grand succès, grâce à sa vue sur les flots et sa cuisine inventive. Mais pensez à réserver, surtout durant le Nelson Arts Festival et les Wearable Arts Awards. **$$-$$$**

Chez Eelco
296 Trafalgar Road
Tél. 03-548 7595
chezeelco@hotmail.com
Le plus ancien café en terrasse de Nelson, réputé pour sa soupe de poisson, également vendue en conserve dans les supermarchés. Goûtez le *chowder* de moules, les moules Marlborough et les escalopes Tasman. **$**

The Honest Lawyer
1 Point Road
Tél. 03-547 8850
www.honestlawyer.co.nz
Pub de campagne traditionnel dans une demeure ancienne à la sortie de la ville, avec des tables de jardin et des chambres. Cuisines "british" et kiwi à l'honneur, avec un bon choix de vins et de bières à la pression. **$$**

Mapua

The Smokehouse
Shed Three
Mapua Wharf
Tél. 03-540 2280
www.smokehouse.co.nz
Unique en son genre, ce fumoir-café ne cuisine que les produits locaux les plus frais. Carte à base de poissons, moules et légumes, délicatement fumés dans un four en brique alimenté en copeaux de *manuka*. Située sur la rive du Waimea Estuary à son débouché dans Tasman Bay, la Smokehouse a sa mascotte, un superbe *kotuku* (grande aigrette blanche) appelé Hamish. **$$**

CHRISTCHURCH

Christchurch

Cup
Angle Hackthorne et Dyers Pass Roads
Tél. 03-332 1270
On y mange bien, et vous n'aurez nulle part meilleure vue sur tout Christchurch. **$$**

Dux de Lux
The Arts Centre
Angle Montreal et Hereford Streets
Tél. 03-366 6919
Pour dîner de façon décontractée dans un grand bar-restaurant de style brasserie. Carte généreuse, comprenant de nombreux plats de la mer et végétariens. Bière brassée sur place pour les connaisseurs. Le bar de jardin, superbe, est ouvert en toutes saisons. **$$$**

Honeypot Café
114 Lichfield Street
Tél. 03-366 5853
Du sandwhich au repas complet. Pizzas également, au poulet tandoori ou cajun *sour cream*. Café et desserts excellents. **$**

Il Felice
56 Lichfield Street
Tél. 03-366 7535
Gros succès pour ce restaurant bio à l'italienne. Pâtes fraîches et ambiance étourdissante : vous êtes presque en Italie. **$$**

Kanniga's Thai
Carlton Courts
Angle Bealey Avenue et Papanui Road
Tél. 03-355 6228
La cuisine thaï est bonne, le décor sans prétention. **$$**

Little India
Angle New Regent et Gloucester Streets
Tél. 03-377 7997
Cuisine indienne traditionnelle soignée (à la néo-zélandaise), ambiance accueillante. **$$**

Lone Star Café and Elvis Bar
26 Manchester Street
Tél. 03-365 7086
Attendez-vous à de gargantuesques pièces de viande servies dans le plus tonitruant charivari. **$$**

Panini Bar and Internet Café
223 High Street
Tél. 03-377 5543
Petit café Internet où vous pourrez savourer un panini et un excellent café. **$**

Pedro's
143 Worcester Street
Tél. 03-379 7668
Personnalité locale, Pedro est basque, tout comme sa cuisine, remarquable, et l'atmosphère, très conviviale. **$$**

Tiffany's Restaurant
Angle Oxford Terrace et Lichfield Street
Tél. 03-379 1380
Vins de qualité, excellente cuisine régionale et service irréprochable. Déjeunez en terrasse pour profiter du cadre, au bord de la rivière, quoique non loin du centre. **$$**

The Blue Note
20 Regent Street
Tél. 03-379 9674
Bonne cuisine méditerranéenne. Ambiance jazz *live*, chaleureuse, accueillante. Site idéal, dans une rue piétonne. **$$**

Akaroa

C'est La Vie Bistro/Café
33 Rue Lavaud
Tél. 03-304 7314
Comme son nom l'indique, on y déguste une cuisine française, ainsi que des produits de la mer. **$$$**

French Farm Winery and Restaurant
Valley Road
Tél. 03-304 5784
www.frenchfarm.co.nz
Pour un déjeuner arrosé – avec discernement. **$$**

Ma Maison
6 Rue Balguerie
Tél. 03-304 7658
En bord de mer, cuisine et carte des vins de qualité. **$$**

CANTERBURY

Hanmer Springs

Hot Springs Hotel
2 Fraser Close
Tél. 03-315 7799
Pub accueillant, carte bistrot. **$**

Heritage Hanmer Springs
1 Conical Hill Road
Tél. 03-315 7804
Restauration raffinée alliant les parfums du Pacifique aux traditions françaises. **$$$**

Methven

Abisko Lodge
74 Main Street
Mount Hutt Village
Main Road
Tél. 03-302 8875
Spécialiste des portions géantes
(pour skieurs affamés). **$-$$**

Café 131
131 Main Street
Tél. 03-302 9131
Petit déjeuner, déjeuner et en-cas
solides, à prix raisonnables. Pas de
service le soir. **$-$$**

Lake Tekapo

Reflections Restaurant
Main Highway
Tél. 03-680 6808
Saumon, gibier et autres produits
frais de la région. Vue spectaculaire
sur la montagne et le lac. **$$**

WEST COAST

Haast

Haast World Heritage Hotel
SH6
Tél. 03-750 0828
www.world-heritage-hotel.com
Agneau, morue bleue, gibier,
saumon... **$$**

Fox Glacier

Café Neve
Main Road
Tél. 03-751 0110
Fax 03-751 0020
cafe.neve@xtra.co.nz
Dans la station, tables pour dîner
à l'intérieur et en terrasse (été
uniquement). Produits de la mer,
agneau, bœuf, plats végétariens,
choix de pâtes et de salades.
$$-$$$

High Peaks Restaurant
163 Cook Flat Road
Tél. 03-751 0131
a1motel@xtra.co.nz
Vue sur la mer et la montagne
de chaque table, bar et café :
le *nec plus ultra* pour savourer
une authentique cuisine West
Coast – la marmite de gibier est
très appréciée de la clientèle.
Grande carte des vins au restaurant,
et bon choix de plats type bistrot
au café. **$$**

Franz Josef Glacier

Beeches Restaurant
SH6
Tél. 03-752 0721
beeches@xtra.co.nz
Impossible de manquer ses énormes
piliers de pierre en façade.
Spécialités de cuisine West Coast
authentique, notamment bœuf et
gibier, plats légers également, et
grande carte des vins. **$$**

Blue Ice Café
SH6
Tél. 03-752 0707
blueicecafe2000@yahoo.com
Carte éclectique, allant des plats
italiens ou indiens à la cuisine locale,
mais plus particulièrement inspirée
par les pizzas. Carte des vins bien
fournie. Vous pourrez jouer au billard
à l'étage. **$$**

Hokitika

Café de Paris
19 Tancred Street
Tél. 03-755 8933
Cuisine française et bons desserts. **$$**

Stumpers Bar And Café
2 Weld Street
Tél. 03-755 6154
Fax 03-755 6137
www.stumpers.co.nz
Un café chaleureux, une carte simple
mais appétissante : pâtes fraîches,
menu fretin local (en saison) et gibier
– entre autres. Des œuvres en cuivre
d'artistes régionaux décorent les
murs. **$$**

Trappers Restaurant
79 Revell Street
Tél. 03-755 5133
Fax 03-755 6068
trappers@xtra.co.nz
Spécialités du Trappers : gibier
sauvage et exotique, produits de la
mer. **$$**

Greymouth

Café 124 On Mackay
124 MacKay Street
Tél. 03-768 7503
cameo@wave.co.nz
Dans un bâtiment récent, une cuisine
et un café excellents. Dîner en salle
ou en terrasse. **$$**

The Smelting House Café
102 MacKay Street
Tél. 03-768 0012
Fax 03-768 0075
Dans le cadre d'une ancienne banque
de style West Coast reconvertie, cet
établissement est aujourd'hui dirigé
par un diététicien qualifié. Cuisine
familiale soignée. **$$**

QUEENSTOWN & OTAGO

Queenstown

**Boardwalk Seafood Restaurant
and Bar**
Steamer Wharf Village
Tél. 03-442 5630
Une clientèle touristique y apprécie
des viandes et produits de la mer
cuisinés avec une très relative
imagination. Service parfois
désinvolte. **$$$**

Lone Star Café and Bar
14 Brecon Street
Tél. 03-442 9995
Restaurant de style Western, aux
assiettes gargantuesques – et c'est
bon. **$$**

Minami Jujisei
45 Beach Street
Tél. 03-442 9854
Une cuisine japonaise primée,
traditionnelle mais mêlée d'influences
plus contemporaines. L'idéal si vous
n'avez jamais essayé un restaurant
japonais auparavant. **$$**

Roaring Megs Restaurant
57 Shotover Street
Tél. 03-442 9676
roaringmegs@xtra.co.nz
Dans une maison de prospecteurs
d'or datant de la fin du XIXe siècle, un
restaurant primé pour sa cuisine
alliant les traditions du Pacifique et
de l'Europe. Dîner aux chandelles
dans une ambiance intime. **$$**

Solera Vino
25 Beach Street
Tél. 03-442 6082
Un lieu assez sympathique pour
savourer quelques plats espagnols
accompagnés d'une bonne bouteille.
$$-$$$

The Bathhouse
15 Marine Parade
Tél. 03-442 5625
www.bathhouse.co.nz
Construite en 1911, cette vieille
maison de bains sur la plage offre
une vue somptueuse sur le lac et les
montagnes. Cuisine primée de
qualité, repas en salle pour la

nostalgie, en terrasse pour l'extraordinaire panorama. **$$-$$$**

The Birches
Nugget Point Resort
Tél. 03-442 7273
Complexe situé à 10 min du centre de Queenstown, ce qui ne devrait pas vous détourner de la remarquable cuisine de Randall Wadman : les produits les plus frais sont revisités par son inlassable créativité – les grillades d'agneau et leur croûte d'herbes sont à se damner. **$$$**

Arrowtown

Arrowtown Pies
Buckingham Street
Tél. 03-442 1587
Impossible de trouver mieux en matière de "*takeaway*" : plats traditionnels et gibier, poulet doux amer, *pork & apple pies*. **$**
Pesto
18 Buckingham Street
Tél. 03-442 0885
Clientèle familiale, séduite par les pâtes, les pizzas et autres classiques italiens du lieu. **$$**
Saffron
18 Buckingham Street
Tél. 03-442 0131
www.saffronrestaurant.co.nz
Une carte inspirée, traversée par les parfums d'Asie, a valu à cet établissement d'être classé par le Conde Nast Traveller au nombre des plus étonnants restaurants du monde. **$$$**

Wanaka

Calaboose Restaurant and Bar
2 Dunmore Street
Tél. 03-443 6262
Fax 03-443 6263
Un restaurant spacieux, chic mais accueillant, construit sur le site de l'ancienne prison de 1880. Cheminée, carte fournie, excellent choix de vins. Vaste solarium, bien isolé. **$$**
Kai Whakapai Café and Bar
Lakefront
Tél. 03-443 7795
Facile à trouver au bord du lac Wanaka. Pains tout frais, *pies* et pâtes, plats végétariens et pizzas gastronomiques ont conquis la clientèle. Vue panoramique. **$**

DUNEDIN

Dunedin

2 Chefs
428 George Street
Tél. 03-477 9117
Une cuisine néo-zélandaise contemporaine et de qualité. **$$$**
Bell Pepper Blues
474 Princes Street
Tél. 03-474 0973
Agréable et d'excellent niveau, ambiance coin du feu et cuisine remarquable. Souvent complet. **$$$**
Bennu
12 Moray Place
Tél. 03-474 5055
Plats de brasserie créatifs – pizzas, pâtes et *tacos* – servis dans le cadre fastueux de l'ancien Savoy. On y boit un café délicieux. **$$**
Etrusco
8 Moray Place
Tél. 03-477 3737
Décor édouardien pour une cuisine purement italienne. Spaghettis à toutes les sauces. **$$**
Highgate Bridge
312 Highgate
Roslyn
Tél. 03-474 9222
Une curiosité, à essayer au moins une fois : ouvert le vendredi pour des plats à emporter – portions pantagruéliques préparées par James Byars, qui œuvra durant 10 ans au grand Gavroche de Londres. **$-$$**
Ombrellos
10 Clarendon Street
Tél. 03-477 8773
Une cuisine pleine d'invention dans un chaleureux cadre de boiseries. Bonne carte des vins. **$$**

SOUTHLAND

Invercargill

Frog 'n' Firkin Café Bar
Dee Street
Tél. 03-214 4001
Fax 03-214 0661
Ambiance de pub "british" à l'ancienne, plats à prix abordables. Attractions en soirée le week-end. **$**
HMS Kings Restaurant
80 Tay Street
Tél. 03-218 3443

Produits de la mer néo-zélandais traditionnels, préparés dans la plus grande simplicité : langouste, huîtres, menu fretin, crevettes et poisson. **$$**
The Cabbage Tree
379 Dunns Road
Otatara
RD9
Tél. 03-213 1443
Fax 03-213 1108
www.thecabbagetree.com
Restaurant à l'européenne, ambiance chaleureuse et... réchauffante (4 cheminées), savoureux produits locaux et cuisine de la mer. **$$**

Te Anau

Kepler's Restaurant
Town Centre
Tél. 03-249 7909
Calamars sautés et gambas grillées, outre les incontournables habituels (*fish & chips, pavlova*). C'est très bon et bien servi. **$$**
La Toscana
108 Milford Road
Tél. 03-249 7756
Bons petits plats italiens et service sans reproche. Pour certains connaisseurs, les *pasta al nonno* et le *cheesecake* seraient à damner un saint. **$$**
Olive Tree Café
52 Town Centre
Tél. 03-248 8496
Pour un petit déjeuner ou un déjeuner sans esbroufe, mais avec un bon café. **$**
Redcliff Café and Bar
12 Mokonui Street
Tél. 03-249 7431
Carte *fusion* comme à New York, mais dans une charmante vieille maison. **$$**

STEWART ISLAND

Il existe 3 hôtels-restaurants sur l'île (*voir Se loger, p. 353*).

Gamme des prix

Les prix s'entendent pour un repas complet par personne, boissons non comprises :

$	de 10 à 15 $NZ
$$	de 15 à 25 $NZ
$$$	25 $NZ et plus

Culture

La culture néo-zélandaise intègre nombre d'influences – maorie du Pacifique sud, européenne, américaine ou asiatique. Acteurs, cinéastes, écrivains, designers ou musiciens ont su imposer leur style et leur talent propres.

Musées & galeries

L'art contemporain néo-zélandais manifeste un réel dynamisme, la plupart des villes possédant leurs musées et galeries. Ralph Hotere, Colin McCahon, Michael Parekowhai et Robyn Kahukiwa comptent parmi les artistes les plus connus du pays. La Public Art Gallery de Dunedin fut la première salle d'exposition de Nouvelle-Zélande.
Le marché de l'art contemporain, vous surprendra par ses prix très accessibles. Les gravures d'artistes, en particulier, sont peu onéreuses et faciles à transporter. Les galeries des grandes villes détiennent d'importants fonds d'art contemporain.

Natures pas mortes

Taylor Jensen Fine Arts
39 George Street
West Side, Palmerston North
Tél. 06-355 4278
www.finearts.co.nz
Spécialiste des tableaux
de paysages.

Musique, ballet

La Nouvelle-Zélande compte 3 orchestres symphoniques, dont le New Zealand Symphony Orchestra, et une compagnie de ballet, le Royal New Zealand Ballet. L'opéra a vu éclore des stars internationales comme Kiri Te Kanawa.

Auckland

La plus grande ville de Nouvelle-Zélande commence à se forger une identité culturelle en accueillant plusieurs compagnies de danse et son propre festival. Le *New Zealand Herald* donne la liste des spectacles dans ses pages Loisirs, tout comme les guides distribués dans certaines boutiques. Réservations :
Ticketek
Aotea Centre
Aotea Square
Queen Street
Tél. 09-307 5000
www.ticketek.co.nz

Christchurch

Convention Centre
Town Hall et Westpac Centre
95 Kilmore Street
Tél. 03-366 8899
Grandes manifestations musicales. Ce bâtiment moderne, situé près du casino, héberge également une importante agence de théâtre. Réservations possibles par carte de crédit.

Wellington

Le Royal New Zealand Ballet, le New Zealand Symphony Orchestra, le New Zealand String Quartet, la Chamber Music New Zealand,
le Wellington Sinfonia et le New Zealand Opera y ont élu résidence. En fin d'année, la New Zealand School of Dance et la New Zealand Drama School, Toi Whakaari, donnent des spectacles dans diverses salles de la ville. (*Pour plus de détails*, contactez le centre d'informations touristiques.)

Musique d'aujourd'hui

Dunedin

Derrière les façades de ses immeubles bourgeois, Dunedin abrite une population de jeunes.
La ville accueille la plus ancienne université du pays, et tous ces étudiants imprègnent les rues d'une atmosphère décontractée, entre

Pour les fans

Beatles Museum
1319 Omahu Road, Hastings
Tél. 06-879 4944
Un authentique trésor familial de souvenirs sur les Beatles.
Ouv. dim. 10h-17h ; entrée payante.

musiques de pub et spectacles de théâtre. De bien plus grandes villes pourraient lui envier sa scène musicale, qui a vu naître nombre d'excellents groupes.

Wellington

Tous les styles cohabitent, des rappers aux jazzmen et aux rappeurs. Les Kiwis s'expriment à travers des groupes comme Pacifier, Bic Runga, Stellar, The Datsuns et D4.
Le Fortune Theatre monte des spectacles sur place ou en tournée.

Théâtre & danse contemporaine

Le théâtre s'exprime par la voix de plusieurs compagnies comme Taki Rua à Wellington et l'Auckland Theatre Company. La plupart des villes possèdent des salles de théâtre et de nombreuses troupes sillonnent le pays. Plusieurs compagnies de danse contemporaine se produisent dans le pays, dont la Black Grace Dance Company (Auckland) et la Footnote Dance Company (Wellington).

Auckland

Trois salles principales accueillent des productions théâtrales :
Sky City Theater
Angle Victoria et Albert Streets
Tél. 09-912 6000
Théâtre de 700 places, ouvert en 1997 dans le Casino Complex.
Maidment Theatre (dans l'université)
Angle Princes et Alfred Streets
Tél. 09-308 2383
Herald et ASB Theatres
Aotea Centre
Tél. 09-309 2677
Le fastueux *Civic* (*tél.* 09-309 2677) est dédié aux comédies musicales. Vous trouverez les détails des

spectacles donnés dans diverses salles par l'**Auckland Theatre Company**, principale compagnie théâtrale d'Auckland, au *tél. 09-309 3395, www.atc.co.nz*
Contactez directement l'**Auckland Music Theatre Company** au *tél. 09-846 7693*.

Les pièces contemporaines se jouent dans des salles plus modestes comme Silo ou Depot Arts Space :

Théâtre & ballet

Bats Theatre
1 Kent Terrace
Tél. 04-802 4175
Cette petite salle présente des œuvres peu connues, et vous pouvez souvent réserver au dernier moment.
Circa Theatre
1 Taranaki Street
Tél. 04-801 7992
Dirigé par les acteurs, ce théâtre propose un répertoire inventif au bord de l'eau, près du Te Papa Museum.
Downstage Theatre
2 Courtenay Place
Tél. 04-801 6946
Situé au cœur du quartier des restaurants et des cafés, ce théâtre met en scène une vaste gamme de pièces, de Shakespeare au répertoire moderne – outre les spectacles donnés par Taki Rua, la plus grande troupe théâtrale maorie.
Royal New Zealand Ballet
77 Courtenay Place
Tél. 04-381 9000
www.nzballet.org.nz
En résidence au St James Theatre, la principale compagnie de ballet du pays fut créée en 1953.
Réservations :
Ticketek
Tél. 04-384 3840
St James Theatre
77-87 Courtenay Place
Tél. 04-802 4060
La meilleure salle lyrique de Nouvelle-Zélande. Ce bâtiment ancien entièrement rénové accueille opéras, ballets et grands spectacles musicaux.

Silo
Lower Greys Avenue
Tél. 09-366 0339
Depot Arts Space
28 Clarence Street
Devonport (sur la North Shore)
Tél. 09-445 9398
Une compagnie de danse masculine, Black Grace, donne à voir quelques-uns des meilleurs danseurs contemporains du pays :
Tél. 09 358 0552
www.blackgrace.co.nz

Christchurch

Les théâtres de Christchurch rivalisent de dynamisme, et vous trouverez le calendrier des spectacles dans le *Visitor's Guide* de Christchurch et Canterbury, ainsi que dans les quotidiens. Christchurch organise également un Arts Festival, un Festival of Romance et un Winter Carnival, périodes durant lesquelles la ville déborde.

Avec sa petite troupe de haut niveau et ses acteurs britanniques, le Court Theatre est considéré comme le meilleur théâtre de Nouvelle-Zélande. Répertoire contemporain, mais pas d'avant-garde. Héberge également le Southern Ballet et le Dance Theatre.
Court Theatre
20 Worcester Boulevard
Tél. 0800-333 100
www.courttheatre.org.nz

Hamilton

Des compagnies en tournée nationale ou internationale se produisent au Founders Theatre, au Westpac Community Theatre ou au Meteor.

Hamilton organise le Flaming Fringe Festival et le Festival of New Zealand Theatre en juin.
Tél. 07-838 6603

Wellington

Capitale politique du pays, Wellington joue également un rôle culturel important. Avec 3 théâtres de répertoire, la ville accueille de nombreux festivals dont le fameux New Zealand Arts Festival, en mars, chaque année paire (*voir Fêtes et festivals, p. 364*).

Cinéma

Des films comme *Le Seigneur des anneaux* de Peter Jackson, *Once Were Warriors* de Lee Tamahori, et la série TV culte *Xena* ont consacré d'excellents réalisateurs néo-zélandais.

Wellington

Les Kiwis sont très cinéphiles, et Wellington compte de nombreuses salles de cinéma. On peut y voir la grosse artillerie de la production américaine comme les plus discrets des films d'art et d'essai, nationaux et internationaux. Le festival annuel du cinéma (juin) s'est bâti une excellente réputation.

Situé à l'extrémité de Courtenay Place et plus imposante salle de Wellington, l'Embassy Theatre fut choisi pour présenter en 2003 la première mondiale du *Seigneur des anneaux : Le Retour du roi*.

Cinéma à l'ancienne

Dorothy Brown's Cinema
Buckingham Street
Arrowtown
Tél. 03-442 1968
Des films d'art et d'essai dans un écrin raffiné : lustres et coussins rouges en fourrure d'opossum.

Fêtes & festivals

Les Néo-Zélandais adorent les festivals, dont aucune grande ville ne saurait se priver – de Dunedin, au sud, à Bay of Islands, au nord.

JANVIER

Auckland

Anniversary Regatta Régate annuelle célébrant l'anniversaire de la ville pendant toute une journée.
Auckland Cup L'une des plus grandes courses de chevaux du pays, organisée le 1er janvier.
Heineken Tennis Open Tournoi international (1 semaine) de l'ATP, juste avant l'Open d'Australie.
New Zealand Golf Open Championnat officiel de

Salles de concerts

Principales salles de concerts : le récent Aotea Centre et le Town Hall
Aotea Square
Queen Street
Tél. 09-309 2677
www.the-edge.co.nz
Le Bruce Mason Theatre, sur North Shore, organise principalement des grands concerts donnés par des stars internationales. Réservations
au *tél. 09-488 3133*. Des salles plus petites, comme les anciens théâtres du centre-ville, accueillent occasionnellement concerts et spectacles divers.
Auckland War Memorial Museum
Domain, tél. 09-309 0443
Présente quotidiennement à 11h, 12h et 13h30 de véritables danses et cérémonies maories. Le spectacle dure 45 min et coûte environ 15 $NZ.

Nouvelle-Zélande. Des joueurs de toute l'Australasie participent à cet *open* de 3 jours.

Christchurch

World Buskers Festival Christchurch livre ses rues
à 10 jours de spectacles.

Wellington

Summercity Pendant 2 mois (déc.-janv.), le conseil municipal subventionne cette série de petits festivals itinérants.

FÉVRIER

Auckland

Devonport Wine and Food Festival
Fête de la gastronomie et du vin (2 jours), une date phare dans le calendrier d'été d'Auckland.

Blenheim

BMW Marlborough Wine and Food Festival Cuisine gastronomique, vins locaux et musique s'associent en une journée de fête particulièrement courue.

Canterbury

Coast to Coast La plus longue (2 jours) manifestation multisports du monde : spécialistes nationaux et internationaux courent, pagayent et pédalent sur 238 km, de la côte ouest à Sumner Bay.

Christchurch

Garden City Festival of Flowers
Christchurch déploie sa bannière de ville la plus fleurie de Nouvelle-Zélande avec d'abondantes expositions florales concentrées aux abords de la cathédrale.

Hamilton

Hamilton Gardens Summer Festival
Opéra, théâtre, concerts et spectacles en fête dans un cadre verdoyant.

Napier

Art Deco Weekend Tout un week-end durant, cette ville, véritable bijou architectural Art déco, dévoile ses trésors à un vaste public.

Waitangi

Waitangi Day Célébration en grande pompe de la signature du traité fondateur de la nation à la Treaty House, avec parade spectaculaire de *waka* (pirogues).

Wanganui

Masters Games Plusieurs sports sont à l'honneur dans cette vaste manifestation d'une semaine.

Autres villes

Aotearoa Maori Traditional Performing Arts Festival
Les années paires, des troupes maories de tout le pays rivalisent à l'occasion du championnat traditionnel de *kapa haka* (*voir encadré, p. 365*). Pour connaître les différents lieux, consultez : www.maoriperformingarts.co.nz

MARS

Auckland

Pasifika Festival Grand festival des îles du Pacifique : une journée de gastronomie, arts et artisanat, musique et théâtre.

Round the Bays Les participants se bousculent pour cette course de 5 miles (8,6 km). Bonne humeur et fabuleux panorama en bord de mer.
Hokitika Wild Foods Festival
La célébration de délices tels que tarte à l'opossum, *huhu grub sushi*, scorpions, et huîtres à la tonne.

Christchurch

Monana Christchurch International jazz Festival Le plus grand rendez-vous annuel des meilleurs jazzmen, nationaux et internationaux. Pour de plus amples de détails consultez : www.jazzfestivalchristchurch.com

Ngaruawahia

Ngaruawahia Regatta Au confluent de 2 rivières, la ville permet d'organiser d'authentiques courses de *waka* (pirogues). Une manifestation passionnante, d'autant que c'est le seul moment où le Turangawaewae Marae est ouvert au public.

Taupo

Ironman New Zealand Le plus long triathlon d'endurance (1 journée) de Nouvelle-Zélande, et l'une des 6 manches des Ironman Triathlon World Championships.

Tauranga

National Jazz Festival Du jazz dans toutes les boîtes de nuit et les bars de Tauranga pendant un week-end.

Waipara

Waipara Wine and Food Festival
Connu pour être la "plus grande fête intime des amateurs de vins et de bonne chair" où se rencontrent les plus grands producteurs de crus du terroir et les gastronomes.

Wairarapa

Golden Shears Étalés sur 4 jours, les championnats du monde de tonte des moutons célèbrent l'une des industries fondatrices du pays.

Wellington

New Zealand Arts Festival
Chaque année paire et pendant 4 semaines, ce festival artistique présente des spectacles nationaux et internationaux.

AVRIL

Arrowtown

Arrowtown Autumn Festival Aucune ville n'est aussi belle à l'automne, et cette splendeur se célèbre avec force spectacles, défilés et marchés.

Auckland

Royal Easter Show Pendant 1 semaine, concours de bétail, d'artisanat, de vins, et l'un des plus grands spectacles équestres de l'hémisphère sud.
Waiheke Island Wine Festival Une foire de 2 jours, incontournable pour les amateurs de bon vin : la vitrine des vignobles de Waiheke Island, sur Hauraki Gulf.
Waiheke Jazz Festival Organisés dans un cadre somptueux, des concerts qui donnent l'occasion d'entendre de bons musiciens, kiwis ou étrangers.

Bluff

Bluff Oyster Festival Célébration annuelle et variations sur le thème de l'huître, grand classique de South Island.

Taihape

Gumboot Day Le "jour des bottes" : ainsi s'autocélèbrent Taihape et le monde rural kiwi, sans complexe et dans la bonne humeur.

MAI

Auckland

International Laugh Festival Les meilleurs comédiens régionaux, nationaux et internationaux figurent à l'affiche de ces 2 semaines du festival du rire.

Manawatu

Manawatu Jazz Festival Diverses salles de Palmerston North accueillent des concerts de jazz.

Rotorua

Rotorua Tagged Trout Competition Pendant 2 jours, une truite de 50 000 $NZ attend d'être ferrée au grand concours de pêche de Rotorua.

JUIN

Rotorua

International Rally of Rotorua Épreuve du championnat du Pacifique des rallyes dans les forêts de Rotorua.

Waikato

Festival of New Zealand Theatre Biennale du théâtre kiwi à Hamilton durant 3 semaines.
National Agricultural Field Days À Mystery Creek, l'une des plus grandes fêtes agricoles au monde sur 3 jours.

JUILLET

Auckland et Wellington

International Film Festival Trois semaines de folie cinéphile : la vitrine des meilleures productions de l'année.

Christchurch

International Jazz Festival Pendant une semaine, le gratin du jazz national et international célèbre la musique et le vin.

Queenstown

Queenstown Winter Festival Le feu d'artifice hivernal de l'hémisphère sud dans le centre de Queenstown. Du plus loufoque au plus sérieux, dont les championnats de sports d'hiver (2 semaines).
Ne manquez pas la parade du festival, la fête d'ouverture, les soirées jazz, le festival de la bière d'hiver, la course de ski des célébrités, et le Queenstown Mardi Gras. Informations :
Tél. 03-442 2453
www.winterfestival.co.nz

Plateau volcanique

Ski Fest Version assagie des manifestations de Queenstown sur les domaines skiables de Ruapehu et Turangi, South Island.

Wanaka

World Heli-Challenge Rassemblement annuel des plus grands snowboarders et skieurs du monde pour ce championnat de *free-ski* et *free-ride* par hélicoptère. Deux semaines couronnées par le Wanaka Big Air – championnats de *free-style* en ski et en snowboard.

AOÛT

Christchurch

Christchurch Winter Carnival Un carnaval pour mettre en valeur Christchurch et Canterbury par des championnats de ski, de snowboard, et des sports extrêmes, clôturés par un très mondain bal et dîner de charité (1 semaine).

SEPTEMBRE

Alexandra

Alexandra Blossom Festival Le Central Otago célèbre l'arrivée du printemps avec une parade, des concours de tonte, des jeux et des visites de jardins.

Hastings

Hastings Blossom Festival Hawke's Bay est grande exportatrice de pommes, tandis qu'on surnomme Hastings le "panier à fruits" de

Kapa haka

Les Maoris donnent de nombreux spectacles et concerts dans tout Rotorua. Le Civic Theatre accueille des spectacles de *kapa haka* et autres formes d'expression maorie. Les fameux concerts Opera in The Pa ont lieu en janvier au Rotowhio Marae. Pour plus de détails, consultez le **Tourism Rotorua Travel Office**
Tél.: 07-348 5179
www.rotoruanz.com.
Rotoiti Tours World of Maori
Tél. 07-348 8969
Vous êtes conduit au *marae* de Rakeiao pour assister à une cérémonie traditionnelle, dont un concert et un *hangi*; vous aurez également la possibilité de dormir dans le *wharenui* (maison de réunions). *Ouv. tlj. en été, en hiver sur demande; entrée payante.*

Nouvelle-Zélande : une explosion de fleurs à cette époque de l'année. Parmi les points forts de cette célébration, une immense parade, des spectacles, des concerts et un grand feu d'artifice.

Nelson

Nelson Arts Festival Cabaret, musique, théâtre, sculpture, peinture… Des artistes de tout le pays se produisent 2 semaines durant dans cette ville de South Island qui se livre corps et âme à l'événement de l'année.

Nelson Wearable Arts Les vêtements les plus fous et les plus inventifs conçus par des créateurs, artisans et artistes nationaux et internationaux. À réserver longtemps à l'avance – les billets s'arrachent pour cette manifestation de 3 jours.

Rotorua

Rotorua Trout Festival La truite dans tous ses états pour l'ouverture annuelle des lacs du Rotorua. Frustrés depuis juin, les pêcheurs se ruent en nombre toute une journée.

Te Puke

Kiwifruit Festival Célébration de l'emblème national lors d'une fête couvrant tous les aspects du fruit à fourrure dans sa ville natale.

Wellington

Wellington Fashion Festival La capitale marque le printemps avec style par des défilés de mode et des promotions commerciales, qui durent une semaine.

OCTOBRE

Auckland

New Zealand Fashion Week D'excellents créateurs de mode à l'honneur, avec une série de défilés et une exposition commerciale, 7 jours durant.

Gisborne

Gisborne Wine and Food Festival Cette foire d'une semaine allie les vins de Gisborne et les prouesses des meilleurs chefs utilisant les produits du terroir.

Hawke's Bay

Hawke's Bay Show L'un des grands événements annuels de Hawke's Bay. Quantité d'attractions, de concours et de spectacles, à thématique agricole ou non.

Taranaki

Taranaki Rhododendron Festival Ce festival régional des jardins couvre plus de 60 jardins privés ouverts au public durant les 10 jours de floraison des rhododendrons.

Tauranga

Tauranga Arts Festival Théâtre de rue, littérature et autres arts du spectacle à l'honneur durant les 10 jours de cette biennale itinérante à travers toute la région.

Autres sites

Fiji Day Commémoration de l'indépendance des Fidji, impliquant toutes les communautés du pays. **Fiji High Commission** *Tél. 04-473 5401*

Wellington

Wellington International Jazz Festival Festival de jazz : tous les styles, New Orleans, swing, *fusion* ou jazz expérimental pendant 3 semaines.

NOVEMBRE

Auckland

Ellerslie Flower Show Pendant 5 jours, la plus grande exposition florale de l'hémisphère Sud.

Christchurch

New Zealand Royal Show La plus importante foire agricole du pays : événements et spectacles pour tous les âges (2 jours d'affilée). **Cup Carnival** Dans le même cadre, les courses nationales de trot et de galop, chaudement disputées.

Martinborough

Toast Martinborough Une fête du vin, de la gastronomie et de la musique pour célébrer la région viticole de Martinborough. Affluence record pour cette journée, achetez donc votre billet à l'avance.

Culture maorie

Les Maoris furent les premiers à s'installer en Nouvelle-Zélande, adoptant le nom de Tangata Whenua (peuple de la terre). Ils constituent 14 % de la population, la plupart vivant sur North Island. La langue maorie (*te reo*) est parlée à travers toute la Nouvelle-Zélande et la grande majorité des appellations géographiques sont d'origine maorie. Ils ont conservé leurs traditions tribales polynésiennes, dont un protocole qu'ils observent sur le *marae*, centre à la fois communautaire et religieux. De nombreux tour-opérateurs, notamment à Rotorua et Tauranga, organisent des visites de *marae*. Avant toute chose, si vous vous rendez à un *marae*, enlevez vos chaussures pour pouvoir pénétrer dans la maison de réunions et saluez vos hôtes par un *hongi*, signe de bienvenue traditionnel, nez pressés l'un contre l'autre, symbolisant l'amitié. Les visiteurs sont souvent accueillis par un *powhiri* (accueil formel) et un *wero* (défi). De nombreux sites de Nouvelle-Zélande revêtent une valeur historique ou sacrée pour les Maoris. Ne manquez pas d'accorder à de tels sites le respect dû à leur rôle cultuel. Pour en savoir plus sur la culture maorie, consultez le site : www.maori.org.nz

DÉCEMBRE

Auckland

ASB Bank Classic Tournoi de tennis féminin d'une semaine.

Nelson

Nelson Jazz Festival Jazz, jazz, rien que du jazz pendant 1 semaine.

Taranaki

Festival of Lights Le Pukekura Park de New Plymouth s'illumine.

Wellington

Summercity Série de festivals de 2 mois (déc.-janv.) à travers la ville.

Sortir

Vie nocturne

Le choix d'activités nocturnes variera considérablement selon l'endroit où vous séjournerez. Dans les petites villes, il faudra vous contenter d'un modeste **pub**. C'est une institution en Nouvelle-Zélande, et un lieu où vous ne risquez guère de rester seul et sans interlocuteur.
Depuis quelques années, les pubs des grandes villes se font plus sophistiqués, avec bière brassée sur place et cuisine de style bistrot.

Dans ces mêmes villes, vous trouverez toutes sortes de **boîtes de nuit** cosmopolites à la clientèle majoritairement jeune, ainsi que des **bars de nuit**.
À Auckland et Wellington, comme à Christchurch, mais dans une moindre mesure, les bars ne commencent vraiment à s'animer qu'après minuit. Auckland et Wellington maintiennent la pression presque toutes les nuits, tandis qu'à Christchurch on attendra les jeudi, vendredi et samedi soirs.
À Queenstown, durant le Queenstown Winter Festival, chacun semble faire la fête en continu.

Auckland

Tels des papillons, les noctambules ne résistent guère aux lumières d'Auckland. Longez à pied Ponsonby Road, prenez à gauche dans K'Road, puis Queen Street, passez sous le viaduc et la musique semble jaillir de chaque pas de porte. Mais ne comptez pas entrer dans un club en short ou en baskets. Et si certains établissements se cachent incognito à l'étage ou au fond d'allées, la musique guidera vos pas. Parmi quelques bars très fréquentés :

Crow
Basement
26 Wyndham Street
Tél. 09-366 0398
Le meilleur daiquiri d'Auckland, et le plus réputé des bars-salons – grands canapés en cuir brun, vastes alcôves.
Fu and Fu Bar
166 Queen Street
Tél. 09-309 3079
Refuge sympathique et informel, accueil chaleureux, pour les mordus de *drum-and-bass*. Fu se dédouble quand son bar déborde.
Havana
8 Beresford Street
Tél. 09-302 3354
Musique latino (mer.-ven.) et groupes *live* (sam.).
Hobson Street Lounge
2 Hobson Street
City
Tél. 09-307 7030
Petit bar stylé en sous-sol au cœur de la ville, pour les nostalgiques de Sinatra.
Hush Lounge Bar
Paul Matthews Road et Omega Street
North Harbour
Tél. 09-414 5679
Au cœur d'Albany : excellente liste de cocktails, carte au dîner et terrasse ensoleillée.
Khuja Lounge
536 Queen Street
Tél. 09-377 3711
Petit bar dissimulé au bout de son escalier. Super DJ, *soul jazz* et excellents martinis chocolat.
Temple
486 Queen Street
Tél. 09-377 4866
www.temple.co.nz
En haut de Queen Street, pour découvrir la musique *live* d'Auckland. Moins sophistiqué que d'autres, mais authentique et décontracté.

Dans le Northland

Les nuits sont plutôt calmes dans le Northland, mais les bars et restaurants ne manquent pas. La ville de Paihia et le secteur branché du Town Basin de Whangarei sont sans doute les plus animés en matière de bars et de musique *live*.

Rotorua

Barbarella
1263 Pukuatua Street
Tél. 07-347 6776
Principal endroit où entendre de la musique *live* à Rotorua, du dernier groupe de jeunes qui montent au DJ le plus expérimenté. Les nuits dansantes au sous-sol n'amusent pas le voisinage.
Fuze Bar
1122 Tutanekai Street
Tél. 07-349 6306
Un café-bar haut de gamme parfait pour grignoter. En soirée, toute la ville ou presque s'y bouscule au rythme de la *dance music*.
Kaspers
1302 Tutanekai Street
Tél. 07-347 1144
Bar de style british, bon choix de vins et de bières du monde entier.
O'Malleys Irish Bar
1287 Eruera Street
Tél. 07-347 6410
Ambiance sympathique, détendue, bonne musique. Spectacles *live* le vendredi soir, *happy hours* de 17h à 19h.
Pig and Whistle
Angle de Haupapa et Tutanekai Streets
Tél. 07-347 3025
Bières à fermentation naturelle et spectacles *live*.
Wild Willy's
1240 Fenton Street
Tél. 07-348 7774
Café-bar à thème et cuisine nettement western. Spectacles *live* les vendredi et samedi soir.

Wellington

Bouquet Garni
100 Willis Street
Tél. 04-499 1095
Ancienne maison close, cette extraordinaire demeure en bois s'est reconvertie dans le très haut de gamme. L'endroit idéal pour déguster un verre de vin dans un cadre luxueux.
Cell
25 Taranaki Street
Tél. 04-802 5090
Si vous rêvez d'une soirée tranquille, ce bar devrait vous combler, tout comme sa généreuse carte des vins et de cocktails. Jazz *live* le jeudi.

Hummingbird
22 Courtenay Place
Tél. 04-801 6336
Remarquablement situé, ce lieu vise
une clientèle plus élégante et plus
mûre que d'autres établissements
de Courtenay Place. Parfait pour
savourer des tapas ou prendre tout
simplement un verre au bar.

Tatou
Cambridge Terrace
Tél. 04-384 3112
Clientèle jeune et branchée pour un
lieu réparti sur 2 niveaux. La *dance
music* règne sans partage ni pitié,
l'animation démarre assez tard
– et ne s'arrête plus.

The Opera
Angle Courtenay Place et Blair Street
Tél. 04-382 8654
Au cœur de l'action, en face du
Hummingbird. Danse, notamment
le vendredi ou le samedi soir ;
ambiance bar plus détendue
à l'étage.

Vurtigo
32 Courtenay Place
Tél. 04-382 8001
Le lieu de rendez-vous de tous les
barmen de la ville à l'heure de la
débauche – ce qui explique les
horaires d'ouverture, de 3h à 6h.
Décontracté, avec musique
éclectique et une carte étourdissante
de cocktails maison.

Christchurch

Les vendredi et samedi soir, presque
tous les pubs ont leur groupe *live*, et
il y en a même d'excellents.

Christchurch Casino
Victoria Street
Tél. 03-365 9999

Ferment
130 Oxford Street
Tél. 03-377 9898
Comme plusieurs autres sur Oxford
Terrace, café de jour et bar trépidant
la nuit. Vous pouvez déjà commencer
par celui-ci…

The Club
88 Armagh Street
Tél. 03-377 1007
Clientèle plus chic et codes
vestimentaires plus stricts
que dans d'autres clubs.

The Dux de Lux
299 Montreal Street
Tél. 03-379 8334

www.thedux.co.nz
"Tendance", mais décontracté.
Brasse ses propres bières ; 2 bars
à l'intérieur et terrasse. Musique,
souvent *folk & blues*.

The Loaded Hog
Angle Cashel et Manchester Streets
Tél. 03-366 6674
www.loadedhog.co.nz
Tout le monde connaît le Loaded
Hog. Aussi vaste et bruyant que
son jumeau d'Auckland. Pour voir
et être vu.

The Ministry
90 Lichfield Street
Tél. 03-379 2910
www.ministery.co.nz
Les derniers sons de la *world music*
pour des oreilles souvent ravies et
plutôt gay. Vaste piste de danse,
sono ébouriffante… La fièvre monte
au fil des heures.

Wanaka

Comme à Queenstown, ce sont
les skieurs en hiver et les mordus
d'aventures en été qui se
métamorphosent en piliers de bar
et de night-clubs après l'effort ou
les frissons. Le choix est vaste.

Slainte Irish Bar
Helwick Street
Tél. 03-443 6755
Propose une gamme hallucinante
de bières néo-zélandaises et
irlandaises.

Kingsway Bar
Helwick Street
Tél. 03-443 7663
Ancien salon de thé aujourd'hui
fréquenté par les DJ en tournée
et les joueurs de billard.

Hamilton

Bars et night-clubs se livrent une
rude concurrence, et, n'ayant que
2h de route à faire, certains des
meilleurs DJ d'Auckland officient.

Tauranga/Mount Maunganui

Les nuits de Tauranga sont très
animées, notamment le week-end,
quand ses bars et ceux du mont
Maunganui ouvrent leurs portes.

Baycourt
Tauranga
Tél. 07-577 7198
Organise expositions, festivals
et manifestations.

Sortir à Taupo

Pour une si petite ville, Taupo
est plutôt bien lotie en matière
d'animation nocturne. Il y a
toujours du monde chez **Holy Cow !**,
11 Tongariro Street, tandis que les
amateurs de Guinness se
bousculent chez **Finn MacCuhal's**,
bar irlandais situé au coin de
Tuwharetoa et Tongariro.

Queenstown

Queenstown fourmille de bars et
de night-clubs, véritable ruche
où se croisent voyageurs, skieurs et
amateurs d'aventures en tout genre.

Bardeaux
Eureka Arcade (près du Mall)
Tél. 03-442 8284
Le superbe décor, la longue carte
des vins et des cocktails et
l'immense feu de cheminée font
du Bardeaux une adresse courue.

Lone Star Café and Bar
14 Brecon Street
Tél. 03-442 9995
Bar-restaurant à ambiance Texas
(*voir Se restaurer*). Pour replonger
dans la musique des *sixties* et
des *seventies*.

McNeill's Cottage Brewery
14 Church Street
Tél. 03-442 9688
Le seul bar-restaurant et brasseur
de la ville. Feux de bois et belle
ambiance en hiver, bar en terrasse
tout aussi accueillant l'été.

Pog Mahone's
14 Rees Street
Tél. 03-442 5328
Pas plus irlandais à Queenstown.
La Guinness coule à flots crémeux,
et l'affluence est record quand des
groupes s'y produisent (mer. et dim.
soir). On peut manger sur le pouce.

The World
27 Shotover Street
Tél. 03-4426 757
Public jeune. Vivant, pour ne pas dire
plus. Réputé pour ses *happy hours*
prolongées.

Surreal
7 Rees Street
Tél. 03-441 8492
Restaurant en début de soirée, pour
se métamorphoser au fil des heures
en boîte techno archi-tendance.

Shopping

Peaux de mouton

Imaginez : 45 millions de moutons ! Ne soyez donc pas surpris si les peaux et la laine de mouton figurent en bonne place dans les boutiques néo-zélandaises. Et vous ne risquez guère de trouver moins cher ailleurs dans le monde. La qualité, les teintes et la variété des articles en font des souvenirs ou des cadeaux de choix. De nombreux magasins stockent une foule de manteaux et de vestes en peau de mouton, mais aussi en opossum, en cerf, en cuir et en daim.

Lainages

La Nouvelle-Zélande compte parmi les plus grands producteurs de laine au monde, et les bons fabricants travaillent la laine brute pour arriver à un produit fini de qualité. On ne résistera pas à un gros pull tricoté à la main en laine si l'on repart vers l'hiver de l'hémisphère nord. Les tissages maison font également de remarquables tentures.

Sculptures sur bois

Les secrets de fabrication maoris se sont transmis de génération en génération. Leurs sculptures évoquent généralement des histoires tirées de la mythologie, et entretiennent souvent une relation privilégiée avec les esprits de la nature. En bois comme en os, les sculptures maories peuvent atteindre des prix élevés.

Jade

Ce produit spécifiquement kiwi ne se trouve que sur la West Coast de South Island. Dans les villes de la région, à Greymouth et Hokitika, le public est autorisé à voir travailler cette pierre en bijoux, parures, figurines et *tikis* maoris dans les ateliers.

Bijoux

Depuis des siècles, les Maoris tiennent le jade et le *paua* (abalone) pour leurs trésors les plus précieux. Des boutiques spécialisées vendent des parures et des bijoux contemporains dans tout le pays.

Artisanat

Vendu par ceux qui le fabriquent ou dans les boutiques touristiques, l'artisanat connaît un essor sans précédent depuis quelques années. La poterie est particulièrement bien représentée, tandis que le patchwork, le cannage, les objets en bois de kauri, les jouets en bois, les articles en verre et en cuir envahissent les vitrines des grands centres touristiques.

Équipement de sport

Les Kiwis adorant la nature, ils ont su développer un vaste éventail de vêtements et d'équipements à toute épreuve, testés dans un environnement particulièrement exigeant.

Swanndri fabrique des chemises et des vestes de randonnée chaudes et résistantes, tandis que les

Plus de 350 artistes et artisans professionnels vivent dans la région de Nelson, alimentant nombre de boutiques au centre-ville.

Le marché du samedi matin sur Montgomery Square bourdonne d'activité, avec ses étals débordant d'objets d'art et d'artisanat, de produits régionaux et gastronomiques.

Des marchés se tiennent également le week-end à Motueka et Golden Bay. Demandez le guide *Creative Pathways* au Motueka Information Centre, qui dresse la liste de plus de 30 ateliers d'artistes et artisans régionaux.

La plupart des magasins ouvrent du lun. au ven. de 9h à 17h30 et les sam.-dim. de 9h à 16h.

Nocturnes généralement le jeu. ou le ven. soir dans les grandes villes et centres touristiques, selon la région où vous séjournez.

marques de matériel de montagne, de camping et de randonnée demeurent à la pointe des techniques et innovations. Certains articles sont devenus très à la mode, comme les gilets de rugby et de voile Canterbury.

Les créateurs kiwis comme **World**, **Karen Walker** ou **Zambesi** ne passent pas inaperçus sur les podiums internationaux. Dans les boutiques des grandes villes, ces marques primées cohabitent avec les grands noms de la mode internationale.

Auckland

Vous pouvez commencer par le sommet de Queen Street, Karanghape Road. "Karanghape" se traduit par "crête sinueuse de l'activité humaine", définition poétique bien appropriée à la plus ancienne et la plus vivante des rues commerçantes de la ville.

Nombre de boutiques intéressantes se serrent tout du long, dans un mélange de communautés polynésiennes et européennes, les petits commerces de vêtements d'occasion et de meubles luttant au coude à coude avec les grands magasins.

Les marques internationales se sont implantées dans des galeries commerçantes, comme St Lukes dans Mount Albert. L'offre est tout aussi alléchante dans les faubourgs de Parnell, Ponsonby ou Newmarket – dont les petites rues fourmillent de boutiques.

De grands magasins comme Pauanesia, dans High Street, se spécialisent dans les bijoux de créateurs et les parures de tout le Pacifique. Les vitrines de souvenirs débordent dans Queen Street. Sur Vulcan Lane ou dans High Street se retrouvent toutes les *fashion victims*, happées par des enseignes néo-zélandaises comme World, Stella Gregg, Ricochet ou Zambesi.

Près du Ferry Building, au centre-ville, au coin de Customs et Albert Streets, l'Old Customhouse propose marques de luxe et shopping en *duty free*. N'oubliez pas pour autant le Victoria Park Market, signalé par sa haute cheminée dans Victoria Street. Les échoppes y côtoient les boutiques et les cafés. Le vendredi et le samedi, sur les Aotea Square Markets, devant l'Aotea Centre de Queen Street, vous trouverez peut-être la perle rare parmi beaucoup de toc.

Ne manquez pas le marché d'Otara Market sur Newbury Street, South Auckland (*ouv. sam. 6h-12h*). Vous y rencontrerez l'élite pensante des touristes, attirée les prix et une authenticité autrement convaincante que dans les boutiques spécialisées.

Devonport

Art of this World
Shop 1
1 Queens Parade
Tél. 09-446 0926
www.artofthisworld.co.nz
Vitrine d'œuvres d'artistes basés en Nouvelle-Zélande.
Flagstaff Gallery
25 Victoria Road
Tél. 09-445 1142
www.flagstaff.co.nz
Spécialiste en art contemporain néo-zélandais.
Green Planet Enterprises Ltd
87 Victoria Road
Tél. 09-445 7404
www.greenplanet.co.nz

Heures d'ouverture

La plupart des magasins ouvrent du lun. au ven. de 9h à 17h30 et les sam.-dim. de 9h à 16h.
Nocturnes généralement le jeu. ou le ven. soir dans les grandes villes et centres touristiques, selon la région où vous séjournez.

Articles néo-zélandais de grande qualité, tendance écolo.

Warkworth

Craft Co-Op @ Sheepworld
SH1, Warkworth
Tél. 09-425 0525
La plus grande coopérative d'artisanat du pays présente une étourdissante variété de produits locaux à base de matériaux traditionnels ou plus innovants.
Honey Centre
Angle SH1 et Perry Road
Warkworth
Tél. 09-425 8003
www.honeycentre.co.nz
Toutes les variétés d'un miel de grande qualité.
Morris and James Pottery and Café
Tongue Farm Road, Matakana
Tél. 09-442 7116
www.morrisandjames.co.nz
Cette céramique aux couleurs éclatantes s'est attachée une clientèle fidèle.

Bay of Plenty

Plusieurs grands centres commerciaux jalonnent la baie, à Tauranga, au Mount Maunganui's Phoenix Centre, à Bayfair et Palm Beach Plaza. Flânez dans les vieilles rues du Compass Community Village de Tauraga, sur 17th Avenue West, découvrez ses bâtiments coloniaux et ses boutiques d'artisanat, et faites une halte au café du village.
Tél. 07-571 3700

Rotorua

Larges et agréables, les rues d e Rotorua accueillent quantité de boutiques de vêtements, de mode et de souvenirs, de magasins d'alimentation ou de pharmacies. Ne manquez pas les rues Tutanekai et Himenoa, ni le City Focus Square, encore accessible à pied.
The Jade Factory
Fenton Street
Tél. 07-349 3968
Présente du jade de qualité, néo-zélandais ou étranger.
Souvenir Centre
Fenton Street
Tél. 07-348 9515
Détient un vaste fonds d'art et d'artisanat néo-zélandais.

Napier

Art Deco Trust Napier
Desco Centre
163 Tennyson Street
Napier
Tél. 06-835 0022
www.hb.co.nz/artdeco
Pour tout savoir sur le style Art déco de Napier, avec plans promenades, visites guidées et une boutique.

Wellington

Plusieurs quartiers commerçants se répartissent dans **Wellington**. Les boutiques alternatives, "tendance" et d'occasion se concentrent dans le Cuba Quarter. Le Lambton Quarter accueille 5 centres commerciaux, dont Kirkcaldie & Stains, les plus anciens grands magasins du pays, tandis que dans le Willis Quarter cohabitent les magasins de mode, les boutiques de sport et nombre de cafés chic.

Si vous aimez fouiner chez les antiquaires, prenez la direction du vieux Wellington, le quartier de Thorndon et ses rues pleines de caractère. Antiquaires toujours, mais aussi très beaux chais et boutiques d'artisanat se pressent au bas des belles vieilles demeures du Wairapa.

Christchurch

Les mordus de shopping devraient trouver de quoi assouvir leur passion, entre boutiques de mode, chaînes nationales de grands magasins, échoppes souvenirs et galeries commerçantes.

L'**Arts Center** de Worcester Boulevard abrite plus de 40 ateliers, galeries et boutiques, qui offrent un choix unique de souvenirs.

Le **Canterbury Museum** présente des bijoux et souvenirs en *paua* (abalone), des pièces en pierre et en bois, des céramiques et de la verrerie locales, ainsi qu'un grand choix de sculptures maories.

L'**International Antarctic Centre** et le **Christchurch International Airport** proposent des articles plus orientés vers les sports d'hiver.

Sur Colombo Street, à l'angle du City Mall, secteur piétonnier, vous trouverez Ballantynes, le plus célèbre grand magasin de Christchurch. Quoique vêtus de noirs, vendeurs et vendeuses se montrent d'une serviabilité légendaire.

The World Famous Canterbury Produce Market
Tuam Street
Ouv. ven. 11h-18h, sam. 9h-15h.
Ce marché de producteurs s'est ouvert en 2003. Vous ne trouverez pas mieux en matière de fraîcheur et de produits.

West Coast

La West Coast n'est pas avare en magasins d'art et d'artisanat – ouvrages en jade, os, verre ou pierre. Jetez un coup d'œil chez
Gray Fur Trading Co Ltd
20 Sewell Street
Hokitika
Tél. 03-756 8949
Fax 03-756 8092
Cette boutique se spécialise dans la fabrication d'articles en peaux d'opossum ou de mouton.

Queenstown & Otago

À **Queenstown**, les boutiques de souvenirs se serrent au coude à coude. Les prix sont théoriquement fixes, mais le marchandage se fait de plus en plus courant. Pour parer à la demande, Queenstown n'obéit pas aux horaires habituels d'ouverture, la plupart des magasins restant ouverts toute la semaine et en soirée.
À **Arrowtown**, The Gold Shop, sur Buckingham Street, réalise des bijoux contemporains en or local et à prix raisonnables.
À **Wanaka**, quelques pas suffisent pour dénicher tout ce dont vous avez besoin : boutiques d'art et d'artisanat, souvenirs à la pelle et produits de première nécessité dans les pharmacies, papeteries et autres magasins.

Dunedin

À Dunedin, on fait les boutiques sans stress et avec le sourire. Le principal secteur commerçant couvre l'Octagon, Lower Stuart Street, Princes Street, George Street and St Andrews. Plusieurs centres commerciaux de banlieue sont également bien achalandés comme à Mornington, The Gardens, Andersons Bay Road et Mosgiel.

Sports & loisirs

Les Kiwis ne jurent que par le plein air, qu'il s'agisse de pédaler, nager, marcher, skier, pêcher, escalader, putter, sauter à l'élastique depuis un hélicoptère, surfer les nuages ou dévaler des eaux tumultueuses en raft. La diversité géographique et la faible densité démographique font de la Nouvelle-Zélande un extraordinaire terrain de jeux. Les possibilités de participer aux nombreuses activités peu onéreuses dans des décors d'une beauté époustouflante sont les atouts majeurs d'un tourisme dynamique. Les tours operators ont relevé ce défi en proposant des produits haut de gamme où professionnalisme et sécurité sont les mots clés.

Alpinisme

Avant de conquérir l'Everest, le Néo-Zélandais Edmund Hillary s'était longtemps entraîné dans les Southern Alps. Les clubs d'alpinisme et d'escalade ne manquent pas, dont le New Zealand Alpine Club, qui comptent de nombreux adhérents.

Les records

Sommet le plus élevé
Mount Cook, 3 754 m
Lac le plus profond
Lake Hauroko, 462 m
Lac le plus large
Lake Taupo, 606 km
Fleuve le plus long
Waikato River, 425 km
Glacier le plus vaste
Tasman Glacier, 29 km
Grotte la plus profonde :
Nettlebed, Mount Arthur, 889 m
Longueur du littoral 15,811 km

New Zealand Alpine Club
PO Box 786
Christchurch
Tél. 03-377 7595
Fax 03-377 7594
www.alpineclub.org.nz
website@alpineclub.org.nz

Aoraki Mount Cook National Park

Seule compagnie de guides en résidence à l'Aoraki Mount Cook National Park, Alpine Guides propose circuits, stages d'alpinisme, cours individuels, courses et expéditions en montagne dans les Southern Alps. Coût d'une expédition de 7 jours avec ascension du Mont Cook (3 754 m) : 4 750 $NZ, transfert par avion inclus.
Alpine Guides Trekking
Bowen Drive, Mount Cook
Tél. 03-435 1834
Fax 03-435 1898
www.alpineguides.co.nz
mtcook@alpineguides.co.nz

Lake Tekapo

Alpine Recreation Canterbury
Murray Place
Tél. 03-680 6736
www.alpinerecreation.co.nz
Courses en montagne et ascensions guidées des sommets et des glaciers.

Wanaka

New Zealand Wild Walks
10A Tenby Street
Tél. 03-443 4476
www.wildwalks.co.nz
Spécialistes des randonnées et ascensions au Mount Aspiring National Park. Excursions de 1 ou 2 jours : montagne, escalade et randonnées sur les glaciers.

RAPPEL

Falaises, cascades, canyons et autres gouffres spectaculaires : les amateurs de rappel n'ont que l'embarras du choix. Dans certaines villes, vous pourrez même vous livrer à votre sport favori en descendant les façades des… gratte-ciel.

VARAPPE

L'escalade a connu un essor phénoménal en Nouvelle-Zélande. Les murs d'escalade en salle pullulent dans les villes, ainsi que les clubs qui s'entraînent dans de superbes sites répartis dans tout le pays. La Nouvelle-Zélande adopte la classification australienne "Ewbank", indiquant par un chiffre le niveau de difficulté de la voie. Vous trouverez des sites d'escalade à Wharepapa, au sud de Waikato, 700 voies, et dans la région de Canterbury, plus de 800 voies.

Climb New Zealand
www.climb.co.nz

Auckland

Auckland Harbour Bridge
Escaladez l'Auckland Harbour Bridge, vertigineux dédale de passerelles et de zigzags qui vous gratifiera d'un panorama imprenable sur la ville. Escalade guidée de 2 heures.
Auckland Bridge Experience
Curran Street
Westhaven Reserve
Tél. 09-361 2000
www.ajhackett.com

New Plymouth

Au centre de l'Egmont National Park s'élève majestueusement le mont Taranaki (2 518 m). Si vous avez l'intention de le gravir, n'oubliez pas de vérifier la météo et consultez le DOC le plus proche.
North Egmont Visitor Centre
Egmont Village
Egmont Road
Tél. 06-756 0990
MacAlpine Guides
Tél. 06-765 6234
www.macalpineguides.com

Queenstown

The Rungway
Gorge Road
(ancien édifice Johnston Coach Line)
Tél. 03-409 2508
www.rungway.co.nz
Cette *via ferrata* consiste en une série d'échelles et de câbles fixés à la paroi qui permettent aux débutants de s'initier à l'escalade. Deux départs par jour : 9h et 13h.

Wharepapa

Wharepapa Outdoor Centre
Entre Te Awamutu et Mangakino
Tél. 07-872 2533
wharerock@ xtra.co.nz

Crêtes de Kiwis

Les Southern Alps se déploient sur plus de 730 km – surface plus vaste que les Alpes françaises, suisses et autrichiennes réunies.

Avec ses 800 voies de tous niveaux Wharepapa est l'un des sites les plus réputés du pays. Magasin de matériel tout proche.

Aviron

Te Urewera National Park

Le DOC loue des canots à rames pour explorer le lac.
Tél. 06-837 3900

Canoë-kayak

Entre les côtes et les lacs, le choix est vaste et ce sport connaît ici un véritable essor, notamment dans les **Marlborough Sounds** et à **Bay of Islands**. Vous pourrez louer un kayak pour partir en solo ou participer à des raids d'un à plusieurs jours.

Motueka

C'est en parcourant la Coastal Track que vous apprécierez le mieux les baies émeraude et les côtes frangées de granite de l'Abel Tasman National Park, situé à 60 km de Nelson. La randonnée complète prend 3 à 4 jours. Et si vous préférez prendre la mer, les sorties en kayak le long des baies, avec ou sans guide, connaissent un succès grandissant.
Abel Tasman Kayaks
RD2 Marahau
Motueka
Tél. 03-527 8022
www.kayaktours.co.nz
Ocean River Sea Kayaking
Marahau Beach
Marahau
Tél. 03-527 8266
www.seakayaking.co.nz
Abel Tasman Wilson's Experiences
265 High Street
Motueka
Tél. 03-528 7801
www.abeltasman.co.nz
Excursions à la journée ou croisières de luxe dans le parc.

Paihia

Coastal Kayakers
Te Karuwha Parade
Ti Bay
Waitangi
Tél. 09-402 8105
Fax 09-403 8550
www.coastalkayakers.co.nz
Plus de 150 îles attendent votre visite. Coastal Kayakers organise des excursions guidées dans la baie, d'une demi-journée à 3 jours, de 45 à 420 $NZ/personne.

Hahei

Cathedral Cove Sea Kayaking
Tél. 07-866 3877
www.seakayaktours.co.nz
Excursions d'une demi-journée et d'une journée complète à Hot Water Beach et Cathedral Cove.

Tauranga/Mount Maunganui

Oceanix Sea Kayaking
Mount Maunganui
Tél. 07-572 2226
www.oceanix.co.nz
Pour voguer d'île en île à l'intérieur de la baie et découvrir les *pa* maoris, ou longer la côte.

New Plymouth

Canoe and Kayak
6/631 Devon Road
Tél. 06-769 5506
Sorties avec moniteur et stages, kayaks à louer, vaste choix de matériel en vente.

Wanganui

Bridge to Nowhere Tours
Tél. 06-348 7122
www.bridgetonowherelodge.co.nz
Parcours de kayak accompagnés sur la splendide Wanganui River, avec possibilité de descente en jet-boat.
Rivercity Tours
Tél. 0800-377 311
www.rivercitytours.co.nz

Picton

Marlborough Sounds Adventure Company
The Waterfront
Tél. 03-573 6078 ou 0800-283 283
www.marlboroughsounds.co.nz
Raids en kayak, randonnées à pied et en moto le long des 1 500 km de baies qui frangent la région.

Akaroa

**Akaroa Boat Hire &
Akaoa Sea Kayaks**
Foreshore
Beach Road
Tél. 03-304 8758
Pédalos, kayaks, kayaks de mer,
bateaux à moteur, canoës et barques
à louer pour naviguer sur les flots
paisibles.

Hokitika

Riverplay Kayaks
21 Revell Street South
Tél. 03-755 5339
www.riverplay.co.nz
Kayak, rafting par hélicoptère et
autres aventures en rivière, au cœur
des Southern Alps.

Dunedin

Wild Earth Adventures
Tél. 03-473 6535
www.wildearth.co.nz
Excursions en kayak de quelques
heures à plusieurs jours, pour
découvrir les colonies en mer
d'albatros royaux et d'otaries à
fourrure. *Ouv. tlj. sur demande ;
entrée payante.*

Stewart Island

Stewart Island Kayaks
Tél. 03-219 1080
Un mode d'exploration idéalement
adapté à la région.

Chasse

Gisborne

New Zealand Safari Adventures
Tangihau Station
Rere
Tél. 06-867 0872
www.nzsafari.co.nz
Des guides expérimentés vous
emmènent à la chasse aux trophées
de cerfs. Logement en cabane de
bush ou séjour chez l'habitant.

Circuits 4x4

New Plymouth

4WD Waka
Ngatoto Road
Tél. 06-755 2068
www.4wdwaka.com

Organise des circuits en 4x4
et en quad, ou vous emmène
à la découverte de divers sites
historiques à bord d'une magnifique
pirogue sculptée de 12 m, réplique
fidèle d'un *waka* maori.

Rotorua

Off Road NZ
SH5
Tél. 07-332 5748
www.offroadnz.co.nz
Pour ceux qui aiment aller très vite,
et faire un maximum de bruit, plus
particulièrement au volant d'un 4x4.
Ouv. tlj. 9h-17h ; entrée libre

Palmerston North

Four-Wheel-Drive Tours
Départ au Bridge Café
Gorge Road
Ballance
Tél. 06-357 1713
Terrain rugueux et obstacles naturels
variés pour une authentique virée
hors-piste.

Course d'orientation

Une activité quelque peu spécialisée
pour ceux qui aiment partir à
l'aventure en terre inconnue muni
de leur seule boussole et d'une
carte. Ses terrains variés, souvent
accidentés, constituent un défi
permanent, avec en prime des
paysages fabuleux tout au long
de votre course.

Équitation

Une expérience mémorable, et sans
doute l'une des meilleures façons de
découvrir la vie et les paysages néo-
zélandais. Dans tout le pays, des
ranchs organisent des randonnées
d'une demi-journée à 2 jours.

Warkworth

Pakiri Beach Horse Riding
Rahuikiri Road
Pakiri Beach
Wellsford
Tél. 09-422 6275
Fax 09-422 6277
www.horseride-nz.co.nz
Près de Wellsford, à 90 min en
voiture d'Auckland, les Haddon
organisent des randonnées le long

de la plage et louent des roulottes.

Waitomo

Pirongia Clydesdales
RD6
Te Awamutu
Tél./Fax 07-871 9711
www.clydesdales.co.nz
Résidence des stars équines du
Seigneur des anneaux et de *Xena*.
Promenade en calèche possible.

Rotorua

The Farm House
Sunnex Road
Tél. 07-332 3771
Chevaux et poneys en location, avec
245 ha de prairies et de bush à votre
disposition.

Gisborne

Waimoana Horse Treks
Waimoana Station
Lysnar Street
Wainui
Tél. 06-868 8218
Pour partir en randonnée à travers
bush et prairies, avec vue sur l'océan
et les hautes terres.

New Plymouth

Gumboot Gully
Piko Road
Okoki
Tél. 06-756 5809
Randonnées d'une demi-journée
à 1 semaine, avec pêle-mêle :
franchissement de rivières,
anciennes pistes à bétail, pistes
indigènes dans le bush, pinèdes
et crêtes de montagne, panoramas
spectaculaires et vallons embrumés.
Treks de 2 jours entre novembre et
mai, et d'une journée toute l'année.

Chevaux à l'affiche

New Zealand Horse Magic
SH1, south of Cambridge
Tél. 07-827 8118
www.cambridgethorough bredlodge.co.nz
Ces spectacles équestres mettent
en valeur plusieurs races, de
l'étalon Lippizzan au Kaimaniwa, le
cheval sauvage néo-zélandais, en
passant par les Arabes, les
Clydesdale et les Hachney.
Ouv. tlj. 10h-15h ; entrée payante

Palmerston North

Timeless Horse Treks
Gorge Road
Balance
Paihiatua
Tél. 06-376 6157
Randonnées paisibles au bord de la rivière ou, plus exigeantes à travers les collines.

Hanmer Springs

Hurunui Horse Treks
Ribbonwood
Hawarden
(entre Hanmer Springs et Christchurch)
Tél./Fax 03-314 4204
www.hurunui.co.nz
Partez en randonnée à travers la campagne du North Canterbury.

Wanaka

Backcountry Saddle Expeditions
Cardrona Valley
Tél. 03-443 8151
Fax 03-443 1712
www.ridenz.co.nz
Randonnées accompagnées dans les montagnes de South Island. Appaloosa et selles américaines.

Te Anau

High Ride Horse Treks
Wilderness Road
RD2
Tél. 03-249 8591
www.highride.co.nz
Randonnées à cheval permettant de découvrir des panoramas grandioses. Grand choix de chevaux : on vous attribuera une monture en fonction de votre niveau.

Te Awamutu

Pirongia Clydesdales
RD6
Tél./Fax 07-871 9711
www.clydesdales.co.nz
Héberge plusieurs stars chevalines qui ont joué dans les films *Le Seigneur des anneaux* et *Xena*. Également promenades en diligence.

Excursion insulaire

Principales îles du golfe d'Hauraki, Rangitoto, Waiheke, Tiritiri Matangi et Great Barrier sont accessibles en ferries rapides opérés par Fullers Cruise Centre. Ne manquez pas le ferry retour, car vous ne trouverez pas d'hébergement sur certaines îles et les autres modes de traversée coûtent cher.

Fullers Cruise Centre
Ferry Building
99 Quay Street
Auckland
Tél. 09-367 9111
www.fullers.co.nz
Si vous souhaitez transporter votre voiture sur Great Barrier Island, réservez auprès de :

SubritzkyLine
45 Jellicoe Street
Freemans Bay
Auckland
Tél. 09-373 4036
www.subritzky.co.nz
Des vols quotidiens réguliers desservent également Great Barrier Island. Contactez :

Great Barrier Xpress Air Service
Auckland International Airport
Tél. 09-256 7025
www.mountainair.co.nz.
Pour accéder à Kawau Island, adressez-vous à :

Kawau Kat Cruises
Sandspit Wharf
Warkworth
Tél. 09-425 8006
ou
Pier 3 Ticket Office
Quay Street
Auckland
Tél. 09-307 8005
www.kawaukat.co.nz

Croisière en steamer
TSS Earnslaw
Lake Wakatipu
Tél. 03-249 7416
www.realjourneys.co.nz
Cette majestueuse antiquité alimentée au charbon sillonne les flots du Wakatipu depuis 1912, lorsqu'elle approvisionnait les villages éloignés. Vous pouvez, en option, faire halte et déjeuner dans une ferme en activité, la Walter Peak High Country Farm. *Ouv. tlj. 12h-16h*

Golf

Il existe environ 400 parcours de golf en Nouvelle-Zélande ; le tarif moyen tourne autour de 15 $NZ, le matériel se louant à bas prix. Les plus beaux *greens* se trouvent à Bay of Islands (Waitangi), près de Taupo (Wairakei International Golf Resort), à Auckland (Titirangi) et à Arrowtown (Millbrook Golf and Country Club).

Auckland

Akarana Golf Club
1388 Dominion Road
Mount Roskill
Tél. 09-620 5461
Des arbres ombragent les *fairways*, des bunkers protègent presque tous les *greens*. Vue panoramique.

Waitakere & la West Coast

Muriwai Golf Club
Muriwai Beach
Muriwai
Tél. 09-411 8454
Links offrant un panorama extraordinaire sur la côte ouest.

Titirangi Golf Club
Links Road
New Lynn
Tél. 09-827 5749
Fax 09-827 8125
www.titirangigolf.co.nz
L'un des meilleurs parcours de Nouvelle-Zélande : *fairways* étroits, profonds *gullies*, bunkers diaboliques parmi les arbres exotiques et les ruisseaux.

South Auckland

Aviation Country Club of NZ
Tom Pearce Drive
Auckland International Airport
Tél. 09-265 6265
Parcours de 18 trous situé à l'aéroport, bordant en partie Manukau Harbour.

Paihia

Waitangi Golf Club
Bay of Islands
Tél. 09-402 8207
www.waitangigolf.co.nz
waitangi@golf.co.nz
Un golf particulièrement réussi, dans un cadre époustouflant.

Whitianga

Mercury Bay Golf & Country Club
Golf Road
Tél. 07-866 5479
Parcours de 18 trous au nord de Thames. Cadre idyllique.

Taupo

Wairakei International Golf Course
SH1
PO Box 377
Tél. 07-374 8152
Fax 07-374 8289
Classé parmi les 20 meilleurs golfs en dehors des États-Unis par le magazine *Golf Digest* : *fairways* superbes et vastes *greens* flanqués de 101 bunkers.

Hanmer Springs

Hanmer Springs Golf Club
133 Argelins Road
Tél. 03-315 7110
www.hanmersprings.nzgolf.net
Parcours de 18 trous sans concession, dans un somptueux décor de montagnes.

Queenstown

Millbrook Resort
Malaghans Road
Arrowtown
Tél. 03-411 7010
www.millbrook.co.nz
Testez vos talents sur ce parcours de championnat (par 72), conçu par un maître réputé, sir Bob Charles.

Luge

Queenstown

Skyline Gondolas
Brecon Street
Tél. 03-441 0101
www.skyline.co.nz
Un téléphérique vous hisse à 790 m : retour en luge, sans limitation de vitesse ni radars. Âge requis, 3 ans.
Ouv. tlj. 9h-16h ; entrée payante

Mountain-board

Taupo

Mountain-board
Gravity Hill
Rakanui Road
Tél. 07-377 4299
www.mountainboard.co.nz
Ouv. tlj. 9h-17h ; entrée payante.
Le mountain-board ressemble au snowboard mais sur une pente abrupte. Ce parc de mountain-board artificiel comprend 5 ha de pistes adaptées à tous les niveaux.

Observation de la nature

Wellington

Karori Wildlife Sanctuary
Waiapu Road
Tél. 04-920 2222
www.sanctuary.org.nz
Quelque 35 km de pistes traversent cette oasis de vie sauvage couverte par 252 ha de forêt. Visitez aussi une mine d'or du XIXe siècle.
Ouv. lun.-ven. 10h-16h, sam.-dim. 10h-17h ; entrée payante

Hastings

Lavender Farms
176 Mangatahi Road
Tél. 06-874 9300
Vastes champs de lavande. Boutique et café aménagés dans une grange.

Whitebay World of Lavender
527 SH5 Esk Valley
Tél. 06-836 6553
www.whitebay.co.nz
Superbes jardins de lavande. Vente de produits de beauté à la lavande.

ÉTOILES

Lake Tekapo

Tekapo Tours Star Watching
Main Road
Tél. 03-680 6565
www.stargazing.co.nz
Les amoureux des étoiles ne pourront que s'émerveiller de la clarté des nuits néo-zélandaises.

OISEAUX

Hastings

Gannet Safaris Overland
Summerlee Station
396 Clifton Road
Tél. 06-875 0888

Forêt pétrifiée

Curio Bay, dans le Southland, présente un exemple particulièrement saisissant de forêt pétrifiée. Ce paysage fantastique remonterait à 180 millions d'années.

Fax 06-875 0893
www.gannetsafaris.com
gannetsafaris@xtra.co.nz
Pour découvrir confortablement (en 4x4) la plus vaste colonie côtière de fous de Bassan au monde sur la côte sauvage de Cape Kidnappers.

Franz Josef Glacier

Okarito Nature Tours
Franz Josef
Whataroa
Tél. 03-753 4014
www.okarito.co.nz
Pénétrez jusqu'au cœur de la forêt pour observer quelques-unes des 70 espèces d'oiseaux de la région, notamment le *kotuku* (grande aigrette blanche).

White Heron Sanctuary Tours
Tél. 64-3753 4120
www.whiteherontours.co.nz
D'octobre à mars, observez la colonie d'aigrettes blanches.

Queenstown

Kiwi and Birdlife Park
Brecon Street
Tél. 03-442 8059
www.kiwibird.co.nz
Promenade à travers le bush pour découvrir des volières hébergeant tuis, arapongas, rhipidures, mais aussi le timide kiwi et des oiseaux menacés comme l'échasse blanche à manteau, la sarcelle brune, le râle tiklin et le rare tuatara. Le soir, de 19h à 22h, vous pourrez assister à un dîner-spectacle maori avant d'aller nourrir les kiwis. Réservez.
Ouv. tlj. 9h-18h ; entrée payante

Te Anau

The Te Anau Wildlife Centre
Lakefront Drive
Tél. 03-249 7924
Pour découvrir les espèces d'oiseaux locales, dont le rare talève takahé.

MAMMIFÈRES MARINS

À **Kaikoura**, sur la côte est de South Island, vous pourrez approcher les baleines de près. D'énormes cachalots passent à 1 km à peine de la côte entre avril et juin. Les orques se montrent également en été, et les jubartes pointent leur bosse entre juin et juillet.

Dans les eaux de **Bay of Islands**, grands dauphins, orques et cachalots ne sont pas rares. Certains circuits vous permettront de plonger pour jouer avec les dauphins.

Une très importante population de cétacés fréquente la côte de Kaikoura. Les compagnies suivantes organisent des sorties d'observation des mammifères marins. Pensez à réservez quelques jours à l'avance.

Espèces rares

Le dauphin d'Hector, le plus petit dauphin marin du monde, et l'otarie de Hooker, la plus rare de la planète, ne se rencontrent que dans les eaux néo-zélandaises.

Whale Watch Kaikoura
Tél. 03-319 6767 ou 0800-655 121
Fax 03-319 6545
www.whalewatch.co.nz
Dolphin Encounter
96 The Esplanade
Tél. 03-319 6777
Fax 03-319 6534
www.dolphin.co.nz

Akaroa
Dolphin Experience
61 Beach Road
Tél. 03-304 7726
www.dolphinsakarva.co.nz
Croisières de 2h pour aller à la rencontre des otaries à fourrure, des petits manchots et du rare dauphin d'Hector.

Paihia
Dolphin Discoveries
New Zealand Post Building
Angle Marsden et Williams Roads
Tél. 09-402 8234
Fax 09-402 6058
www.dolphinz.co.nz
Croisières régulières de Paihia et de Russell pour observer grands dauphins, orques et cachalots.

PHOQUES

Wellington

Seal Coast Safari
Départ du Civic Centre
Wakefield Street Tour bus stop
Tél. 0800-732 5277

Mob. 64-25 534 880
www.sealcoast.com
Cette sortie en mer vous conduira à proximité de la colonie de phoques installée à Wellington.

Kaikoura
Topspot Sealswims
22 Deal Street
Tél. 03-319 5540
Enfilez une combinaison et observez des otaries à fourrure.

PINGOUINS

Dunedin

Penguin Place
Harrington Point
Tél. 03-478 0286
www.penguin-place.co.nz
Observez les manchots antipodes, véritables clones de Chaplin, évoluer dans les vagues, et regardez-les de près emprunter leur étonnant système de cachettes et de tunnels. *Ouv. tlj. 10h15-1h30 avant le coucher du soleil en été, 15h15-16h35 en hiver; entrée payante.*
Monarch Wildlife Cruise & Tours
Tél. 03-477 4276 ou 0800-666 272
www.wildlife.co.nz
Sorties en mer de 1h, 1/2 journée ou d'une journée complète pour explorer Taiaroa Head, Otago Harbour et la péninsule pour observer albatros, otaries et pingouins.

Pêche

D'octobre à avril, les eaux de Nouvelle-Zélande attirent des pêcheurs du monde entier. Un Néo-Zélandais sur 4 va à la pêche, mais les poissons n'en souffrent guère, dont la truite, qui abonde dans les lacs **Rotorua** et **Tarawera**. Dans le **Nelson Lake District**, au nord de South Island, un guide peut vous aider à attraper des anguilles pesant jusqu'à 20 kg, et des truites fario mesurant jusqu'à 50 cm.

Great Barrier Island
Vitamin C Fishing Charters
Tryphena
Tél. 09-424 0949
Sorties d'une demi-journée et d'une journée au paradis des pêcheurs.

Russell
Mako Charters
Te Wahapu Road
Te Wahapu
Tél. 0800-625 669
www.makocharters.co.nz
Pêche au gros en saison, de janvier à avril, ou mérou, *kingfish*, pêche à la mouche en mer (*saltfly*) toute l'année.

Whitianga
Water Edge Charters
Tél. 07-866 5760
www.whitianga.co.nz/fishing.html
Skipper expérimenté, Craig Donovan vous emmène à la pêche au gros ou sur les fonds. Il peut également vous organiser des croisières de plongée ou promenade.

Tauranga/Mount Maunganui
Mission Charters
Tauranga Bridge Marina
Tauranga
Tél. 07-549 0055
www.missioncharters.co.nz
Cette compagnie organise toutes sortes de croisières pêche, de l'excursion d'une journée à la grande croisière avec mouillage pour la nuit dans une baie fabuleuse. Équipage expérimenté, croisières pour tous niveaux, des novices aux experts.

Rotorua
Down to Earth Trout Fishing
Tél. 07-362 0708
De nombreux opérateurs et guides de pêche ont pignon sur rue à Rotorua. Ce tour operator propose des pêches au bord du lac et en bateau, accompagné d'un guide.
Greg Tuuta
Tél. 07-362 7794
Fax 07-362 7792
Guide maori spécialisé dans la pêche à la traîne, au *harling* et à la cuiller, Greg Tuuta connaît le secteur comme sa poche. Avec la garantie *"no fish, no pay"*.
Clearwater Charters
537 Spencer Road
Tél. 07-362 8590
www.clearwater.co.nz
Pêche à la truite.
Hamill Adventures
Tél. 07-348 4186
www.hamillcharters.co.nz
Pêche à la truite.

Taupo

Albion Fishing Guides
378 Lake Terrace
Two Mile Bay
Tél. 07-378 7788
Fax 07-378 2966
www.albionfishing.co.nz
Réputé pour ses truites, le Taupo
compte de nombreux cours d'eau
et rivières, paradis de la pêche à la
mouche. Les truites arc-en-ciel du lac
Taupo pèsent en moyenne 2 kg,
les truites fario environ 3 kg.

Gisborne

Sail-A-Bay Yacht Charters & Cruises
Harbour Marina
Tél. 06-868 4406
sailabay@clear.net.nz
Louez ou participez à une croisière
dans Poverty Bay avec un skipper sur
un sloop Bruce Farr de 10 m.

Hastings

Jack Trout Fishing Guides
27 Tainui Drive
Havelock North
Tél. 06-877 7642
www.jacktrout.co.nz
Guides professionnels pour tous
niveaux, accès aux meilleurs sites
par hélicoptère et raft.

New Plymouth

Pour acheter une licence de pêche
sportive, contactez :
Taranaki Fish and Game Council
Tél. 06-345 4908
Avec leurs lacs, les régions du
Whanganui, du Manawatu et du
Taranaki combleront les amateurs
de pêche, à la truite ou à la perche.

Invercargill

Riverside Guides in Gore
Tél. 03-208 4922
www.browntrout.co.nz
Parcours de pêche guidés sur des
rivières et lacs de qualité. La Mataura
River de Gore est considérée comme
l'une des meilleures rivières à truites
fario de la planète.

Planche à voile

En Nouvelle-Zélande, les planchistes
ne connaissent guère le manque de
vent, seulement les affres du choix
entre des milliers de kilomètres de
côtes, de baies abritées et de lacs.
Dans la province de Taranaki, sur
North Island, les conditions de
vagues ressemblent à celles
d'Hawaï. Si vous préférez la vitesse
pure, l'immense lac Taupo ou les
lacs alpins de South Island devraient
vous combler.
Parmi d'autres spots de Noth
Island reviennent souvent les noms
d'**Orewa Beach**, **Piha Beach**, **New
Plymouth**, **Makatana Island** et
Gisborne. Sur South Island, vent et
vagues font bon ménage à **Kaikoura**,
Whites Bay, **Pegasus Bay**, **Sumner
Bay**, et dans les baies proches de
Dunedin et de **Cape Foulwind**.
Consultez : www.winzurf.co.nz

Auckland

Les spots de planche à voile ne
manquent pas, de Point Chevalier,
très fréquenté près du centre-ville, à
Orewa Beach au nord et Piha Beach
au nord-ouest. Les vents sont
réguliers, mais rarement très fort.
Pour une location, adressez-vous à :
Point Chev Sailboards
5 Raymond Street
Point Chevalier
Tél. 09-815 0683

Christchurch

Près de Chritschurch, surfeurs et
véliplanchistes apprécient tout particulièrement les baies de Pegasus et
Summer. Prévoyez une combinaison,
l'eau est glaciale.

Aquaparcs

Hastings

Splash Planet
Grove Road
Tél. 06-876 9856
www.splashplanet.co.nz
Un parc d'attractions pour les
familles, avec bateau pirate grandeur
nature, château-fort, toboggans et
autres féeries éclaboussantes.

Palmerston North

Lido Aquatic Centre
Park Road
Tél. 06-357 2684
www.clmnz.co.nz
Piscines en plein air et couvert,
toboggans et autres amusements.
*Ouv. lun-jeu. 18h-20h, ven. 18h-21h,
sam. et dim. 8h-20h ; entrée payante.*

Christchurch

Queen Elizabeth II Park
171 Travis Road
Tél. 03-941 6849
www.qeiipark.org.nz
Stade et complexe sportif bâtis pour
les Jeux du Commonwealth de 1974,
et améliorés depuis avec de
nombreux équipements aquatiques,
dont 2 nouveaux toboggans.
*Ouv. lun.-ven. 6h-21h, sam., dim. et
j. fériés 7h-20h ; entrée payante*

Plongée

La Nouvelle-Zélande compte plus
de plongeurs par habitant qu'aucun
autre pays au monde. La raison : des
fonds d'une richesse et des eaux
d'une limpidité exceptionnelles. Des
épaves parsèment les **Marlboroughs
Sounds** et **Bay of Islands**, où gisent
les vestiges du *Rainbow Warrior*.

Warkworth Area

Dive Tutukaka
Marina Road
Tutukaka
Tél. 09-434 3867
Basé sur Poor Knights Islands –
selon certains, l'un des 10 meilleurs
sites de plongée du monde.
Goat Island Dive
142A Pakiri Road
Leigh
Tél. 09-422 6925
www.goatislanddive.co.nz
Centre de plongée installé dans la
sublime Goat Island Marine Reserve.

Great Barrier Island

Bonaventure Blue Water Safaris
Whangaparapara
Tél. 027-479 9647
www.bonaventure.co.nz
Excursions plongée d'île en île
à la rencontre des dauphins.

Paihia

Dive North
Main Wharf
Tél. 09-402 7079
Pour partir à la découverte des nombreux spots de Bay of Islands, dont
l'épave du *Rainbow Warrior*,
et le Cape Brett.

Paihia Dive
PO Box 210
Tél. 09-402 7551 ou 09-402 7110
www.divenz.com
divepaihia@xtra.co.nz
*Rainbow Warrior encore, et secteur
de plongée des Three Kings.*

Whangarei
Poor Knights Dive Centre
Marina Road
Tutukaka RD3
Tél. 09-434 3867
Fax 09-434 3884
www.diving.co.nz
À 22 km au large de Whangarei,
l'un des meilleurs sites de plongée
de Nouvelle-Zélande, avec quantité
de poissons mau mau, et d'abrupts
tombants de corail.

New Plymouth
New Plymouth Underwater
16 Hobson Street
Tél. 06-758 3348
www.newplymouthunderwater.co.nz
Croisières plongée et boutique.

Te Anau
Tawaki Dive
44 Caswell Road
Tél. 03-249 9006
www.tawakidive.co.nz
Pour plonger au Milford Sound,
et découvrir à 20 m sous la surface
des créatures qui ne fréquentent
habituellement que des fonds de
50 à 150 m. Novices bienvenus.

Prospection d'or

Greymouth
Wild West Adventure Co
8 Whall Street
Greymouth
Tél. 03-768 6649
www.nzholidayheaven.com
Aventures diverses : prospection d'or,
grottes illuminées de vers luisants
et chasse aux pierres précieuses.

Thames
Goldmine Experience
Main Road, SH25, Thames
Tél. 07-868 8514
www.goldmine-experience.co.nz
Au cœur du district des mines d'or,
cette activité vous propose de jouer

les orpailleurs, de découvrir les
souterrains et le matériel, ainsi
qu'une exposition de photos.
Ouv. tlj. de 10h à 16h

Rafting

Rivières sauvages et paysages
spectaculaires prêtent leur cadre
idyllique aux nombreux parcours
de rafting du pays.
   Rapide, maniable, effleurant
les vagues, le jet-boat a été inventé
par un fermier néo-zélandais. Dans le
district de Queenstown, la **Shotover
River** constitue l'un des meilleurs
sites où se livrer à cette activité
originale. Mais bien d'autres rivières
sont parfaitement adaptées
au rafting en eaux vives, comme
la **Kawarau** (Queenstown) et la
Kaitauna (Rotorua), où vous pourrez
goûter les joies des tourbillons et
autres bouillons en bonne compagnie
(jusqu'à 7 pers. par raft).
   Les moins intrépides peuvent
descendre en rafting les eaux
souterraines de **Waitomo**, dans
le Waikato. Ils y découvriront un
labyrinthe de grottes et de cascades,
féerie illuminée par des vers luisants.

Rotorua
Agrojet
Western Road
Tél. 07-357 2929
agrojet@xtra.co.nz
Ce bateau de course de 4 m et 450
chevaux accélère de 0 à 100 km/h
en 4 secondes, sans ralentir dans
les courbes d'un parcours artificiel.
Kaituna Cascades
Trout Pool Road
Okere Falls
Tél. 07-345 4199
Fax 07-345 9533
www.kaitunacascades.co.nz
Descentes des rivières Wairoa,
Rangitaiki ou Motu, d'un à plusieurs
jours en raft ou en kayak. Guides
primés, rafts spécifiquement
construits et matériel de haut niveau.

Wanganui
River Spirit Jetboat Tours
Campbell Road
Tél. 06-342 1718
www.riverspirit.co.nz
Descentes de rivières de longueurs

variables, qui vous laisseront
le temps d'explorer le bush,
les grottes et les cascades.

Haast
Waiatoto River Jet Boat Safaris
The Red Barn
SH6
Haast Junction
Tél. 03-750 0780
Le seul safari mer-montagne
à explorer cette région reculée
du South West.

Queenstown
Shotover Jet
Shotover Jet Beach
Arthurs Point
Tél. 03-442 8570
Fax 03-442 7467
www.shotoverjet.com
La Shotover River est reconnue
comme l'un des meilleurs sites
de jet-boat de tout le pays.
Challenge Rafting
The Station
Angle Shotover et Camp Streets
Tél. 03-442 7318
Fax 03 441 2983
www.raft.co.nz
Pour trembler à bord d'un radeau
gonflable en compagnie de 4 ou
6 autres personnes, sur la Shotover
et la Kawarau River.
Dart River Safaris
Mull Street
Glenorchy
Tél. 03 442 9992
www.dartriver.co.nz
Partez en safari jet-boat entre
montagnes et glaciers – décors
naturels du monde du Milieu –
jusqu'au Mount Aspiring National
Park, zone classée au patrimoine
mondial.

Randonnée

La Nouvelle-Zélande a créé 14 parcs
nationaux et protège un tiers de son
territoire – plus de 5 millions de ha –
dans des parcs et réserves. Des
centaines de possibilités
de randonnée vous attendent dans
ces sites privilégiés, mais également
à travers tout le pays, comme les
circuits patrimoine qui vous feront
découvrir l'héritage culturel et naturel
du pays.

Neuf itinéraires, communément appelés les *Great Walks*, exigent un laissez-passer, que vous obtiendrez auprès du DOC, le Department of Conservation. Comptez 7-35 $NZ si vous dormez en chalet durant la haute saison (oct.-avr.), ou 5-10 $NZ pour un camping bien aménagé.

Si vous appréciez les douches chaudes et autres menus conforts, optez pour une randonnée guidée. Mais si dormir à la dure dans des chalets ou des tentes rudimentaires ne vous fait pas peur, vous pouvez vous lancer en solo. Cartes détaillées et informations sur les randonnées et laissez-passer :

Department of Conservation (DOC),
Conservation Information Centre
Ferry Building
Quay Street
Auckland
Tél. 09-379 6476
www.doc.govt.nz
greatwalksbooking@doc.govt.nz
Le DOC a une antenne dans toutes les grandes villes et les parcs.

Active Earth
Tél. 025-360 268 ou 0800-201 040
www.activeearthnewzealand.co.nz
Randonnées guidées sur North Island en petits groupes.

Hiking New Zealand
Tél. 274-360 268 ou 0800-697 232
www.nzhike.co.nz
Randonnées sur North et South Islands en petits groupes, animées par des guides érudits.

Waitakere & la West Coast

Arataki Park Visito Center
Scenic Drive
Titirangi
Tél. 09-303 1530
Randonnées guidées de difficulté variable à l'ouest d'Auckland, parmi de superbes forêts.

West Coast treks

Découvrez les beautés et l'histoire de la West Coast en sillonnant ses nombreuses et superbes pistes de randonnée, telles la Heaphy Track, la Wangapeka Track et la Charming Creek Walkway. Vérifiez l'état des pistes auprès du bureau local d'informations ou du DOC.

Friends of Arataki
Tél. 09-827 3803

Helensville

Sentier du littoral
À partir de la SH16, prenez l'embranchement de Rimmers Road pour découvrir les plages les moins fréquentées de la côte ouest.

Te Aroha

Waiorongomai Valley Walk
Partez à la découverte des anciennes mines d'or. Carte fournie au centre d'informations.

Te Anau

Adventure Manapouri
50 View Street
Manapouri
Tél. 03-249 8070
www.adventuremanapouri.co.nz
Des guides vous conduisent sur les belles pistes de randonnée du Manapouri, uniquement accessibles par bateau.

Thames

Kauaeranga Valley DOC Visitor Centre
Kauaeranga Valley Road
Tél. 07-867 9080
Pour toute information sur plus de 20 randonnées dans le bush.

Whangamata

Kiwi Dundee Adventures
Pauanui
Tairua et Whangamata
Tél. 07-865 8809
www.kiwidundee.co.nz
Deux des meilleurs guides du pays, pour des randonnées sur mesure dans le bush.

Tauranga/Mount Maunganui

PeeJay Charters White Island Tours
15 The Strand East
Whakatane
Tél. 07-308 9588
www.whiteisland.co.nz
Expérimentez la sidérante puissance d'une île volcanique active.

Gisborne

Vous trouverez sur l'East Coast quantité de sentiers de randonnée, certains longeant des plages, d'autres traversant des domaines privés. Vous pourrez également visiter tranquillement à pied le vieux Gisborne, et vous lancer de bon matin à l'assaut du mont Hikurangi (1 752 m), premier point de la côte néo-zélandaise à voir le lever du soleil. Pour plus de détails, contactez le DOC ou le Centre d'informations touristiques le plus proche.

Te Urewera National Park

Quelques-unes des randonnées les plus belles et les moins connues du pays. Conseils auprès du DOC Visitor Informations Centre d'Aniwaniwa, ou cartes sur :
www.cpp.co.nz

Wellington

Une multitude de parcs, réserves, rivières et forêts déroulent leurs sentiers au promeneur dans les environs de Wellington. À 35 min de la ville, **Makara Beach** permet de flâner le long du littoral pendant 3 ou 4h ; vous pouvez aussi suivre le chemin côtier qui mène à **Red Rocks** (2h) et visiter sa colonie d'otaries à fourrure entre mai et octobre. De nombreuses promenades vous feront également découvrir l'histoire de Wellington. Vous trouverez des brochures auprès du Visitor's Information Centre de Wellington.

Blenheim

Southern Wilderness and Wilderness Guides
Tél. 03-578 4531
www.southernwilderness.com
Randonnées accompagnées, avec halte-repas et vins gastronomiques en chemin. Possibilités de sorties en kayak de mer.

Invercargill

Pour toutes les randonnées dans le Southland, contactez le bureau du Department of Conservation (www.doc.govt.nz) ou le centre d'informations le plus proche.

Catlins Coast

Catlins Wildlife Trackers Ecotours
Papatowai
RD2
Owaka
Tél. 03-415 8613
www.catlins-ecotours.co.nz

Ces circuits primés de plusieurs jours vous conduisent à portée de main des manchots, des otaries et d'oiseaux rares. Commentaire passionnant sur l'histoire naturelle des lieux.

Stewart Island

Les pistes ne manquent pas, certaines ne vous prendront que 15 min, d'autres 3 jours, comme la **Rakiura Track**, sans difficulté majeure mais très fréquentée, qui traverse une forêt, tout en offrant un bon aperçu de l'île et de ses oiseaux, dont le petit manchot.

Kiwi Wilderness Walks
31 Orawia Road
Tuatapere
Tél. 0800-733 549
www.nzwalk.com
Randonnées guidées de plusieurs jours dans l'intérieur, avec peut-être la chance d'apercevoir le kiwi dans son habitat naturel.

Ulva's Guided Walks
Tél. 03-219 1216
www.ulva.co.nz
Ulva Amos descend des tribus indigènes de Stewart Island. Une autorité sur la flore et la faune qui vous guidera tout au long de promenades paisibles d'une demi-journée mettant en évidence le patrimoine naturel de l'île.

Southland

Partez à la découverte des forêts humides, des sentiers côtiers et des plages ou des vastes étendues du parc national du Southland. Les 53,5 km de la Milford Track sont mondialement célèbres.

Fiordland National Park Visitor Centre in Te Anau
Tél. 03-249 8514
Fax 03-249 8515
Près de Bluff, la Foveaux Walkway longe un littoral sauvage au pied des falaises. Longue de 7 km, elle vous réserve de beaux panoramas sur la côte et le bush. Explorez aussi les Catlins, où vous aurez peut-être la chance d'apercevoir des otaries et des dauphins. Essayez la nouvelle Tuatapere Hump Ridge Track, à l'extrémité sud-est du Fiordland National Park. Cette boucle de 53 km commence et s'achève à la pointe

ouest de Blue Cliffs Beach, dans Te Wae Wae Bay. Contact :

Great Walks Booking Desk
Lakefront Drive
PO Box 29, Te Anau 9681
Tél. 03-249 8514
Fax 03-249 8515
www.doc.govt.nz
greatwalksbooking@doc.govt.nz

RANDONNÉE SUR GLACE

Fox Glacier

Alpine Guides Fox Glacier
Main Road
SH6
Franz Josef Glacier
Tél. 03-751 0825
www.foxguides.co.nz
Randonnées sur glace, escalade de glace et randonnées par hélicoptère.

Franz Josef Glacier

Franz Josef Glacier Guides
Main Road
Tél. 03-752 0763
www.franzjosefglacier.co.nz
Un matériel dernier cri permet même aux débutants de s'aventurer sur un terrain auparavant uniquement accessible aux alpinistes confirmés.

Protégez la nature !

Ne perturbez pas l'environnement : avec l'accroissement du nombre de voyageurs en Nouvelle-Zélande, l'impact du tourisme sur le milieu naturel a augmenté.
• N'endommagez pas les plantes des forêts, ne les arrachez pas.
• Ramassez vos déchets. Ne les brûlez pas, ne les enterrez pas.
• Ne salissez pas les lacs et les cours d'eau.
• Soyez vigilant en allumant un feu.
• Ne vous écartez pas des pistes balisées.
• Respectez l'héritage culturel néo-zélandais.
Pour en savoir plus sur la façon de protéger l'environnement, renseignez-vous auprès du bureau du Department of Conservation le plus proche, ou consultez le site du DOC : www.doc.govt.nz

Lake Tekapo

Patins à glace
Ice Sport Tekapo
Tél. 03-680 6550
icerink@xtra.co.nz
La plus grande patinoire naturelle en plein air de Nouvelle-Zélande est ouverte en général entre juillet et août.

Saut aérien

PARAPENTE / DELTAPLANE

Le parapente vous fera connaître les frissons du parachutisme et, mieux encore, sans passer par l'avion. Quelques notions d'apprentissage et vous pourrez décoller d'un site adapté, sur un relief. Une fois en vol, vous gagnerez de la hauteur en dérivant doucement dans les airs. Les premiers vols se font en tandem avec un moniteur professionnel, tout comme pour le deltaplane, sorte de cerf-volant gouvernable à l'aide d'une barre.

Queenstown

Flight Park Tandems
Tél. 0800-467 325
www.tandemparagliding.com
Décollez à 700 m au-dessus du Wakatipu Basin, harnaché à un moniteur. L'aile se déplie et vous dépose doucement sur le sol. En hiver, vous décollez du sommet de Coronet, une excellente façon de terminer une journée de ski.

Anti Gravity
Tél. 03-441 8898 ou 0800-426 445
www.antigravity.co.nz
Amarré à votre aile en tandem avec un moniteur, décollez de la montagne. La descente prend 10 15 min selon les courants.

Wanaka

School of Paragliding
Tél. 03-443 9193 ou 0800-359 754
www.wanakaparaglinding.co.nz
On n'a pas inventé plus simple pour prendre les airs, et, avec le lac Wanaka pour décor, l'expérience vous laissera un souvenir mémorable. Transfert en bus de Treble Cone, 25 $NZ.

VOLS EN SUSPENS

Nelson

Happy Valley Adventures
194 Cable Bay Road
Tél. 03-545 0304
www.happyvalleyadventures.co.nz
bookings@skyjump.co.nz
Cette société vous propose l'unique Skywire au monde. Ceinturé sur un siège de cabine suspendue à un câble vous volerez au-dessus d'une vallée à la vitesse de 100 km/h.

Queenstown

Fly By Wire
34 Shotover Street
Tél. 0800-359 299
www.flybywire.co.nz
Survolez un profond canyon dans un avion à grande vitesse amarré par un câble. Durant cette expérience de 9 min, expérimentez l'apesanteur, avant que le planeur ne s'immobilise doucement. Comptez 160 $NZ pour un vol et 15 $NZ en spectateur; âge minimum 15 ans. Site à 25 min au nord de Wellington.
Paraflights NZ
Queenstown Mai Pier
Tél. 03-441 2241
www.paraflights.co.nz
Décollez d'un bateau sur le lac Wakatipu, sentez-vous monter gentiment dans les airs jusqu'à une hauteur de 200 m, puis atterrissez sur le bateau. Âge minimum 3 ans.

CHUTE LIBRE

Si vous ne voyez plus rien d'excitant à vous jeter dans les airs du haut d'une montagne, le *sky dive* en tandem est peut-être pour vous. Attaché à un *sky diver* expérimenté par un harnais spécial, vous n'avez rien à faire sinon suivre les instructions (et ne pas paniquer). En prime, l'avion qui vous conduit au-dessus de la zone de largage vous fera découvrir des panoramas fabuleux. Vous trouverez des spécialistes dans tout le pays, surtout à Queenstown et Wanaka.

Saut à l'élastique

Mise au point dans les années 1980 par les Néo-Zélandais A.J. Hackett

et Henry Van Asch, et répandue partout dans le monde depuis, cette expérience euphorisante consiste à se jeter dans le vide avec un gros élastique attaché à la cheville.
Il existe aujourd'hui 4 sites officiels A.J. Hackett à Queenstown : Kawarau Bridge : 43 m ; Ledge Bungy : 47 m ; Nevis Bungy : 134 m ; et Skippers Canyon Pipeline Bungy : 102 m. D'autres opérateurs proposent également du saut à l'élastique dans tout le pays.

Auckland

A.J. Hackett Bungy
Curran Street
Tél. 09-361 2000
www.ajhackett.com
Jetez-vous du haut d'un pont, encadré par les initiateurs du saut à l'élastique. Les dernières technologies sont à l'honneur, dont une plate-forme aménagée et un système de récupération garantissant confort et sécurité.
Skyjump
Sky Tower
Angle Victoria et Federal Streets
Tél. 0800-759 586 ou 09-368 1835
Fax 09-368 1839
www.skyjump.co.nz
bookings@skyjump.co.nz
Vendu comme une première mondiale, ce Skyjump de 192 m est un *base-jump* contrôlé par câble. En combinaison de vol et harnaché, vous atteindrez les 75 km/h. Ouvrez les yeux, la vue est sensationnelle.

Taupo

Taupo Bungy
Spa Road
Tél. 07-377 1135
Fax 07-377 1136
www.taupobungy.co.nz
Fermez les yeux et élancez-vous au-dessus de la Waikato River.

Queenstown

A.J Hackett
The Station
Angle Camp et Shotover Streets
Tél. 03-442 4007
www.ajhackett.com
La fièvre mondiale du saut à l'élastique est partie de Queenstown. Le seul Skippers Canyon compte 3 ponts de 43 à 102 m de haut

d'où vous pouvez vous jeter tête la première. Queenstown possède 4 sites officiels de saut (*bungy-jump*).

ROPE SWING

Shotover canyon Swing
Tél. 03-442 6990
www.canyonswing.co.nz
Une chute libre de 60 m dans le canyon avant que le système de palan vous ramène dans un mouvement d'un grand arc à la vitesse de 150 km/h.

PARABUNGY

Queenstown

Parabungy New Zealand
Main Town Pier
Tél. 03-442 8507
www.parabungy.co.nz
Faites-vous tracter par un bateau sur le lac Wakatipu jusqu'à décoller et monter avec votre moniteur à 100 m de haut, puis sautez en chute libre relié au parachute par un élastique.
Ouv. tlj. 10h-16h, entrée payante

Ski & Snowboard

Avec les Alpes européennes, les Southern Alps et l'environnement spectaculaire de leurs trois sommets constituent l'un des plus beaux domaines skiables de la planète.
En hiver, un coup de baguette magique transforme les Kiwis en "Skiwis". Entre juillet et octobre, dès que la neige fraîche s'est suffisamment accumulée, des milliers de Kiwis quittent leurs jeux d'eau pour des jeux de montagne : 27 sommets dépassent les 3 000 m, 140 dépassent les 2 000 m. De nombreuses stations de ski bénéficient d'un cadre verdoyant somptueux avec les lacs bleus en contrebas. La limite des neiges se situe aux alentours des 1 000 m et tous les domaines skiables dominent la ligne des arbres – ménageant ainsi de vastes espaces particulièrement appréciés des snowboarders.
Les stations se signalent par des domaines skiables immenses, de grandes parois verticales et un choix de pistes adaptées aux débutants

comme aux champions. La haute saison court de juillet à septembre, mais peut se prolonger avec la neige artificielle. Un pass journalier coûte de 74 à 79 $NZ (adultes). Il existe aussi des pass de plusieurs jours ou à la saison. Pour la location de matériel, comptez 28 $NZ/jour pour un kit ski-bâtons-chaussures, et 51 $NZ pour un snowboard-bottes. Principales stations de South Island :
Cardrona www.cardrona.com
Treble Cone www.treblecone.co.nz
Coronet Peak www.nzski.com/coronet
The Remarkables
www.nzski.com/remarkables
Mount Hutt www.nzski.com/mthutt
Ohau www.ohau.co.nz
Les domaines skiables de North Island se situent dans le Tongariro National Park et autour du mont Ruapehu, en particulier à Whakapapa et Turoa (Ohakune) :
www.mtruapehu.com
Pour plus de détails, consultez :
www.nzski.com et www.snow.co.nz

Christchurch

Les stations et domaines skiables de Mount Hutt et Methven ne sont qu'à 1h30 de route de Christchurch, et vous pouvez également rejoindre Porter Heights. Contactez :
Mount Hutt Ski Area
Tél. 03-308 5074
Fax 03-307 6301
www.nzski.com/mthutt

Mount Cook National Park

Alpine Guides Heliskiing
Bowen Drive
Tél. 03-435 1834
www.heliskiing.co.nz
On peut skier sur le Tasman Glacier de juillet à septembre, mais ses pentes ne sont accessibles que par avion. Une aventure assez coûteuse, même si les prix pratiqués sont plus raisonnables qu'en Europe.

Methven

Methven Heliskiing
Main Street
Methven
Tél. 03-302 8108
www.heliskiing.co.nz
Pour dévaler des pentes vierges ou presque, et découvrir des paysages uniques.

Queenstown

Cardrona, Treble Cone, Coronet Peak et The Remarkables comptent parmi les meilleures stations de South Island. Toutes sont proches de Queenstown et Wanaka. Consultez les sites suivants ou contactez les centres d'information de Queenstown et Wanaka.
Cardrona
www.cardrona.com
Treble Cone
www.treblecone.co.nz
Coronet Peak
www.nzski.com/coronet
The Remarkables
www.nzski.com/remarkables

HÉLI-SKI

Le ski par hélicoptère est un luxe raisonnable en Nouvelle-Zélande : 3 à 5 pistes par jour coûtent entre 600 $NZ et 900 $NZ. Il existe également des forfaits à la semaine ou à la journée, adaptés à votre niveau. Vous serez amenés à découvrir les immenses domaines des Southern Alps, avec leur poudreuse vierge, leurs puissants sommets, leurs pentes et leurs vallées à couper le souffle. Meilleure période de juillet à septembre. Pour plus de détails, Harris Mountains Heli-Ski opère à Queenstown, Wanaka et Mount Cook.
Harris Mountains Heli-Ski
The Station
Queenstown
Tél. 03-442 6722, en hiver
ou
99 Ardmore Street
Wanaka
Tél. 03-443 7930, en hiver
www.heliski.co.nz
hmhres@heliski.co.nz
Alpine Guides Heliskiing
Bowen Drive
Mount Cook
Tél. 03-4351 834
Fax 03-4351 898
www.heliskiing.co.nz

RANDONNÉE À SKI

Sur le plateau central, on pratique surtout le ski en hiver à Whakapapa ou à Turoa, et la marche en été – la Tongariro Crossing en une

journée, le Tongariro Northern Circuit ou la Round the Mountain Track en plusieurs jours. Pour plus de détails sur la Tongariro Crossing. Contactez :
Alpine Scenic Tours
Taupo
Tél. 07 378 7412
www.alpinescenictours.co.nz
Le Bayview Château Tongariro à Whakapapa propose également la Tongariro Crossing dans ses forfaits.
Le domaine skiable de Whakapapa se situe sur le versant nord du mont Ruapehu – par temps clair, vue spectaculaire sur tout le centre de North Island. Les skieurs séjournent soit à Whakapapa Village, à 6 km des pentes par Bruce Road, soit dans le secteur du Tongariro National Park, 15 km à l'ouest.
Le domaine de Turoa couvre les pentes sud-ouest du Ruapehu, offrant une vue superbe vers le mont Taranaki. Le village d'Ohakune offre un grand choix d'hébergements, cafés et restaurants. Une route de 17 km, Mountain Road, vous conduit au pied des pistes. Consultez :
www.MtRuapehu.com

Spéléologie

Waitomo

Blackwater Rafting Company
585 Waitomo Caves Road
Tél. 07-878 6219
www.blackwaterrafting.co.nz
Cet opérateur réputé organise des parcours spéléo de difficulté variable, dont certains impliquent des descentes en rappel et des franchissements par câbles.
Waitomo Adventures
Waitomo Caves Road
Tél. 07-878 7788 ou 0800-924 866
www.waitomo.co.nz
Parcours de 2h en eaux souterraines ponctué de divers enchaînements de rappels dans des trous et le long de cascades.

Te Anau

Real Journeys
Tél. 03-249 7416
www.realjourneys.co.nz
Traversez en bateau le lac Te Anau avant de visiter les grottes illuminées par des vers luisants; Magnifique.

Surf

Grandes plages de sable et falaises escarpées alternent le long du littoral. De **Raglan** sur North Island à **Dunedin** dans le Sud, les spots excellents pour le surf ne manquent pas. La température de l'eau varie, et les meilleures vagues se forment généralement pendant les mois d'hiver. La combinaison reste de rigueur presque toute l'année, sauf dans le Nord où les surfeurs se contentent souvent d'une chemise l'été (déc.-mars). Vous trouverez de bons tubes sur l'**East Coast** et des séries plus puissantes – jusqu'à 3 m –, sur la West Coast.

Météo quotidienne et conditions de surf, images satellites, vidéos et photos des meilleurs spots de Nouvelle-Zélande, informations sur les compétitions, les voyages et les magasins sur :
www.surf.co.nz
Contactez également :
Wavetrack Surf Report
Tél. 0900-99 777 (Nouvelle-Zélande uniquement, tarifé au prix fort)

Waitakere & la West Coast

Les meilleures plages de surf se concentrent sur la côte ouest, **Piha**, **Maori Bay**, **Muriwai** et **Bethells**. Au nord, sur la côte est, vous trouverez **Whangapaoroa** et **Mangawhai**. Attention aux courants et aux renverses de marée, surtout sur la côte ouest, semée de spots dangereux. Informations météo au *Tél. 0900-99 990 (Nouvelle-Zélande uniquement, tarifé au prix fort.)*

Dunedin

Si vous avez le courage de braver les froidures de l'océan, Dunedin et ses 47 km de plages déroulent quelques-unes des plus belles vagues du pays. Les surfeurs fréquentent plus particulièrement les spots de **St Clair**, **St Kilda** et **Brighton**. En hiver, combinaison épaisse avec capuche et bottines sont absolument indispensables.

Raglan

Les surfeurs aiment bien Raglan Beach (48 km à l'ouest de Hamilton), sur la sauvage côte ouest de Waikato. Les Points Breaks Indicators et Manu sont les meilleurs spots de Raglan. Vous trouverez un peu moins de puissance à Whale Bay.

Thermalisme

Le thermalisme correspond à l'image verte et limpide de la Nouvelle-Zélande. Dès le XIXe siècle, les Pakehas se sont plongés dans les eaux minérales du pays, ce que faisaient les Maoris depuis longtemps déjà. Mais l'industrie thermale ne s'est développée que dans la seconde moitié du XIXe siècle. Waiwera, au nord d'Auckland, vit naître les premiers thermes naturels du pays. Aujourd'hui, de nombreuses stations ont vu le jour, parmi lesquelles le Polynesian Spa de Rotorua, le Taupo Hot Springs Health Spa au centre de North Island, et le Hamner Springs Thermal Resort.

Helensville

Aquatic Park Parakai Springs
Parkhurst Road
Parakai
Tél. 09-420 8998
www.aquaticpark.co.nz
Détendez-vous dans des bassins d'eau minérale, louez une piscine ou essayez le toboggan géant.

Te Aroha

Te Aroha Mineral Pools
Tél. 07-884 8052
www.tearohapools.co.nz
Piscines communes et privatives dont les eaux minérales sont réputées pour leurs vertus thérapeutiques.
Ouv. tlj. 10h-22h. Entrée payante

Le Hawaï kiwi

Taranaki bénéficie de conditions similaires à celles d'Hawaï pour la planche à voile et le surf. La côte est jalonnée d'innombrables spots, et vous n'aurez que l'embarras du choix, d'Awakino au nord à Wanganui au sud. Vous obtiendrez de précieux conseils dans les boutiques de surf. Les hébergements pour surfeurs ou véliplanchistes abondent sur la côte de Taranaki.

Rotorua

Polynesian Spa
Hinemoa Street
Tél. 07-348 1328
www.polynesianspa.co.nz
Pas moins de 35 piscines thermales au choix, de température et de teneur minérale variables.
Ouv. tlj. 6h30-11h ; entrée libre

Hanmer Springs

Hanmer Springs Thermal Reserve
Amuri Avenue
Tél. 03-315 7511
www.hanmersprings.co.nz
Un parc de conifères géants encadre ces sources thermales. Il faut venir en hiver et s'offrir l'expérience unique de se plonger la nuit dans la chaleur de ces bains en plein air, quand les flocons de neige se dissolvent au contact de la vapeur.
Ouv. tlj. 10h-21h ; entrée payante

Vélo

Le climat venteux et pluvieux du pays peut parfois décourager les cyclistes, tout comme le relief sévère, allié à l'étroitesse et à la sinuosité de routes parcourues par des conducteurs du dimanche. Mais la récompense est largement à la mesure de l'effort. Certains tour operators chargent vos bagages dans un car. Vous pouvez louer des VTT. Parmi les plus belles régions, optez pour South Islands et des secteurs tels **Wanaka**, **Glenorchy**, **Queenstown** et le **Fiordland**. Vous découvrirez des villages de chercheurs d'or comme Macetown, des gorges à couper le souffle comme la Nevis Valley, et les routes qui mènent aux stations de ski avec leurs superbes panoramas sur les lacs. Le guide *Classic New Zealand Mountain-Bike Rides* rassemble les descriptions détaillées de plus de 400 itinéraires, de Cape Reinga à Scott Base. Vous pouvez vous le procurer avant de partir en le commandant : www.kennett.co.nz/books

Te Aroha

Te Aroha Mountain Bike Track.
Circuit en boucle dans le bush et les collines : l'un des meilleurs circuits cyclo du pays.

Rotorua

Planet Bike
Tél. 07-346 1717
www.planetbike.co.nz
Le paradis du vététiste se cache dans la **Whakarewarewa Forest**, près du centre de Rotorua. Au choix, des parcours plats et faciles pour les débutants, ou rapides et techniques pour les plus expérimentés. Planet Bike propose des itinéraires d'une demi-journée ou de 2 jours. Vous pouvez aussi combiner VTT, rafting, équitation et kayak. L'exploration d'une piste (sens unique) d'une demi-journée coûte environ 79 $NZ, matériel, vélos, guides et rafraîchissements inclus.

New Plymouth

Cycle Inn
133 Devon Street East
Tél. 06-758 7418
Location de vélos.

Wanganui

Rayonier NZ
Hylton Park et Whanganui River Road
Tél. 06-347 1774.
À quelques minutes de Wanganui, pédalez sur quelques-unes des meilleures pistes de la région, notamment dans la Lismore Forest.

Wellington

Découvrez la myriade de pistes de VTT qui sillonnent les environs de Wellington. Parmi les grands classiques, ne manquez pas le **mont Victoria**, la **Rollercoaster** de la turbine éolienne à Highbury, la **Te Kopahau Reserve** et la **Makara Peak Mountain Track**.

Visites de jardins

Queenstown

Queenstown Garden Tours
Tél. 03-442 3799
www.queenstowngardentours.co.nz
Ces visites guidées explorent au minimum 3 splendides jardins sélectionnés selon la saison. Pour les passionnés. Ce "Garden Tour" peut se combiner avec un "Wine Tour" (visite de chais), renseignez-vous sur www.queenstownwinetrail.co.nz
Ouv. oct.-mars tlj. 8h-12h

Voile & Croisières

La meilleure saison pour la voile se situe entre octobre et avril. L'éventail des formules de location est sans limite, des sorties d'une journée aux croisières plus longues, avec ou sans skipper, dans Bay of Islands, Auckland Harbour ou les Marlborough Sounds.
   La location d'un 12 m tout équipé coûte, selon la saison, entre 2 000 et 3 000 $NZ/semaine. Une journée de voile en groupe revient à environ 60 $NZ/personne.

Aukland

Auckland ne porte pas en vain son surnom de "City of Sails". La période oct.-avril vous offrira les meilleures conditions de navigation. Grand choix de voiliers à louer à la journée ou plus. Pour un souvenir inoubliable et la modique somme de 85 $NZ, ne manquez pas de faire une sortie sur *NZL 40*, l'ancien bateau de la Coupe de l'America. Contactez :
Viking Cruises
Tél. 0800-724 569
www.sailnz.co.nz
Également dîner-croisière (98 $NZ) sur un yacht en baie d'Auckland.
Pride of Auckland
Tél. 09-373 4557
www.prideofauckland.com

Paihia

Fullers Bay of Islands Cruises
Maritime Building
Tél. 09-402 7421
Fax 09-402 7831
www.fboi.co.nz
Avec ses myriades d'îles et ses eaux limpides, Bay of Islands enchantera tous les amateurs de voile. Fullers organise des croisières de luxe et découverte des dauphins.
Kings Dolphin Cruises and Tours
Tél. 09-402 8288
Fax 09-402 7915
www.dolphincruises.co.nz
Kings organise diverses croisières en bateau, comme au Hole in the Rock et à Cathedral Cove. Le *Mack Attack* (600 CV) transporte 30 passagers et peut atteindre 50 nœuds (90 km/h). Également découverte des dauphins et excursions à Cape Reinga et Ninety Mile Beach.

Russell

Fullers Russell
The Strand
Tél. 09-403 7866
www.fboi.co.nz
La croisière Cape Brett Hole in the Rock vous emmène à la fameuse arche, au phare et à Grand Cathedral Cave, avec escale sur Urupukapuka.

Kerikeri

Woodwind Yacht Charters
Wharau Road, RD3
Tél. 09-407 5532
www.woodwindyachtcharters.co.nz
Croisières confortables à bord d'une superbe goélette en kauri.

Whitianga

Cave Cruzer Adventures
Whitianga Wharf
Tél. 07-866 2275 ou 0800-427 893
www.cavecruzer.co.nz
Explorez la côte du Coromandel à bord d'un canot de sauvetage de la Marine, et pénétrez dans une grotte battue par les flots pour entendre l'appel magique des dauphins et des baleines – et le son des instruments de musique maoris.

Hahei

Hahei Explorer
Hahei Beach Road
Tél. 07-866 3910
www.haheiexplorer.co.nz
Excursions quotidiennes dans la réserve marine de Hahei, pour découvrir Cathedral Cove, les îles, les récifs et les grottes marines. Matériel de plongée libre en location.

Picton

Compass Charters
Unit 1, Commercial Building
Waikawa Marina
Tél. 03-573 8332
www.compass-charters.co.nz
Savourez toute la magie des Marlborough Sounds sur un yacht, un canot à moteur ou une vedette.

Queenstown

TSS Earnslaw
Lake Wakatipu
Tél. 03-442 7500 ou 0800-656 503
www.realjourneys.co.nz
Ce steamer, majestueuse antiquité alimentée au charbon, sillonne

les flots du Wakatipu depuis 1912, lorsqu'elle approvisionnait les villages éloignés. Vous pouvez, en option, visiter, déjeuner et faire une randonnée équestre dans une ferme en activité, la Walter Peak High Country Farm. *Ouv. tlj. 12h-16h*

Mount Cook National Park
Glacier Explorers
The Hermitage
Tél. 03-435 1077
www.glacierexplorers.com
D'octobre à mai, naviguez au pied du plus vaste glacier du pays, touchez et goûtez une glace vieille de 5 siècles. Excursion commentée.

Te Anau
Milford Sound Red Boat Cruises
Milford Wharf
Milford Sound
Tél. 03-441 1137
www.redboats.co.nz

Découvrez l'Antarctique

Et pourquoi pas ? Vous n'en avez jamais été plus près, et plusieurs agences spécialisées de Christchurch vous offrent la possibilité de réaliser ce rêve.
The Adventure Travel Company
60 Oxford Terrace
Christchurch
Tél. 03-364 3409
www.adventuretravel.co.nz
Croisière d'un mois au départ de la Nouvelle-Zélande à travers la mer de Ross, dans les pas de Shackelton et de Ross. Vous découvrirez les cabanes des explorateurs et l'extraordinaire faune sauvage du grand Sud.
Heritage Expeditions
53B Montreal Street
Christchurch
Tél. 03-365 3500
www.heritage-expeditions.com
Croisières dans l'Antarctique et les îles sub-antarctiques (les "Galapagos de l'Antarctique") parmi l'un des derniers environnements vierges de la planète. Groupes de 50 personnes max., vous débarquerez à terre aussi souvent et aussi longtemps que possible.

Pour beaucoup, un voyage en Nouvelle-Zélande ne peut se conclure sans avoir vu le majestueux Milford Sound, son Mitre Peak.

Stewart Island
Croisières, pêche ou plongée, vous avez l'embarras du choix. Goûtez à l'ivresse de la voile sur *Talisker*, un ketch en acier de 17 m.
Talisker Charters
Tél. 03-219 1151
www.taliskercharter.co.nz
Thorfinn Charters
Tél. 03-219 1210
www.thorfinn.co.nz

Vols panoramiques

AVION

Paihia
Salt Air
Tél. 09-402 8338
Fax 09-402 8302
www.saltair.co.nz
Vols en avion léger ou en hélicoptère à destination des plus beaux sites de Bay of Islands et de Cape Reinga.

Rotorua
Volcanic Air Safaris
Lakefront
Tél. 07-348 9984
www.volcanicair.co.nz
Survol de la région de Rotorua et du plateau volcanique central, dont le mont Tarawera et White Island. De 60 $NZ/personne (min. 4 pers.) au-dessus des environs à 665 $NZ le vol en hélicoptère de 3h au-dessus de White Island.

Mount Cook National Park
Cloud 9 Hell Hiking
Volez directement au sommet du mont Dark et déambulez dans le monde silence. Vols en hélicoptère sur mesure.
Mount Cook Skiplanes
Airport, SH80
Mount Cook Village
Tél. 03-435 1026
www.mtcookskiplanes.com
Survols de toute beauté pour admirer les glaciers de près, et, pour certains itinéraires, se poser dessus.

MONTGOLFIÈRE

Hastings
Early Morning Balloons
71 Rosser Road
Tél. 06-879 4229
www.early-am-balloons.co.nz
Passez 1 heure paresseuse à dériver au-dessus de Hawke's Bay, avec pique-nique à bord.

Methven
Aoraki Balloon Safaris
20 Barkers Road
Tél. 03-302 8172
www.nzballooning.com
Prenez de l'altitude pour toiser le mont Cook et les National Park Mountains, avec vue sur la totalité des Canterbury Plains. Pique-nique embarqué pendant le vol.

Queenstown
NZONE The Ultimate Jump
Tél. 03-442 5867
www.nzone.biz
Sauts en tandem à prix variable selon l'altitude : 2 743 m, 3 658 m, et, pour les mordus, 4 572 m.

Christchurch
Christchurch Parachute School
Wigram Aerodrome
Tél. 03-343 5542
www.skydivingnz.co.nz
Goûtez aux frissons exquis de la chute libre à 200 km/h, solidement harnaché à votre moniteur.

Zorbing

Rotorua a vu naître le zorbing, cette énorme bulle qui dévale la pente avec vous à l'intérieur. Commencez par un zorb "sec" pour finir par un zorb "mouillé".
Zorb Rotorua
Rotorua
Tél. 07-332 2768
Fax 07-357 5102
www.zorb.co.nz
rotorua@zorb.com
Retrouvez Zorb Rotorua et de nombreuses autres fantaisies comme la Freefall (chute libre) Extreme et le saut à l'élastique, à l'Agrodome Adventure Park.
www.agrodome.co.nz

Vignobles

Depuis quelques années, les vins néo-zélandais connaissent une réussite enviable, leurs bouquets frais séduisent des marchés mondiaux toujours en quête de nouveautés.

Chardonnay ou sauvignon, les blancs remportent tous les prix en Nouvelle-Zélande, et de nombreuses récompenses dans les concours internationaux.

Auckland

Fine Wine Tours
3 Truro Road, Sandringham
Tél. 09-849 4519 ou 021-626 529
www.insidertouring.co.nz
phil.parker@xtra.co.nz
Visites-dégustations guidées et personnalisées pour groupes de 4 à 6 personnes.

Waitakere & la West Coast

Collard Brothers
303 Lincoln Road
Henderson
Tél. 09-838 8341
collardsnzwines@xtra.co.nz
Ce vignoble familial souvent primé propose des visites guidées sur rdv de juin à novembre.
Ouv. lun.-sam. 9h-17h,
dim. 11h-17h
Matua Valley Wines
Waikoukou Road
Waimauku
Tél. 09-411 8301
www.matua.co.nz
Vente en chais dans les ravissants jardins de ce vignoble.
Ouv. lun.-ven. 9h-17h, sam. 10h-16h30, dim. 11h-16h30
Soljans Estate Winery
366 SH16
Kumeu
Tél. 09-412 5858

www.soljans.co.nz
Dégustation gratuite et café.
Visites tlj. à 11h20 et 14h30

South Auckland

Villa Maria Estate
118 Montgomerie Road
Mangere
Tél. 09-255 0660
www.villamaria.co.nz
L'un des plus anciens et des plus réputés vignobles de Nouvelle-Zélande. Dégustations et ventes à la boutique du chai.

Warkworth

Ascension Vineyards and Café
480 Matakana Road
Tél. 09-422 9601
www.ascensionvineyard.co.nz
Excellente cuisine au café.
Ouv. tlj. pour dégustation et vente.
Heron's Flight Vineyards and Café
49 Sharp Road
Tél. 09-422 7915
www.heronsflight.co.nz
Classé parmi les 5 meilleurs chais du pays par Air New Zealand. Très belle vue du café en terrasse, et les hérons se montrent parfois.
Hyperion Wines
188 Tongue Farm Road
Tél. 09-422 9375
www.hyperion-wines.co.nz
Dégustez un cabernet sauvignon, un merlot, un pinot ou un chardonnay en admirant la vue panoramique.

Waiheke Island

Mudbrick Vineyard and Restaurant
Church Bay Road
Waiheke
Tél. 09-372 9050
www.mudbrick.co.nz
On y vient de partout boire et dîner – cuisine internationale.
Te Whau Vineyard Café
218 Te Whau Drive
Oneroa
Tél. 09-372 7191
www.tewhau.com
La plus grande carte des vins du pays et cuisine du Pacifique. Belle vue.

Russel

Omata Estate
Aucks Road
Russell
Tél. 09-403 8007

Situation exceptionnelle. Vignoble sur le domaine de la station balnéaire de luxe Omata et de son restaurant. Réservation recommandée.

Whangarei

Longview Estate Vineyard & Winery
SH1
Otaika
Tél. 09-438 7227
www.longviewwines.co.nz
Marie les techniques viticoles traditionnelles et la technologie moderne pour produire des vins de caractère, puissamment fruités.

Tauranga

Tasting Tours
1 Tuscany Place
Tél 07-544 1383
www.tastingtours.co.nz
Visite en groupe de vignobles des environs, brasseurs et producteurs de mets gastronomiques.

Kerikeri

Marsden Estate Winery
Wiroa Road
Tél. 09-407 9398
www.marsdenestate.co.nz
Une cuisine originale, complétée par les vins du domaine, à tester dans une cour en terrasse donnant sur les vignobles et les lacs. Dégustation, ventes et visites. **$**

Rotorua

Mamaku Blue Winery
SH5
Tél. 07-332 5840
www.mamakublue.co.nz
Les seuls dans le pays à produire du vin de myrtille. Visite guidée du chai et du verger sur demande.
Ouv. tlj. 10h-17h ; entrée libre

Napier

Vidal Estate
913 St Aubyn Street East
Tél. 06-876 8105
www.vidal.co.nz
Vidal propose nombre de ses crus primés à la carte de son restaurant, qui fut le premier du genre en Nouvelle-Zélande.
On Yer Bike Wine Tours
129 Rosser Road
Tél. 06-879 8735
www.onyerbikehb.co.nz

Un défi : visitez 6 chaix à vélo en sillonant les vignobles et les champs d'oliviers de Hawkes Bay. Peu de côtes, fort heureusement.

Church Road Winery
150 Church Road
Taradale
Tél. 06-845 9137
www.churchroad.co.nz
L'un des plus grands producteurs du pays et l'un des plus anciens, datant de 1897.

Mission Estate
198 Church Road
Taradale
Tél. 06-845 9350
www.missionestate.co.nz
Le plus vieux chais de Nouvelle-Zélande occupe un élégant bâtiment qui justifie à lui seul la visite.

Royalty Wine Tours
12 Browning Street
Tél. 06-835 7800
www.countyhotel.co.nz
Ainsi nommé en hommage à la reine Elizabeth II et la princesse Diana. Circuit proposé par le County Hotel.

New Plymouth

Cottage Wines
81 Branch Road
Tél. 06-758 6910
Vous serez bien accueilli et invité à déguster la gamme de vins de fruits. Visites du chai sur rendez-vous.
Ouv. tlj. 9h-18h

Whitecliffs Brewing Company Ltd
SH3
Tél. 06-752 3676
Vous pouvez visiter cette brasserie respectant tous les principes biologiques, goûter et acheter sa Mike's Mild Ale. Cette bière blonde et légère à l'anglaise est produite uniquement à partir d'ingrédients naturels et selon les méthodes traditionnelles.
Ouv. tlj. 10h-18h

Wellington

Wairarapa Gourmet Wine Escape
Organisé par Tranzit Coachlines
228 Rongotai Road
Tél. 04-387 2018 ou 06-377 1227
www.tranzit.co.nz
Partez de Wellington pour cette visite-dégustation de 4 chais du Martinborough, dont le célèbre Murdoch James Estate.

Blenheim

Allied Domecq Wines
SH1
Riverlands
Tél. 03-578 2099
www.adwnz.co.nz
Visite-dégustation, aire de jeux pour enfants et restaurant.

Cloudy Bay
Jacksons Road
Tél. 03-520 9140
www.cloudybay.co.nz
Produit quelques-uns des meilleurs crus de Nouvelle-Zélande.

Villa Maria Estate
Angle Paynters et New Renwick Roads
Fairhall
Tél. 03-577 9530
www.villamaria.co.nz
Chai moderne, situation magnifique, spécialités de pinot noir et de sauvignon blanc.

Wairau River Winery
264 Rapaura Road
Tél. 03-572 9800
www.wairauriverwines.com
Les vins du domaine cumulent les récompenses.

Queenstown

Chard Farm
RD1
Tél. 03-442 6110
www.chardfarm.co.nz
Sur une petite route de l'arrière-pays, jadis principale liaison par car entre Queenstown et Cromwell.

Gibbston Valley Wines
SH6
Gibbston
Tél. 03-442 6910
www.gvwines.co.nz
Ne manquez pas de visiter le superbe domaine de ce vignoble réputé. Très belles caves.

Lake Hayes Amisfield Cellars
10 Lake Hayes Road
Lake Hayes
Tél. 03-442 0556
www.amisfield.co.nz
Visite dégustation traditionnelle dans un très beau site sur le lac, avec exposition d'art contemporain.

Peregrine Wines
Kawarau Gorge Road
Tél. 03-442 4000
www.peregrinewines.co.nz
Spécialistes du pinot noir, vignobles plantés en pleines montagnes.

Langue

Quelle langue ?

L'anglais, première langue officielle, est la plus répandue en Nouvelle-Zélande. Sur Southland, et plus particulièrement au sud de l'île, les habitants roulent les "r" et parlent avec un accent écossais prononcé. Dans cette société multiculturelle, vous entendrez bien d'autres langages comme le Te Reo Maori, deuxième langue officielle. Certains programmes radio et télévision sont diffusés en maori exclusivement. Cette langue, relativement peu utilisée dans la vie de tous les jours, vous sera utile si vous souhaitez vous familiariser avec la culture maorie et passer quelque temps dans un *marae*. Le maori est composé de cinq voyelles (a-e-i-o-u). Courtes ou longues, elles ne sont jamais muettes. Il y a huit consonnes (h-k-m-n-p-r-t-w). Attention, le "wh" se prononce "f", et "ng" se prononce "n", en appuyant sur le "n". Exemple : Whangarei se prononce F-en-ga-ré-i. De nombreux noms de lieux en Nouvelle-Zélande sont composés de mots maoris qui décrivent le lieu ou rappellent un événement qui s'y produisit.

Haere mai !

Bonjour *Kia ora*
Bonjour (assemblée) *Kia ora tatou*
Bienvenue (à 1 personne) *Tena koe*
Bienvenue *Haere mai*
Au revoir/À bientôt *Ka kite ano*
Mer *moana*
Grotte *Tomo*
Colline *Puke*
Lac *Roto*
Eau *Wai*
Baie *Whanga*

À découvrir

Bibliographie

Histoire

Bougainville, Louis-Antoine (de), *Vers des terres inconnues,* Coll. Reporters du passé, Gallimard Jeunesse, Paris, 1975.

Broc, Numas, *Dictionnaire illustré des explorateurs et grands voyageurs français du XIXᵉ siècle. Volume 4 : Océanie,* Comité des travaux historiques et scientifiques, 2003.

Cook, James, *Relations de voyages autour du monde 1,* coll. La Découverte, FM, Clamecy, 1980.

Linge, Gabriel, *Nouvelle-Zélande, terre des Maoris,* Robert Laffont, Paris, 1992.

Taillemite, Étienne, *Marins français à la découverte du monde, de Jacques Cartier à Dumont d'Urville,* Fayard, Paris, 1999.

Thiery, Maurice, *La Vie et les Voyages du Capitaine Cook,* Pierre Roger, coll. Les grands navigateurs, Paris, 1929.

Sociologie et politique

Argod, Robert, *L'Antarctide des origines : réflexions sur les origines des peuples,* Éditions Tana, Paris, 2003.

Dunis Serge, *Sans tabou ni totem : inceste et pouvoir politique chez les Maoris de Nouvelle-Zélande,* Fayard, Paris, 1984.

Le Cam, Georges-Goulven, *Mythe et stratégie identitaire : chez les Maoris de Nouvelle-Zélande,* coll. Anthropologie. Connaissance des hommes, L'Harmattan, Paris, 1992.

Lecomte, Claude, *Coulez le Rainbow Warrior!,* Scandéditions-Ed. sociales, 1985.

Luccioni, Xavier, *L'Affaire Greenpeace : une guerre des médias,* Payot, Paris, 1986.

Masseron, Alain, *La Pomme et le nashi en Nouvelle-Zélande,* CTIFL, Paris, 2000.

Géographie

Guiart, Jean, *Océanie,* coll. L'Univers des Formes, Gallimard, Paris, 1963.

Cartograph, Australie, Nouvelle-Zélande, 1/6 000 000, Cartographia, Budapest, 2001.

Clerk Christian, Nile Richard, *Atlas de l'Australasie : Australie, Nouvelle-Zélande et Pacifique Sud,* Éditions du Fanal, Amsterdam, 1996. Trad. Bernard Cucchi

Collectif, *Nouvelle-Zélande,* *À la rencontre des Maoris,* coll. Cinq Continents, Minerva, Genève, 2001.

Poirier N., *Les Baleiniers français en Nouvelle-Zélande,* Indes Savantes, Paris, 2003.

Littérature

Chevillard, Éric, *Les Absences du capitaine Cook,* Minuit, Paris, 2001.

Cush, Geoff, *Graine de France,* coll. Antipodes, Actes Sud, Arles, 2004.

Désy, Jean, *Nomades en pays maori : propos sur la relation père-fille : récit de voyage,* coll. Étoiles variables, Éditions XYZ, Montréal, 2003.

Frame, Janet, *Un ange à ma table Volume 1, Ma terre, mon île,* coll. Arcanes, J. Losfeld, Paris, 2000. Trad. Anne Damour *Un ange à ma table Volume 2, Un été à Willowglen,* J. Losfeld, Paris, 1998. Trad. Françoise Robert *Un ange à ma table Volume 3, Le messager,* J. Losfeld, Paris, 1996. Trad. Dominique Mainard

Juliet, Charles, *Au pays du long nuage blanc,* POL, coll. Blanche, Paris, 2005

Mahy, Margaret, *Le Secret de Winola,* coll. Page blanche, Gallimard Jeunesse, Paris, 1994. Trad. Pascale Jusforgues

Mander, Jane, *Un fleuve en Nouvelle-Zélande,* coll. Antipodes, Actes Sud, Arles, 2002. Trad. Sophie Bastide-Foltz

Mansfield, Katherine, *Journal : édition complète,* coll. Folio, Gallimard, Paris, 1996. *La Garden-party : et autres nouvelles,* coll. Folio classique, Gallimard, Paris, 2002. *Œuvres choisies,* Stock, Paris, 1992. *Lettres,* coll. Bibliothèque cosmopolite, Stock, Paris, 1985.

Orbell, Margaret, *Traditionnal Maori Stories,* Reed, 1996 Aventures légendaires des ancêtres tribaux.

Proust de La Gironière, Muriel, *La France en Nouvelle-Zélande, 1840-1846 : un vaudeville colonial,* Éditions du Gerfaut, Paris, 2002.

Sandys, Elspeth, *Découvertes,* coll. Antipodes, Actes Sud, Arles, 1997. Trad. Aline Weill

Savage, Deborah, *Le Vol de l'albatros,* coll. Médium poche, École des loisirs, Paris, 1992.

Musique & Filmographie

Musique

Chants Maoris, de Te Runga Rawa, Ed. Nocturne - Abeille Musique

Filmographie

Chris Thompson, *The Rainbow Warrior Conspiracy.*

Jane Campion, *La Leçon de piano,* 1992.

Niki Caro, *Paï,* 2002.

Jackson, Peter : 1988, *Bad taste* (son premier film) 1992, *Braindead* (Grand Prix du Festival d'Avoriaz en 1993) 1994, *Créatures célestes* (Lion d'Argent au Festival de Venise) 1996, *Fantômes contre fantômes* (film fantastique) et *Forgotten Silver* 2001, *Le Seigneur des anneaux, la communauté de l'anneau.* 2002 et 2003, *Le Seigneur des anneaux : les deux tours* et *Le Seigneur des anneaux : Le Retour du roi.* 2005, *King Kong.*

Librairies

Si le taux de lecture de livres et de périodiques par habitant est ici le plus élevé du monde, les librairies doivent bien y être pour quelque chose. Ne manquez pas de jeter un coup d'œil chez Whitcoull, la plus grande librairie du pays, où vous trouverez un excellent choix d'ouvrages, notamment sur la Nouvelle-Zélande, et de journaux.

CRÉDITS PHOTOGRAPHIQUES

Cartographie Polyglott Kartographie, Lovell Johns
© 2004 Apa Publications GmbH & Co. Verlag (Singapour)
Édition : Zoe Goodwin
Iconographie Hilary Genin
Conception artistique Klaus Geisler, Graham Mitchener